Jörg Rieger Espindola · Markus Menschhorn

iPhone für Senioren

Vierfarben

Wir hoffen, dass Sie Freude an diesem Buch haben und sich Ihre Erwartungen erfüllen. Ihre Anregungen und Kommentare sind uns jederzeit willkommen. Bitte bewerten Sie doch das Buch auf unserer Website unter **www.rheinwerk-verlag.de/feedback**.

An diesem Buch haben viele mitgewirkt, insbesondere:

Lektorat Erik Lipperts
Korrektorat Isolde Kommer, Großerlach
Herstellung Arkin Keskin
Typografie und Layout Christine Netzker
Einbandgestaltung Silke Braun
Coverbild iStock: 914940410 © bernardbodo
Grafiken Sarah Tribula, Pforzheim
Satz weiss.design / zienke.design, Thomas Weiß & Stefan Zienke
Druck mediaprint solutions, Paderborn

Dieses Buch wurde gesetzt aus der ITC Charter (11,5 pt/17 pt) in Adobe InDesign.
Gedruckt wurde es auf chlorfrei gebleichtem Offsetpapier (90 g/m²).
Hergestellt in Deutschland.

Bibliografische Information der Deutschen Nationalbibliothek:
Die Deutsche Nationalbibliothek verzeichnet diese Publikation in der Deutschen Nationalbibliografie; detaillierte bibliografische Daten sind im Internet über *http://dnb.dnb.de* abrufbar.

ISBN 978-3-8421-0885-1

2., aktualisierte Auflage 2022

Vierfarben ist eine Marke des Rheinwerk Verlags. Der Name Vierfarben spielt an auf den Vierfarbdruck, eine Technik zur Erstellung farbiger Bücher. Der Name steht für die Kunst, die Dinge einfach zu machen, um aus dem Einfachen das Ganze lebendig zur Anschauung zu bringen.

Informationen zu unserem Verlag und Kontaktmöglichkeiten finden Sie auf unserer Verlagswebsite **www.rheinwerk-verlag.de**. Dort können Sie sich auch umfassend über unser aktuelles Programm informieren und unsere Bücher und E-Books bestellen.

Liebe Leserin, lieber Leser,

es ist schon etwas Besonderes, wenn Sie ein neues iPhone zum ersten Mal aus der Verpackung nehmen. Das Handy fühlt sich einfach gut in den Händen an – und das ist nur die Haptik. Denn ein iPhone bietet so viele Möglichkeiten und allerhand Einstellungsoptionen. Seien Sie aber unbesorgt, mit diesem Buch haben Sie sich für den richtigen Ratgeber entschieden. Es erklärt Ihnen nicht nur die einzelnen *Apps*, sondern leitet Sie Schritt für Schritt durch alle Einstellungen und Funktionen – vom ersten Einschalten über die Einrichtung der Telefonnummer und E-Mail-Adresse bis hin zur Absicherung all Ihrer Daten.

Das Buch wurde von einem erfahrenen Autorenduo geschrieben, das schon bei anderen Computerthemen zahlreiche Späteinsteiger erfolgreich begleitet hat. Jörg Rieger Espindola und Markus Menschhorn haben einfach ein Gespür dafür, worauf es ankommt und an welchen Stellen es auch einmal haken könnte. Freuen Sie sich also auf eine sorglose Erkundung Ihres iPhones und auf noch ungeahnte, aber im Alltag ungemein nützliche Möglichkeiten, die über das Telefonieren, Nachrichtenschreiben, Fotografieren, Musikhören oder Planen von Reiserouten hinausgehen. Mit den leicht und lückenlos nachvollziehbaren Anleitungen der beiden Autoren und den vielen praktischen Übungen kann gar nichts mehr schiefgehen.

Dieses Buch wurde mit größter Sorgfalt geschrieben und hergestellt. Sollten Sie dennoch einmal einen Fehler finden oder inhaltliche Anregungen haben, freue ich mich, wenn Sie mir schreiben. Jetzt wünsche ich Ihnen aber zunächst viel Freude beim Lesen, Lernen und Ausprobieren!

Ihr Erik Lipperts
Lektorat Vierfarben

erik.lipperts@rheinwerk-verlag.de

Inhalt

KAPITEL 4

Lauter, leiser, stumm, an und aus – die Knöpfe und Schalter am iPhone 65

KAPITEL 5

So bedienen Sie die Oberfläche und starten die Standard-Apps 83

1
2
3
4
5
6
7
8
9
*
0
#

12

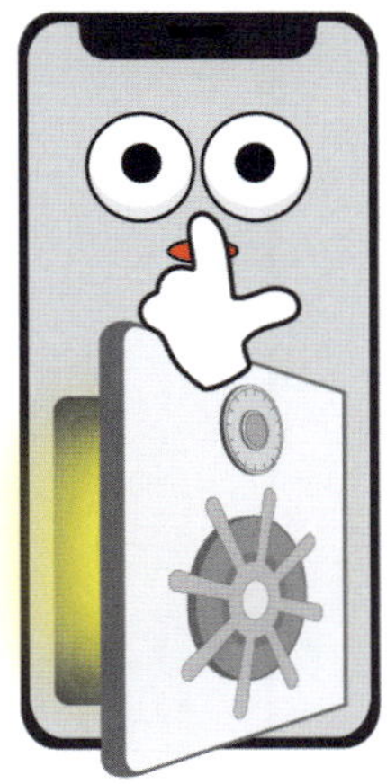

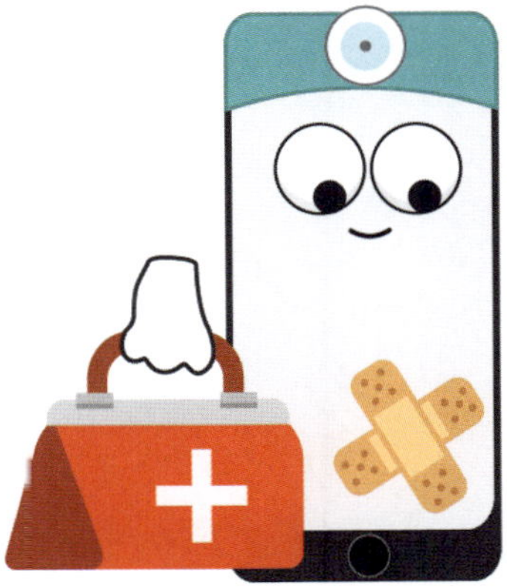

KAPITEL 1

Welches iPhone passt zu mir?

Vielleicht haben Sie sich dieses Buch gekauft, bevor Sie sich für ein bestimmtes iPhone-Modell entschieden haben. Falls das so ist, wollen wir Ihnen auf den folgenden Seiten eine kleine Entscheidungshilfe an die Hand geben und die verschiedenen Fachbegriffe erläutern, mit denen Sie im Laden konfrontiert werden. Außerdem zeigen wir Ihnen, was ein Smartphone alles kann und wie es grundsätzlich funktioniert. Nehmen Sie sich daher Zeit, und schauen Sie sich die folgenden Seiten ruhig auch dann an, wenn Sie bereits ein iPhone erworben haben – manches mag auch für Sie nützlich sein.

Was kann ein Smartphone überhaupt?

Ein Smartphone, egal ob von Apple oder einem anderen Hersteller, ist ein leistungsstarkes Multifunktionswerkzeug. Die Bezeichnung »Taschencomputer« wäre unzureichend – ein Smartphone schlägt einen handelsüblichen Desktop-Computer um Längen. Denn alles Folgende ist schon standardmäßig in ein iPhone integriert:

- Telefonfunktion, Adressbuch und Kalender
- Text- und Multimedianachrichten
- E-Mail- und Internetprogramm

Das iPhone ist u. a. ein praktisches und vollautomatisches Fotoalbum.

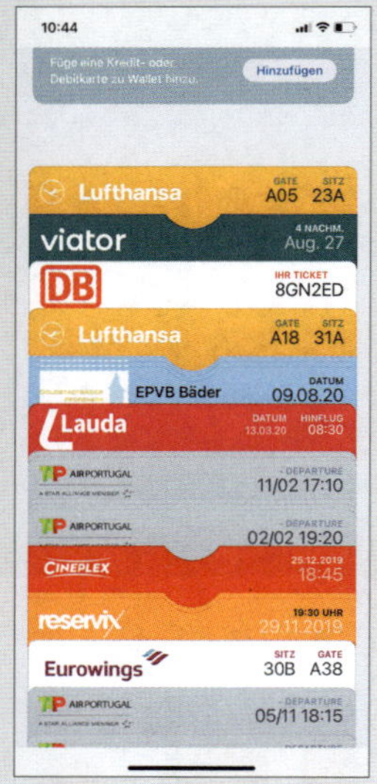

Das iPhone speichert auf Wunsch all Ihre Tickets für Reisen und Events.

Wie Sie mit der digitalen Einkaufsliste *Bring!* nie wieder etwas im Laden vergessen, zeigen wir ab Seite 359.

- Digitalkamera, Fotoalbum und Videokamera
- Diktiergerät
- Stereoanlage
- Wettervorhersage
- Schrittzähler
- Schreibprogramm
- Uhr und Wecker
- Navigationsgerät
- Ticketsammlung für Flüge, Bahn- und Busfahrten, Konzerte und vieles mehr
- Abgleich aller Daten mit Ihrem Computer

Und das ist nur ein kleiner Auszug. Mit entsprechenden Zusatzprogrammen, den *Apps*, kann das iPhone noch viel mehr. Wie Sie Apps selbst auf Ihrem iPhone installieren, zeigen wir Ihnen ab Seite 253.

Grundsätzlich gibt es für jeden denkbaren Anwendungsbereich eine passende App:

- Malen und Zeichnen
- Spiele jeglicher Art
- digitale Einkaufslisten
- Schreiben, Rechnen und Präsentieren – ganz so, wie Sie es auch von den entsprechenden Programmen auf Ihrem Computer her kennen
- interaktive Sprachübersetzung für unterwegs
- Online-Lernprogramme für Sprachen und alle denkbaren Hobbys
- Reiseplaner
- professionelle Bildbearbeitung und Videoschnitt

Und es wird noch vielseitiger: Das iPhone ist auch die Schaltzentrale für viele der folgenden Geräte, die Sie vielleicht schon besitzen.

Wenn Sie eine *Apple Watch* haben, können Sie viele iPhone-Funktionen auf die smarte Uhr bringen. Zudem überträgt die Apple Watch Ihren Puls, Ihre Herzfrequenz und Fitnessdaten aufs iPhone und hilft Ihnen, fit und gesund zu bleiben. Selbst ein Sturzsensor ist integriert, der im Falle eines Falles automatisch Hilfe anfordert. Waagen und andere Fitnessgeräte lassen sich mithilfe passender Apps mit dem iPhone koppeln. Sie brauchen die Daten nicht mehr extra in einem Notizbuch festzuhalten, sie werden automatisch hinterlegt. Die Statistik zeigt dann Ihren Fortschritt auf einen Blick (und leider auch unbestechlich).

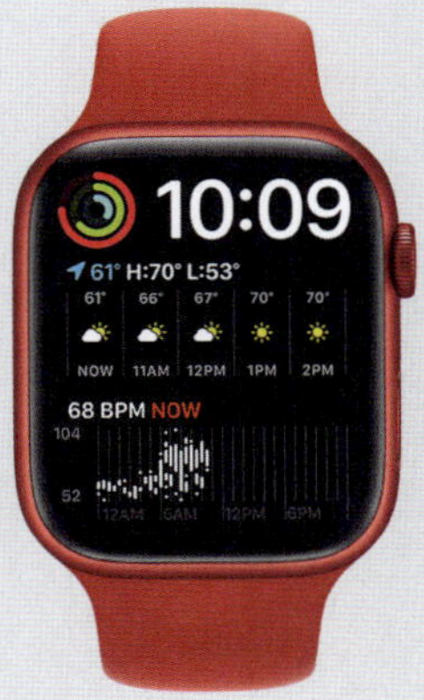

Die Apple Watch arbeitet nahtlos mit Ihrem iPhone zusammen und ist Pulsmesser, Fitnesstrainer, Notruf und Multimedia-Werkzeug in einem. (Foto: Apple)

Mithilfe des iPhones verbinden Sie sich drahtlos mit Lautsprechern und machen das kleine Gerät zur kraftvollen Musikanlage mit Touch-Steuerung.

Das *HomeKit* von Apple ist für die Automatisierung Ihres Haushalts zuständig. Entsprechend kompatible Lichtschalter, Alarmanlagen oder Rauchmelder steuern Sie künftig direkt über das iPhone in der App *Home*.

Mit Ihrem iPhone und einem HomeKit-Schalter sind Sie Königin oder König in Ihrem Wohnzimmer. Per App am Smartphone bestimmen Sie, was beim Einschalten passieren soll – beispielsweise dass das Licht angeht, die Rollläden heruntergelassen werden und Musik gespielt wird. Auch Heizung, Kameraüberwachung und Alarmanlagen lassen sich ganz smart steuern.

HomeKit-Schalter *Eve* und ein iPhone (Foto: evehome.com)

Im Auto wird das iPhone – *Car Play* von Apple vorausgesetzt – zur Multimediaschaltzentrale. Es verbindet sich mit Freisprecheinrichtungen und übernimmt die Navigation. Mit Geräten anderer Hersteller ist das iPhone in der Regel kompatibel. So kann es nahtlos ins Auto integriert werden und lässt die meisten bereits eingebauten Navigationsgeräte alt aussehen.

Mit einem Mac-Computer oder iPad synchronisieren sich Ihre E-Mails, Kontakte, Nachrichten und Fotos vollautomatisch. Das heißt, das mit dem iPhone aufgenommene Foto landet automatisch in der *Fotos*-App auf Ihrem Computer und umgekehrt.

Auch das Bezahlen klappt mit dem iPhone – dank *Apple Pay* zeigen Sie an der Kasse nur noch Ihr Smartphone, der Rest wird im Hintergrund erledigt. Allerdings sind aktuell noch einige Hürden zu nehmen, da noch nicht alle Banken dieses Verfahren unterstützen.

Sie sehen: Das iPhone ist wirklich nur noch zum kleinsten Teil ein klassisches Telefon. Es ist eher eine Schaltzentrale zur Unterstützung im Alltag. Sie werden diesen Begleiter bald nicht mehr missen wollen.

Welche iPhones gibt es? Die grundsätzlichen Unterschiede

Apple hat verschiedene iPhone-Modelle im Angebot, die sich auf den ersten Blick vor allem im Preis unterscheiden. Der größte Unterschied besteht – was die Handhabung angeht – darin, wie sich das Gerät entsperren lässt. Hier gibt es zwei Optionen:

- *Touch ID*: Entsperren und Passwörter ergänzen per Fingerabdruck
- *Face ID*: Entsperren und Passwörter ergänzen durch Gesichtserkennung

Das heißt, entweder Sie legen einen Finger auf den Knopf (die Home-Taste) des Smartphones 1, und das iPhone wird zur Benutzung entsperrt oder Sie schauen kurz auf das Display, Ihr Gesicht wird erkannt und das iPhone damit entriegelt.

Wir können hier ehrlich gesagt keine Empfehlung geben, welcher Mechanismus besser ist. Beides funktioniert in der Praxis einwandfrei. Allerdings – die Modelle mit Fingerabdrucksensor sind günstiger.

Ansonsten sind die Preisunterschiede bei den iPhones der Displaygröße geschuldet, mehr Speicherplatz und einer besseren Kamera. Und tatsächlich ist für uns die Kamera das Hauptargument, ein teureres iPhone zu wählen: Wenn das Smartphone eine Spiegelreflexkamera ersetzen soll, dann lohnt die Investition in eines der Topmodelle.

Es gibt Geräte mit einer sogenannten *Home-Taste* im Rahmen. Diese werden durch Touch ID entsperrt. Vor allem neuere Geräte, deren Bildschirm bis an die Ränder reicht, haben keine Home-Taste mehr und werden per Face ID entsperrt.

Als zweites Entscheidungskriterium gilt die Displaygröße – die mini-Modelle liegen deutlich besser in kleineren Händen als die Standardgrößen.

Insgesamt aber gilt: Selbst das günstigste iPhone bietet alles, was Sie im Alltag benötigen. In der folgenden Liste haben wir zu den aktuelleren Modellen alles Wissenswerte zusammengetragen.

Bei jedem iPhone können Sie noch *AppleCare* hinzubuchen. Das kostet noch mal über 100 € extra. Mit den erweiterten Garantieleistungen sind Sie aber auf der sicheren Seite, wenn etwas am iPhone kaputtgeht.

iPhone SE: Unsere eindeutige Kaufempfehlung ist das iPhone SE der 2. Generation (aus dem Jahr 2020). Es ist das günstigste Modell von Apple, trumpft aber mit erstaunlich guter Ausstattung auf und bietet mit seiner Displaydiagonale von 4,7 Zoll zudem eine angenehme Bildschirmgröße. Es liegt gut in der Hand und lässt sich in der Regel auch mit nur einer Hand bedienen. Es verfügt (wie auch schon ältere iPhone-Modelle) über eine Home-Taste, in die der Fingerabdrucksensor integriert ist.

Das iPhone SE ist nur in klassischen Farben verfügbar. (Foto: Apple)

Der größte Nachteil im Vergleich zu den deutlich teureren Topmodellen iPhone 12 und 13 ist, dass nur eine einzige Kameralinse integriert ist. Diese leistet zwar schon gute Arbeit; mit den zwei oder drei Linsen der anderen Modelle haben Sie aber, um Foto-Jargon zu verwenden, noch ein Weitwinkel und ein Telezoom parat. Letzteres können Sie mit dem SE nur per Digitalzoom simulieren, bei entsprechend schlechterer Qualität. Aber die Qualität einer jeden Kompaktkamera toppt das SE locker, selbst Makroaufnahmen ab wenigen Zentimetern Entfernung gelingen.

Unser Tipp: Das Basismodell mit 64 Gigabyte Speicher reicht in der Regel völlig aus. Wenn Sie noch einmal 80 € mehr investieren, gibt es doppelten Speicherplatz; damit sind Sie auch bei vielen Fotos und Videos und anderen speicherhungrigen Daten auf der sicheren Seite.

Zusammengefasst lässt sich sagen: Das iPhone SE ist bestens geeignet für alle, die ein handliches Smartphone haben möchten, das nicht zu schwer und zu groß ist und das sich für die Gelegenheitsfotografie eignet.

iPhone 13, iPhone 13 Pro (Max), iPhone 13 mini: Das iPhone 13 gibt es in drei verschiedenen Editionen und vielen Ausführungen und Farben. Diese Geräte sind die zurzeit leistungsstärksten iPhones im Sortiment von Apple. Allerdings werden Sie in Sachen Geschwindigkeit im Alltag keinen riesigen Unterschied zum iPhone SE oder iPhone 12 bemerken.

Das schick verspiegelte Gehäuse des iPhone SE (Foto: Apple)

Die Farbauswahl der Pro-Modelle (Foto: Apple)

Der Griff zu den ganz aktuellen Modellen lohnt sich, wenn Sie auf neueste Kameratechnik und eine lange Batterielaufzeit Wert legen. Denn beides wurde im Vergleich zu den Vorgängermodellen deutlich optimiert. Bei der Kamera ist zu anzumerken, dass besonders der Makromodus für Detailaufnahmen jede herkömmliche Kamera schlägt –

Die Farbauswahl der »normalen« iPhones 13 (Foto: Apple)

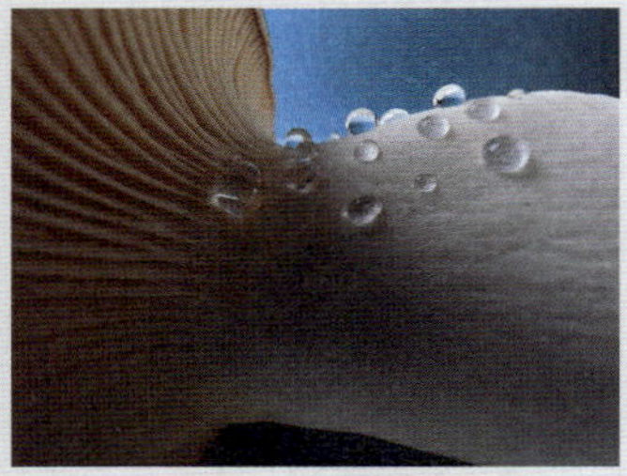

Foto: Apple

iPhone 13 mini und iPhone 13 im direkten Größenvergleich (Foto: Apple)

die sogenannte Naheinstellgrenze liegt hier bei nur zwei Zentimetern. Und mit der neuen Weitwinkellinse sind Nachtaufnahmen fast ohne Licht realisierbar.

Das mini-Modell kommt extrem handlich daher und passt auch wirklich problemlos in jede Hosentasche. Beim Pro-Modell klappt das nicht mehr so ganz, dafür bekommt man entweder 6,1 oder 6,7 Zoll Bildschirmdiagonale und ein Kamerasystem mit 3 Linsen für den wirklich perfekten Schnappschuss.

Ansonsten werden aktuelle Mobilfunkstandards wie 5G unterstützt und das Gehäuse aus Keramik verzeiht auch den einen oder anderen Sturz.

Nochmals in der Zusammenfassung:

- Ein Gerät der *iPhone-13*-Serie ist interessant für alle, die gern auf die neueste Technik setzen.
- Das iPhone 13 mini ist für kleinere Hände ideal und bietet die gleichen technischen Vorzüge wie das iPhone 13.
- Die Pro-Serie ersetzt in weiten Teilen System- oder Spiegelreflexkameras und hat mit dem neuen Makromodus ein echtes Highlight am Start.
- Die Geräte sind bis 4 Meter bzw. (beim Pro) bis zu 6 Meter wasserdicht.
- Ein Ladegerät (mit oder ohne Netzstecker) und Kopfhörer werden nicht mitgeliefert und müssen leider separat gekauft werden.

iPhone 12 und iPhone 12 mini: Das iPhone 12 gibt es in einer Standard-Version und noch als kleinere mini-Variante. Beide sind aus dem Modelljahrgang 2020 und für den normalen Gebrauch bestens geeignet, allerdings deshalb ein wenig günstiger als die 13er-Modelle. Auch diese Smartphones sind bereits wasserdicht und können kabellos geladen werden. Auch hier sind weder Ladekabel noch Kopfhörer im Lieferumfang.

Erstmals integriert wurde in diesen Modellen *MagSafe* – ein integrierter Magnet hält beispielsweise die Handyhülle wie von Zauberhand, man kann einen Halter für die Bankkarten einfach andocken oder auch das kabellose iPhone-Ladegerät ohne Einstecken einfach auflegen.

Das iPhone 12 ist, wie das 13er und auch schon das 11er, gegen Wasser geschützt. (Foto: Apple)

Praktisch: Dank *MagSafe* kann man am iPhone einen Kartenhalter, eine Schutzhülle oder auch das Ladegerät einfach andocken. (Foto: Apple)

iPhone 11: Das etwas ältere Topmodell der Apple iPhones (aus dem Jahr 2019) gibt es bei Apple aktuell nur noch als Basismodell für Einsteiger. Trotzdem wartet das Gerät schon mit zwei Kameralinsen auf und bietet damit noch ein Superweitwinkelobjektiv.

Das iPhone 11 Pro wartet mit ausgefeilter Kameratechnik auf. (Foto: Apple)

Das iPhone 11 (hier im Bild) ist bis 2 Meter Tiefe wassergeschützt, das iPhone 11 Pro sogar bis 4 Meter. (Foto: Apple)

Insgesamt ist dieses Gerät dann empfehlenswert, wenn Sie günstig in die iPhone-Welt einsteigen möchten, aber eine bessere Kameratechnik als im SE-Modell möchten.

Gebrauchte iPhones – Schnäppchen oder Fehlinvestition?

Klar, jedes iPhone ist eine ordentliche Investition, und da liegt es nahe, sich vielleicht auf dem Gebrauchtmarkt umzusehen. Es gibt viele, die ihr iPhone schon nach einem oder zwei Jahren durch ein neueres Modell ersetzen und das alte Gerät loswerden wollen. Prinzipiell gilt: Auch ein drei Jahre altes iPhone ist in Sachen Leistung völlig ausreichend. Allerdings kaufen Sie mit einem gebrauchten iPhone von privat die Katze im Sack. Denn Sie wissen nicht, wie oft das iPhone dem Vorbesitzer bzw. der Vorbesitzerin heruntergefallen ist und wie pfleglich mit ihm umgegangen wurde. Und vor allem wissen Sie nichts über den Zustand des Akkus, der eine größere Rolle für die Lebensdauer spielt.

ACHTUNG!

Geschenkte iPhones sind im Grunde die beste Option. Voraussetzung dafür, dass Sie alle Schritte in diesem Buch nachvollziehen können, ist aber ein Modell, auf dem auch die entsprechende *Betriebssystemversion* von Apple läuft. Das ist mittlerweile die Version *iOS 15*, die auf allen Geräten ab dem iPhone 6s zur Verfügung steht.

Unser Tipp: Wenn Sie ein gebrauchtes Gerät erwerben, dann vom Händler mit Garantie oder von privat mit einer Restgarantie von zumindest ein paar Monaten. Und wenn Sie das iPhone geschenkt bekommen, können Sie natürlich auch zufrieden sein.

Folgende Überlegungen sprechen gegen ein Gebrauchtgerät, vor allem dann, wenn das Wunschgerät keine Garantie mehr hat:

- **Zustand des Akkus, der internen Batterie:** Im Laufe der Zeit wird der Akku des iPhones schwächer. Erfahrungsgemäß ist das nach drei Jahren Laufzeit deutlich zu spüren. Sie müssen dann das Gerät häufiger laden. Ist der Akku komplett am Ende, muss er von einem Fachhändler ausgetauscht werden. Die Kosten liegen bei 100 bis 120 €.
- **Nicht sichtbare Defekte:** Ist das iPhone nicht pfleglich behandelt worden, können in der empfindlichen Elektronik Langzeitschäden auftreten, die Sie beim Kauf noch gar nicht bemerken.
- **Teure Reparaturen außerhalb des Garantiezeitraums:** Ist an dem technischen Wunderwerk etwas defekt, wird es schnell teuer, und das vermeintliche Schnäppchen wird zum Groschengrab. Allein ein Display-Tausch kann gut 150 € kosten.

Ist das iPhone älter als vier Jahre, raten wir klar vom Kauf ab. Nicht nur die Technik ist dann veraltet, sondern auch Systemaktualisierungen, sogenannte *Updates*, stehen nicht mehr unbedingt zur Verfügung. Zudem ist kein Smartphone auf Langlebigkeit ausgelegt. Es ist leider ein Wegwerfprodukt, das mit den Jahren immer fehleranfälliger wird.

ACHTUNG!

Wenn Sie ein Gebrauchtgerät kaufen, muss es unbedingt vom Vorbesitzer bzw. der Vorbesitzerin *zurückgesetzt* worden sein. Dann sind sämtliche Daten gelöscht, und beim Start verhält es sich wie ein neues iPhone. Ist es nicht zurückgesetzt, können Sie es nicht verwenden. Im letzten Kapitel zeigen wir Ihnen, wie Sie Ihr eigenes Telefon im Falle eines Verkaufs in seinen Urzustand zurückversetzen.

Viele verschiedene Geräte – ein Betriebssystem

Damit Sie Ihr iPhone bequem nutzen können, ist die auf ihm installierte *Software* oder auch *Betriebssystemversion* weit wichtiger als die jeweilige Geräteausstattung (Speicher, Kameras). Denn alles, was Sie mit Ihrem iPhone machen, welche Oberflächen Sie sehen und wie die Schaltflächen innerhalb der Apps heißen, hängt von der Betriebssystemversion ab. Die jetzt aktuelle Version, *iOS 15*, steht dabei sogar noch für Geräte zur Verfügung, die erstmalig vor sieben Jahren auf den Markt gekommen sind. Das war damals das iPhone 6s. Sollten Sie also noch ein solches Gerät besitzen, das pfleglich behandelt wurde, können Sie alle Schritte in diesem Buch auch mit ihm vollständig nachvollziehen. Natürlich geht das auch mit den Geräten aus den Folgejahren: mit dem iPhone 7, iPhone 8 und iPhone X, iPhone XR und XS und mit dem iPhone SE der 1. Generation sowie 11 und 12. Gibt es aufgrund der Besonderheiten der Geräte selbst (mit oder ohne Home-Taste) in der Bedienung Abweichungen, weisen wir immer ausdrücklich darauf hin. Jetzt aber schlagen wir vor, dass wir einfach durchstarten, damit Sie schnell zum iPhone-Profi werden.

KAPITEL 2

Welcher Mobilfunktarif ist der richtige?

Zu jedem Mobiltelefon gehört natürlich der passende Tarif, mit dem Sie auch Ihre Telefonnummer erhalten. In diesem Kapitel zeigen wir Ihnen die gängigen Tarifmodelle und geben Ihnen Tipps und Tricks an die Hand, damit Sie im Dschungel von Daten-*Flatrates*, Pauschalen und *Roaming*-Angeboten nicht den Überblick verlieren. So bleiben Sie durch die Wahl des passenden Tarifs flexibel und sparen Geld.

Grundsätzlich gibt es drei Optionen:

- Telefon- und Datenpaket
- nur Mobiltelefonie
- nur mobile Daten

Das Kombipaket aus Telefonie und *mobilen Daten* ist exakt das, was Sie für Ihr neues iPhone benötigen. Sie können wie gewohnt telefonieren, unterwegs aber auch im Internet surfen, Mails empfangen oder Fotos verschicken. Auch die Nutzung von Navigationsdiensten ist damit möglich. Es gibt hier unzählige Varianten, die wir uns im folgenden Abschnitt anschauen.

Egal, für welches iPhone Sie sich entscheiden – ein Mobilfunkvertrag ist Pflicht. (Foto: Apple)

Nur mobil telefonieren

Mit einem Tarif, der nur Mobiltelefonie und SMS abdeckt, können Sie die meisten Funktionen Ihres iPhones nicht nutzen. Diese Tarife sind für Telefone gedacht, mit denen Sie lediglich Telefongespräche führen können.

Nur mobile Daten

Mobile Datenpakete sind auch nicht für das Smartphone gedacht. Diese Angebote richten sich eher an die Besitzer von Tablets, die nicht telefonieren, aber mobil im Internet unterwegs sein und alle Apps nutzen wollen. Bei diesen Datentarifen können Sie keine normalen Gespräche per Telefonnummer empfangen.

Vertrag oder Prepaid? Was sind die Unterschiede?

Sie kennen sicher den klassischen Telefonvertrag Ihres Festnetzanschlusses zu Hause. Man legt sich auf einen Anbieter fest und ist dann zumeist 24 Monate gebunden. Beim Mobilfunk gibt es diesen Vertrag auch, allerdings sind auch *Prepaid*-Angebote ohne Vertragsbindung sehr beliebt. Damit bleiben Sie flexibel und sind nicht langfristig gebunden. Die Unterschiede zwischen diesen beiden Modellen erläutern wir Ihnen in diesem Abschnitt.

Einen klassischen Mobilfunkvertrag gibt es bei allen großen Anbietern, wie z. B. *T-Mobile*, *Vodafone*, *O2* oder *1 & 1*, sowohl online als auch im Shop. Andere, kleinere Anbieter mit Vertrag gibt es dagegen nur online. Damit legen Sie sich zumeist für 24 Monate auf einen Tarif fest, die monatliche Rate wird von Ihrem Konto abgebucht.

ACHTUNG!

Früher war der Mobilfunkvertrag eine attraktive Möglichkeit, ein Handy mitzufinanzieren. Das lohnt sich heute meist nicht mehr. Zumeist ist es günstiger, das Smartphone separat zu kaufen.

MERKE

Ins Ausland telefonieren Sie am besten mit *WhatsApp* oder mit *FaceTime* – das kostet Sie nämlich gar nichts. Wie das funktioniert, zeigen wir ab Seite 141 und ab Seite 279.

Die Vorteile:

- Die meisten Anbieter haben Berater in ihren eigenen Shops oder in Elektronikmärkten und damit persönliche Ansprechpartner für Sie.
- Der fällige Betrag wird monatlich vom Konto abgebucht; Sie müssen sich um nichts kümmern.
- Sie haben maximalen Empfang und maximale Surfgeschwindigkeit, da direkt beim Anbieter gebucht wird.
- Telefonate ins Ausland sind bei einem solchen Vertrag meist günstiger als mit Prepaid.
- Sie können im Shop ggf. eine Mobilfunknummer aus einer Auswahl aussuchen.

Die Nachteile:

- 24 Monate Vertragsbindung – ohne rechtzeitige Kündigung erfolgt in der Regel eine automatische Verlängerung um weitere 12 Monate.
- Die Tarife umfassen oft zusätzliche Dienste, die für Privatkunden meist zu teuer und zu umfangreich sind.

Sogenannte *Prepaid*-Angebote gibt es wirklich wie Sand am Meer: Fast jeder Supermarkt hat sein eigenes Paket im Sortiment. Im Hintergrund werkeln allerdings trotzdem die großen Anbieter und sowohl der Datentransfer als auch Telefonate werden über das Netz von O2, Vodafone oder der Telekom usw. abgewickelt. Sprich, guter Empfang ist immer garantiert. Prepaid-Angebote funktionieren folgendermaßen: Sie kaufen Ihre SIM-Karte, bekommen eine Telefonnummer und müssen dann immer Guthaben aufladen, um mobil surfen oder telefonieren zu können. Sie kaufen dazu Guthaben und buchen es manuell auf. Eine Bankverbindung ist nicht erforderlich.

ACHTUNG!

Europa-Falle: Mit *Roaming* telefonieren Sie, wenn Sie im europäischen Ausland unterwegs sind, zu denselben Konditionen wie in Deutschland. Aber aufgepasst: Die Schweiz gehört nicht dazu, und ist es nicht gesondert in Ihrem Vertrag geregelt, wird das Surfen und Telefonieren dort richtig teuer. In England ist es ganz ähnlich – nach dem Brexit ist es von Anbieter zu Anbieter unterschiedlich geregelt. Erkundigen Sie sich unbedingt vor Ihrer Reise nach den Konditionen. Beachten Sie hierzu unsere Tipps ab Seite 370.

Die Vorteile:

- Keine Vertragsbindung. Läuft Ihr gebuchtes Paket aus, fallen keine Kosten an. Durch Laden von neuem Guthaben wird alles wieder aktiviert.
- Sie müssen keine Bankverbindung angeben.
- Es gibt eine große Auswahl aus einer Vielzahl namhafter Anbieter.
- Guthaben kann auch als Karte in Drogerie- oder Supermärkten gekauft werden.
- Die kombinierten Telefon- und Datenpakete sind meist günstig.
- Jeden Monat kann das Tarifpaket gewechselt werden.

Die Nachteile:

- Sie müssen sich selbst um das Aufladen Ihres Guthabens kümmern. Vergessen Sie, Guthaben nachzuladen, ist das Telefon erst einmal »lahmgelegt«.
- Vor allem beim Kauf einer Guthabenkarte haben Sie keinen kompetenten Ansprechpartner vor Ort.
- Ihre Telefonnummer können Sie hier nicht aussuchen.

Für den Einstieg empfehlen wir Ihnen dennoch einen Prepaid-Tarif. Damit haben Sie die Kosten im Blick und sind hinsichtlich der Tarifwahl nicht gebunden. Gerade am Anfang fällt es schwer, abzuschätzen, wie viele mobile Daten man überhaupt benötigt.

Die Wahl des richtigen Pakets – so viel Flatrate muss sein

Wir können Ihnen nur ein paar Anhaltspunkte geben, wie Ihr ideales Tarifpaket aussieht: Zu vielfältig sind die Anbieter und Angebote am Markt, und wir wissen nicht, wie Sie Ihr Smartphone nutzen. Wie vorhin schon erwähnt, benötigen Sie ein Kombipaket aus Telefonie und Daten (Internet). Wählen Sie in jedem Fall ein Monatspaket und kein Angebot, das sich nach der Anzahl der Telefonminuten oder verbrauchten Daten richtet.

MERKE

Flatrate bedeutet, dass die Kosten durch den festgelegten Betrag im Vorhinein gedeckelt sind. Es entstehen also keine Zusatzkosten.

Die Telefonie sollte Folgendes enthalten: eine Flatrate für das deutsche Netz, sowohl für Mobilfunk- als auch für Festnetznummern, und eine SMS-Flatrate.

Für das Datenpaket empfehlen wir eine Daten-Flatrate mit mindestens 3 Gigabyte Datenvolumen. Unserer Erfahrung nach reicht das im Alltag aus. Haben Sie zu Hause allerdings kein eigenes *WLAN*, können Sie in Ihren eigenen vier Wänden nur mobil auf das Internet zugreifen. Dann sind eher 6 bis 8 Gigabyte Datenvolumen pro Monat nötig.

MERKE

Die Datenpakete sind immer auf ein bestimmtes Volumen beschränkt. Ist es aufgebraucht, wird die Surfgeschwindigkeit auf Schneckentempo reduziert. In vielen Fällen können Sie aber kostenpflichtig Datenvolumen nachladen. Auch hier ist Prepaid perfekt: Wenn Sie wiederholt Ihr monatliches Limit überschreiten, wechseln Sie im kommenden Monat einfach eine Tarifstufe höher mit einem größeren Datenpaket.

Die Kosten für eine Kombination aus Telefon-Flatrate und einem Datenpaket mit 5 Gigabyte lagen zu dem Zeitpunkt, als dieses Buch gedruckt wurde, bei rund 10 bis 13 € pro Monat.

Im Supermarkt läuft der Einkauf folgendermaßen ab: Sie kaufen ein Starterpaket mit der SIM-Karte, die Ihre Telefonnummer enthält. Dieses Paket kostet meist um die 10 €. Oft ist dabei ein Telefonguthaben in gleicher Höhe schon aufgebucht. Erst bei der Aktivierung der SIM-Karte (siehe dazu das folgende Kapitel) müssen Sie sich für ein Tarifangebot entscheiden. Einige gängige Anbieter von Prepaid-Angeboten sind *AldiTalk* bzw. *Hofer* (in Österreich), *Congstar*, *Lidl Connect*, *Vodafone CallYa* und *Tchibo Mobil*.

KAPITEL 3

Das iPhone zum ersten Mal in Betrieb nehmen

Sie haben Ihr iPhone neu gekauft und auch die Unterlagen des Mobilfunkanbieters liegen vor? Dann wird es Zeit, das Gerät »aufzuwecken« und ganz für Sie einzurichten. In diesem Kapitel führen wir Sie Schritt für Schritt durch die einzelnen Vorgänge, die notwendig sind, damit Ihr neues Smartphone auch richtig funktioniert. Keine Sorge, die meisten Schritte müssen Sie sich nicht merken, da sie nur beim ersten Start nötig sind.

Ganz wichtig: Haben Sie ein iPhone gebraucht erhalten, vielleicht von Ihren Kindern oder Enkelkindern, dann müssen Sie ggf. einige Schritte dieser Anleitung nicht durchführen, da das bereits bei der ersten Einrichtung erledigt wurde. Fragen Sie im Zweifel einfach den Vorbesitzer oder die Vorbesitzerin.

Die SIM-Karte einsetzen

Die SIM-Karte, die Sie von Ihrem Mobilfunkbetreiber erhalten, ist das Herzstück des Smartphones, denn sie enthält alle Sicherheitscodes (sog. *PIN* und *PUK*), um Unbefugten den Zugriff auf Ihr Telefon zu verwehren. Innerhalb des Plastikkärtchens befindet sich zudem die eigentliche SIM-

ACHTUNG!

Bewahren Sie das Kärtchen unbedingt an einem sicheren Ort auf, damit Sie im Falle eines Falles alle Codes griffbereit haben.

Karte mit einem Chip, auf dem Ihre Telefonnummer abgespeichert ist. Diese SIM-Karte wird in das iPhone eingelegt. Aus Sicherheitsgründen ist hier Ihre Telefonnummer nicht mit aufgelistet. Sie befindet sich in der Regel auf einem separaten Beiblatt.

Die vierstellige *PIN1* müssen Sie auswendig lernen. Sie benötigen sie aber nur, wenn das iPhone komplett ausgeschaltet war und dann wieder neu gestartet wird.

❶ *PIN1*: Dies ist der PIN-Code, der bei jedem Neustart Ihres iPhones abgefragt wird.

❷ *PIN2*: Dieser Code wird nur in besonderen Fällen abgefragt.

❸ *PUK1* und *PUK2*: Das sind Ihre Notfall-Codes, die Sie eingeben müssen, wenn Sie beispielsweise Ihre PIN mehrfach falsch eingetippt haben.

❹ *SIM-Karte*: Diese muss aus dem Plastikkärtchen herausgetrennt werden. Für das iPhone brauchen wir den kleinsten, inneren Teil (hier das weiße Plättchen), die *Nano-SIM*.

Legen wir nun aber los:

1. Lösen Sie die Nano-SIM-Karte ❺ mit leichtem Druck aus der Plastikkarte. Sie können nichts kaputtmachen, da beim Herauslösen der Schablonen am Ende die innere kleine Karte übrig bleibt.

SIM-Karte im Ladengeschäft freischalten lassen

Wie im vorangehenden Kapitel erwähnt, gibt es viele Guthabentelefonkarten, die Sie einfach regelmäßig nach Bedarf nachladen. Doch auch diese vertragsfreien SIM-Karten müssen einmalig auf Ihren Namen registriert werden. Am einfachsten erledigen Sie das direkt beim Kauf; fast jedes Geschäft bietet diesen Service an. Der Vorteil: Sie können nach wenigen Stunden direkt loslegen, und es ist einfach stressfrei. Es ist natürlich auch möglich, die SIM-Karte von zu Hause aus freischalten zu lassen, aber das ist etwas anspruchsvoller. Wie es funktioniert, zeigen wir Ihnen ab Seite 57.

2. Jetzt benötigen Sie das merkwürdige »Zahnstocher-Werkzeug«, das jedem neuen iPhone beiliegt **6**. Sollten Sie ein gebrauchtes iPhone erhalten haben, tut es alternativ auch eine aufgebogene Büroklammer oder eine Stecknadel.

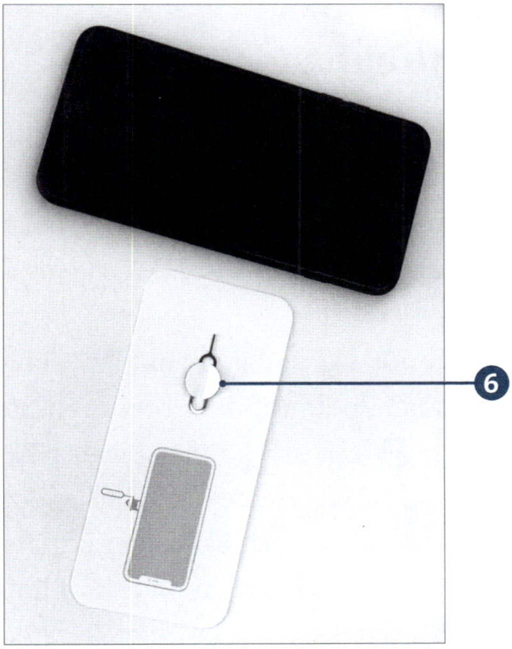

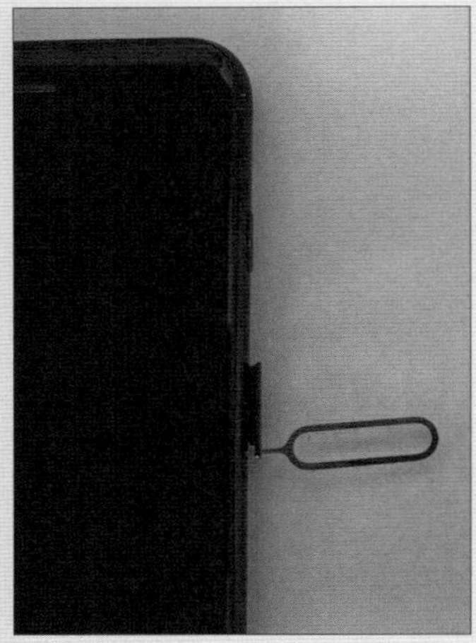

3. Suchen Sie am rechten Rand des Smartphones eine kleine Öffnung. Hier stecken Sie das Werkzeug mit etwas Druck hinein, und wie von Zauberhand öffnet sich der verborgene SIM-Karten-Einschub.

4. Ziehen Sie das kleine Fach vorsichtig vollständig aus dem iPhone heraus ❼, und legen Sie die Nano-SIM ein ❽. Dank der Kerben bzw. Aussparungen gibt es nur eine mögliche Option. Sie können also nichts falsch machen.

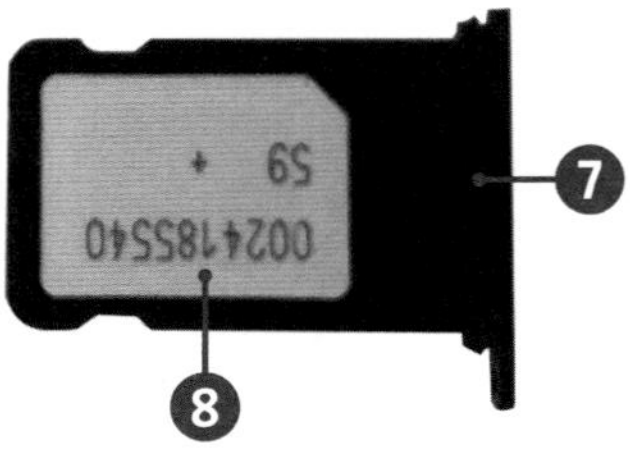

5. Schieben Sie nun den SIM-Kartenhalter vollständig in das iPhone zurück, bis er hör- und fühlbar einrastet. Und damit ist Ihr iPhone einsatzbereit für die nächsten Schritte.

Stecker verbinden

↓

iPhone laden

Das iPhone aufladen

Bei einem neuen Smartphone ist der Akku bereits ein wenig geladen. Trotzdem sollten Sie es nach dem Auspacken mit dem vorhandenen Ladekabel zunächst vollständig aufladen.

Netzstecker

Das Lade- und Datenkabel hat zwei verschiedene Anschlüsse. Das Ende mit dem breiteren Stecker ist der *USB-Anschluss* ❶. Mit ihm können Sie das iPhone an Ihren Computer anschließen und es dort aufladen. Viel schneller geht es, wenn Sie den USB-Stecker in einen passenden Adapter-*Netzstecker* ❷ stecken und Ihr iPhone dann über die normale Steckdose aufladen. Der Netzstecker ist leider nicht mehr bei allen iPhones im Lieferumfang enthalten. Sie können aber jeden beliebigen Adapter verwenden.

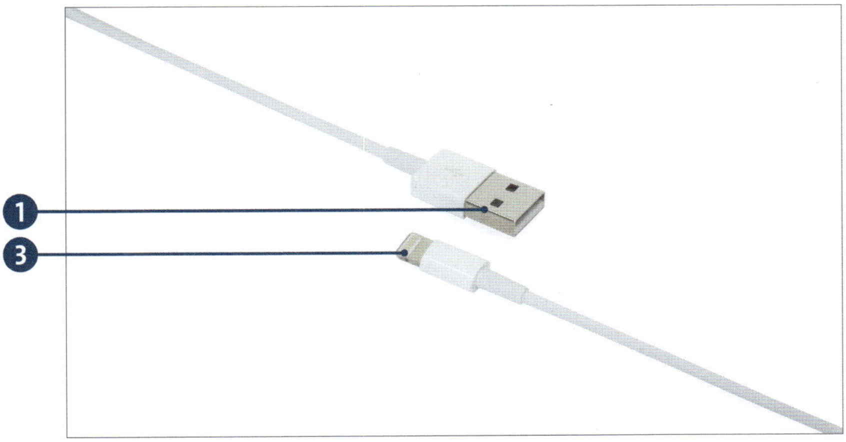

USB- und Lightning-Anschluss (Foto: Shutterstock 667921789 © huan_mb)

Den kleinen Stecker, den sog. *Lightning-Anschluss* 3, stecken Sie unten am iPhone ein 4 – er ist übrigens auf beiden Seiten identisch geformt, Sie können ihn gar nicht verkehrt herum einstecken.

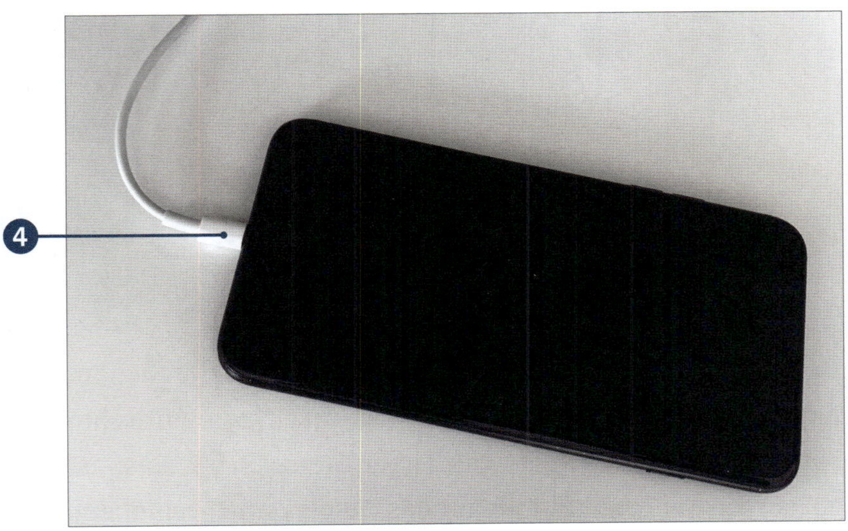

Das kleine Lightning-Kabel wird direkt am iPhone angeschlossen.

Der Ladevorgang startet umgehend, und nach ein bis zwei Stunden ist das iPhone startklar. Es kann sein, dass es sich während des Ladevorgangs schon automatisch einschaltet.

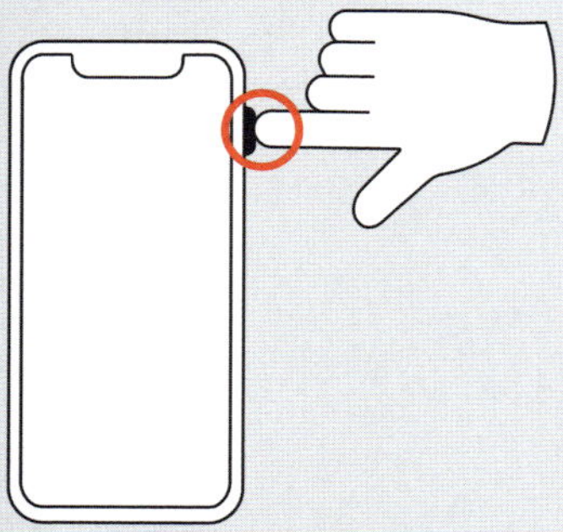

MERKE

Beim iPhone mit Home-Button drücken Sie diesen einmal kräftig.

Beim iPhone mit Gesichtserkennung streichen Sie mit gedrücktem Finger von unten nach oben.

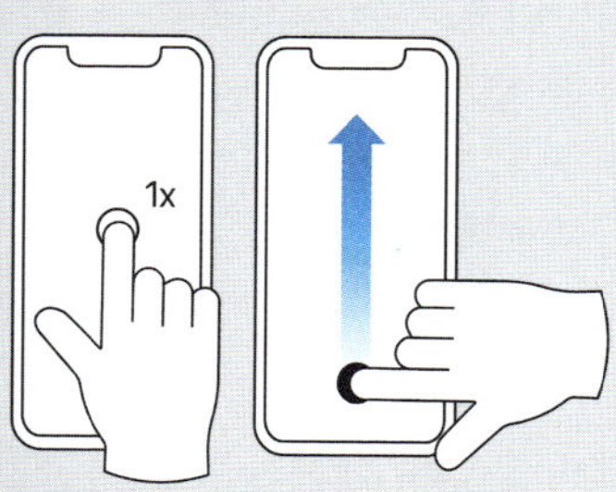

Das iPhone einschalten und dem Einrichtungsassistenten folgen

Sofern sich Ihr iPhone beim Laden nicht schon von selbst eingeschaltet hat, machen Sie das manuell – das funktioniert bei sämtlichen Modellen mit einem längeren Druck auf die *Standby-Taste* rechts oben. Kurz darauf erscheint das Apple-Logo auf dem Bildschirm, und die Einrichtung beginnt.

1. Sie werden mit einem freundlichen **Hallo** in mehreren Sprachen begrüßt ❶. Zum Fortfahren drücken Sie entweder die *Home-Taste* ❷ oder streichen mit einem Finger von unten nach oben.

2. Nun folgt die Auswahl Ihrer Sprache und der Region. Tippen Sie mit einem Finger einmal auf Ihre gewünschte Sprache – für dieses Buch wählen wir **Deutsch** ❸. Ansonsten setzen Sie Ihren Finger auf das Display und »schieben« damit nach oben, bis Ihre gewünschte Sprache erscheint, und tippen dann einmal. Sie gelangen direkt in den nächsten Bildschirm mit der **Region**. Hier möchte Apple wissen, wo Sie sich gerade befinden. Wählen Sie also etwa

Deutschland 4, ansonsten können Sie auch hier mit dem »Fingerschieber« Ihre Region wählen. Tippen Sie die Auswahl einmal an.

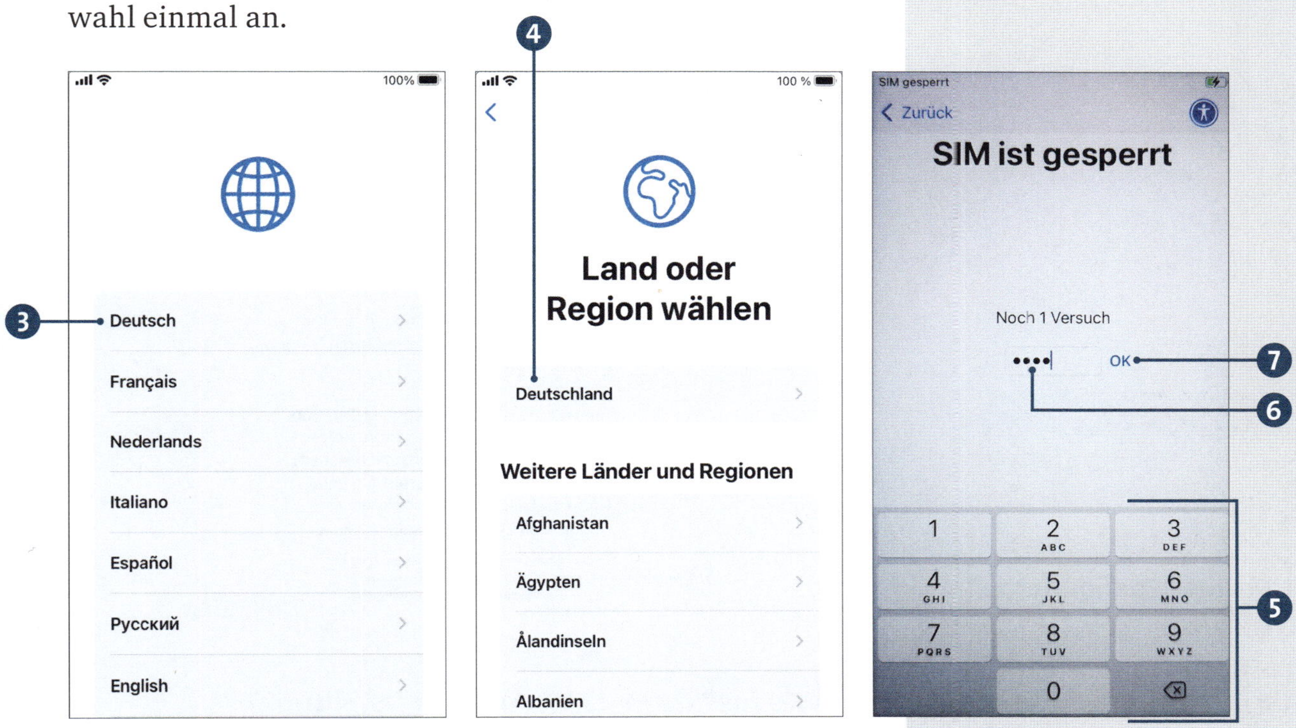

3. Jetzt müssen Sie die PIN Ihrer SIM-Karte eintippen. Sie finden die PIN in Ihren Mobilfunkunterlagen (siehe Seite 32). Nutzen Sie das eingeblendete Tastenfeld 5, und tippen Sie der Reihe nach alle vier Ziffern ein. Die Ziffern erscheinen aus Sicherheitsgründen nur als schwarze Punkte 6. Bestätigen Sie Ihre Eingabe mit einem abschließenden Fingertipp auf **OK** 7. Haben Sie sich vertippt, müssen Sie die Eingabe wiederholen. Beachten Sie, dass das aber insgesamt nur dreimal möglich ist – andernfalls ist die PIN nicht mehr gültig.

4. Den nun eingeblendeten **Schnellstart** müssen Sie überspringen. Tippen Sie auf **Manuell konfigurieren** 8.

Manuell konfigurieren

Sie finden sowohl den WLAN-Namen als auch das Kennwort häufig auf der Rückseite des *Routers* aufgedruckt.

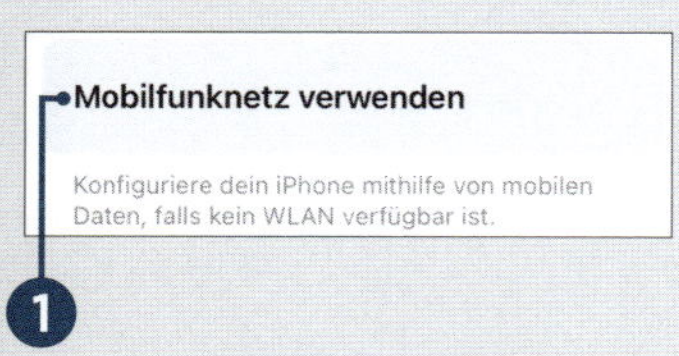

Wie ins Internet? WLAN oder Mobilfunk?

Für die Einrichtung des iPhones muss eine Internetverbindung bereitstehen. Apple schlägt Ihnen hier den Zugang über ein WLAN vor. Haben Sie bereits Internet über DSL oder Kabel bei sich zu Hause, ist dies der beste Weg. Haben Sie das nicht und auch erst jetzt eine neue Smartphone-Karte gekauft, dann müssen Sie bei Freunden bzw. Freundinnen oder Familienmitgliedern vorbeischauen und dort die Einrichtung in deren WLAN vornehmen. Wenn Sie eine bereits aktivierte und funktionierende SIM-Karte besitzen, können Sie auf **Mobilfunknetz verwenden** (1) tippen. Dann nutzt das iPhone das Internet Ihres Mobilfunkvertrags.

5. Nun folgt die Auswahl des Internetzugangs. Das iPhone präsentiert Ihnen zunächst alle verfügbaren WLAN-Zugänge und blendet automatisch alle verfügbaren

Netze ein ❾. Tippen Sie das gewünschte WLAN einmal an; die Bezeichnung kann sowohl ein Name als auch eine Zahlen- oder Buchstabenkombination sein ❿. Sie gelangen anschließend zur Eingabe des Passworts ⓫ in einem neuen Fenster. Dieses müssen Sie mit der Bildschirmtastatur eintippen. Das kann unter Umständen knifflig werden, wenn nicht nur Buchstaben, sondern auch Sonderzeichen oder Ziffern gefragt sind. Falls Sie damit noch nicht vertraut sind, blättern Sie bitte zur Seite 156 vor, wo wir die Bedienung der Tastatur ausführlich erklären. Ein finaler Fingertipp auf **Verbinden** ⓬ startet den Zugang zum Internet. Haben Sie es korrekt eingetippt, erscheint **Weiter** ⓭ rechts oben – tippen Sie den Begriff einmal an.

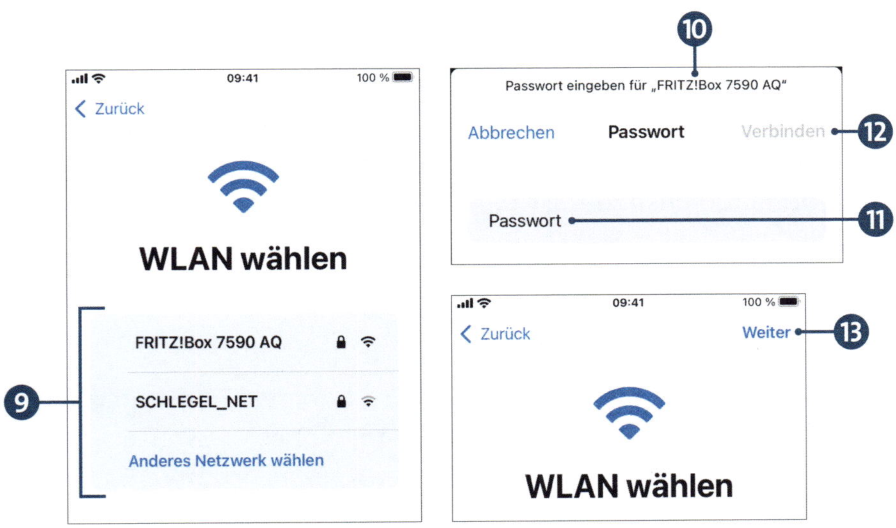

6. Wurde die Verbindung aufgebaut, gelangen Sie nach einer kurzen Aktivierungspause zu einer Seite mit Datenschutzhinweisen. Hier tippen Sie nochmals auf **Weiter** ⓮.

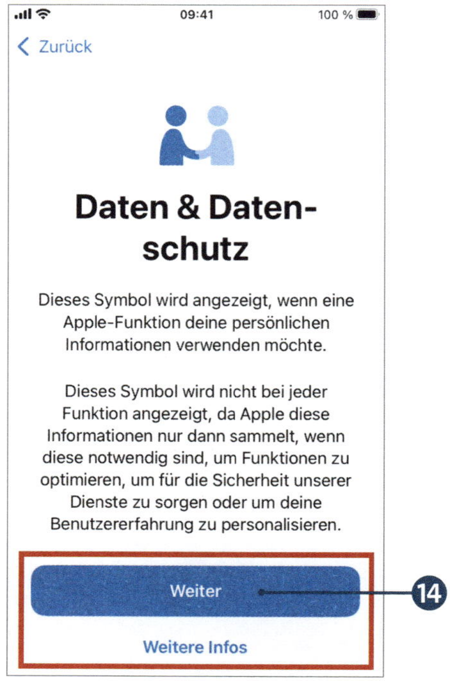

Jetzt müssen wir uns aufteilen: Je nachdem, welches iPhone Sie besitzen, ist der folgende Schritt unterschiedlich.

Face ID – Gesicht statt Passwort

Mit der Face ID entsperren Sie nach erfolgter Einrichtung nicht nur Ihr iPhone, sondern loggen sich ohne Passworteingaben auf Webseiten ein oder kaufen Apps im *App Store*. Das bedeutet viel Komfort, und vor allem müssen Sie sich keine Passwörter mehr merken. Das Verfahren ist sehr sicher, weder eine Zwillingsschwester noch andere nahe Verwandte werden hier mit ihrem Gesicht Erfolg haben. Zudem ist es Face ID auch komplett egal, ob Sie eine Brille tragen oder nicht bzw. auch mal mit oder ohne Brille am iPhone aktiv sind.

Wenn Ihr iPhone per Face ID funktioniert, gehen Sie nun wie folgt vor:

1. Tippen Sie zunächst auf **Fortfahren** ❶, um die Gesichtserkennung zu starten. Nun erscheint ein Bildschirm mit Hinweisen, wie der Vorgang funktioniert ❷ – mit einem Tipp auf **Los geht's** ❸ starten Sie.

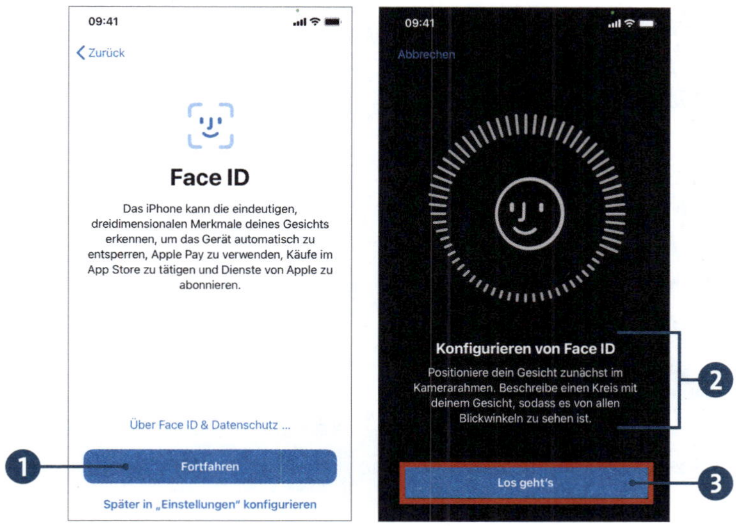

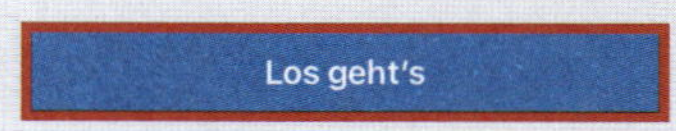

2. Das iPhone sorgt direkt für Gymnastik – drehen und wenden Sie Ihren Kopf gemäß den Vorgaben auf dem Bildschirm ❹, und folgen Sie mit Ihrem Gesicht dem Pfeil ❺.

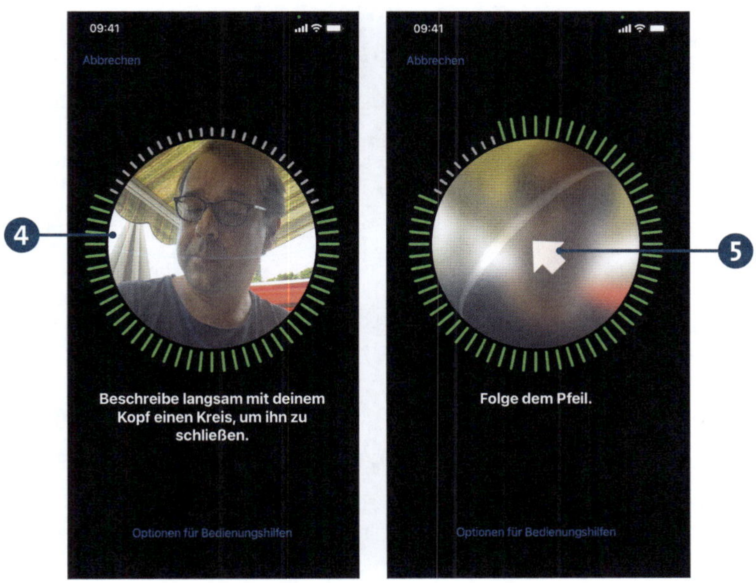

3. Nach kurzer Zeit ist der erste Scan beendet ❻, und Sie dürfen den ganzen Vorgang nochmals durchlaufen, damit die Erkennungsgenauigkeit noch besser wird. Tippen Sie daher auf **Weiter** ❼.

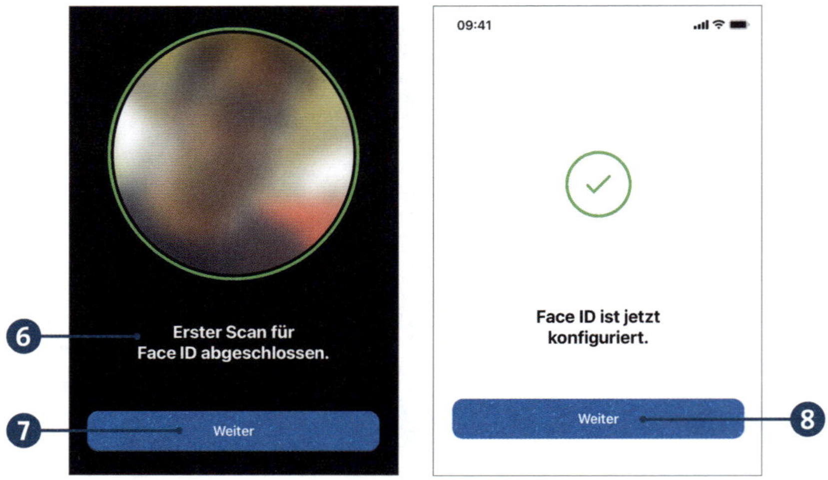

Wenige Augenblicke später ist Ihre Face-ID perfekt eingerichtet. Tippen Sie wie üblich auf **Weiter** ❽, und fahren Sie hier im Buch auf Seite 45 fort.

Wenn Ihr iPhone eine Home-Taste besitzt, wird nun der Fingerabdruck eingerichtet.

Touch ID – passwortfrei unterwegs

Mit der Touch ID entsperren Sie nach erfolgter Einrichtung nicht nur Ihr iPhone, sondern loggen sich ohne Passworteingaben auf Webseiten ein oder kaufen Apps im *App Store*. Das ist sehr komfortabel, vor allem müssen Sie sich keine Passwörter mehr merken.

Wenn Ihr iPhone die Home-Taste besitzt, gehen Sie so vor:

1. Auf Ihrem iPhone erscheint der folgende Bildschirm zur Einrichtung der Touch ID, des Fingerabdrucksensors. In diesem Bildschirm tippen Sie auf **Fortfahren** ❶.

Bei der Einrichtung der Touch ID sollten Ihre Finger nicht frisch eingecremt oder verschwitzt sein, sonst funktioniert der Sensor nicht richtig. Wir empfehlen, dass Sie für die Touch ID den Daumen jener Hand verwenden, mit der Sie das iPhone halten. Sie werden sehen, dass dies die komfortabelste Methode ist.

Freie Fingerwahl bei der Touch ID

Sie können frei entscheiden, mit welchem Finger Ihr iPhone künftig entsperrt wird. Wir präferieren den Daumen, aber Sie können auch gerne den Zeigefinger wählen. Und ob links oder rechts, das ist ebenfalls Ihnen überlassen.

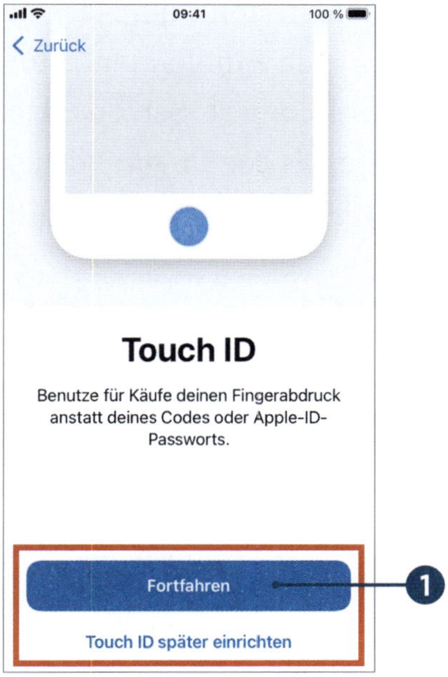

2. Das iPhone gibt Ihnen nun noch den Rat, die Touch ID nur mit sauberen Fingern zu aktivieren. Das ist durchaus ernst gemeint, denn mit feuchten Fingern klappt die Erkennung nicht gut. Tippen Sie auf **OK**.

3. Jetzt legen (nicht drücken!) Sie jenen Finger, den Sie zukünftig für die Touch ID verwenden möchten, auf die Home-Taste. Ihr iPhone quittiert mit einem kurzen Vibrieren sowie durch Einblenden roter Linien **2**, dass die Erkennung funktioniert. Setzen Sie den Finger erneut auf die Home-Taste, bis der Fingerabdruck am *Display*, also auf Ihrem Bildschirm, vollständig gefüllt ist.

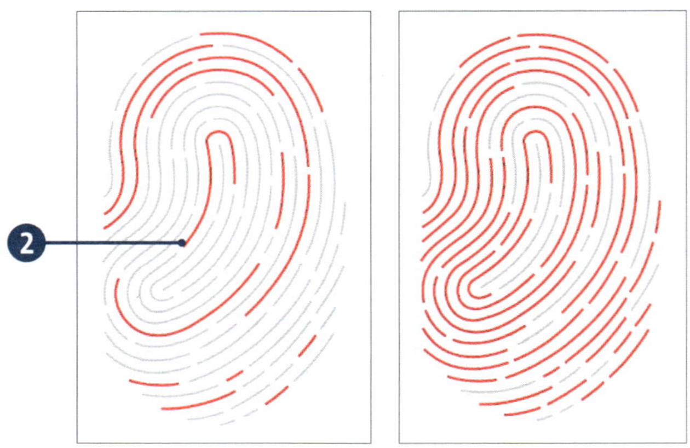

4. Sie gelangen automatisch in den folgenden Bildschirm. Jetzt müssen Sie denselben Finger anders positionieren, damit auch die Ränder des Fingers erfasst werden. So wird später die Erkennung verbessert. Tippen Sie wieder auf **Fortfahren** ③, und legen Sie erneut den Finger mehrfach auf die Home-Taste, dieses Mal aber immer leicht schräg, bis auch hier der Fingerabdruck am Display komplett gefüllt ist. Sie gelangen direkt in den nächsten Abschnitt – hier tippen Sie erneut auf **Fortfahren** ④.

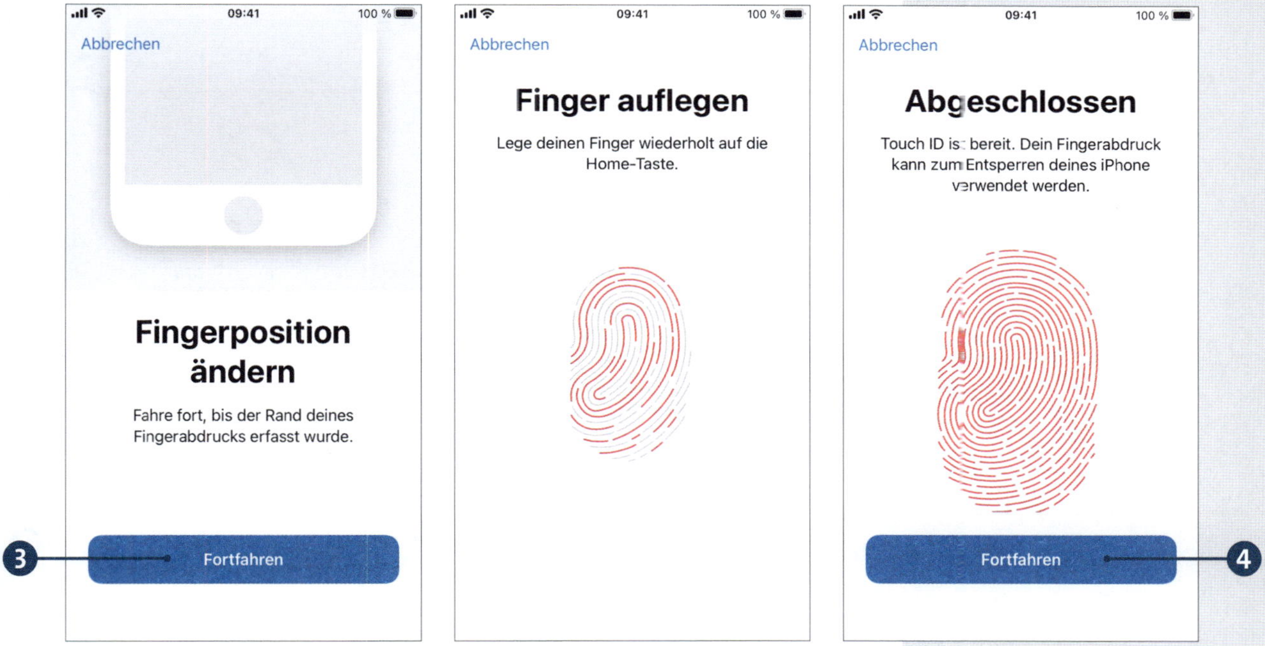

Ab hier geht es für alle iPhone-Besitzer identisch weiter:

Sechsstelligen Sicherheitscode festlegen

1. Neben der Touch ID bzw. Face ID müssen Sie nun noch einen sechsstelligen Code festlegen ①. Damit kann das iPhone ebenfalls entsperrt werden. Nach einem Neustart Ihres Telefons wird zudem immer der Code sicherheitshalber anstelle der Touch bzw. Face ID abgefragt.

Tippen Sie die gewünschte Zahlenkombination über die eingeblendete Tastatur ein. Direkt im Anschluss müssen Sie dieselbe Kombination ein weiteres Mal zur Kontrolle eingeben.

2. Nun bietet Apple Ihnen an, Ihre Daten von einem Mac oder einem anderen iPhone zu übernehmen. Wir gehen aber davon aus, dass Sie »Neuling« sind. In diesem Fall tippen Sie jetzt auf **Keine Apps & Daten übertragen** ❷.

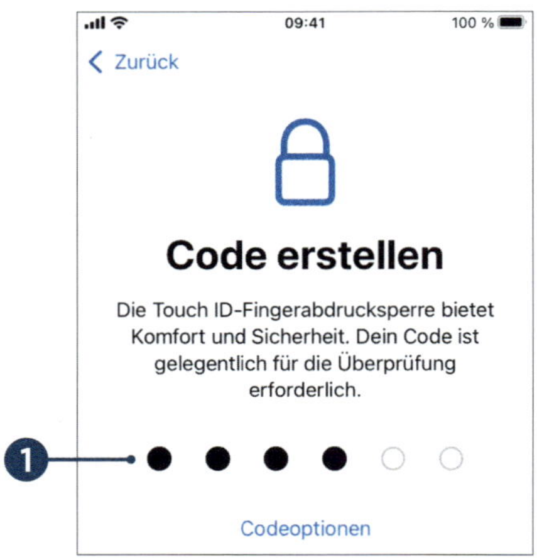

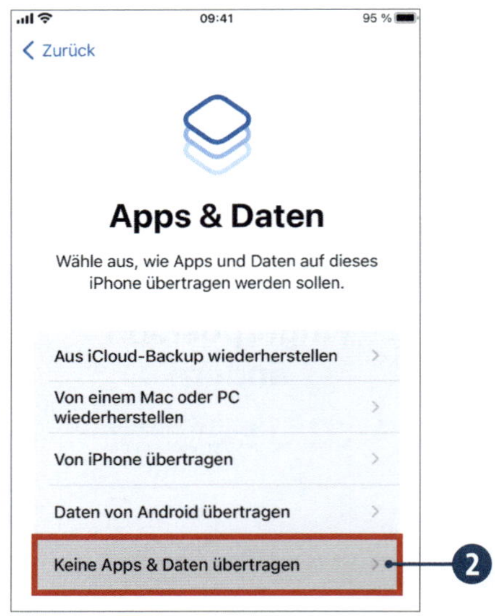

3. Jetzt dreht sich alles um die *Apple-ID*. Haben Sie schon ein Apple-Gerät (einen Mac, ein iPad oder ein iPhone), dann können Sie hier Ihre bereits vorhandenen Daten eingeben ❸ und sich die folgenden Schritte sparen. Da wir aber auch hier davon ausgehen, dass Sie ganz neu in der Apple-Welt sind, zeigen wir Ihnen das Anlegen einer Apple-ID ganz ausführlich. Tippen Sie also auf **Passwort vergessen oder noch keine Apple-ID?** ❹.

Die Apple-ID, das Tor zur Welt

Die Apple-ID ist eine Kombination aus E-Mail-Adresse und Passwort. Ohne sie können Sie das iPhone (eigentlich) gar nicht verwenden. Über die Apple-ID und die sog. *iCloud*, Ihren Datenspeicher im Internet, werden alle Ihre Geräte verbunden und koordiniert. So werden z. B. Fotos, Adressen und Kennwörter auf den verschiedenen Geräten abgeglichen, sofern Sie noch einen Apple-Computer oder ein iPad besitzen. Auch zusätzlicher Speicherplatz im Internet für Bilder oder Dokumente steht hier bereit. Aber auch für die Datensicherung auf Ihrem iPhone benötigen Sie eine Apple-ID (siehe ab Seite 399). Außerdem können Sie per Apple-ID im Fall eines Diebstahls oder Verlusts Ihr Gerät ganz einfach orten und im Notfall sogar komplett sperren. Die Anmeldung ist kostenfrei, nur mehr Speicherplatz kostet Geld. Sollte der knapp werden, erhalten Sie aber eine Meldung auf Ihrem iPhone und können entscheiden, ob Sie mehr Speicher kaufen möchten oder nicht.

Mit der Apple-ID verbinden Sie Ihren Mac-Computer, Ihr iPhone und iPad auf Wunsch ganz unkompliziert miteinander.

4. Tippen Sie auf **Gratis Apple-ID erstellen** ❺.

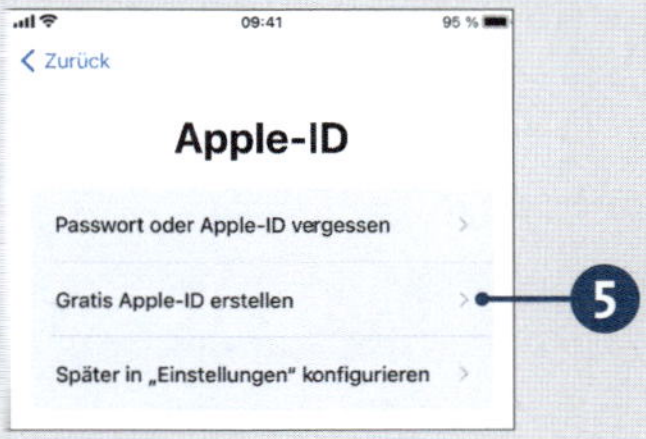

5. Geben Sie zunächst Ihren Vornamen ❻ und dann den Nachnamen ❼ ein. Sie springen nach erfolgter Eingabe mit einem Fingertipp in das nächste Feld.

6. Beim **Geburtsdatum** (8) wird es ungewohnt. Statt es einfach über ein Ziffernfeld einzutippen, müssen Sie wie an einem Spielautomaten die einzelnen »Walzen« auf die richtige Position drehen. Das ist zu Beginn ein wenig knifflig, gelingt Ihnen aber sicher bald. Mit einem Fingerwisch nach oben und unten im jeweiligen Bereich für den Tag (9), Monat (10) und das Jahr (11) bewegen Sie die Rollen. Wenn Sie die virtuellen Rollräder auf das richtige Datum eingestellt haben, tippen Sie erneut auf das Display, um Ihre Auswahl zu fixieren. Tippen Sie dann rechts oben auf **Weiter** (12).

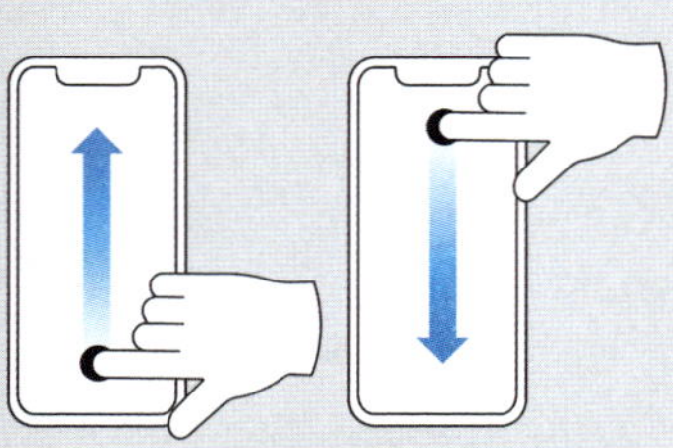

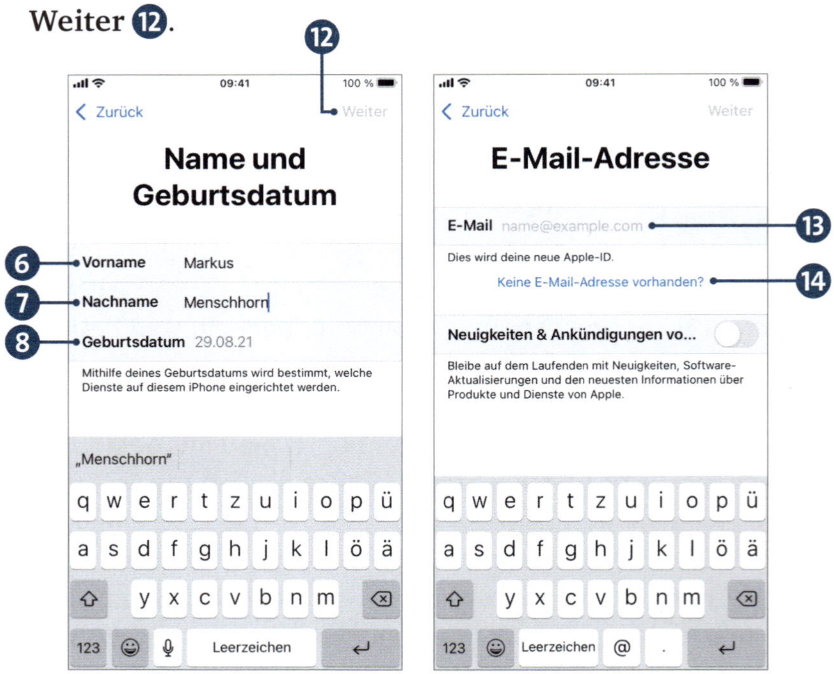

7. Besitzen Sie bereits eine eigene E-Mail-Adresse, tippen Sie diese hier einfach in das entsprechende Feld (13) ein. Sie wird dann künftig auch für alle Apple-Dienste verwendet. Fahren Sie nun mit Schritt 8 auf Seite 51 fort.

Falls Sie noch keine Mail-Adresse besitzen, können Sie diese hier nun anlegen.

1. Tippen Sie im Fenster **E-Mail-Adresse** auf **Keine E-Mail-Adresse vorhanden?** (14 in der Abbildung auf Seite 48).

2. Sie erhalten daraufhin die Möglichkeit, eine kostenlose Apple-E-Mail-Adresse anzulegen. Bestätigen Sie das per Fingertipp auf **E-Mail-Adresse von iCloud erhalten** 1.

3. Nun ist es Ihrer Kreativität überlassen, wie Ihre Mail-Adresse bzw. der erste Teil vor dem @ künftig lautet. Geben Sie diese im entsprechenden Feld ein 2. Wir empfehlen: Nutzen Sie lieber einen seriöseren Namen als »Zuckerbaerle1961«. Wenn Sie allerdings Hans Schmitt oder Petra Müller heißen, wird es meist notwendig sein, ein wenig kreativ zu werden, da dann Ihre Wunschadresse sicher schon vergeben ist. Sie dürfen bei einer E-Mail-Adresse aber keine Umlaute oder Sonderzeichen und auch keine Kommas verwenden.

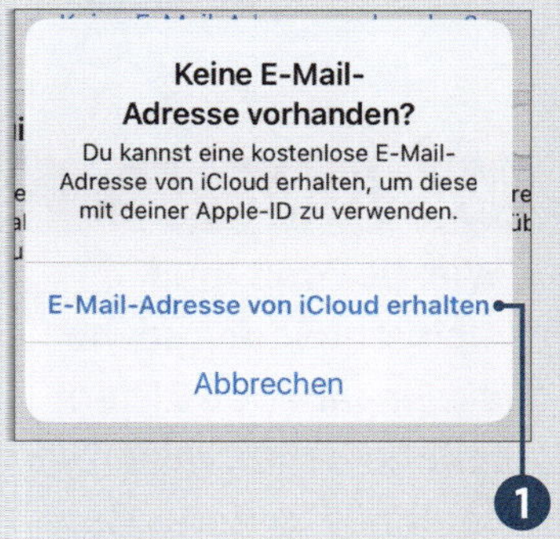

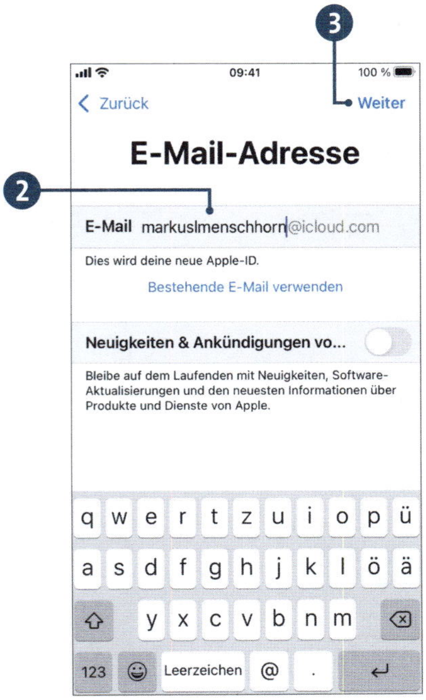

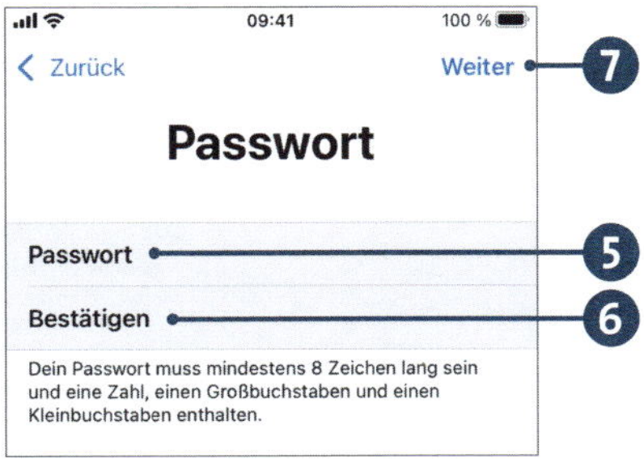

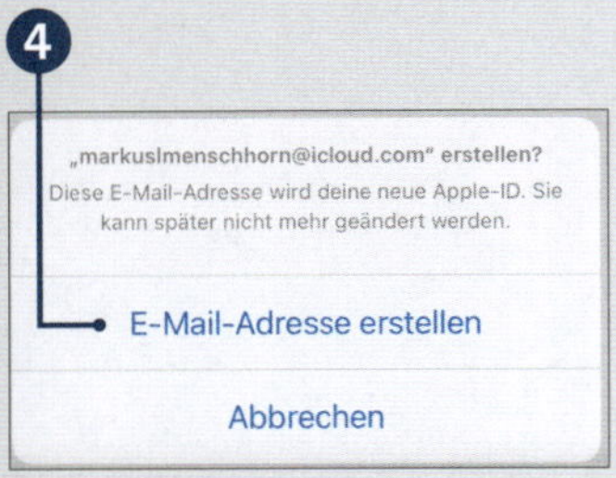

4. »Hans.schmitt1961« ist z. B. problemlos machbar. Die Endung »@icloud.com« können Sie nicht ändern, die gibt Apple immer vor. Sind Sie zufrieden, tippen Sie rechts oben auf **Weiter** ❸ und im neuen Fenster auf **E-Mail-Adresse erstellen** ❹.

WAS TUN?

Wie die Groß- und Kleinschreibung sowie die Eingabe von Ziffern funktionieren, zeigen wir Ihnen ab Seite 156. Hier müssen wir leider etwas vorgreifen.

5. Für Ihre E-Mail-Adresse benötigen Sie nun noch ein Passwort. Legen Sie es im folgenden Fenster fest ❺. Sobald Sie in das Feld tippen, wird die Bildschirmtastatur eingeblendet. Wichtig: Ihr Passwort sollte Groß- und Kleinbuchstaben sowie Ziffern enthalten. Sie müssen es auch noch ein zweites Mal zur Bestätigung eingeben ❻. Tippen Sie danach auf **Weiter** ❼.

6. Zur Verifizierung (also um sicherzugehen, dass Sie wirklich eine neue Mail-Adresse anlegen möchten) wird nun eine Telefonnummer benötigt. Hier sehen Sie Ihre eigene Nummer, die auch auf der SIM-Karte hinterlegt ist. Das ist in unserem Falle perfekt und Sie bestätigen einfach mit einem Fingertipp auf **Fortfahren** ❽.

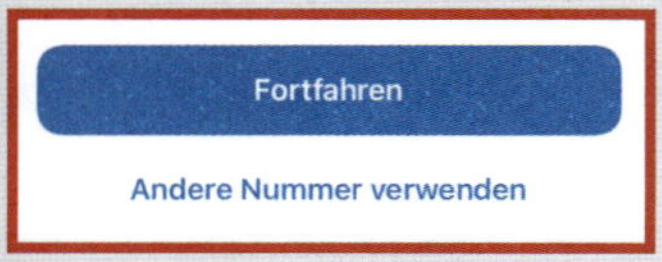

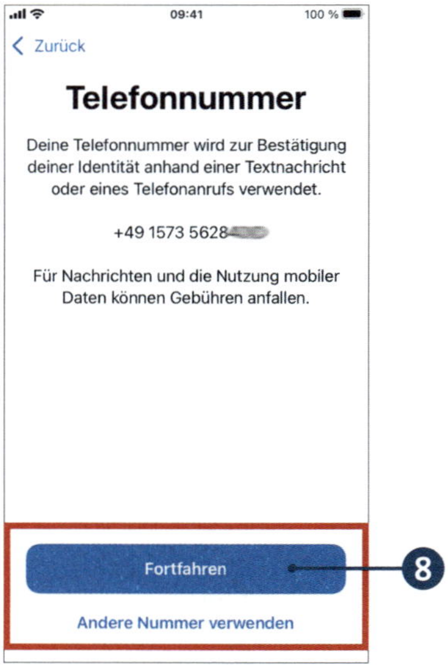

7. Nun müssen Sie gleich hintereinander den *Allgemeinen Geschäftsbedingungen* mit einem Tipp auf **Akzeptieren** ❾ zustimmen.

8. Die folgenden Infos zu *Updates* sind rein informativ. Akzeptieren Sie sie mit einem Fingertipp auf **Fortfahren** ❿.

9. Die *Ortungsdienste* sind im iPhone ein wichtiges Instrument, um Sie später von A nach B zu navigieren, die perfekte Wettervorhersage zu liefern und das beste Restaurant zu empfehlen. Und sollten Sie Ihr Smartphone verlieren, können Sie es dank der Ortungsdienste schnell wiederfinden. Tippen Sie daher hier auf **Ortungsdienste aktivieren** ⓫.

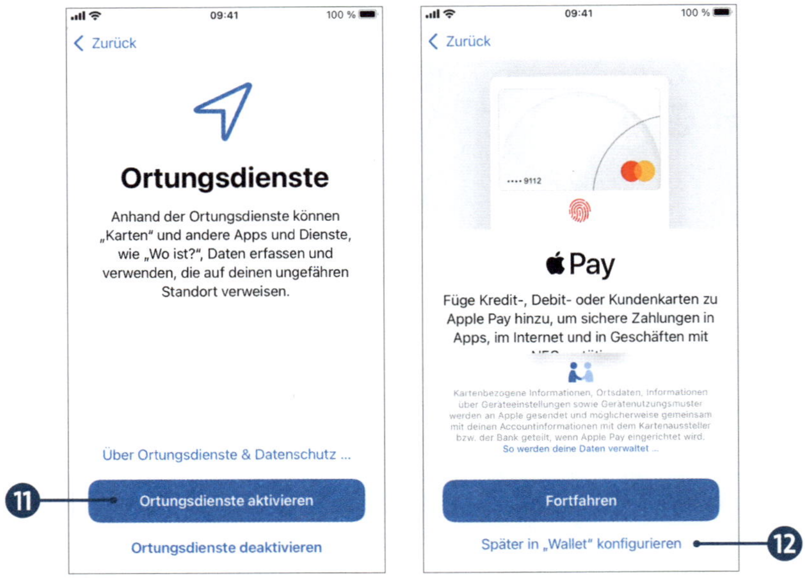

10. Die Einrichtung des Bezahldienstes *Apple Pay* überspringen wir an dieser Stelle, da sie einiges an Fachwissen und vor allem eine Kreditkarte erfordert, die Apple Pay unterstützt. Tippen Sie hier auf **Später in „Wallet“ konfigurieren** ⑫, um diesen Dienst erst mal zu ignorieren. Apple blendet künftig immer wieder ziemlich penetrant einen Hinweis ein, dass man Apple Pay endlich einrichten solle. Das können Sie mit einem Fingertipp auf **Später** ⑬ aber einfach jederzeit abbrechen.

11. Beim *iCloud-Schlüsselbund* ⑭ und bei der Sprachassistentin *Siri* ⑮ dürfen Sie wiederum direkt auf **Fortfahren** tippen.

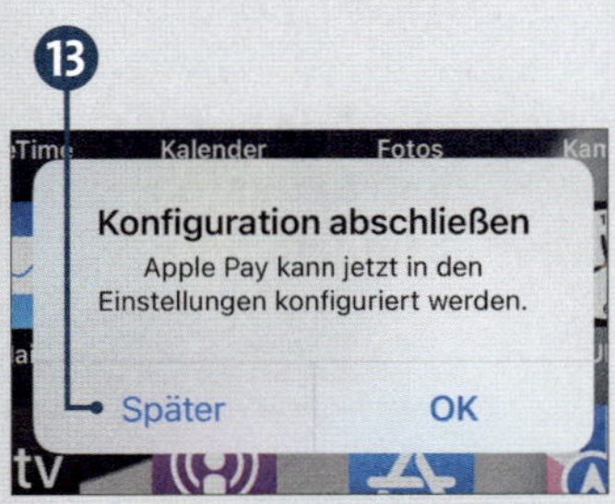

Ziemlich penetrant weist das iPhone immer wieder darauf hin, bitte doch den Bezahldienst Apple Pay zu aktivieren.

Apple Pay konfigurieren

Wenn Apple Sie später öfter daran »erinnert«, die Konfiguration von Apple Pay abzuschließen, tippen Sie einfach auf **Später**, um das störende Fenster auszublenden.

12. Siri wird nun noch konfiguriert. Die praktische Sprachsteuerung wird Ihnen später viel Tipparbeit ersparen. Sie müssen nun ein paar einfache Sätze sprechen, damit Siri Ihre Stimme erkennt. Im Anschluss ist die Sprachsteuerung startklar, und mit einem Tipp auf **Fortfahren** 16 gehen wir in den Endspurt.

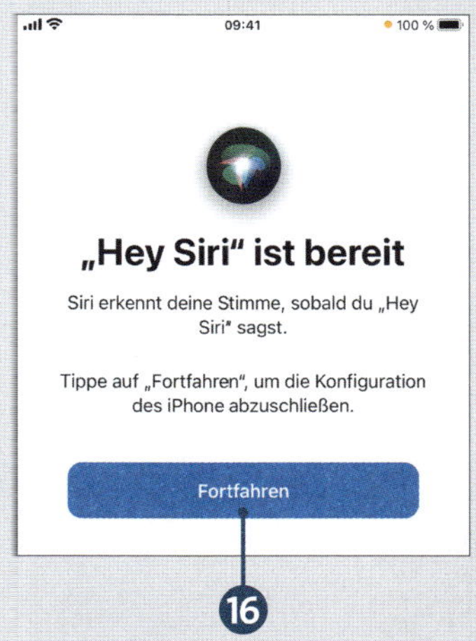

13. Nur bei iPhones mit einem Home-Button erscheint noch der Hinweis, dass Siri alternativ mit gedrückter Home-Taste aktiviert werden kann.

14. Vieles der Apple-Intelligenz basiert auf computerbasiertem Lernen. Daher möchte das iPhone einige Sachen aufzeichnen und auch verwenden. Apple nimmt es mit dem Datenschutz wirklich ernst, daher können Sie in allen der folgenden vier Bildschirme getrost jeweils die blau hervorgehobene Option **17** antippen.

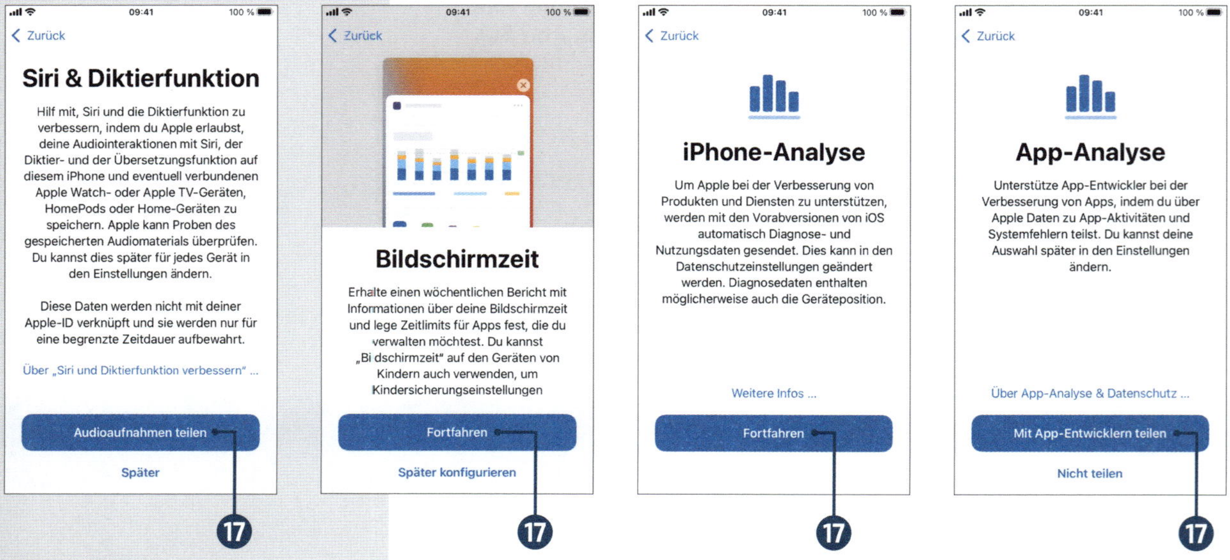

15. Bei neueren iPhones kommt nun noch die Abfrage, ob das **True Tone-Display** eingeschaltet bleiben soll. Bei den Topmodellen ist nämlich ein Display eingebaut, das sich je nach Umgebungslicht verändert. Apple fragt hier also nach, ob das gewünscht ist. Auch hier tippen Sie einfach auf **Fortfahren** ⑱. Haben Sie kein True-Tone-Display, erscheint die Abfrage erst gar nicht.

16. Nach all den Formalitäten geht es nun endlich um Ihr iPhone und wie seine Oberfläche aussehen soll. Bei **Erscheinungsbild** wählen Sie die gewünschte Darstellung aus. Es gibt **Hell** oder **Dunkel**. Egal für was Sie sich entscheiden, Sie können dies später jederzeit ändern (siehe Seite 170). Und wie immer tippen Sie, nachdem Sie einen der Kreise ⑲ angetippt oder die Voreinstellung unverändert belassen haben, auf **Fortfahren** ⑳.

17. Falls Sie die Schrift auf dem Bildschirm zu klein finden, bietet Apple Ihnen den **Anzeigezoom** an. **Standard** ㉑ ist aktiviert, Sie können aber direkt zu **Vergrößert** wechseln, dann ist die Bedienung auch ohne Lesebrille machbar.

Sie werden es kaum glauben: Sie haben die Einrichtung Ihres iPhones geschafft! Sie gelangen direkt in Ihre App-Übersicht 1. Von hier aus starten Sie jede Aktivität.

Damit sind Sie startklar. Ist Ihre SIM-Karte noch nicht aktiviert, dann sollten Sie den folgenden Abschnitt lesen. Anderenfalls können Sie gleich zum folgenden Kapitel ab Seite 65 blättern.

Die SIM-Karte selbst aktivieren

Wie eingangs erwähnt, ist es am komfortabelsten, wenn man Ihnen die SIM-Karte schon beim Kauf im Laden aktiviert. Das ist bei allen sogenannten Guthabenkarten erforderlich, bei denen Sie selbst immer wieder Geld aufladen und nichts auf Ihrem Konto abgebucht wird. Hierfür benötigen Sie Ihren Personalausweis oder Reisepass. Aber auch zu Hause können Sie die Aktivierung problemlos erledigen. Wir zeigen Ihnen das Vorgehen anhand von *ALDITalk*, prinzipiell funktioniert es aber bei allen Anbietern ähnlich.

Folgende Voraussetzungen müssen erfüllt sein:

- Ihr Smartphone wurde komplett eingerichtet, wie im vorangehenden Abschnitt beschrieben.
- Sie besitzen einen gültigen Ausweis.
- Sie sind mit einem WLAN verbunden und können ins Internet.
- Sie haben ein Windows-Notebook oder einen Mac-Computer mit Internetverbindung zur Verfügung. (Der Rechner muss eine Kamera haben!)

1. Starten Sie den Internetbrowser auf Ihrem Computer. Per Smartphone ist es viel zu kompliziert, die SIM-Karte zu aktivieren.

2. Tippen Sie in die Adressleiste »alditalk.de« (bzw. die Web-Adresse Ihres Anbieters) ein **1**, und bestätigen Sie mit der ↵-Taste.

WAS TUN?

Ist Ihnen die Aktivierung zu kompliziert, lassen Sie sich bitte helfen – hier wird Know-how gefordert, das wir erst später Schritt für Schritt vermitteln. Ohne aktivierte SIM-Karte können Sie weder mobil surfen noch telefonieren.

SIM-Karte online registrieren

↓

Video-Identifikation

↓

Karte freischalten

3. Links oben auf der Webseite finden Sie ggf. ein Menü mit drei Querbalken **2**. Durch Anklicken mit der Maus klappt es auf, und Sie sehen die Schaltfläche **SIM aktivieren** **3**. Klicken Sie darauf. Je nach Bildschirmauflösung sehen Sie auch ein breiteres Menü, in dem **SIM aktivieren** noch prominenter gleich oben dargestellt ist.

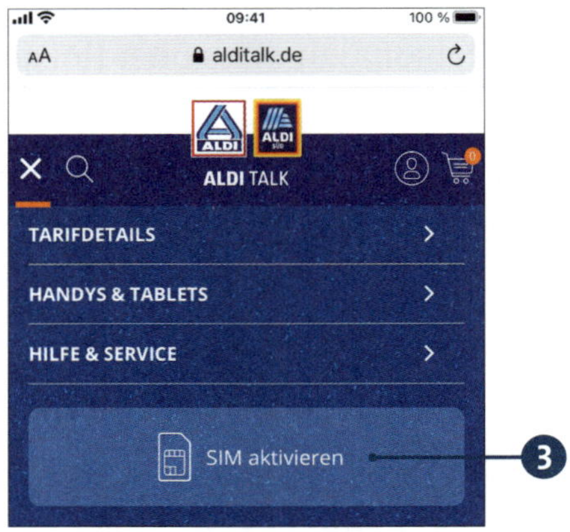

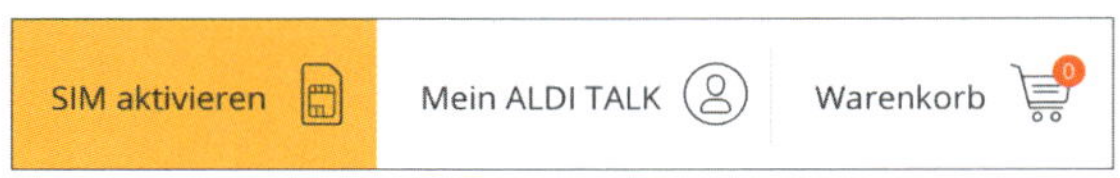

4. Nun wird das Plastikkärtchen mit Ihrer **SIM-Karten-Nummer** **4** und der **PUK2** **5** benötigt. Tippen Sie die Ziffern in die entsprechenden Felder ein, und klicken Sie auf **weiter** **6**.

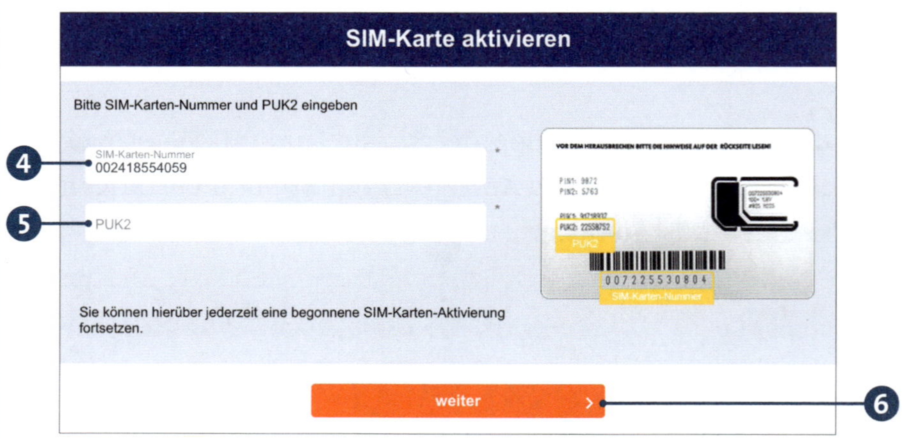

5. Im nächsten Schritt klicken Sie auf **Registrierung starten**.

6. Jetzt wird es »amtlich«: Füllen Sie die Felder mit Ihren Ausweisdaten ❼ und Ihren Kontaktdaten ❽ aus.

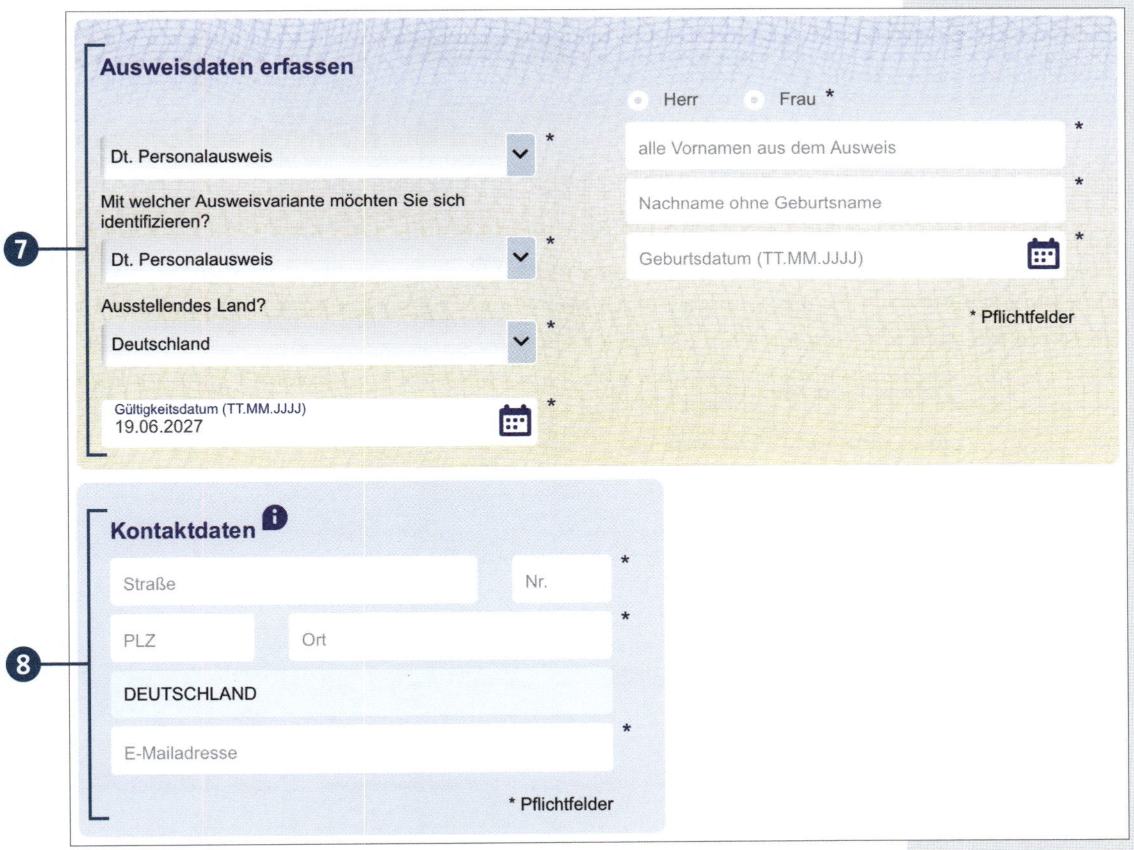

7. Sie müssen in diesem Bereich auch gleich einen Tarif wählen. Beachten Sie hierzu unsere Tipps aus Kapitel 2, »Welcher Mobilfunktarif ist der richtige?«, ab Seite 25. Wir entscheiden uns bei diesem Anbieter für das **Paket M**. Mit einem Klick auf **Daten speichern und weiter** gelangen Sie zur nächsten Seite.

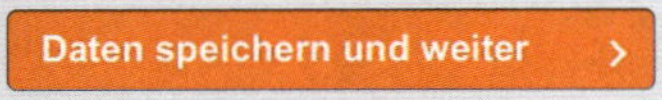

8. Nun müssen Sie noch das Kleingedruckte akzeptieren. Sie müssen zwar immer der Datenschutzerklärung und den Geschäftsbedingungen (AGB) zustimmen und per Klick einen Haken setzen **9**; Newsletter und Werbeanrufe sind aber optional **10**, das haken Sie besser nicht an.

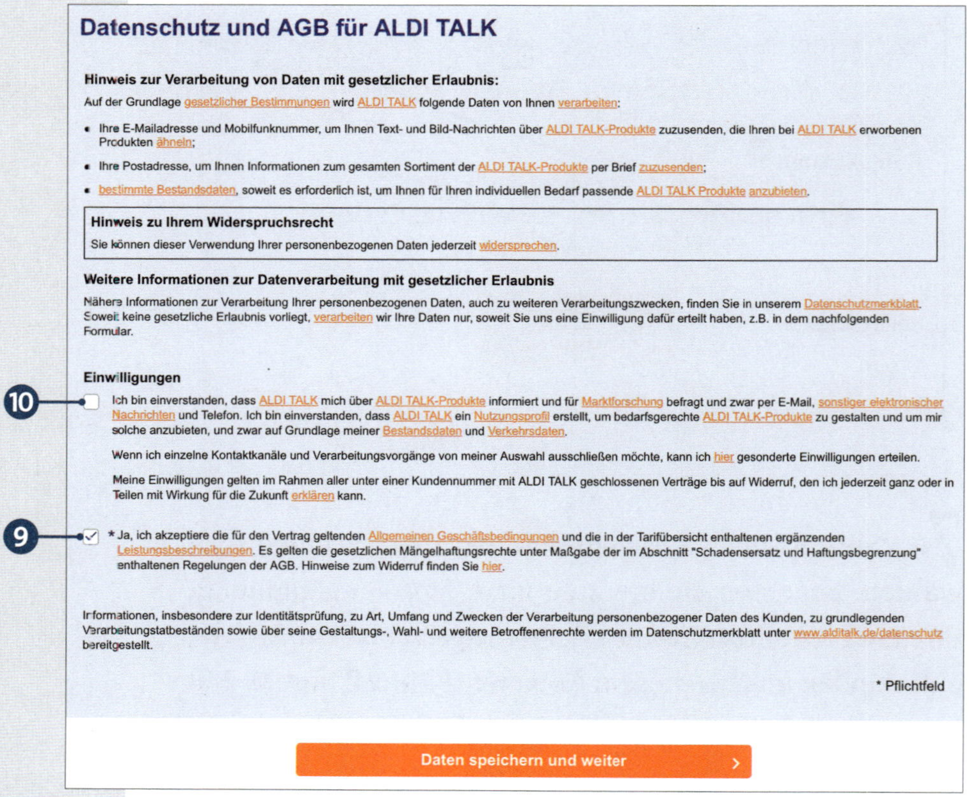

9. Im Anschluss geht es zur *Video-Identifizierung*. Klicken Sie zunächst auf die orangefarbige Schaltfläche. Dadurch gelangen Sie zum Startbereich dieses Vorgangs. Wählen Sie hier **Zur Video-Identifizierung** ⑪, und klicken Sie im folgenden Bildschirm auf **Identifikation starten** ⑫.

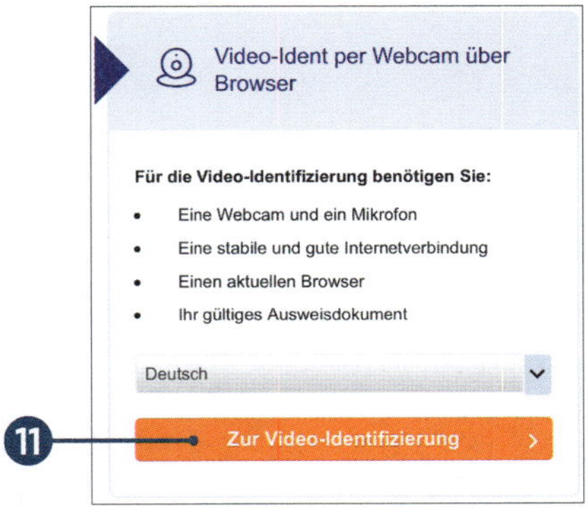

10. Jetzt müssen Sie wählen, welches Ausweisdokument Sie vorliegen haben. Danach gelangen Sie zum eigentlichen Vorgang.

11. Sie müssen nun Ihren Ausweis mit der *Webcam* (der Kamera) Ihres Computers fotografieren. Achten Sie darauf, dass alles gut lesbar ist, und klicken Sie dann auf **Vorderseite aufnehmen** ⑬. Rechts daneben sehen Sie die Aufnahme – passt alles, klicken Sie auf **Weiter** ⑭ und machen das Ganze noch mit der Rückseite.

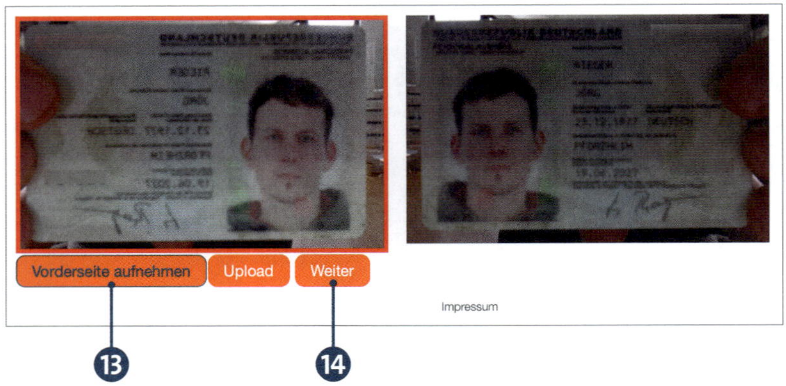

12. Nun wird eine Verbindung zum Service-Center mit der Video-Identifikation aufgebaut. Gegebenenfalls verlangt Ihr Internetbrowser eine Freigabe für Webcam und Mikrofon; das müssen Sie natürlich zulassen ⑮.

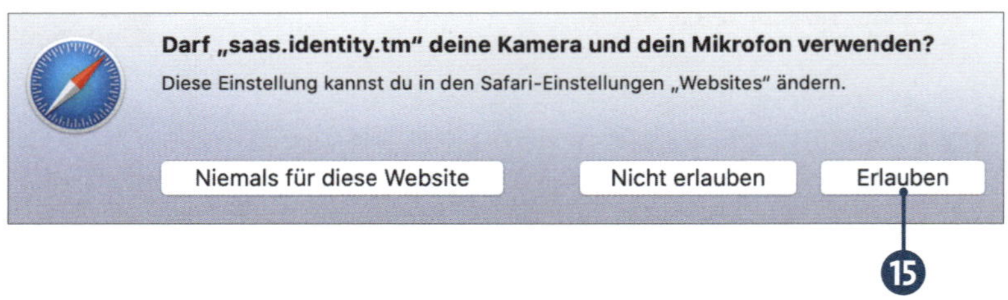

13. Bei diesem Vorgang wird eine Mitarbeiterin oder ein Mitarbeiter ⑯ Sie bitten, Ihren Ausweis lesbar neben sich zu halten. So wird verglichen, ob die Angaben auf dem Ausweis mit dem fotografierten Dokument und Ihren Angaben übereinstimmen. Keine Sorge, diese Leute machen das Hunderte Male am Tag – Sie müssen nicht aufgeregt sein.

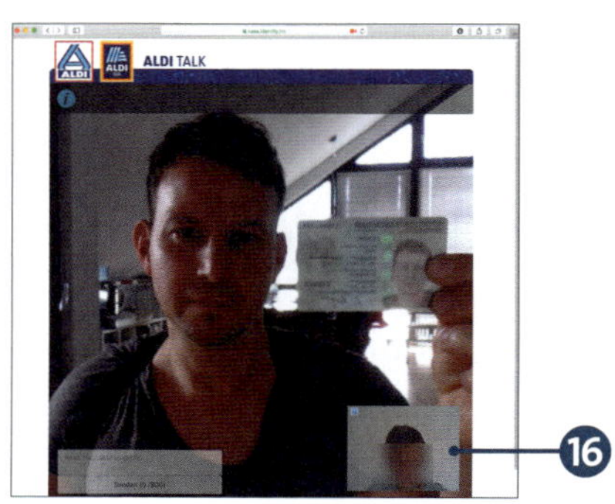

14. Hat alles geklappt, erhalten Sie einen abschließenden Hinweis.

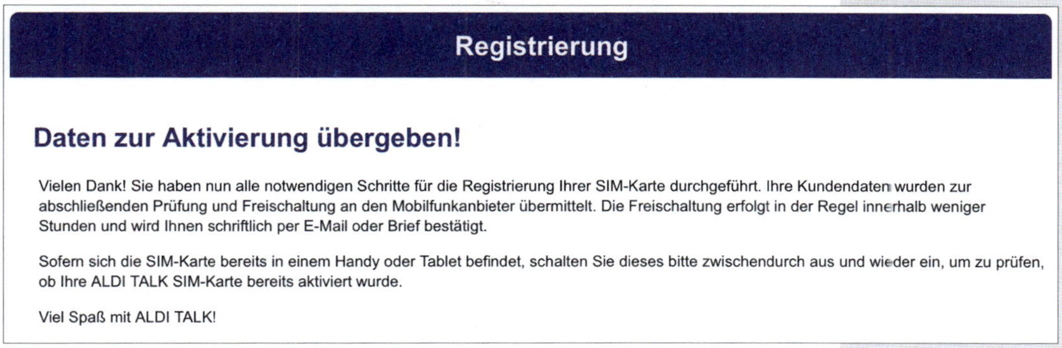

Registrierung

Daten zur Aktivierung übergeben!

Vielen Dank! Sie haben nun alle notwendigen Schritte für die Registrierung Ihrer SIM-Karte durchgeführt. Ihre Kundendaten wurden zur abschließenden Prüfung und Freischaltung an den Mobilfunkanbieter übermittelt. Die Freischaltung erfolgt in der Regel innerhalb weniger Stunden und wird Ihnen schriftlich per E-Mail oder Brief bestätigt.

Sofern sich die SIM-Karte bereits in einem Handy oder Tablet befindet, schalten Sie dieses bitte zwischendurch aus und wieder ein, um zu prüfen, ob Ihre ALDI TALK SIM-Karte bereits aktiviert wurde.

Viel Spaß mit ALDI TALK!

Ihre Telefonnummer ist dann in wenigen Stunden einsatzbereit. Dazu wird Ihnen noch eine separate E-Mail zugesandt.

Damit die Telefonnummer funktioniert, ist in den meisten Fällen ein Neustart des iPhones notwendig. Wie das geht, zeigen wir ab Seite 65 – blättern Sie bitte kurz dorthin.

Hat alles geklappt, sehen Sie links oben am iPhone anhand des Balkens für die Empfangsstärke **17** und an dem Namen des Netzbetreibers **18**, dass Sie nun wirklich startklar sind.

KAPITEL 4

Lauter, leiser, stumm, an und aus – die Knöpfe und Schalter am iPhone

Nun haben Sie es geschafft: Die aufwendige Prozedur, das iPhone das erste Mal in Betrieb zu nehmen, haben Sie hinter sich gebracht, das iPhone liegt in Ihrer Hand und Ihr Blick streift über die App-Übersicht, den *Home-Bildschirm* (siehe Seite 56). Nun fragen Sie sich womöglich, wie Sie Ihr iPhone wieder aus- bzw. erneut einschalten, vielleicht auch, wie Sie Ihr Gerät später bei einem Konzertbesuch stummschalten können, und vor allem, was es mit den Knöpfen und Tasten am Gehäuserand auf sich hat. Zudem haben Sie in den vorigen Kapiteln bereits erfahren, dass es auch noch einige digitale Schalter gibt, die für die grundlegende Bedienung wichtig sind. Diesen und einigen weiteren Fragen gehen wir in diesem Kapitel auf den Grund.

So schalten Sie das iPhone komplett aus – und wieder ein

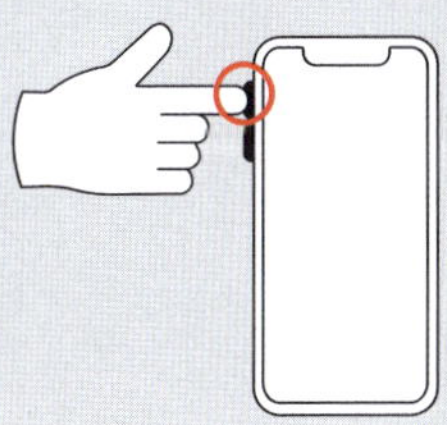

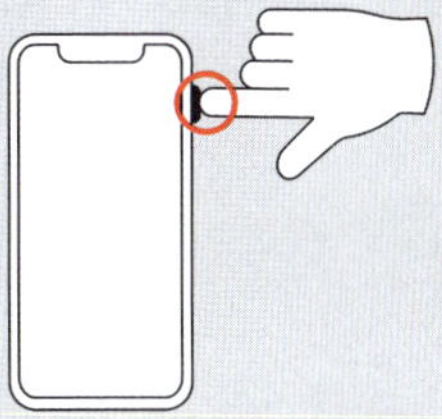

Drücken Sie zugleich die Taste auf der rechten Seite (die Taste zum Ein- und Ausschalten bzw. *Standby-Taste*) und die obere Taste auf der linken Seite Ihres iPhones (die *Lauter-Taste*) etwas länger. Dies ist sowohl bei einem iPhone mit Face ID als auch bei einem mit Touch ID möglich.

MERKE

Bei einem iPhone mit Touch ID genügt auch nur ein Drücken auf die Standby-Taste Ihres iPhones, um es danach auszuschalten. Allerdings erscheint dann das **SOS**-Feld ❸ nicht auf Ihrem Bildschirm.

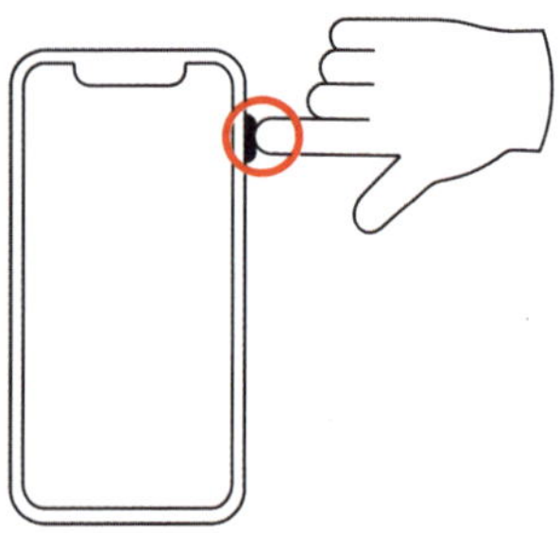

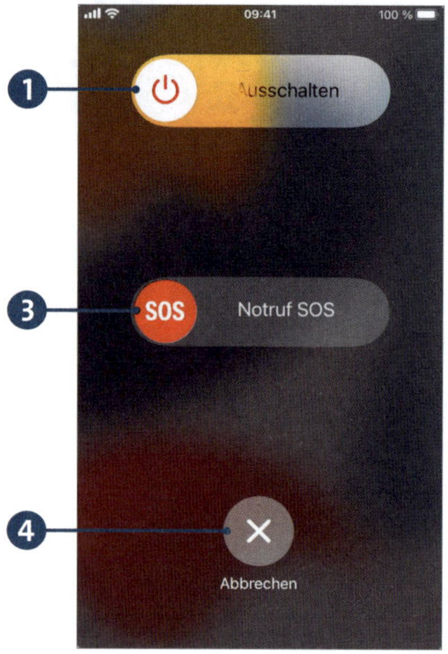

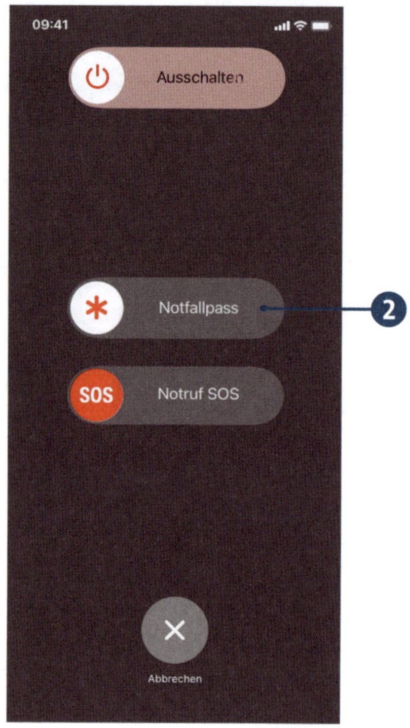

Daraufhin erscheinen drei Felder:

❶ **Ausschalten**: Damit schalten Sie Ihr iPhone aus.

❷ **Notfallpass**: Lesen Sie dazu den folgenden Kasten.

❸ **Notruf SOS**: Wenn Sie dieses Feld aktivieren, werden Sie sofort mit dem länderübergreifenden Notrufsystem unter der Nummer 112 verbunden.

❹ **Abbrechen**: Wenn Sie auf diese Schaltfläche tippen, brechen Sie den Ausschaltvorgang ab.

Notfallpass

Sie können auf Ihrem iPhone einen *Notfallpass* mit wichtigen Daten anlegen, der dann auch auf dem Bildschirm angezeigt wird. Der Sinn dieser Maßnahme ist: Auch ohne Ihren Entsperrcode zu kennen, kann man im Notfall hier alle wichtigen Infos finden. (Lesen Sie dazu auch die entsprechende Schrittanleitung ab Seite 342.)

Um das Telefon nun auszuschalten, setzen Sie den Finger auf das Feld **Ausschalten** (1 auf Seite 66), und zwar auf den weißen Punkt mit dem Ausschalten-Symbol, und ziehen Sie ihn mit gedrücktem Finger nach rechts.

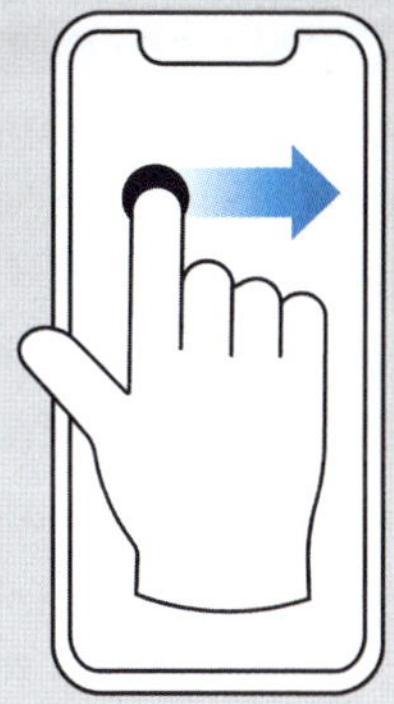

Das iPhone schaltet sich nun aus, und Sie sehen einen schwarzen Bildschirm. Um das Gerät wieder einzuschalten, gehen Sie wie folgt vor:

1. Drücken Sie so lange auf die Standby-Taste auf der rechten Seite Ihres iPhones, bis das weiße Apfel-Symbol erscheint. Nach wenigen Sekunden sehen Sie den *Sperrbildschirm*. Tippen Sie nun mit dem Finger auf den Balken im unteren Bereich Ihres iPhones 1, und wischen Sie nach oben. Beim iPhone mit Home-Taste müssen Sie diese einmal drücken und gelangen direkt zu einem Bildschirm, der die Eingabe Ihres sechsstelligen Entsperrcodes verlangt 2. Tippen Sie nun mithilfe der eingeblendeten Tasten Ihren Code ein.

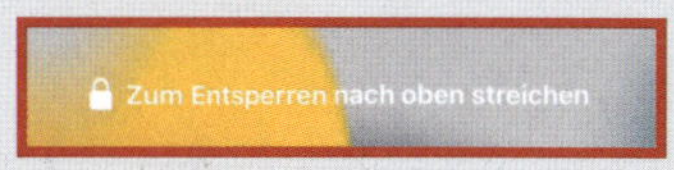

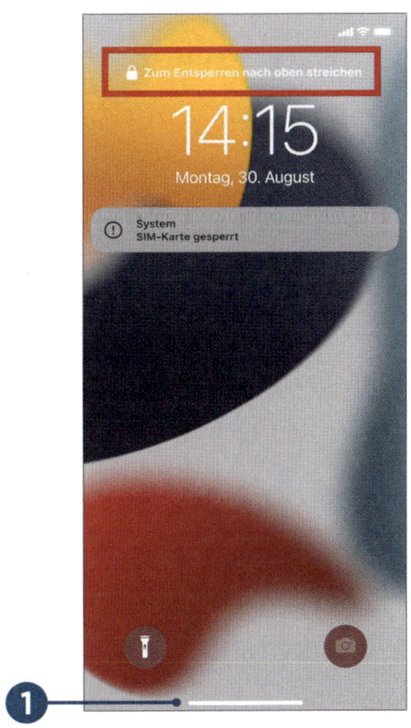

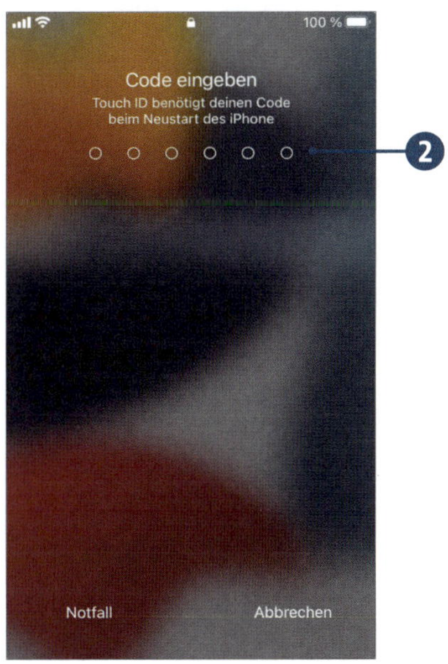

ACHTUNG!

Verwechseln Sie den Entsperrcode, den Sie bei der Einrichtung festgelegt haben, bitte nicht mit dem Code Ihrer SIM-Karte! Das ist ein häufiger Fehler, der oft passiert, wenn man etwas aufgeregt ist.

2. Jetzt folgt ein Bildschirm, der Ihnen mitteilt, dass die SIM-Karte noch nicht entsperrt ist. Hier ist nun die Eingabe der vierstelligen PIN aus Ihrem Mobilfunkvertrag erforderlich ❸. Doch Vorsicht: Sie haben nur drei Versuche. Nach drei falschen Eingaben wird aus Sicherheitsgründen eine PUK-Nummer verlangt. Auch diese finden Sie in den Unterlagen Ihres Mobilfunkanbieters.

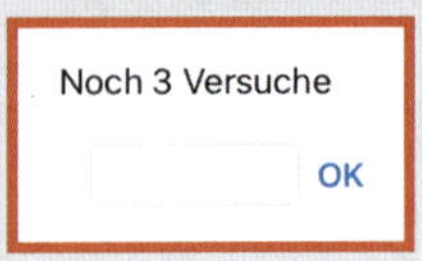

Sobald Sie die PIN eingegeben haben, erscheint das Feld **OK** ❹ in Blau. Tippen Sie nun darauf, und schon ist Ihr Telefon wieder eingeschaltet und einsatzbereit.

Standby-Betrieb

Wenn Sie Ihr iPhone nicht nutzen und es zur Seite legen, schaltet der Bildschirm nach 30 Sekunden auf Schwarz, und Ihr Gerät befindet sich im sog. *Standby-Modus*. Das spart Energie und schützt vor allzu neugierigen Blicken und unbefugter Benutzung.

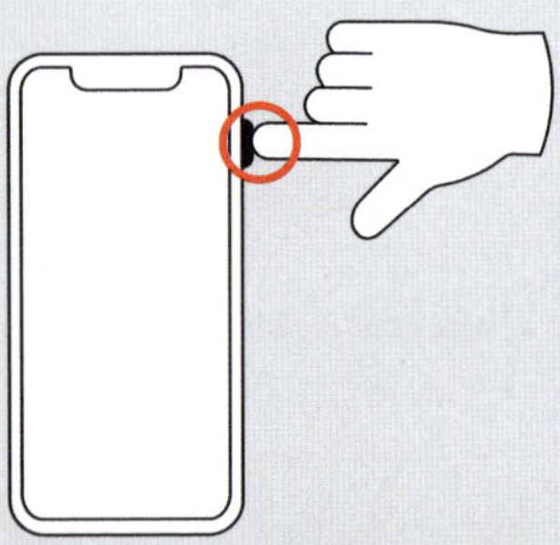

Sie können Ihr iPhone auch selbst in den Standby-Modus versetzen. Drücken Sie dazu kurz (also nicht so lange wie beim Ausschalten) auf den Standby-Schalter auf der rechten Seite Ihres iPhones.

Um Ihr iPhone wieder aus seinem Nickerchen heraus zu aktivieren, nehmen Sie Ihr iPhone mit Face ID einfach in die Hand und halten es vor Ihr Gesicht – schon ist es wieder aktiviert bzw. zeigt zunächst den Sperrbildschirm an. Um auf den Home-Bildschirm zu gelangen, setzen Sie einen Finger auf den Balken im unteren Bereich des Bildschirms 1 und wischen nach oben. Bei einem iPhone mit Touch ID legen Sie Ihren Finger auf die Home-Taste unten am Gerät und drücken einmal darauf: Der Sperrbildschirm erscheint. Wenn Sie dann noch einmal die Home-Taste betätigen, sehen Sie auch schon Ihren Home-Bildschirm mit den Apps.

MERKE

Alternativ wecken Sie jedes iPhone auf, indem Sie die Standby-Taste rechts oben einmal kurz drücken. Dann erscheint der Sperrbildschirm.

MERKE

Das Entsperren erfolgt beim iPhone mit Face ID durch die Gesichtserkennung und beim iPhone mit Touch ID durch Erkennen Ihres Fingerabdrucks beim zweiten Drücken auf die Home-Taste. Sollte dies nicht gelingen, verlangt das Gerät die Eingabe Ihres sechsstelligen Codes, um das Gerät zu entsperren.

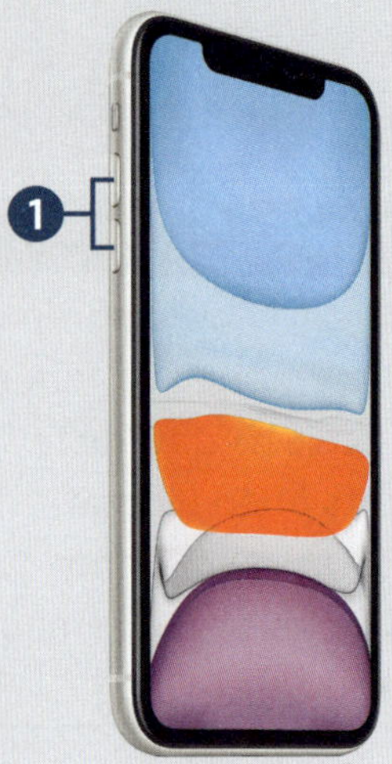

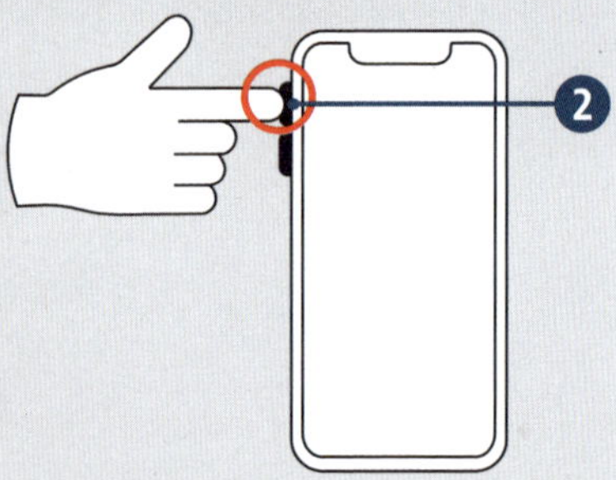

Die Lautstärkeregler

Für die Regulierung des Lautsprechers finden Sie auf der linken Seite Ihres Geräts zwei »echte« Schalter ❶. Drücken Sie auf den oberen ❷, wird die Lautstärke erhöht, drücken Sie auf den unteren, wird sie gesenkt. Das ist sowohl bei Telefongesprächen als auch bei der Wiedergabe von Musik sehr praktisch. Das iPhone zeigt Ihnen übrigens grafisch eine kleine Skala an, welche Lautstärke eingestellt ist; diese wird teilweise groß ❸ oder kompakt ❹ angezeigt.

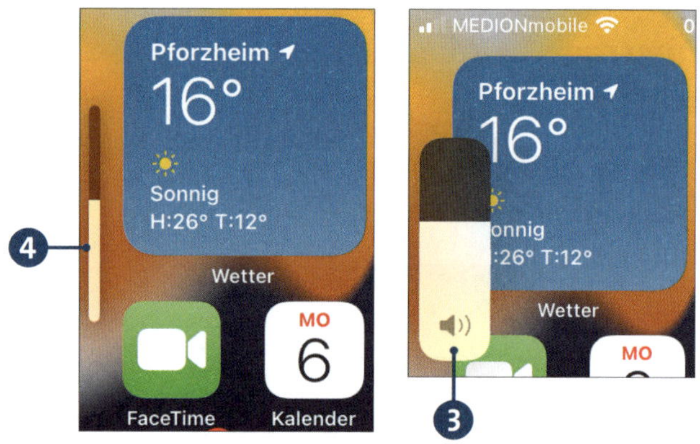

Der Sperrbildschirm – die dunkle Macht mit versteckten Schaltern

Auch wenn Sie Ihr iPhone gar nicht entsperrt haben, bietet das Gerät Ihnen einige nützliche Funktionen, die wir Ihnen nun vorstellen. Diese Funktionen werden nicht durch Schalter außen am Telefon aufgerufen, sondern intern über Wischgesten.

Das iPhone ist ein hervorragender Fotoapparat. Folglich lässt sich die *Kamera*-App direkt vom Sperrbildschirm für den schnellen Schnappschuss aufrufen. Ab Seite 211 zeigen wir übrigens im Detail, was Sie mit dieser App alles machen können. Hier nur ein kleiner Vorgeschmack:

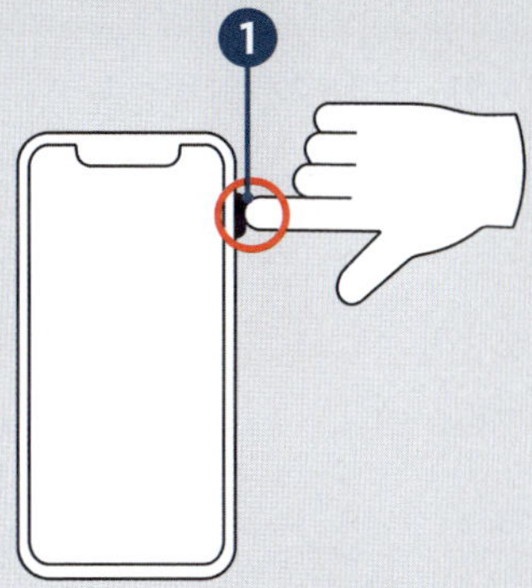

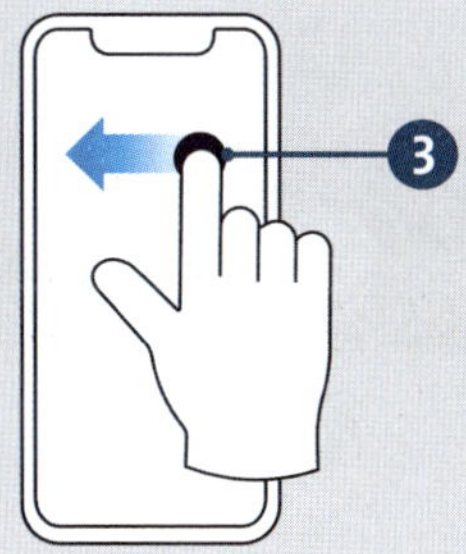

1. Den Sperrbildschirm blenden Sie über die rechte Taste an Ihrem iPhone ein ❶. Sehen Sie nun das winzige Kamerasymbol ❷ ganz unten? Damit ist die Kamera startklar. Sie müssen allerdings nicht an dieser Stelle, sondern im oberen Drittel des Sperrbildschirms ❸ von rechts nach links wischen, um die Kamera zu aktivieren.

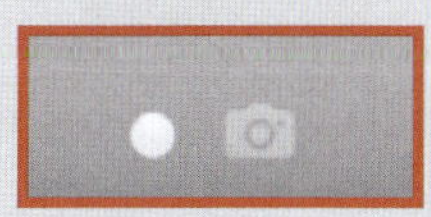

2. Automatisch wird die Kamera auf der Rückseite Ihres Geräts eingeschaltet, und Sie sehen das Bild, das die Kameralinse einfängt, auf Ihrem Bildschirm ❹ – in unserem Fall ein Blick in den Schwarzwald vom Balkon von Autor Jörg Rieger.

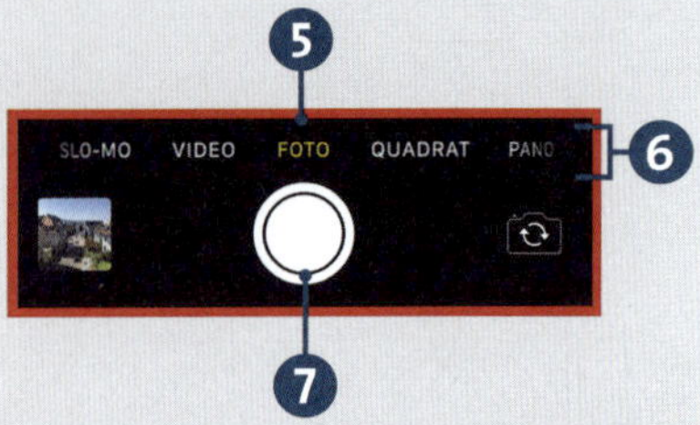

3. Die Funktion **Foto** ❺ sollte automatisch eingestellt sein. Ist das nicht der Fall, setzen Sie den Finger auf die Zeile, in der Sie die Einstellungen für den Bildmodus vornehmen können ❻, und schieben sie nach links oder rechts, bis **Foto** gelb unterlegt ist.

4. Um nun ein Foto zu schießen, tippen Sie einmal kurz auf die weiße Schaltfläche im unteren Bildschirmbereich. Das ist der Auslöser ❼.

Schon ist Ihr Foto erstellt und auch gleich in der *Fotos*-App gespeichert.

ACHTUNG!

Tippen Sie den Auslöser wirklich nur kurz an – wenn Sie länger darauf drücken, geht das iPhone in den »Dauerfeuer«-Modus und erstellt so lange Dutzende Serienaufnahmen, bis Sie den Finger wieder heben.

5. Sie erkennen das Foto, das Sie gerade gemacht haben, auch im kleinen Fenster links neben dem Auslöser **8**. Dort ist übrigens immer das zuletzt aufgenommene Foto sichtbar.

Jedes iPhone mit anderer Kamera-App?

Wir haben uns mal den Spaß gemacht, mit iPhone XR, iPhone 7 Plus und 8 das gleiche Bild aufzunehmen. Und wie Sie sehen – überall ist die Kamera-App ein wenig unterschiedlich. Apple platziert aber je nach Modell und Bildschirmgröße die Icons zum komfortablen Zugriff an anderer Stelle. Und je nach Modell haben Sie mehr Möglichkeiten – auch diese sind dann natürlich zusätzlich vorhanden. Aber keine Sorge, die Grundfunktionen sind immer identisch. Wir wollen nur darauf hinweisen, dass unter Umständen Ihre Kamera-App etwas anders aussieht als hier gezeigt.

6. Um die Kamera zu beenden, tippen Sie bei einem iPhone mit Face ID in den unteren Bereich Ihres iPhones und wischen mit dem Finger leicht nach oben. Bei einem iPhone mit Home-Taste drücken Sie einmal auf die Home-Taste, um die Kamera auszuschalten.

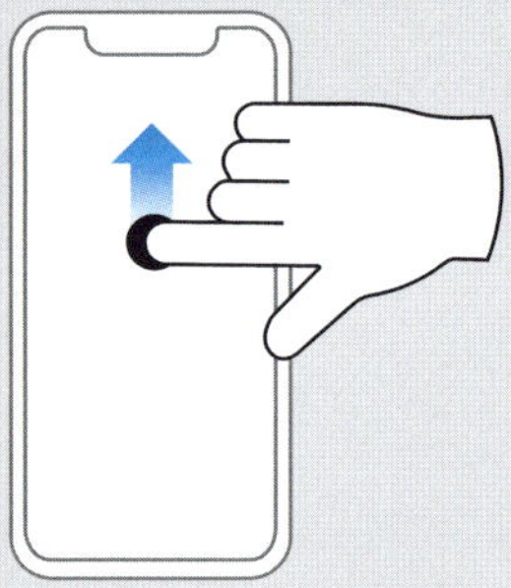

Mitteilungszentrale aufrufen:

Im Sperrbildschirm hat sich noch eine weitere Funktion versteckt, die sog. *Mitteilungszentrale*. Diese rufen Sie auf, indem Sie von der Mitte des Sperrbildschirms nach oben wischen. Hier sind sämtliche aktuell aufgelaufenen Informationen von verschiedenen Apps versammelt. In unserem Beispiel sind das

1. eine Nachricht,
2. eine *WhatsApp*-Nachricht,
3. eine Nachricht von der Ebay-Kleinanzeigen-App – es scheint, als ob die Garage endlich geleert wird –,
4. die Erinnerung der Abnehm-App, doch bitte mal wieder reinzuschauen,
5. ein Fotorückblick der Foto-App,
6. Navigationsinfos der *Google-Maps*-App,
7. weitere Infos verschiedener Apps (Klammer),
8. Infos zur *Bildschirmzeit*, wie viele Stunden man mal wieder in Facebook oder auf YouTube damit verbracht hat, Katzenvideos zu schauen.

Per Fingertipp auf einen der Bereiche gelangen Sie in die jeweilige App. Sollten mehrere Nachrichten aus derselben App vorliegen, sehen Sie per Fingertipp zunächst alle News ausgeklappt:

MERKE

Wenn Sie die Informationen in der Mitteilungszentrale löschen, bleiben diese trotzdem in der jeweiligen App bestehen. Sie löschen nur die Auflistung.

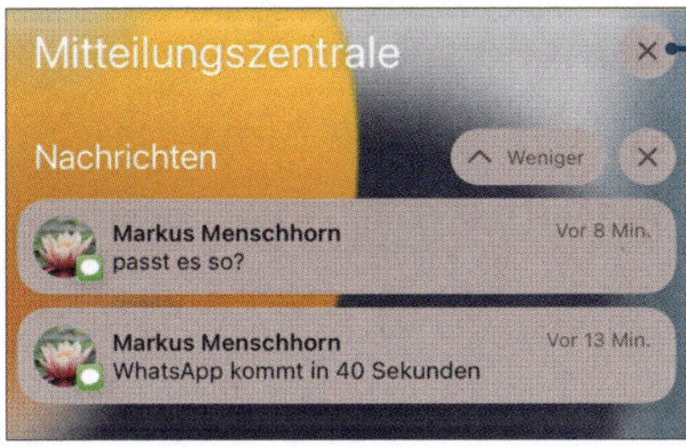

Aktuell wollen wir aber nur aufräumen und nicht mehr an all das erinnert werden – ein Fingertipp auf das **X** 9 neben dem Begriff **Mitteilungszentrale** entfernt die gesamten Mitteilungen aus diesem Bildschirm. Sie müssen das nur noch einmal mit einem Tipp auf Entfernen 

bestätigen.

Die Mitteilungszentrale zu verlassen, ist leider nicht möglich, zumindest nicht auf logischem Weg. Möchten Sie zum Sperrbildschirm zurück, bleibt nur der Weg, das iPhone über die Standby-Taste mit einem kurzen Drücken auszuschalten und dann wieder den Sperrbildschirm zu aktivieren.

Wenn Sie sich nicht mehr ganz sicher sind, wie der Wechsel vom Standby-Modus zum Sperrbildschirm und schließlich zum Home-Bildschirm funktioniert, lesen Sie noch einmal ab Seite 68 nach.

Doch damit nicht genug – der Sperrbildschirm hält noch mehr parat. Hier können Sie auch die sogenannten *Widgets*, einen praktischen Werkzeugkasten auf Ihrem iPhone, aufrufen.

Widgets auf dem Sperrbildschirm aufrufen:

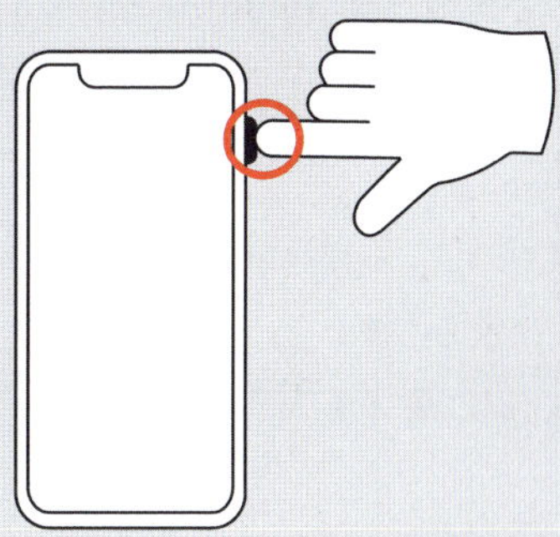

1. Ausgangsbasis ist auch hier wieder der Sperrbildschirm. Falls Sie aktuell den Bildschirm mit Ihren Apps sehen, drücken Sie kurz rechts oben auf die Standby-Taste Ihres iPhones. Aktivieren Sie dann den Sperrbildschirm, entweder indem Sie das Telefon kurz in die Hand nehmen oder indem Sie die Home-Taste drücken.

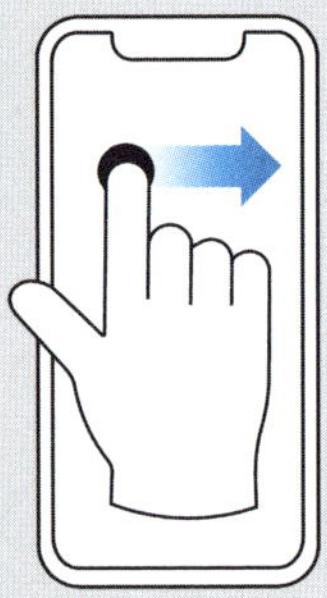

2. Mit einem beherzten Fingerwisch von links im unteren Drittel des Bildschirms nach rechts holen Sie die Widgets auf Ihr Display. Hier finden Sie eine bunte Sammlung nützlicher Werkzeuge. Diese Sammlung kann je nach iPhone-Modell und installierten Apps und Nutzung des iPhones variieren:

1. Foto-Momente mit einigen zufälligen Bildern aus Ihrer Sammlung
2. aktuelle Termine – da heute Sonntag ist, liegt glücklicherweise nix an
3. das Wetter
4. der Batterieladezustand
5. die Karten-App
6. ein Einblick in die Nutzung Ihres iPhones (die *Bildschirmzeit*); in unserem Fall waren es heute nur 56 Minuten

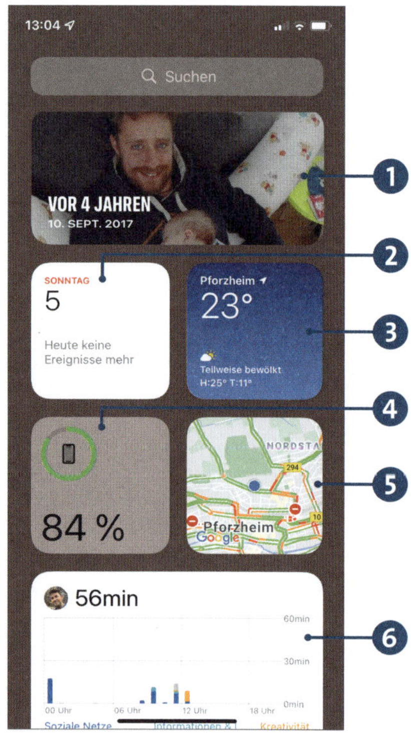

Wie bei der Mitteilungszentrale gilt: Ein Fingertipp auf das jeweilige Feld öffnet die dazugehörige App.

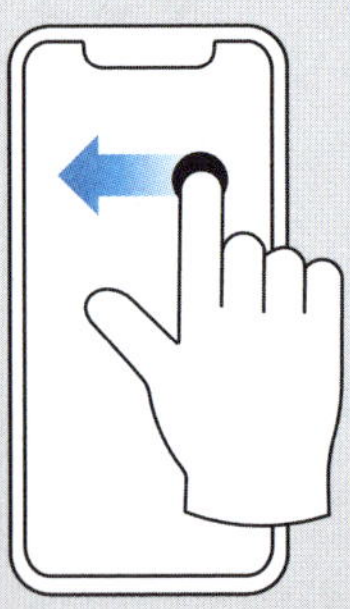

Möchten Sie die Widgets verlassen, legen Sie Ihren Finger auf das Display und wischen von rechts nach links.

Das Kontrollzentrum aufrufen

Doch damit nicht genug – vom Sperrbildschirm aus können Sie auch eine mächtige Kommandozentrale aufrufen, mit der viele kleine Funktionen Ihres iPhones gesteuert werden. Im Grunde genommen ist das ein Werkzeugkasten mit vielen Basisfunktionen. Im weiteren Verlauf des Buches gehen wir immer wieder darauf ein. Daher zeigen wir hier kurz, wie Sie es im Sperrbildschirm aufrufen und direkt praktisch verwenden. Tatsächlich werden wir nämlich hier nun eine Taschenlampe aktivieren – damit Sie das Schlüsselloch an der Tür auch in stockfinsterer Nacht finden.

1. Aktivieren Sie den Sperrbildschirm, wie schon beschrieben, über die rechte Taste an Ihrem iPhone.

2. Das *Kontrollzentrum* blenden Sie am iPhone mit Face-ID mit einem Fingerwisch aus der rechten oberen Ecke nach unten ein. Mit Touch-ID wischen Sie vom unteren Rand des iPhones in die Displaymitte.

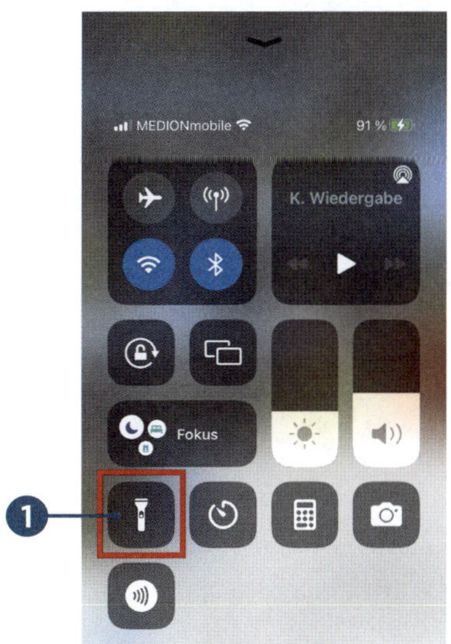

Kontrollzentrum aufrufen

↓

Taschenlampe einschalten

↓

Leuchtstärke einstellen

↓

Taschenlampe ausschalten

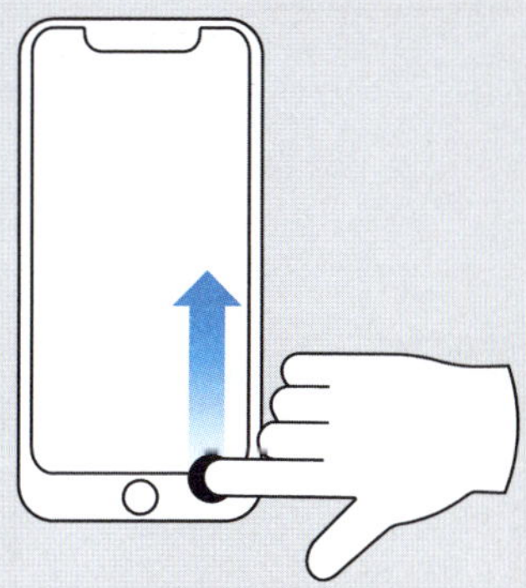

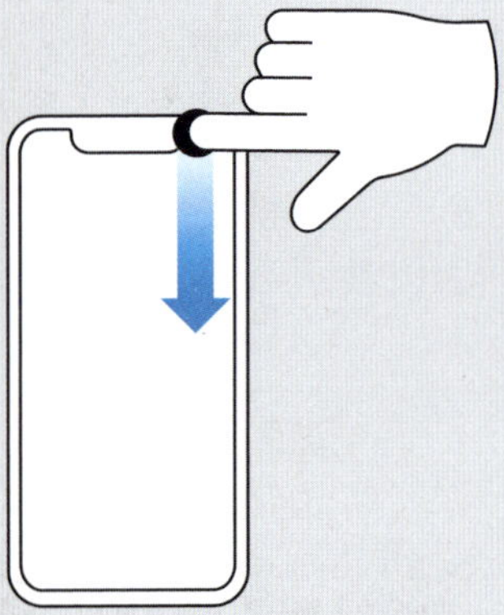

3. Hier finden Sie jede Menge verschiedener Schaltflächen – im Detail gehen wir im Buch immer wieder darauf ein, wenn diese relevant werden. Schauen Sie auch gerne dazu in Kapitel 10 ab Seite 169 nach. Aktuell interessiert uns das Taschenlampensymbol **1**. Tippen Sie es einmal an.

4. Auf der Vorderseite Ihres iPhones wird der Kamerablitz nun zur ultrahellen Taschenlampe. Mit einem erneuten Fingertipp auf dieselbe Schaltfläche wird die Taschenlampe wieder ausgeschaltet.

5. Schalten Sie die Taschenlampe erneut ein und drücken Sie etwas länger auf die Schaltfläche. Nun erscheint ein Regler **2**. Schieben Sie in diesem Bereich mit dem Finger nach oben und nach unten, um die Leuchtstärke zu regulieren.

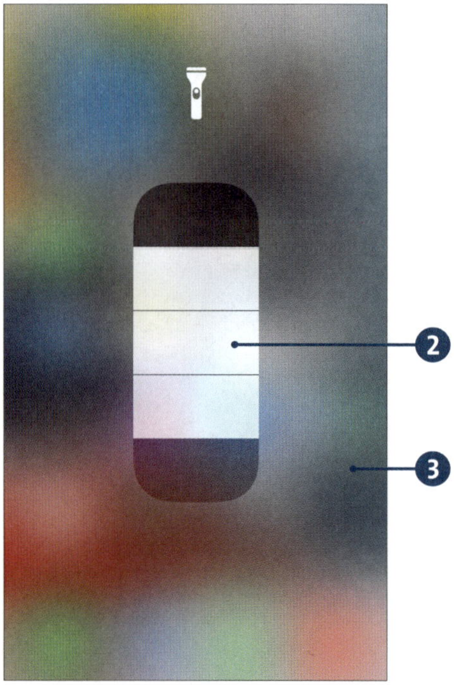

MERKE

Die Taschenlampe im iPhone ist praktisch, damit finden Sie auch bei Nacht jedes Schlüsselloch. Sie verbraucht aber viel Energie. Daher sollten Sie mit der Verwendung insbesondere dann sparsam sein, wenn der Akku schwach ist.

6. Mit einem Fingertipp außerhalb des Reglers ❸ gelangen Sie wieder zurück ins Kontrollzentrum.

7. Vergessen Sie nicht, mit einem Fingertipp die Taschenlampe nach Gebrauch wieder auszuschalten.

8. Das Kontrollzentrum verlassen Sie mit einem Fingerwisch von oben nach unten.

Die eingeschaltete Taschenlampe ist hell unterlegt.

Home-Taste ist gleich Home-Taste

Die Entwickler des iPhones haben es sich in den 2000er-Jahren zum Ziel gesetzt, ein Telefon zu entwickeln, das nahezu ohne »echte« Tasten auskommt. Dies ist ihnen auch gelungen. Im Jahr 2007 kamen die ersten iPhone-Modelle auf den Markt. Sie zeichneten sich dadurch aus, dass sie mit nur einem Knopf zu bedienen waren – die *Home-Taste* war geboren. Damit gelangt man immer wieder zum Home-Bildschirm zurück. Diese Home-Taste hat sich bis heute in einigen Modellen wie dem iPhone SE erhalten und besitzt mittlerweile, wie Sie auf den vergangenen Seiten schon mehrfach gelesen haben, einen Fingerabdrucksensor ❶.

Die meisten iPhones kommen aber mittlerweile ohne diese Taste aus und werden durch die Face ID, also die Gesichtserkennung, entsperrt. Bei diesen Geräten ist eine virtuelle Home-Taste in Form eines Balkens an der unteren Seite des iPhone-Bildschirms zu sehen ❷.

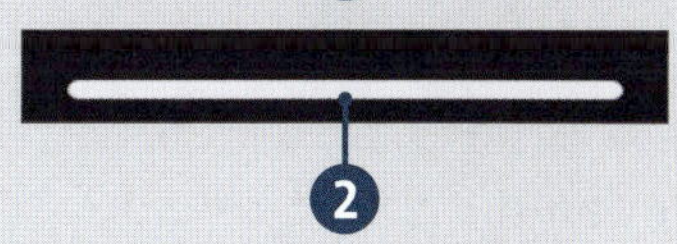

Sie erscheint sowohl auf dem Sperrbildschirm als auch dann, wenn Sie eine App geöffnet haben. Je nachdem, ob der Hintergrund der App hell oder dunkel ist, sehen Sie sie in Schwarz oder Weiß.

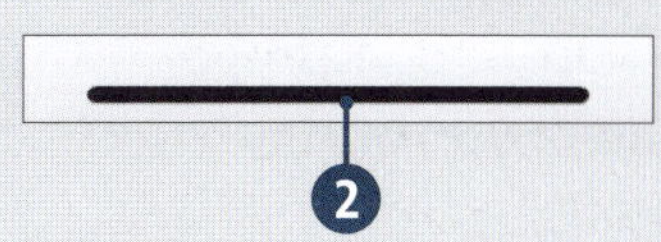

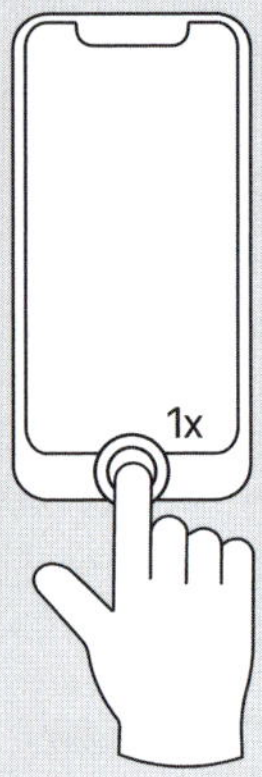

Der Kippschalter befindet sich beim iPhone links oberhalb der Tasten zur Lautstärkeregelung. (Foto: Apple)

Wenn Sie ein iPhone mit einer Home-Taste besitzen, drücken Sie darauf oder legen Ihren Finger darauf, und schon sehen Sie die entsprechende Reaktion Ihres Bildschirms.

Um die virtuelle Home-Taste bei einem iPhone mit Face ID zu betätigen, legen Sie den Finger auf den Balken im unteren Bereich Ihres Bildschirms und wischen mit gedrücktem Finger nach oben.

Hinweistöne und den Klingelton ausschalten – der Stummmodus

Angenommen, Sie sitzen in der Oper, im Konzert oder an einem anderen Ort, an dem Handygeklingel störend wirkt. Um die Hinweistöne bzw. den Klingelton zu organisieren und deren Lautstärke zu regeln, bietet Ihr iPhone in der App *Einstellungen* zahlreiche Möglichkeiten. Diese App lernen Sie im folgenden Kapitel und im weiteren Verlauf des Buches ausführlicher kennen. An dieser Stelle zeigen wir Ihnen nur einen kleinen Trick, für den Sie die App gar nicht brauchen:

Auf der linken Seite Ihres iPhones finden Sie ganz oben, oberhalb der Lautstärke-Tasten, einen kleinen Kippschalter ❶. Drücken Sie ihn nach unten, ist der *Stummmodus* aktiviert. Sollten Sie nun angerufen werden, signalisiert das iPhone Ihnen dies nur noch, indem es vibriert. Das ist in den Standardeinstellungen so festgelegt und kann natürlich jederzeit geändert werden. Schieben Sie den Kippschalter dann nach oben, ist der Stummmodus wieder ausgeschaltet.

Ihr iPhone zeigt es Ihnen auch am Bildschirm mit der entsprechenden Mitteilung an.

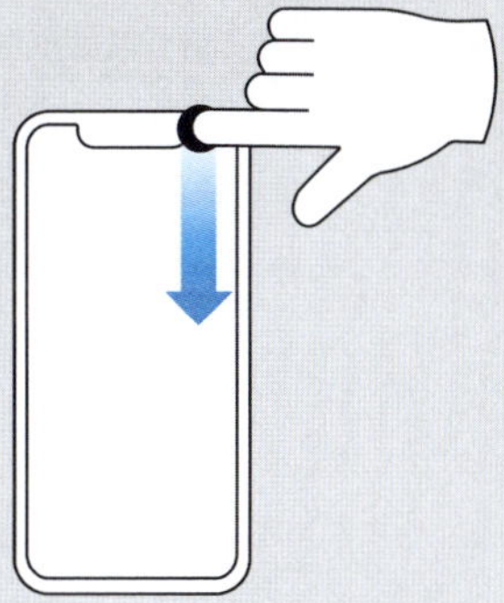

Ein Nachteil des Stummmodus ist, dass das Vibrieren beim Erhalt von Anrufen trotzdem zu hören und zu spüren ist. Dem können Sie einfach abhelfen – egal ob vom Sperrbildschirm oder von einer beliebigen App aus.

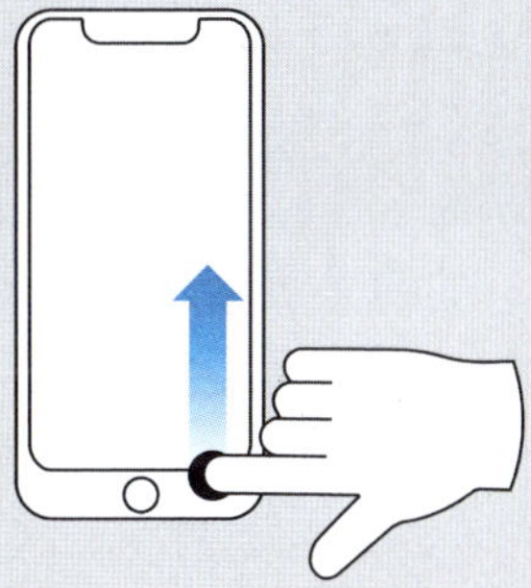

Ziehen Sie mit dem Finger von der rechten oberen Ecke leicht nach unten. Damit öffnen Sie das *Kontrollzentrum* **1** beim iPhone mit Face ID. Bei einem Gerät mit Home-Taste wischen Sie vom unteren Rand an beliebiger Stelle mit Schwung nach oben.

Tippen Sie nun auf die Schaltfläche mit dem Flugzeugsymbol **2** im linken oberen Quadrat. Sie haben Ihr Handy damit in den *Flugmodus* versetzt. Das bedeutet, Sie können weder Apps aktivieren noch Anrufe annehmen oder tätigen noch Nachrichten empfangen oder aussenden. Sprich, es wird auch nichts mehr vibrieren.

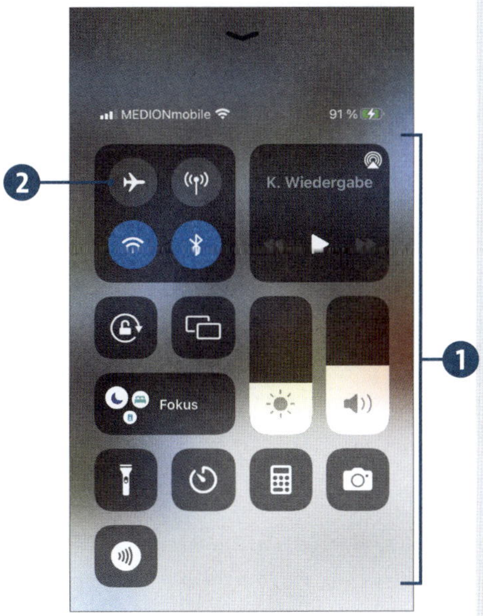

Dass der Flugmodus aktiviert ist, erkennen Sie auch am kleinen Flugzeugsymbol in der rechten oberen Ecke Ihres iPhones **3**. Somit steht einem angenehmen und störungsfreien Opern- oder Konzertabend oder natürlich auch einer Flugreise nichts im Wege.

Wenn Sie den Flugmodus deaktivieren wollen, aktivieren Sie das Kontrollzentrum erneut und tippen nochmals auf das Icon für den Flugmodus.

Weitere Funktionen des Kontrollzentrums lernen Sie in Kapitel 10, »Zu klein, zu dunkel, zu laut, zu viel – Einstellungen für eine komfortable Bedienung«, ab Seite 169 kennen.

KAPITEL 5

So bedienen Sie die Oberfläche und starten die Standard-Apps

Ihr neues iPhone kann eine Menge, und vieles davon lässt sich in der Tat auf den ersten Blick gar nicht erkennen. Dabei ist es aber letztlich keine Kunst, das iPhone zu bedienen – wenn man einmal das System und das Bedienprinzip durchschaut hat. Daher stellen wir diese Funktionen nun ausführlich vor. Wichtig für Sie zu wissen ist: Sie können im Grunde genommen nichts falsch machen. Es gibt immer einen Weg zurück. Vor allem, wenn Sie schon einmal einen Computer bedient haben, werden Sie feststellen: Das iPhone funktioniert viel einfacher, kann aber deutlich mehr. Haben Sie also keine Scheu, und tippen Sie mit uns munter drauflos, um Ihren neuen Begleiter zu erkunden.

Die Bedienung der Oberfläche ist kein Hexenwerk.

Eine Frage der Haltung – Ihr iPhone richtig im Griff

Wie hält man das iPhone »korrekt«? Die Antwort darauf ist eindeutig: so, wie es für Sie am bequemsten ist. Denn klar ist: Damit man mit kleinen Händen ein großes iPhone oder mit großen Händen ein kleineres Modell gut bedienen kann, braucht man unterschiedliche Grifftechniken. Grundsätzlich ist das iPhone auf die Bedienung im Hochformat ausgelegt. Sie können es aber auch im Querformat bedienen. Das funktioniert bei den meisten Apps, weil die Bedienelemente dann automatisch gedreht werden.

Im Folgenden geben wir Ihnen einige allgemeine Tipps, wie Sie das iPhone am besten halten, um es bequem zu bedienen.

Hochkant mit Zeigefinger – perfekt für Einsteiger

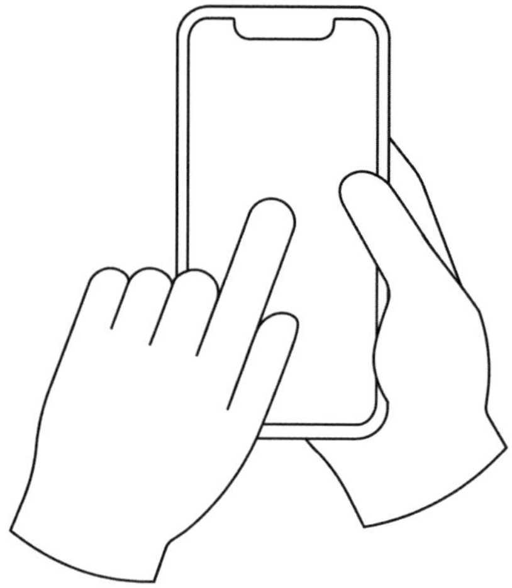

Sie können das iPhone mit einer Hand halten und mit dem Zeigefinger der anderen Hand bedienen. Das ist für den Beginn die wohl beste Möglichkeit, stressfrei alle Bedienungen zu erlernen, ohne dass es in Fingerakrobatik ausartet.

MERKE

Bakterienschleuder iPhone: Tatsächlich finden sich laut Studien auf dem Display mehr Bakterien als auf einer Toilette. Es schadet also nicht, das Display ab und an mit einem Mikrofasertuch oder einem feuchten Brillenputztuch abzuwischen.

Hochkant und mit Daumen – für Fortgeschrittene

Mit dem nächsten Griff haben Sie das iPhone stets fest in der Hand. Allerdings ist es besonders zu Beginn nicht immer einfach, alle Wischgesten mit dem Daumen auszuführen. Und mit einer kleinen Hand erreicht man damit auch nicht alle Bereiche des Displays.

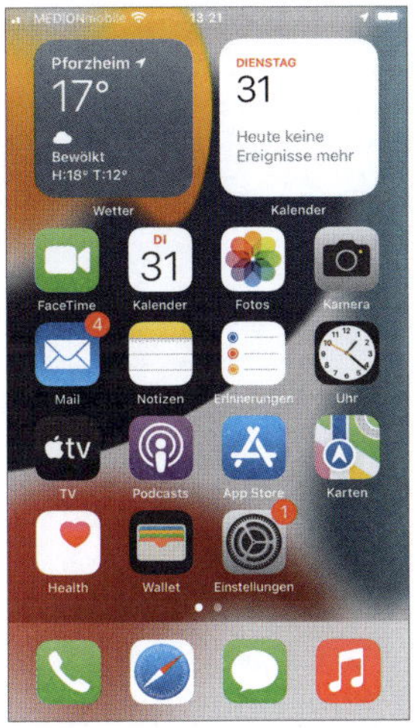

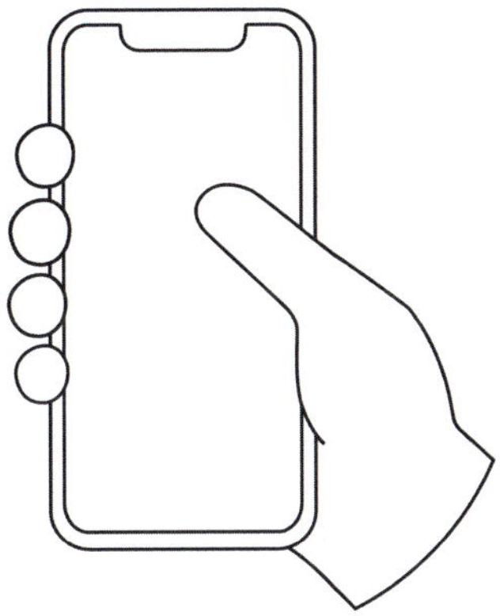

Das iPhone ist grundsätzlich eher auf die Bedienung im Hochformat ausgelegt.

Möchten Sie Enkel oder Kinder beeindrucken, dann empfiehlt sich folgende Variation mit zwei Daumen. Besonders praktisch: Sie können dann doppelt so schnell tippen.

Hochkant und mit zwei Daumen – wie die ganz Jungen

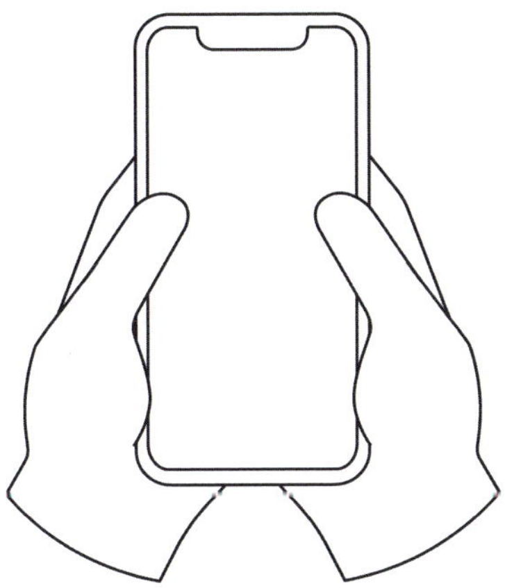

Die Bedienung des iPhones im Querformat hat den Vorteil, dass Sie beim Tippen von Nachrichten eine deutlich breitere Tastatur zur Verfügung haben. Auch für das Betrachten von Fotos im Querformat ist diese Handhaltung praktisch. Ansonsten sind die meisten Apps eher für die Hochkant-Bedienung ausgelegt und bieten im Querformat keine Zusatzvorteile.

Querformat mit Daumenbedienung

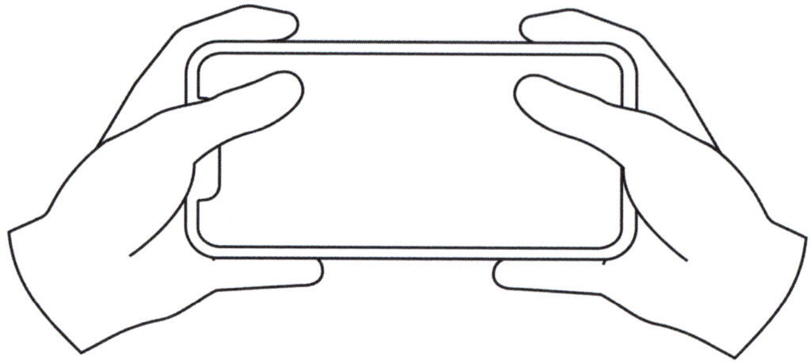

Im Querformat passt sich der Home-Bildschirm nicht an, aber beispielsweise die Foto-App.

Manchmal kann es aber auch sehr störend sein, dass das iPhone, wenn es gedreht wird, automatisch die Darstellung vom Hoch- ins Querformat und umgekehrt wechselt – dann nämlich, wenn Sie das gar nicht beabsichtigen. Aber auch hier gibt es Abhilfe:

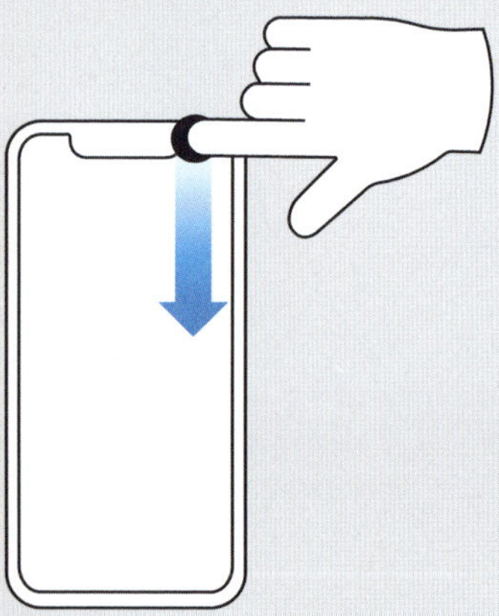

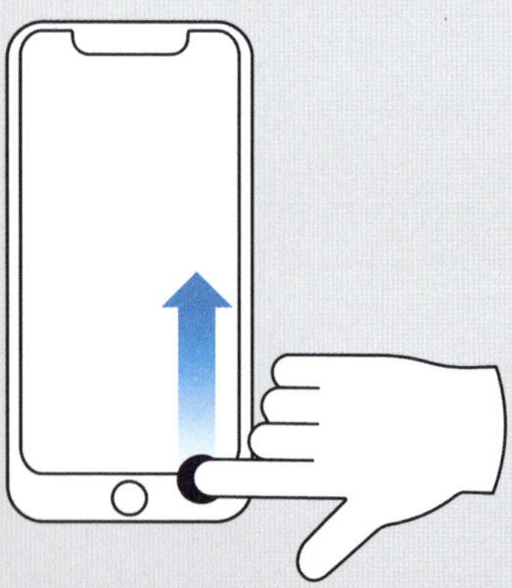

Öffnen Sie das *Kontrollzentrum* (so wie Sie es am Ende des vorangehenden Kapitels auf Seite 77 gelernt haben), und aktivieren Sie mit einem Fingertipp die Schaltfläche für die *Ausrichtungssperre* 1. Nun verändert sich die Darstellung nicht, auch wenn Sie das iPhone unbeabsichtigt rotieren. Das Deaktivieren dieser Funktion klappt auf identischem Weg – *Kontrollzentrum* aufrufen und die Schaltfläche nochmals antippen.

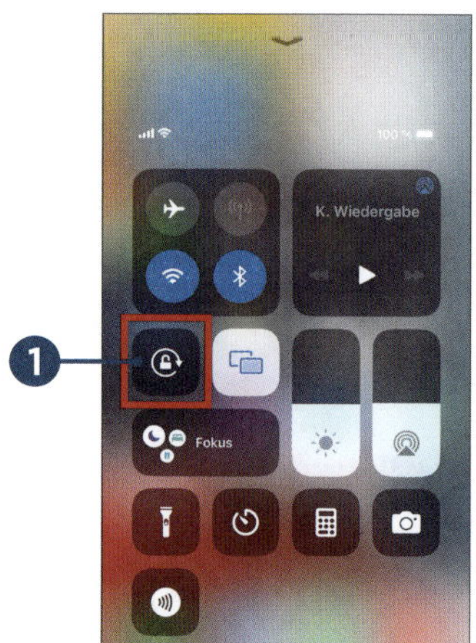

Tippen, wischen, ziehen, drücken – Grundlagen der Fingerbedienung

Bevor wir auf dem Home-Bildschirm ein paar praktische Übungen machen, vorab noch ein kleiner »Trockenschwimmkurs« hinsichtlich der Fingerbedienung Ihres iPhones. Diese wird auch *Gestensteuerung* oder *Touchgesten* genannt, da Sie mit bestimmten Bewegungen Ihrer Finger auf dem berührungsempfindlichen Display entsprechende Aktionen am iPhone auslösen. Nutzen Sie die folgende Liste als kleines Nachschlagewerk:

- *Wischen*: Damit wird der Vorgang bezeichnet, einen Finger ohne Druck auf das Display zu legen und durch eine Bewegung nach links, rechts, oben oder unten die Ansicht auf dem Bildschirm entsprechend zu verändern. Wenn wir Sie im Folgenden auffordern, mit dem Finger in diese oder jene Richtung zu »fahren«, ist der gleiche Vorgang gemeint. Mit einer Wischbewegung kann man sich zudem auch wunderbar durch lange Dokumente oder Internetseiten bewegen. Man nennt das auch *navigieren* bzw. *scrollen*.
- *Verschieben*: Dabei drücken Sie mit einem Finger ein wenig auf ein Objekt oder Symbol auf dem Bildschirm. Damit weiß das iPhone, dass Sie ein solches Objekt greifen. Halten Sie den Finger gedrückt, und bewegen Sie ihn dann in eine beliebige Richtung, um das Objekt zu verschieben.
- *Tippen*: Damit ist ein ganz kurzer Fingertipp auf ein Element am Display gemeint. So, als würden Sie jemandem kurz auf die Schulter tippen, ohne ihn erschrecken zu wollen. Mit einem Antippen bedient man beispielsweise die Tastatur oder startet eine App.

MERKE

Aktionen am iPhone lösen Sie aus, indem Sie den Bildschirm mit den Fingern berühren. Daher spricht man von *Touchgesten* (von engl. *touch* = berühren).

MERKE

Bevor Sie so richtig los-legen, lesen Sie bitte auch den Kasten »Das iPhone schützen« auf Seite 110.

- *Drücken*: Damit ist ein intensiver Fingertipp auf ein Element gemeint (siehe *Verschieben*).
- *Längeres Drücken*: Damit öffnen Sie beispielsweise an jedem App-Symbol ❶ auf dem Home-Bildschirm praktische Zusatzfunktionen ❷, ohne die App selbst starten zu müssen. Apple nennt das auch *Haptic Touch*, und das Ganze wird mit einer Vibration quittiert.

Beachten Sie in unseren Anleitungen auch, von welcher Position aus (unten, oben, links, rechts, Mitte) die entsprechende Bewegung durchgeführt werden soll. Das macht teilweise einen gewaltigen Unterschied.

Ihr neues Zuhause: ein erster Blick auf den Home-Bildschirm

Ist das iPhone entsperrt, sehen Sie zunächst den sogenannten *Home-Bildschirm*. Dieser enthält jede Menge bunter Symbole, sogenannte *Icons*, die zu den auf Ihrem iPhone installierten Programmen (*Apps*) sowie Informationsfenstern (*Widgets*) führen. Zudem gibt es oben und unten Bereiche mit weiteren Informationen und Möglichkeiten. Damit Sie sich direkt zu Hause fühlen, zeigen wir das alles kurz im Überblick und erklären die Begriffe.

❶ In der *Statusleiste* sind immer einige zentrale Informationen eingeblendet. Wichtig: Hier können Sie nichts durch Gesten bewegen oder antippen, alles ist rein informativ.

❷ Das Symbol ganz links gibt die Signalstärke Ihres Mobilfunkanbieters an. Vier Striche bedeuten »voller Empfang«. Zudem sehen Sie hier den Namen Ihres Telefonanbieters.

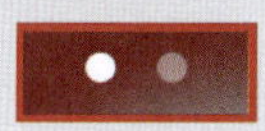

❸ Sind Sie zu Hause oder andernorts mit einem *WLAN*-Netzwerk verbunden, sehen Sie das entsprechende Zeichen. Hier gilt: Je mehr Striche zu sehen sind, desto besser ist der Empfang.

❹ In der Mitte wird die aktuelle Uhrzeit angezeigt. Diese wird übrigens vollautomatisch eingestellt, inklusive Sommer- und Winterzeit. Wenn Sie sich in anderen Zeitzonen aufhalten, wird die Uhrzeit entsprechend angepasst.

❺ Rechts finden Sie die Information zum Ladezustand des internen Akkus. In unserem Beispiel ist er voll geladen und zudem noch an das Ladekabel angeschlossen, was durch den Blitz symbolisiert wird.

❻ Im oberen Bereich des Home-Bildschirms sehen Sie zwei sogenannte Widgets. Das sind Informationsfenster. Links wird das aktuelle Wetter angezeigt und rechts der (aktuell noch leere) Terminkalender für heute. Wie Sie sich das Wetter einrichten, zeigen wir auf Seite 102 und den Kalender schauen wir uns auf Seite 195 genauer an.

❼ In der Mitte des Home-Bildschirms befinden sich die verschiedenen Apps (Anwendungen, Programme). Wir zeigen hier die Darstellung nach der Installation. Die Abbildung kann von Ihrem iPhone abweichen, denn je nach Modell sehen Sie hier mehr oder weniger Apps.

❽ Die Punkte zeigen an, dass der Home-Bildschirm in unserem Fall aus zwei Seiten besteht, also noch mehr Überraschungen bereithält.

❾ Ganz unten finden Sie das *Dock*. Hier sind standardmäßig Ihr *Telefon* inklusive Adressbuch ❿, Ihr Internetprogramm *Safari* ⓫, die *Nachrichten*-App ⓬ und die *Musik*-App ⓭ untergebracht.

Home-Bildschirm

↓

zweiten Home-Bildschirm aufrufen

↓

zurück zum ersten Home-Bildschirm

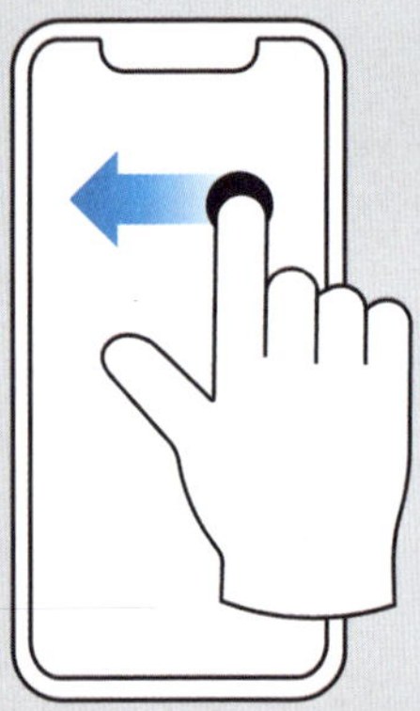

Wischen wie die Weltmeister

Doch genug der Vorreden, legen wir ganz praktisch los. In diesem Abschnitt lernen Sie, wie Sie einfache Wischgesten am iPhone einsetzen, und das ganz ohne Putzeimer und Lappen. In diesem Kapitel haben Sie ja bereits erfahren, dass Sie durch die Fingerbewegungen auf dem Display bestimmte Funktionen steuern. Fangen wir am besten am Home-Bildschirm an, auf dem wir gerade noch unterwegs waren.

Links und rechts vom Home-Bildschirm gibt es einiges zu entdecken, und Ihr Finger weist hier den Weg:

1. Ihr iPhone sollte entsperrt (siehe Seite 69) und der Home-Bildschirm mit den vielen Apps sichtbar sein. Legen Sie nun Ihren Zeigefinger (oder Daumen) an den rechten Rand des Displays und wischen Sie bis zum linken Rand. Sie sehen, dass dabei neue Apps »hereingezogen« werden ❶.

2. Sowie die ersten neuen Symbole über die Mitte des Bildschirms gezogen wurden, können Sie den Finger vom Display nehmen. Die Symbole rasten automatisch ein. Damit sind Sie auf dem zweiten Home-Bildschirm gelandet. Sie erkennen das außerdem daran, dass der weiße Punkt nach rechts gewandert ist **2**.

Zurück zur ersten Seite geht es wieder in die andere Richtung: Finger an den linken Rand legen und nach rechts wischen.

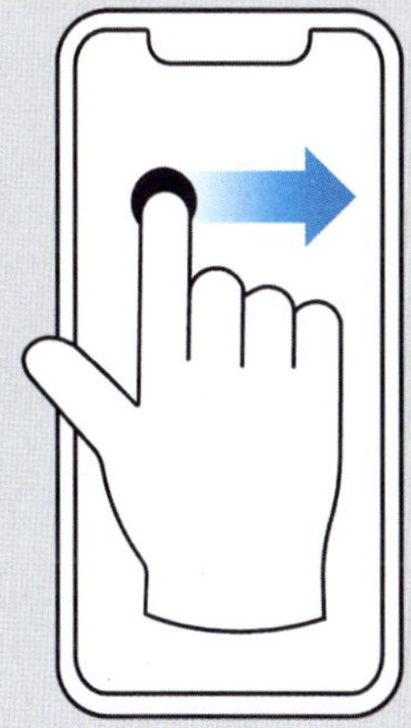

Damit es nicht zu einfach wird: Vor und hinter den Home-Bildschirmen sind noch weitere Funktionen versteckt, die auch versehentlich mal aufgerufen werden, wenn man zu hektisch wischt. Doch jetzt wollen wir ganz bewusst diese versteckten Bildschirme aufrufen und wieder verlassen. Dann wissen Sie im Falle eines Falles, wo Sie gelandet sind.

1. Sie sollten an Ihrem iPhone den ersten Home-Bildschirm sehen. Sie erkennen das an den Punkten im unteren Bildschirmbereich. Die weiße Markierung sollte sich ganz links außen befinden **1**. Falls nicht, wischen Sie wie zuvor gezeigt nach rechts, bis der weiße Punkt an der richtigen Stelle sitzt.

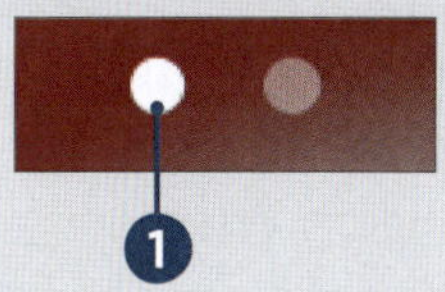

2. Nun wischen Sie vom linken Rand nach rechts: Die *Mitteilungszentrale* mit vielen Informationen wird aufgerufen. Die Mitteilungszentrale haben Sie bereits ab Seite 74 kennengelernt. Dort haben Sie sie – in einer etwas anderen Ansicht – aber vom Sperrbildschirm aus aufgerufen.

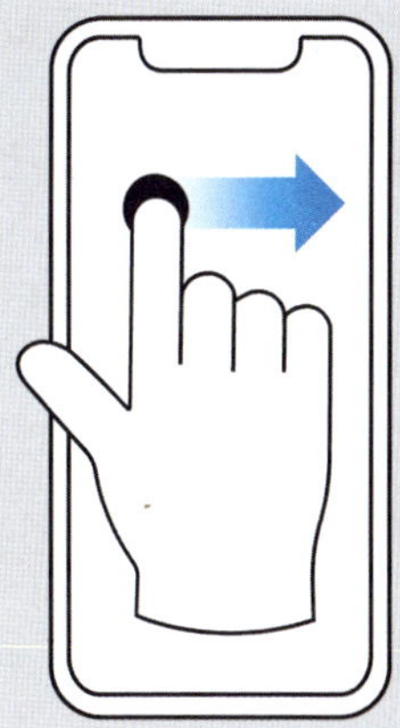

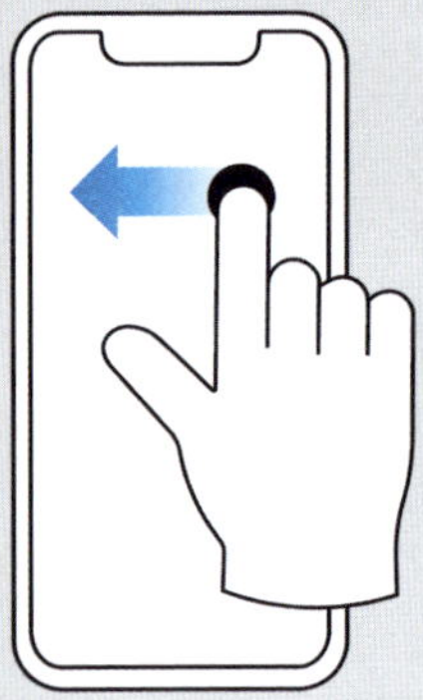

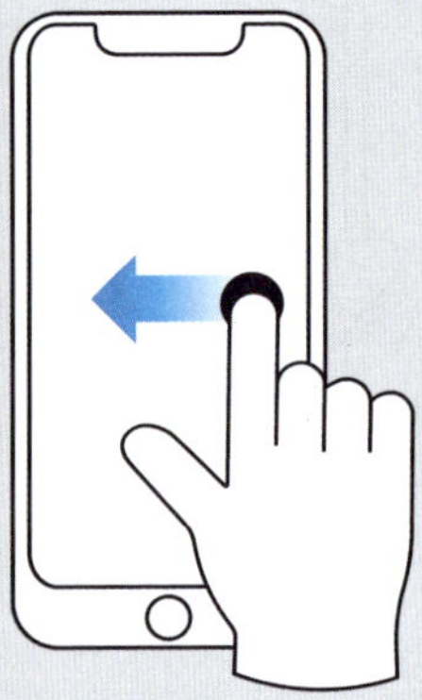

3. Wischen Sie wieder zurück nach links, um zum ersten Home-Bildschirm zu gelangen.

4. Um die *App-Mediathek* aufzurufen, wischen Sie (bei zwei Home-Bildschirmen) mit dem Finger zweimal von rechts nach links, bis die hier gezeigte Auflistung aller installierten Apps erscheint. (Bei mehr Home-Bildschirmen müssen Sie entsprechend öfter nach links wischen.) Die App-Mediathek befindet sich hinter dem letzten Home-Bildschirm. Hier sind alle installierten Apps und Funktionen noch einmal in vorgegebenen Rubriken **2** sortiert.

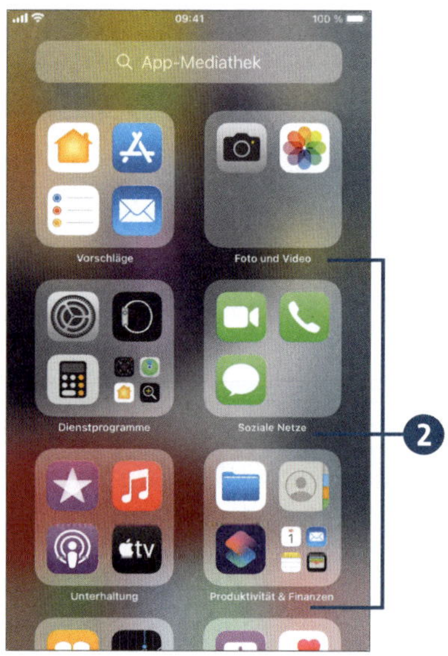

5. Wischen Sie so oft von links nach rechts, bis Sie wieder auf dem ersten Home-Bildschirm angekommen sind.

Damit haben Sie das »Wischen« schon perfekt gemeistert. Gehen wir nun aber noch einen Schritt weiter, und wischen wir im wörtlichen und übertragenen Sinne »zwischen den Zeilen«.

WAS TUN?

Wird auf Ihrem iPhone auch nach mehrmaligem Wischen nach links nur der Home-Bildschirm angezeigt und geht es dann nicht weiter? Dann haben Sie ein iPhone, das älter als das iPhone 6s ist, bzw. eines, auf dem noch nicht die Version iOS 14 oder 15 installiert ist.

Tatsächlich können Sie mit einem kurzen Wisch unsichtbare Funktionen aufrufen. Im Home-Bildschirm sind das beispielsweise die *Suchfunktion* und Vorschläge häufig verwendeter Apps. So funktioniert es:

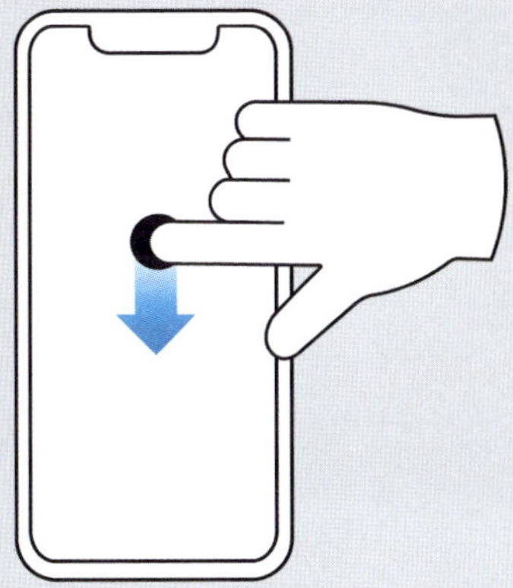

1. Sie sollten einen der Home-Bildschirme mit den App-Symbolen geöffnet haben. Nun legen Sie einen Finger auf einen beliebigen leeren Bereich zwischen den Apps und ziehen kurz nach unten.

2. Die Suchfunktion wird eingeblendet. Im **Suchen**-Feld ❶ können Sie beispielsweise über die unten bereits eingeblendete Tastatur ❷ nach Apps suchen, aber auch Suchanfragen im Internet starten. Auch die zuletzt und häufig benutzten Apps sind hier unter *Siri-Vorschläge* aufgelistet ❸ und können direkt gestartet werden. Wenn Sie Ihr iPhone häufig und mit vielen weiteren Apps nutzen, werden im unteren Bereich auch Empfehlungen anderer Apps eingeblendet ❹.

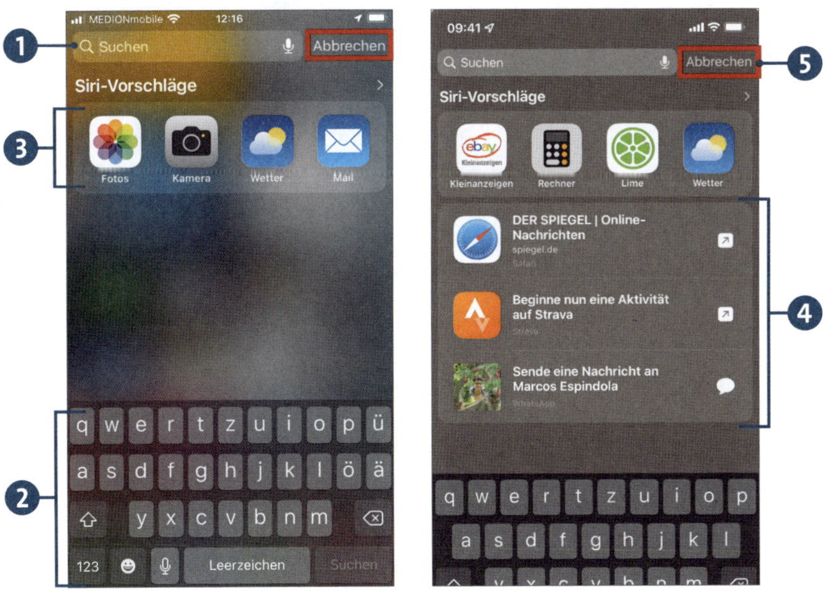

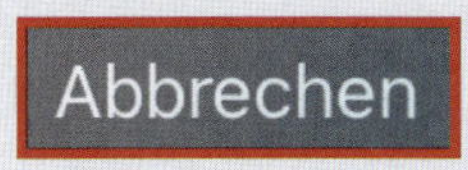

3. Mit einem Fingertipp auf **Abbrechen** ❺ verlassen Sie diesen Bereich wieder.

In der App-Mediathek hat diese kleine Wischgeste eine andere Funktion, und das probieren wir nun kurz aus. Navigieren Sie daher, wie gerade beschrieben, zur **App-Mediathek** ❶.

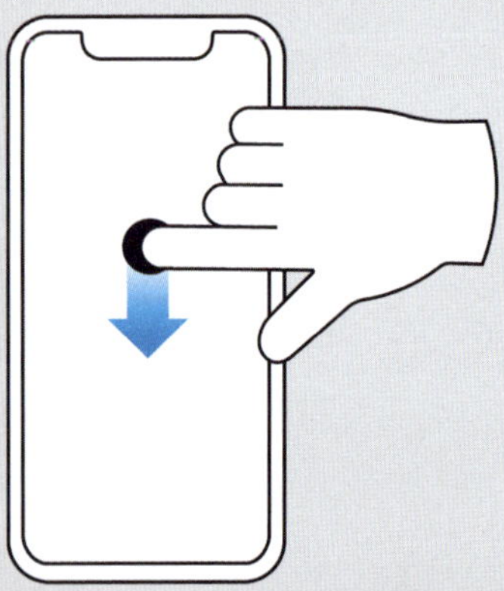

In einem beliebigen freien Bereich ohne Symbole ❷ ziehen Sie wieder mit dem Finger ein klein wenig nach unten. Nun erscheinen eine alphabetische Auflistung mit allen Apps ❸ sowie die Bildschirmtastatur ❹. Und dabei belassen wir es zunächst. Wie Sie durch diese Liste blättern, zeigen wir Ihnen gleich. Bleiben Sie also dran, wenn Sie an dieser Stelle weiterlesen möchten. Wollen Sie die Lektion hier beenden, tippen Sie auf **Abbrechen** ❺, und navigieren Sie zurück zum Home-Bildschirm, wie vorangehend beschrieben.

Vielschichtiges Navigieren – so geht es immer zurück

Vom Prinzip her ist das iPhone in mehreren »Schichten« aufgebaut. Sie sehen zwar immer nur eine Seite, sowohl links als auch rechts befinden sich aber weitere Bildschirme, durch die Sie navigieren können und teilweise auch navigieren müssen. Wichtig für Sie zu wissen: Es gibt immer einen Weg zurück und im »Notfall« hilft bei einem iPhone mit Home-Taste ein kurzer Druck auf die Home-Taste, um wieder zum Home-Bildschirm zurückzukehren. Beim iPhone mit Gesichtserkennung streichen Sie mit einem Finger vom unteren Rand nach oben, um wieder auf die »Ebene 1« zu gelangen.

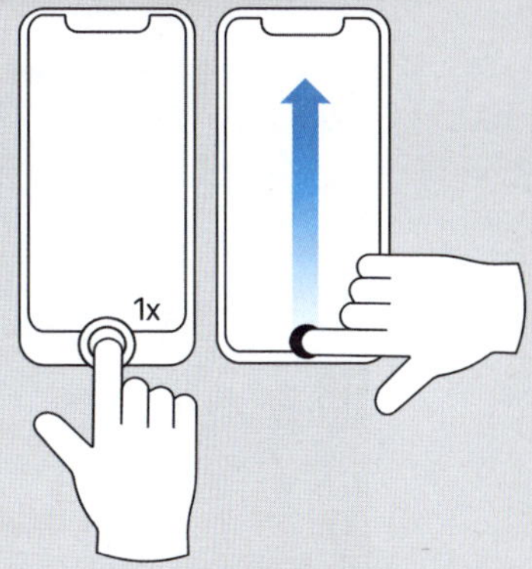

Blättern und Scrollen leicht gemacht

Jetzt geht es rauf und runter. Nachdem Sie schon gelernt haben, wie und warum man den Bildschirm nach links und rechts bewegt, lernen Sie, wie Sie ihn nach oben und nach unten bewegen. Das ist z. B. dann notwendig, wenn man sich Internetseiten mit längeren Texten bzw. vielen Inhalten ansehen oder durch Listen blättern möchte. Auch das funktioniert mit einer Wischbewegung. Beginnen wir direkt mit einer einfachen Übung:

1. Rufen Sie die *App-Mediathek* auf, wie auf Seite 92 beschrieben.

2. Ziehen Sie mit dem Finger in einem beliebigen freien Bereich nach unten, um die alphabetische App-Auflistung ❶ aufzurufen.

MERKE

Je schneller Sie hier den Finger bewegen, desto schneller scrollt das iPhone durch die Liste.

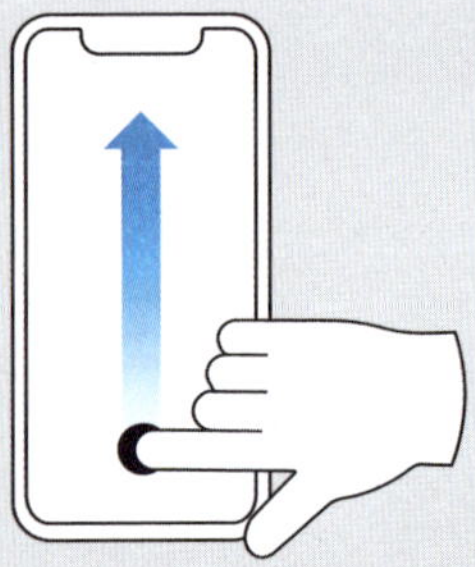

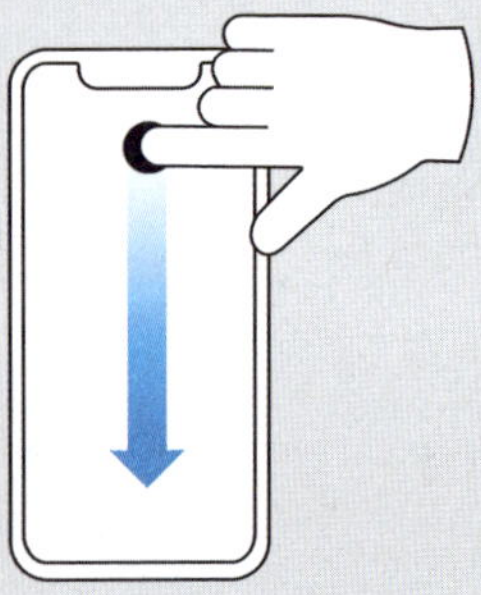

3. Nun wagen Sie sich ans *Scrollen*, denn Sie wollen sicher einmal die gesamte Liste der Apps durchsehen.

4. Legen Sie einen Finger (Zeigefinger oder Daumen) mittig auf das Display. Die Tastatur **2** verschwindet. Wischen Sie nun nach oben. Sie sehen, dass sich die Symbole und ihre Bezeichnungen ebenfalls nach oben bewegen. Um weiterzublättern, heben Sie den Finger etwas an, setzen ihn wieder mittig auf das Display und fahren wieder nach oben.

5. In die umgekehrte Richtung klappt es ebenfalls: einfach wieder den Finger aufsetzen und nach unten ziehen.

6. Wenn das iPhone weiter und schneller scrollt, als Ihnen lieb ist, halten Sie den Scrollvorgang dadurch an, dass Sie den Finger kurz anheben und gleich wieder aufsetzen. Wenn Sie fortfahren möchten, wischen Sie erneut.

7. Um zurück zum Home-Bildschirm zu gelangen, tippen Sie bei einem iPhone mit Touch ID einmal auf die Home-Taste. Bei einem iPhone mit Face ID wischen Sie mit einem Finger vom unteren Rand nach oben.

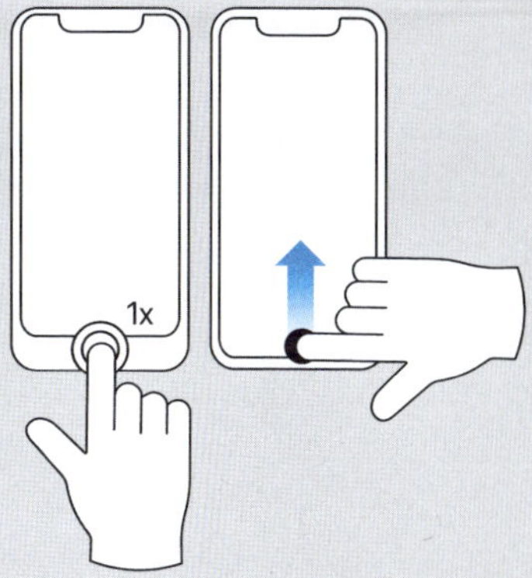

Im folgenden Abschnitt erproben wir die gerade erlernte Scrollfunktion mit der Internet-App *Safari*. Damit starten Sie auch Ihre erste App.

Mit »Safari« auf Erkundungstour – eine App starten, bedienen und beenden

Safari ist auf dem iPhone die App für das Internet. Wenn Sie schon an einem Apple-Computer aktiv sind, kennen Sie vom diesem her das gleichnamige Programm; am PC sind eher *Firefox*, der *Internet Explorer* oder *Microsoft Edge* geläufig. Auch auf Ihrem iPhone können Sie mit Safari auf jede beliebige Webseite surfen, ohne Einschränkungen. Allerdings sind Internetseiten auf dem kleinen Handy-Bildschirm meist anders gestaltet als am Desktop-Computer. Das sorgt für bessere Lesbarkeit. Safari lädt für Sie vollautomatisch immer die beste Variante.

Ein und dieselbe Webseite in ihrer jeweiligen Darstellung am Computer und auf dem iPhone

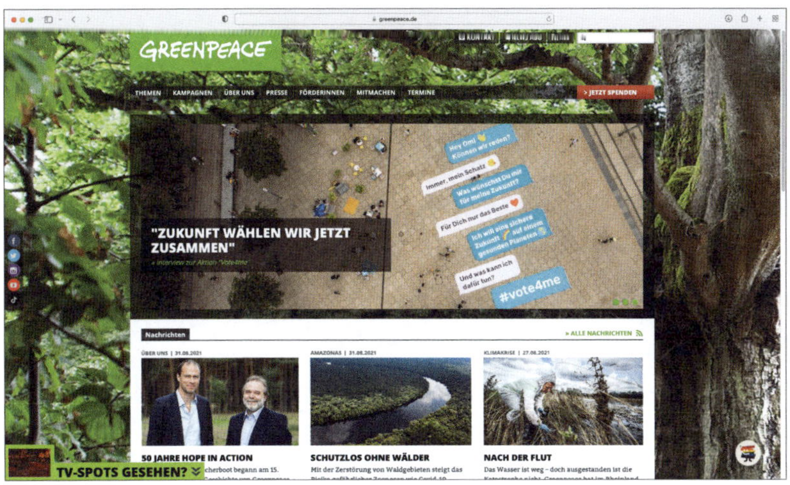

Safari starten

↓

Webseite aufrufen und scrollen

↓

Safari beenden

In diesem Abschnitt starten Sie Safari, rufen Webseiten auf und beenden die App schließlich ordnungsgemäß. Dabei können Sie nun alle eben erlernten Gesten einsetzen. Auf geht's!

Safari ist eine wichtige App, daher ist sie beim iPhone standardmäßig schon im unteren Bereich, dem Dock, abgelegt ❶. Tippen Sie einmal auf das Kompass-Symbol, um die App zu starten.

Die Safari-App wird umgehend geöffnet. Safari präsentiert beim allerersten Start eine Meldung, ob die App Ihren Standort verwenden darf. Diese Abfrage ist rechtlich notwendig und erscheint bei fast jeder App. Hier dürfen Sie gerne **Beim Verwenden der App erlauben** antippen. Damit wird Safari intelligenter und zeigt Ihnen, wenn Sie zum Beispiel nach einem Restaurant suchen, direkt Treffer aus der Umgebung an.

ACHTUNG!

Bei konkreten Anfragen für Angebote werden sowohl *Safari* als auch *Google* hellhörig und wollen gerne Ihren Standort erfahren, um passende Suchergebnisse zu liefern. Ob Sie dies gestatten wollen oder nicht, liegt bei Ihnen.

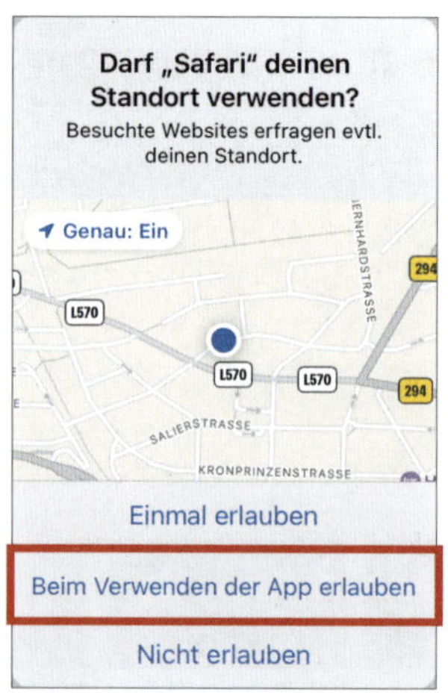

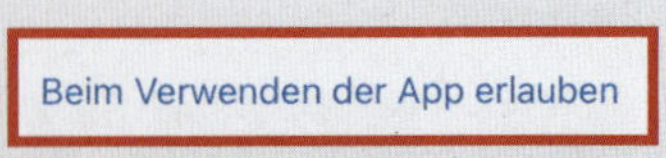

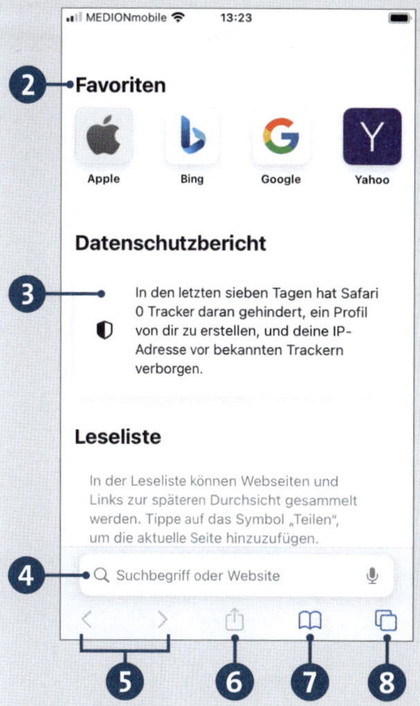

Danach präsentiert sich die App etwas unspektakulär mit einem leer gefegten Fenster. Der Eindruck täuscht aber. Es besteht aus folgenden Elementen:

2 Der Bereich **Favoriten** füllt sich mit der Zeit mit den Seiten, die Sie häufiger besuchen. Durch einen Tipp darauf wird die entsprechende Seite geladen. Waren Sie mit dem iPhone noch nie auf einer Internetseite, zeigt Ihnen Apple diese Symbole an.

3 Apple nimmt den Schutz Ihrer Daten tatsächlich sehr ernst und blockiert das sogenannte Webseiten-Tracking. Damit können Webseitenanbieter sehen, wo und wie Sie surfen und dementsprechend passende Werbung präsentieren. Apple macht damit Schluss und zeigt Ihnen im Datenschutzbericht Details dazu an.

4 Im unteren Bereich befindet sich die *Adressleiste*. Wenn Sie auf dieses Feld tippen, wird die Bildschirmtastatur eingeblendet und Sie können mit ihr entweder die Webadresse oder einen Suchbegriff eingeben.

5 Mit den Pfeilen, die erst aktiviert werden, wenn Sie schon Internetseiten besucht haben, blättern Sie eine Seite vor oder zurück.

6 Mit der **Teilen**-Schaltfläche versenden Sie den *Link* (die Internetadresse) der aktuell angezeigten Seite.

7 Die **Lesezeichen** ermöglichen den Zugriff auf Ihre abgelegten Lieblingsseiten.

8 Die *Tab-Ansicht* zeigt Ihnen alle geöffneten Webseiten übersichtlich zum Durchforsten an.

Doch nun geht es wirklich ins Internet. Einzige Voraussetzung: Sie sind mit einem WLAN verbunden oder haben einen mobilen Datentarif (siehe Seite 25). Mehr braucht es nicht für Ihr Surfvergnügen.

MERKE

Es ist nicht notwendig, vor die Webadresse »www.« zu schreiben: Das ergänzt Safari automatisch.

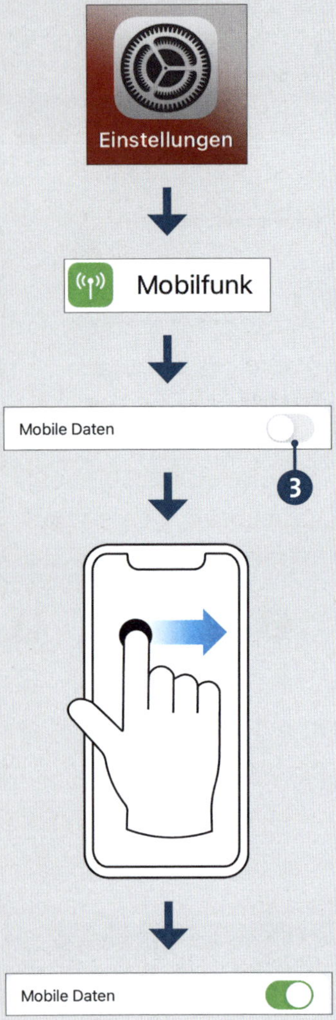

Mobil unterwegs und kein Internet?

Zu Hause klappt der Zugriff aufs Internet perfekt, aber unterwegs wird keine Seite geladen, obwohl Sie einen entsprechenden Mobilfunktarif für mobiles Surfen gebucht haben? Dann ist die Ursache meist ein winziger Schieberegler, der das mobile Surfen unterbindet.

So lösen Sie das Problem: Tippen Sie im Home-Bildschirm auf das Zahnrad-Symbol, und öffnen Sie damit die App **Einstellungen** ❶. Tippen Sie in den Einstellungen auf **Mobilfunk** ❷. Ist der Schieberegler hinter **Mobile Daten** aktuell weiß-grau (also inaktiv) ❸, muss auf er auf Grün geschaltet werden ❹. Mit gedrücktem Finger bewegen Sie den Schieberegler einfach nach rechts, um ihn einzuschalten.

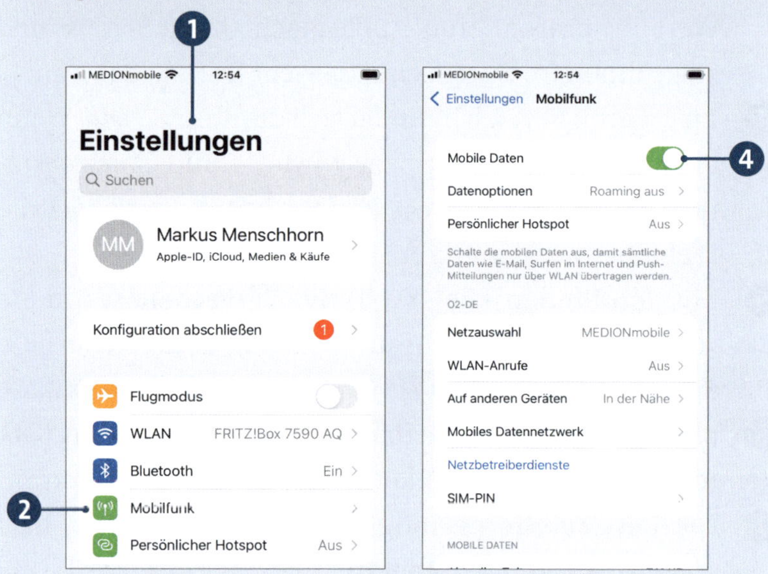

1. Sie haben Safari noch geöffnet? Wunderbar, dann tippen Sie mit dem Finger in die Adressleiste ❶. Die Bildschirmtastatur ❷ wird eingeblendet. Tippen Sie zum Ausprobieren »apple.com« ein. Sie bemerken schon beim Schreiben der ersten Buchstaben, dass Sie direkt passende Vorschläge ❸ erhalten. Anstatt weiterzutippen, können

Sie einfach den passenden Treffer per Fingertipp auswählen. Ansonsten gilt: Schreiben Sie die Internetadresse zu Ende und tippen Sie anschließend auf **Öffnen** ❹.

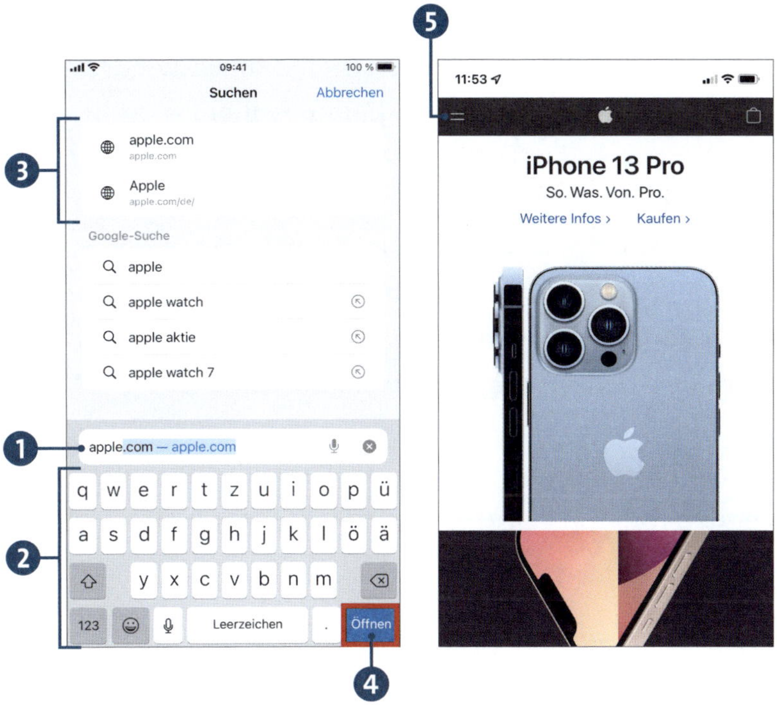

2. Die Webseite von Apple wird geladen. Mit einem Fingertipp auf das Menü ☰ ❺ klappen Sie weitere Inhalte auf. Wählen Sie einen beliebigen Punkt aus, natürlich wieder per Fingertipp.

3. Die gewünschte Seite wird geladen. Da die Firma Apple viel zu berichten hat, passt natürlich nicht alles auf den Bildschirm. Daher muss jetzt gescrollt, also weitergeblättert werden. Wie Sie bereits gelernt haben, setzen Sie den Finger relativ weit unten auf das Display (aber nicht auf den Außenrand) und fahren nach oben. Um weiterzuscrollen, heben Sie den Finger an und setzen ihn wieder unten auf.

WAS TUN?

Wenn Sie gerade die *Einstellungen*, wie im Kasten beschrieben, geöffnet haben – wie kommen Sie nun zu Safari zurück? Es gibt zwar verschiedene Wege, aber am einfachsten ist es, den Home-Bildschirm aufzurufen (siehe Seite 69) und im Dock erneut auf Safari zu tippen.

MERKE

Im Unterschied zu einer Webseite am Computer sind die Menüpunkte bei einer mobilen Webseite fast immer unter einem Symbol mit zwei ☰ oder auch drei Strichen ☰ untergebracht.

Scrollen:

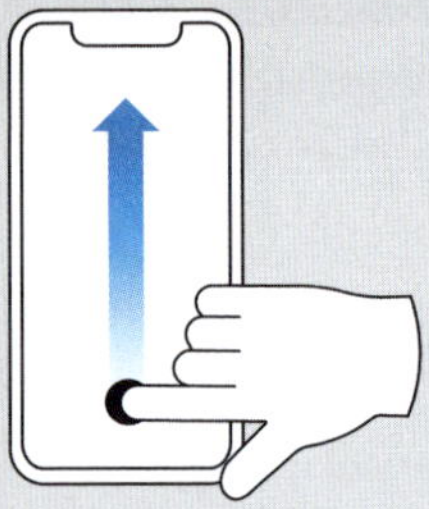

Von der App zum Home-Bildschirm:

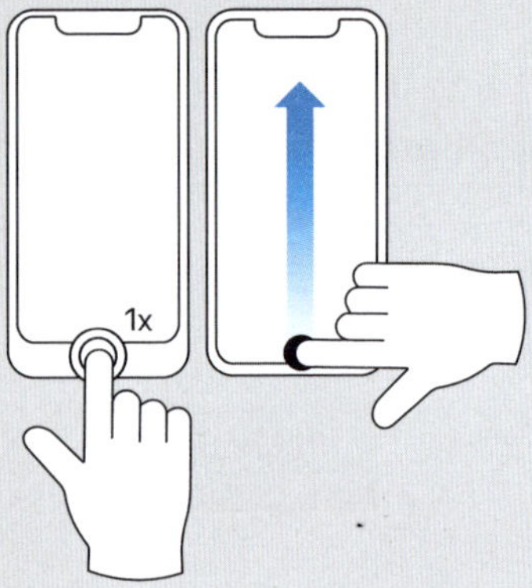

4. Üben Sie diesen Vorgang mehrfach. Sie können dabei nichts falsch machen. Verändern Sie zudem die Geschwindigkeit der Fingerbewegung. Je schneller Sie wischen, desto schneller scrollen Sie. Heben Sie den Finger kurz an und setzen Sie ihn gleich danach wieder auf, wenn Sie den Scrollvorgang anhalten wollen.

5. Als erster kleiner Ausflug genügt uns das – kehren Sie bitte zum Home-Bildschirm zurück. Das klappt am iPhone mit Face ID wie immer mit einem Fingerwisch vom unteren Rand nach oben, beim iPhone mit Fingerabdrucksensor mit einem Druck auf die Home-Taste.

Mehr zum Surfen im Internet mit Safari erfahren Sie im folgenden Kapitel.

Wie wird das Wetter morgen? – Eine Standard-App vom Home-Bildschirm aus starten

Sie sind jetzt schon fast Profi in Sachen App-Bedienung. Gehen wir noch einen Schritt weiter, und starten wir eine App aus der Auswahl auf dem Home-Bildschirm. Das iPhone bietet standardmäßig eine eingebaute Wettervorhersage, die sogar weltweit funktioniert. Das ist für die Planung der nächsten Fahrradtour oder eines Grillfestes ideal. Zudem sehen Sie das aktuelle Wetter auch als prominentes Widget auf dem Home-Bildschirm. Doch bei einem neuen iPhone wird hier nicht das Wetter Ihres Standorts angezeigt, das müssen wir erst Apple erlauben. Also – legen Sie mit dem digitalen Wettergott los:

1. Blenden Sie den Home-Bildschirm ein. Dort sehen Sie zahlreiche Symbole (die sog. *Icons*) der auf Ihrem iPhone bereits standardmäßig installierten Apps. Suchen Sie nach dem Icon der **Wetter**-App ❶, und tippen Sie es einmal an.

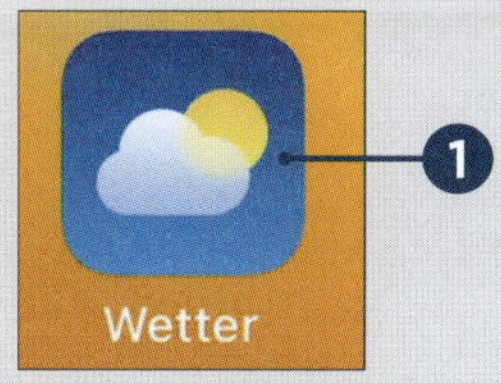

2. Beim ersten Start bittet Apple Sie um eine Standortfreigabe. Diese Abfrage, die aus Datenschutzgründen notwendig ist, erscheint bei jeder App, die gerne wissen möchte, wo Sie sich gerade befinden. Mit **Einmal erlauben** ❷ sind Sie bei solchen Abfragen generell auf der sicheren Seite. Sie werden nun bei jedem Start einer solchen App erneut um Ihre Erlaubnis gefragt. Das ist ideal, wenn Sie eine neue App installiert haben und diese erst ausprobieren wollen. Da die Wetter-App vertrauenswürdig ist, tippen wir auf **Beim Verwenden der App erlauben** ❸. Die Option **Nicht erlauben** ❹ würde dagegen die Funktion unserer App zu sehr einschränken.

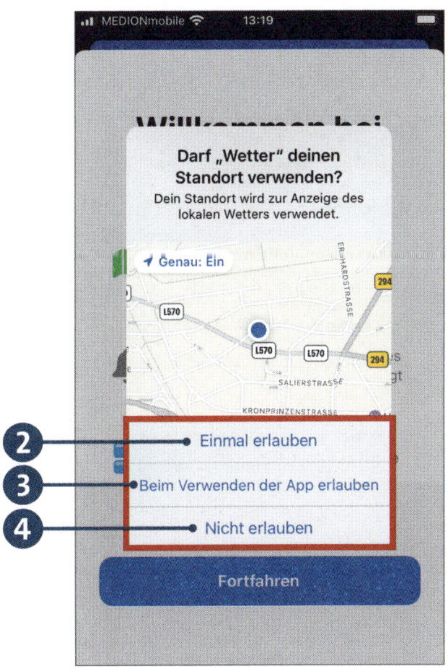

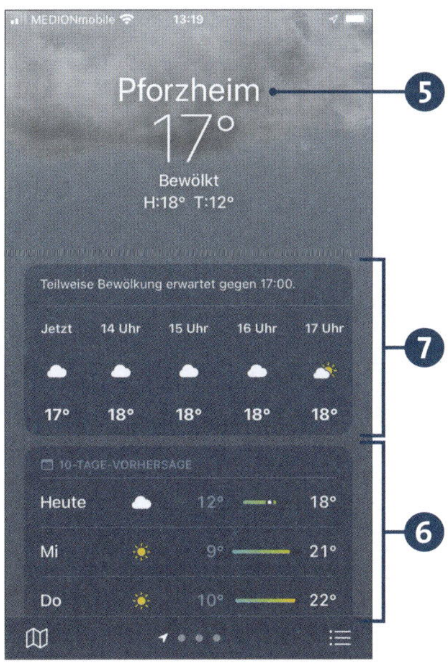

MERKE

Im ersten Bildschirm der Wetter-App wird immer das Wetter des aktuellen Standorts angezeigt, ganz gleich, wo auf der Welt Sie sich befinden.

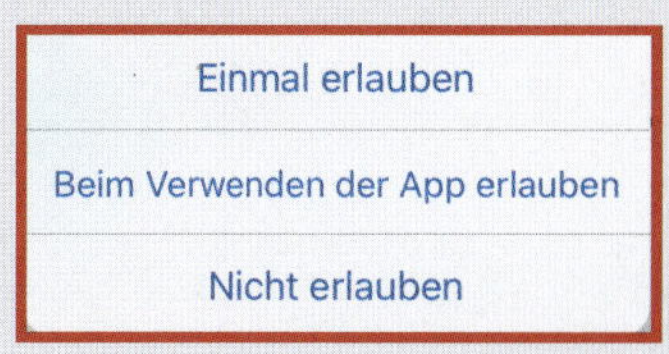

3. Die Wetter-App zeigt nun bildschirmfüllend das Wetter Ihres aktuellen Standorts an **5**, inklusive einer Vorhersage für die kommenden Tage **6**.

4. Zudem zeigt Ihr iPhone auch eine stundenweise Vorschau des aktuellen Tages an **7**. Mit Ihrem Vorwissen wischen Sie in dieser Zeile nun souverän von rechts nach links. So haben Sie die Temperatur und anhand der Symbole die Wetterlage (hier bewölkt) in den kommenden Stunden im Blick.

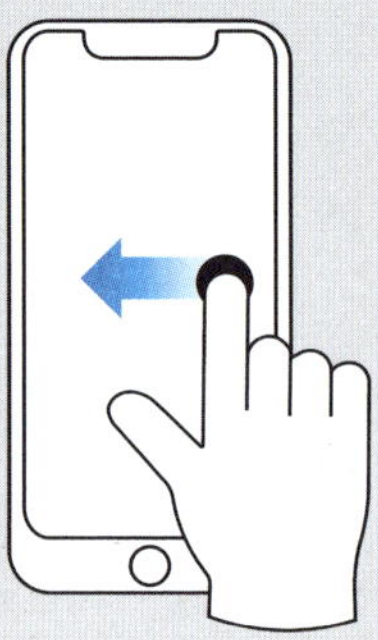

5. Das Wetter an anderen Orten erkunden Sie ebenfalls per Fingerwisch: Legen Sie einen Finger auf den Bereich mit der Temperaturanzeige und der Ortsangabe **8**, und wischen Sie nach links. Im nächsten Bildschirm sind schon ein paar Städte für Sie angelegt, die Sie jeweils mit einem Fingertipp öffnen können. Alternativ können Sie auch per Fingertipp auf die Punkte **9** unten zwischen den Städten wechseln. Ein Tipp auf die Kompassnadel **10** bringt Sie zum Wetter Ihres aktuellen Standorts.

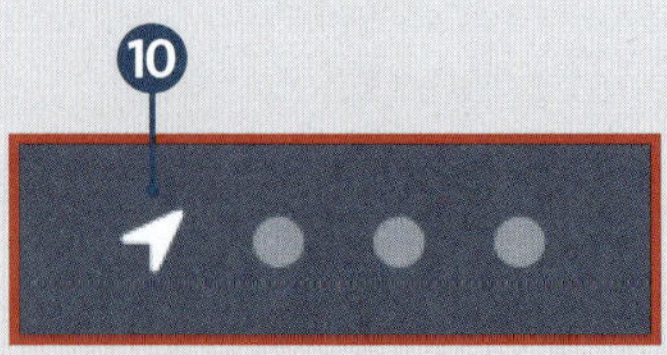

6. Um das Wetter eines weiteren Ortes zu erkunden (beispielsweise für den nächsten Urlaub), tippen Sie auf das Listen-Symbol rechts unten (11). Auch auf diese Weise erscheint die Liste mit allen bereits eingerichteten Standorten (12).

7. Tippen Sie auf das Suchfeld (13). Nun wird die Bildschirmtastatur eingeblendet (14). Tippen Sie nun das Land, die Stadt oder Region ein. Schon nach wenigen Buchstaben erhalten Sie entsprechende Vorschläge (15). Sie können einen Vorschlag per Fingertipp auswählen, oder Sie schreiben Ihren Suchbegriff zu Ende und tippen anschließend auf **Suchen** (16).

Hinzufügen

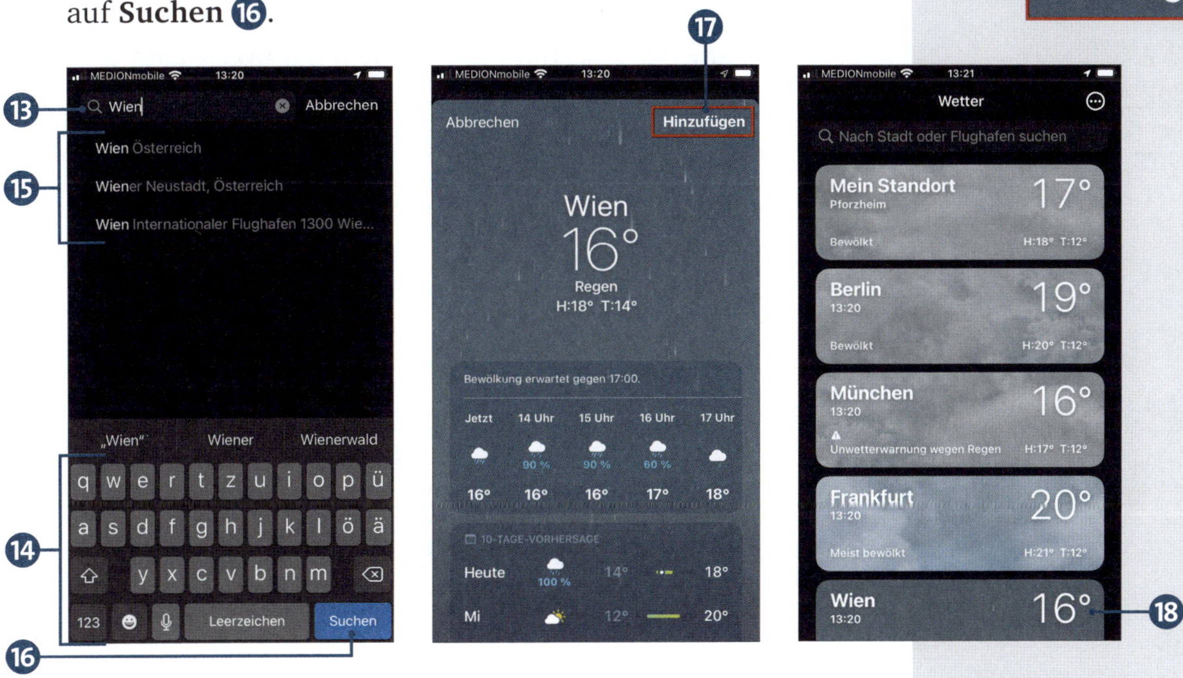

8. Nun sehen Sie direkt das Wetter des gesuchten Orts. Tippen Sie auf **Hinzufügen** (17), um den Ort in Ihrer Liste zu speichern. Sie gelangen damit zur Übersicht zurück und sehen den neu hinzugefügten Standort (18).

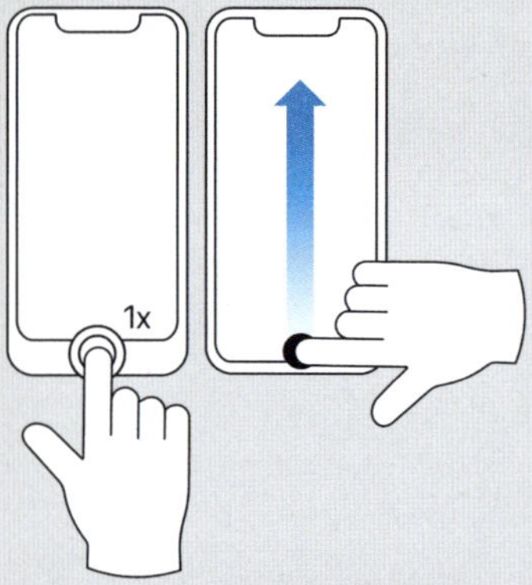

MERKE

Wie vom Computer gewohnt, können Sie auch am iPhone mehrere Apps gleichzeitig öffnen und zwischen diesen wechseln.

Mehrere Apps öffnen

↓

zwischen Apps wechseln

↓

Apps beenden

9. Zurück zur Wetteranzeige geht es per Fingertipp auf einen beliebigen Standort. Und ganz zurück zum Home-Bildschirm gelangen Sie, wie Sie bereits wissen, durch Betätigen der Home-Taste oder per Fingerwisch von unten nach oben.

Mit dem App-Wechsler zwischen geöffneten Apps wechseln und diese beenden

Bisher haben Sie in diesem Kapitel zumindest zwei Apps (*Safari* und *Wetter*) und mit den *Einstellungen* sogar eine dritte App aufgerufen. Zum Verlassen der jeweiligen App sind Sie aber einfach zurück auf den Home-Bildschirm gewechselt. Wo also sind diese geöffneten Apps eigentlich geblieben? Um ganz ehrlich zu sein – so wirklich »verlassen« haben Sie die Apps damit nicht, sie sind im Hintergrund noch geöffnet.

In diesem Abschnitt zeigen wir Ihnen daher, wie Sie eine App komplett beenden. Außerdem lernen Sie, wie Sie zwischen verschiedenen Apps wechseln, ohne sie immer wieder aus dem Dock oder vom Home-Bildschirm aus auf den Bildschirm zu bringen. Im folgenden Beispiel steuern Sie ein paar Urlaubsziele im Internet an und prüfen das Wetter vor Ort. Danach schließen Sie die benutzten Apps ganz »sauber«.

1. Bringen Sie nun über das Dock Ihres iPhones erneut die *Safari*-App ❶ auf den Bildschirm. Tippen Sie auf das Suchfeld oben ❷, und tippen Sie über die Bildschirmtastatur ❸ ein Urlaubsziel ein. In unserem Beispiel soll es zu einem Tagesausflug in die Pfalz gehen. Wählen Sie aus den angezeigten Vorschlägen ❹ einen per Fingertipp aus.

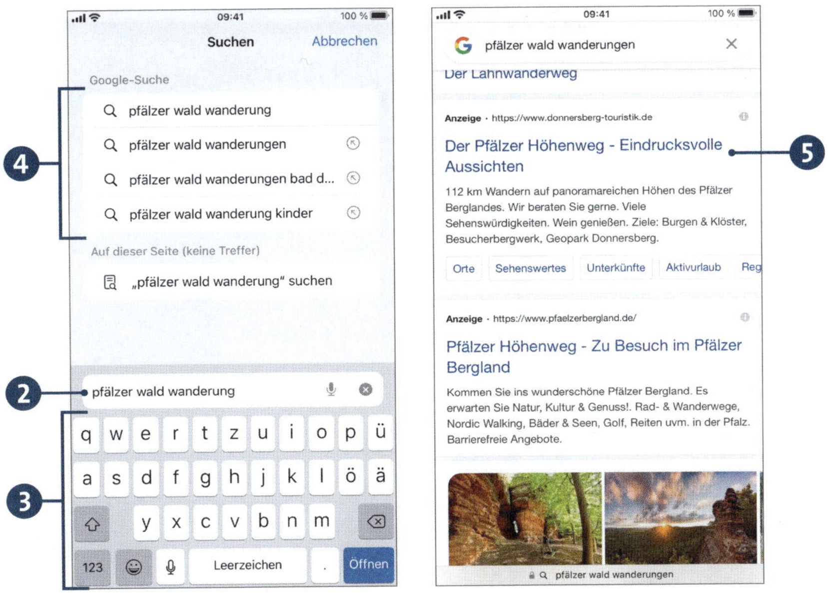

WAS TUN?

Sie öffnen die Safari-App, und da steht noch die zuletzt besuchte Webseite? Das ist kein Problem. Sobald Sie eine neue Webadresse eingeben oder etwas suchen, verschwindet diese Ansicht automatisch.

2. Suchen Sie sich auf der nächsten Seite mit den Suchergebnissen eines aus, und tippen Sie auf den blauen Link 5, um die zugehörige Webseite zu laden.

3. Jetzt stellt sich die Frage: Wie ist das Wetter in den kommenden Tagen dort? Lohnt ein Ausflug zum Wandern oder wird es eher Wellness im Hotel? Gehen Sie zurück zum Home-Bildschirm (je nach iPhone-Modell per Home-Taste oder mit einem Fingerwisch vom unteren Rand Ihres Telefons nach oben), und tippen Sie die **Wetter**-App 6 an.

4. Suchen Sie nun, wie auf Seite 105 erklärt, das passende Wetter für den Pfälzer Wald 7. Am Wochenende ist das Wetter gar nicht so schlecht 8 – also zurück in *Safari* und eine passende Wanderroute mit tollen Ausblicken gesucht.

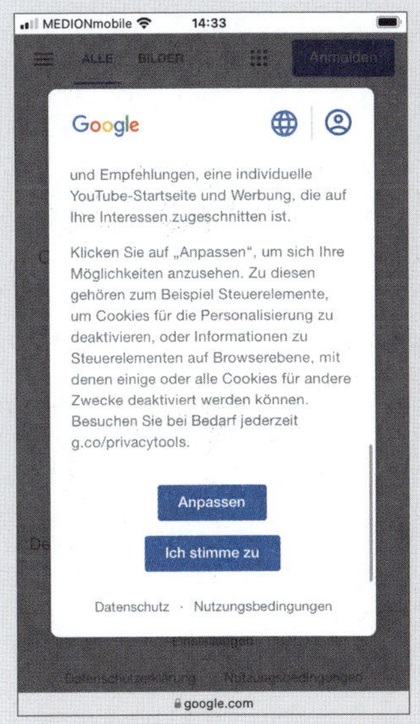

Apple nutzt die bekannte Google-Suche. Aufgrund von Datenschutzgesetzen müssen Sie beim ersten Mal, bevor Google Ihnen Ergebnisse zeigt, diesen Bedingungen zustimmen. Sprich: Scrollen Sie in diesem Fenster ganz nach unten, bis Sie **Ich stimme zu** antippen können.

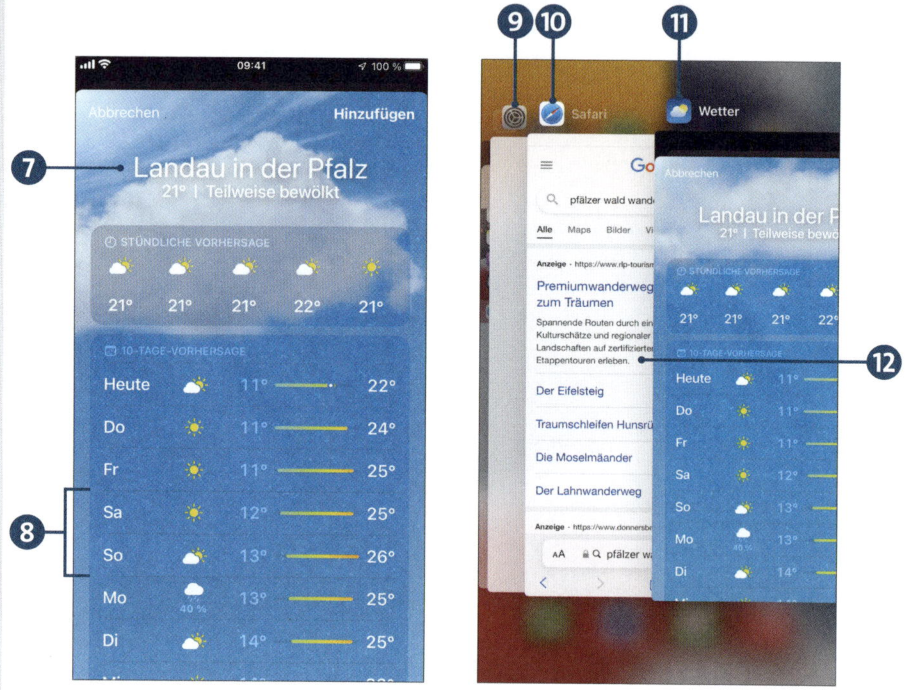

Den App-Wechsler aufrufen:

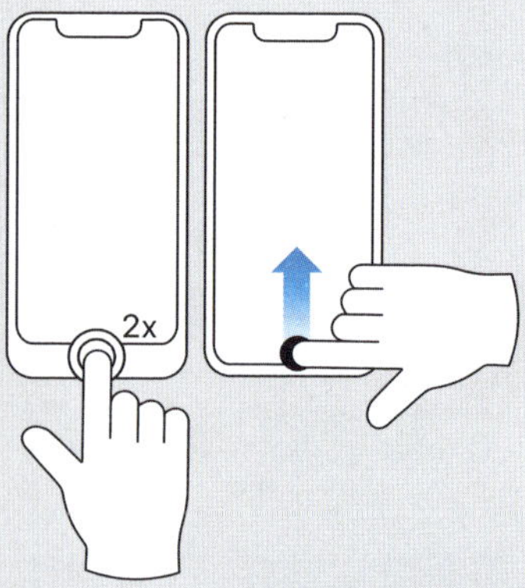

5. Hier hat das iPhone nun eine praktische »Abkürzung« parat. Beim iPhone mit Home-Taste drücken Sie diese zweimal schnell hintereinander. Beim iPhone mit Gesichtserkennung wischen Sie ganz kurz vom unteren Rand mit dem Finger nach oben in das Display hinein, halten aber im ersten Viertel an. Der *App-Wechsler* mit allen aktuell im Hintergrund geöffneten Apps erscheint. In unserem Beispiel sind das die *Einstellungen* **9**, *Safari* **10** und die *Wetter*-App **11**.

6. Um zu Safari zu wechseln, tippen Sie auf die Voransicht der App **12**. Sofort erscheint die App wieder im Vordergrund (der App-Wechsler ist ausgeblendet), und Sie können über die Suchleiste nach einer passenden Wanderroute Ausschau halten.

MERKE

Haben Sie sehr viele Apps geöffnet, blättern Sie mit einer Wischgeste nach links oder rechts durch diese hindurch.

7. Das Wochenende soll auf Montag verlängert werden, doch wie war da noch mal das Wetter? Rufen Sie erneut den App-Wechsler auf, und tippen Sie nun auf die Vorschau der Wetter-App 13.

8. Sie haben genug recherchiert? Dann können Sie die Apps komplett beenden. Auch das geschieht über den App-Wechsler. Starten Sie diese Ansicht erneut.

9. Nun setzen Sie den Finger auf das untere Ende jener App, die Sie beenden wollen (hier Safari) 14, und ziehen die App mit Schwung quasi über den oberen Rand des Displays hinaus 15. Die App verschwindet, und im App-Wechsler bleiben nur noch die beiden anderen Apps zurück 16.

10. Wiederholen Sie den Vorgang mit den anderen noch geöffneten Apps. Haben Sie alle Apps aus dem App-Wechsler entfernt, gelangen Sie automatisch auf den Home-Bildschirm zurück.

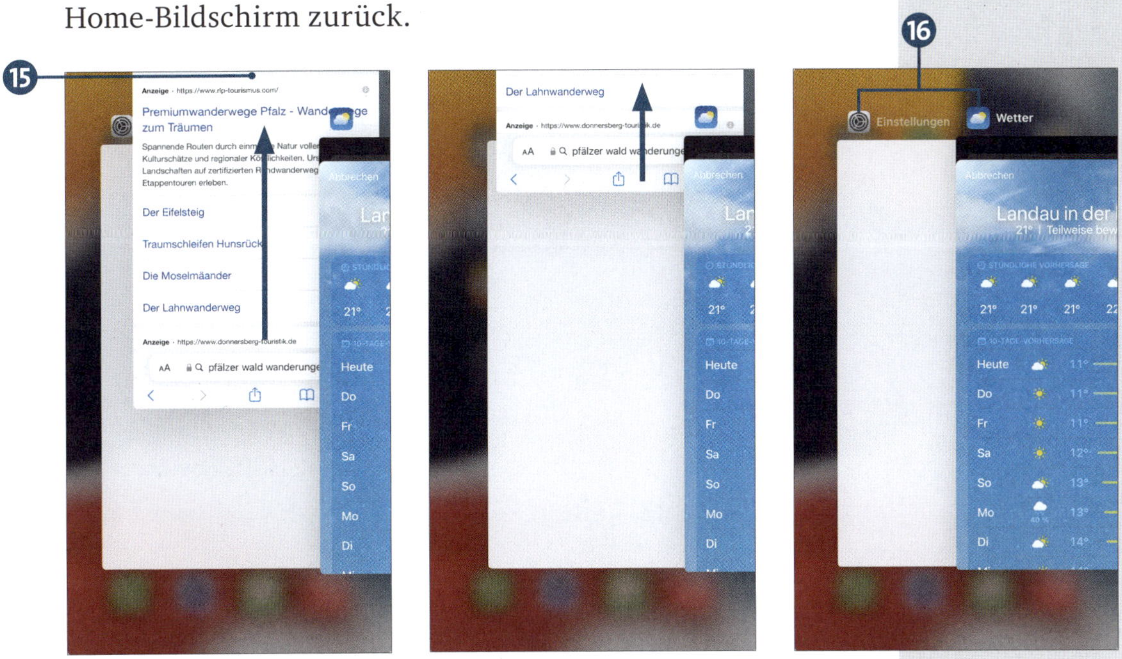

Warum Apps beenden?

Das iPhone ist ziemlich intelligent: Auch wenn Sie 20 Apps im Hintergrund laufen haben, wird dadurch die Geschwindigkeit nicht (merklich) ausgebremst, denn länger nicht benutzte Apps schließt das iPhone für Sie automatisch. Dennoch werden sie weiterhin im *App-Wechsler* angezeigt, und dort wird es dann irgendwann unübersichtlich, wenn Sie komfortabel zwischen einzelnen Apps wechseln möchten. Zudem verbraucht fast jede im Hintergrund geöffnete App Daten, da häufig mit einem Server kommuniziert oder der Standort abgefragt wird.

Daher schadet es nicht, ab und an den App-Wechsler zu öffnen und weniger häufig benutzte Apps zu schließen. Wie Sie den App-Wechsler auf Ihrem iPhone aufrufen, können Sie noch einmal auf Seite 108 nachschauen.

Aluminium-Schutzhülle von Aviato AirZERO (Foto: arktis.de)

Das iPhone schützen

Wir empfehlen Ihnen, sich eine Schutzhülle für Ihr iPhone zuzulegen. Es passiert viel zu schnell, dass einem das Gerät aus der Hand rutscht – und zwar nicht nur Einsteigern. Je nach Sturz kann das Gerät nicht nur Schrammen aufweisen, ein Sturz könnte sogar ein defektes Display nach sich ziehen. Dessen Reparatur kostet richtig Geld, eine Investition in den Schutz rechnet sich daher.

KAPITEL 6

Mit dem iPhone im Internet surfen – fünf grundlegende Tipps

Die *Safari*-App haben Sie im vorangehenden Kapitel schon ein wenig kennengelernt. Hier zeigen wir Ihnen nun vor allem, wie Sie auch am iPhone ganz bequem im Internet surfen.

Tipp 1: Navigieren im Internet – wo sind die Buttons?

Auf dem doch relativ kleinen Display eines Smartphones sind viele Bedienelemente, die Sie vielleicht vom Internetbrowser am PC kennen, nicht sichtbar – zumindest nicht auf den ersten Blick. Das schauen wir uns nun genauer an:

1. Rufen Sie den Home-Bildschirm auf, und starten Sie die *Safari*-App im Dock. Tippen Sie in die Adressleiste unten ①, und geben Sie über die Bildschirmtastatur, die daraufhin unten eingeblendet wird, eine gewünschte Internetadresse ein ②. Lassen Sie sich nicht davon irritieren, dass in diesem Zuge die Adressleiste weiter nach oben springt. Tippen Sie dann auf **Öffnen** ③ rechts unten.

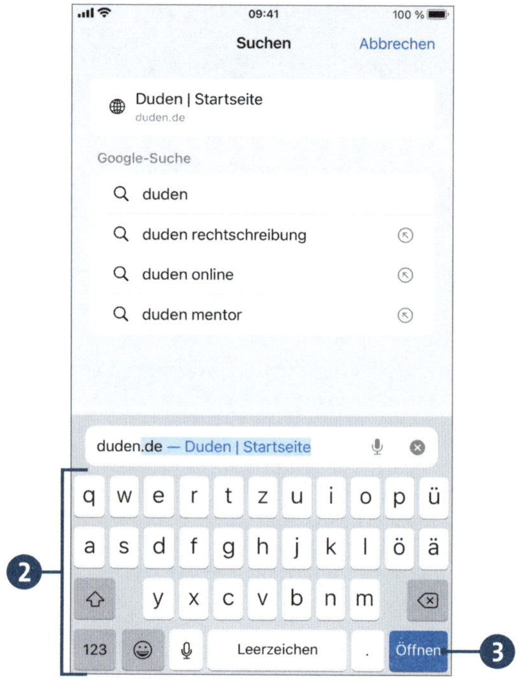

Cookies (wörtlich »Kekse«) sind kleine Informationspakete, die einer Webseite mitteilen, ob Sie beispielsweise einen Link angeklickt oder welche Seite Sie angeschaut haben. Auch der Inhalt eines Warenkorbs beim Onlineshopping wird in Cookies abgelegt.

2. In aller Regel müssen Sie nun die Datenschutzbestimmungen akzeptieren bzw. der Nutzung sogenannter *Cookies* zustimmen. Erlauben Sie das durch Antippen der jeweiligen Schaltfläche. Erst dann können Sie die Inhalte der Internetseite sehen bzw. nutzen. Manchmal reicht es auch, einen solchen Hinweis durch Antippen eines kleinen Kreuz-Symbols zu schließen.

3. Tippen Sie auf der Webseite auf eine Unterseite bzw. einen Link. In unserem Beispiel haben wir die Rubrik *Wörterbuch* von *duden.de* über das Menü aufgerufen.

4. Jede Webseite, die Sie von der Startseite aus aufrufen, »überlagert« die vorherige und füllt nun, sobald Sie nach unten scrollen, immer den gesamten Bildschirm 4. Doch wie kommen Sie jetzt zu der einen oder anderen Seite zurück?

WAS TUN?

Auf Seite 58 haben Sie erfahren, dass sich die Menüpunkte oft in einem Menü mit zwei oder drei Balken verstecken. Tippen Sie darauf, um die Unterseiten einer Webseite zu öffnen.

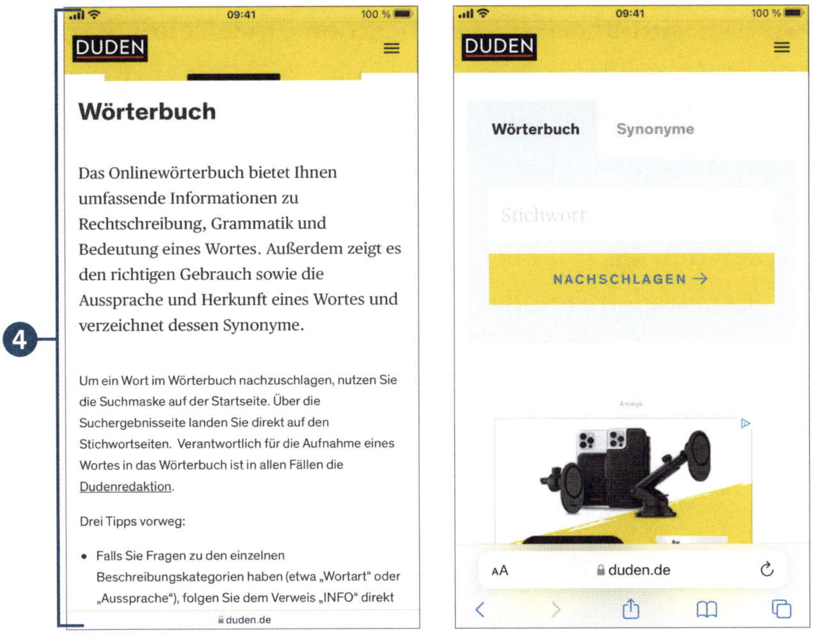

5. Hier gibt es einen Trick, der wie so oft in einer Wischgeste besteht: Wenn Sie den Inhalt auf der Webseite ein wenig nach oben schieben, also mit dem Finger nach unten fahren, werden die Bedienelemente unten und die aktuell besuchte Webseitenadresse eingeblendet **5**.

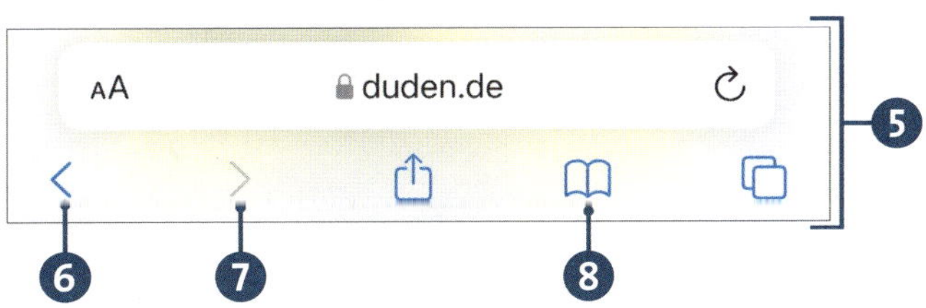

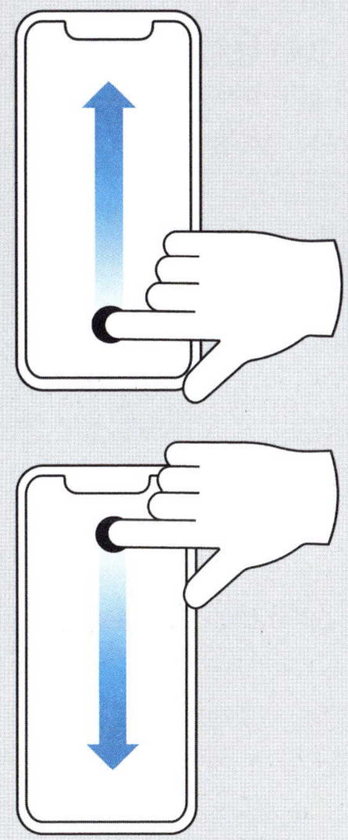

6. Durch Antippen der beiden Pfeile links unten gehen Sie entweder eine Seite zurück **6** oder vor **7**. Ist einer der Pfeile grau statt blau, dann kann in diese Richtung vorerst nicht navigiert werden, weil dort noch keine Seite geöffnet ist. So können Sie den Vorwärts-Pfeil bei einer geöffneten Unterseite erst dann nutzen, wenn Sie zuvor zurücknavigiert sind.

MERKE

Keine Lust auf Nachverfolgung? Wenn Sie den Verlauf der besuchten Webseiten entfernen wollen, dann tippen Sie rechts unten im Verlaufs-Bereich auf **Löschen** ⓭, und schon sind alle besuchten Seiten entfernt.

7. Das Hin und Her zwischen den Einzelseiten kann dann lästig werden, wenn Sie mehr als drei Seiten zurückblättern wollen. Hier hilft der *Verlauf* weiter. Tippen Sie auf das Buch-Symbol unten ❽. Nun öffnet sich ein neues Fenster. Über die Symbole oben wechseln Sie zwischen den **Lesezeichen** ❾, der **Leseliste** ❿ und dem **Verlauf** ⓫. In Letzterem finden Sie eine Liste mit allen Internetseiten, die Sie schon besucht haben ⓬. Mit dem üblichen Fingerwisch nach oben oder unten suchen Sie die passende Seite aus und öffnen diese per Fingertipp wieder bildschirmfüllend.

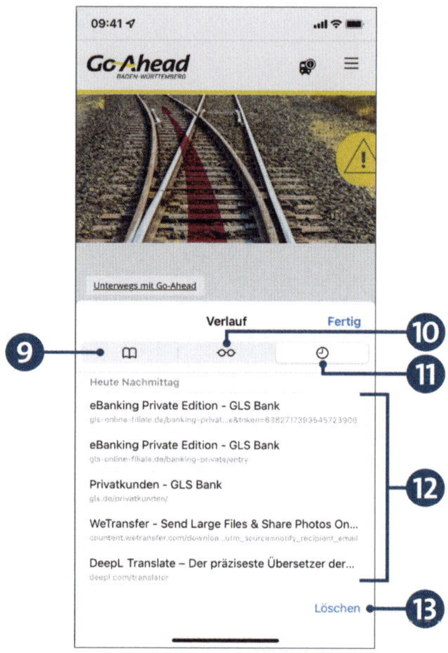

Tipp 2: Webseite verbindlich merken

Am iPhone können Sie Ihre Lieblingswebseiten komfortabel abspeichern und haben sie immer griffbereit.

1. Haben Sie in Safari eine Seite entdeckt, die Sie sich unbedingt merken möchten, dann tippen Sie auf das *Verteilen*-Symbol in der unteren Leiste ❶. Wenn Sie die Leiste nicht sehen, fahren Sie auf der Webseite mit dem Finger etwas nach unten. Nach Antippen des Symbols öffnen sich eine Menge Optionen **2**.

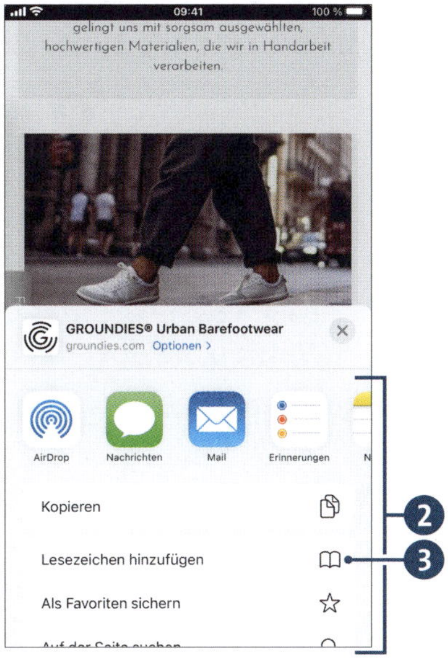

2. Tippen Sie hier auf **Lesezeichen** **3**. Dann öffnet sich ein neues Fenster mit dem Namen der Webseite **4**.

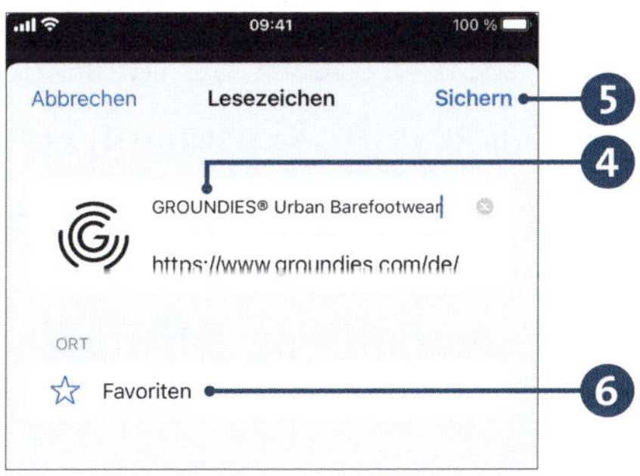

3. Wenn Sie ihn antippen, können Sie den Namen auch über die Bildschirmtastatur ändern. Ist alles wunschgemäß, tippen Sie oben rechts auf **Sichern** **5**. Damit wird diese Webseite in den *Lesezeichen* im Bereich **Favoriten** **6** abgelegt. Sie gelangen ohne Nachfrage zurück zur Webseiten-Ansicht.

WAS TUN?

Wenn Sie den Punkt nicht sehen, dann müssen Sie je nach iPhone entweder nach oben wischen, um weiter nach unten zu scrollen, oder nach links, um nach rechts zu blättern.

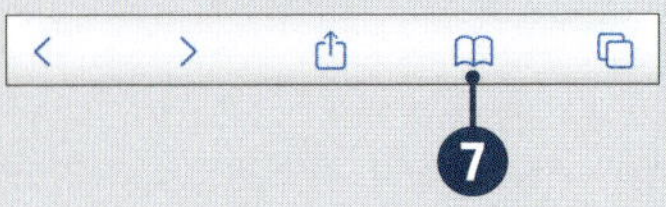

4. Um nun ein Lesezeichen aufzurufen, tippen Sie auf das Buch-Symbol in der unteren Leiste 7. Sie landen in der Regel in dem Webseiten-**Verlauf** 8, den wir schon in Tipp 1 gezeigt haben. Tippen Sie nun in der Leiste auf das Buch-Symbol 9, um die **Lesezeichen** zu öffnen.

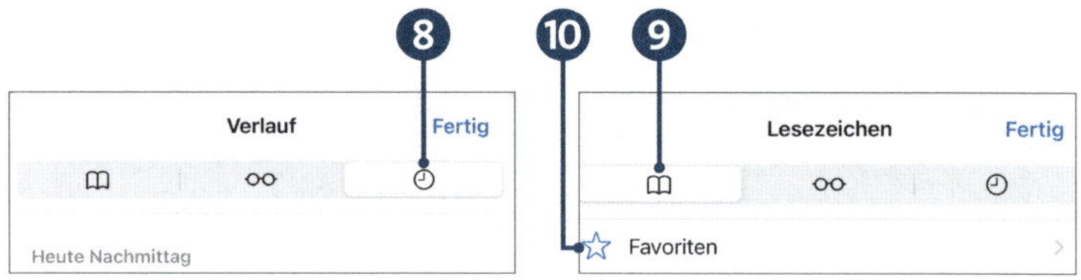

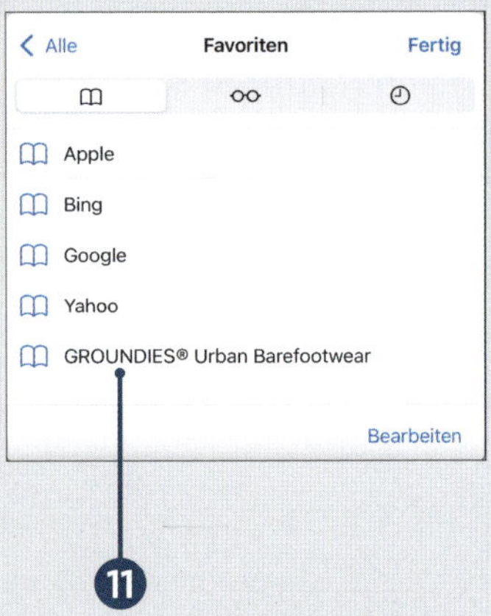

5. Wählen Sie dort die **Favoriten** 10. Dort wurde ja Ihr Lesezeichen abgelegt. Und tatsächlich befindet es sich in der Liste 11. Mit einem Fingertipp auf ein solches Lesezeichen gelangen Sie direkt zu dieser Webseite.

Tipp 3: Geordnetes Surfen mit der Tab-Übersicht

Sie kennen die *Browser-Tabs* vielleicht von Ihrem Computer? Damit können Sie verschiedene Webseiten in verschiedenen Fenstern öffnen und diese über Register, die nebeneinander dargestellt werden, im Wechsel öffnen. Die *Tabs* in der Safari-App auf dem iPhone haben im Grunde dieselbe Funktion, sind aber ganz anders dargestellt. Wir zeigen Ihnen in diesem Tipp daher, wie Sie am iPhone selbst einen neuen Tab anlegen können und wie Sie durch die nach und nach immer größer werdende Sammlung von verschiedenen Seiten bzw. Tabs gelangen:

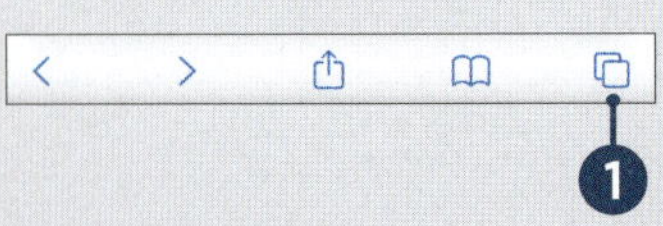

1. Starten Sie die Safari-App. Tippen Sie in der Bedienleiste unten rechts auf das Symbol für die *Tab-Vorschau* bzw. *Tab-Übersicht* 1. Hier sind unter Umständen schon einige Tabs zu sehen.

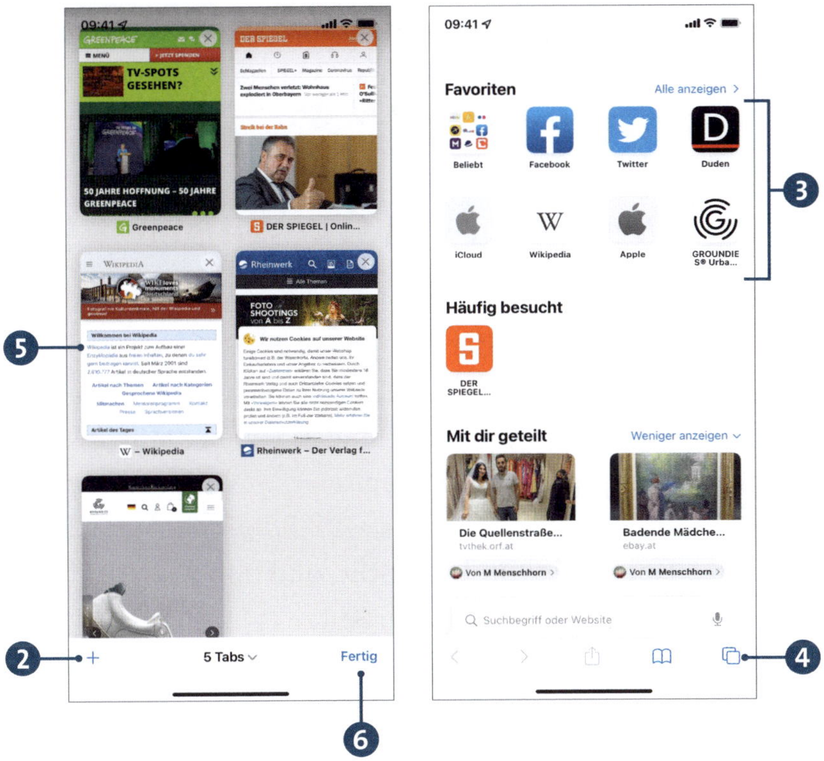

2. Mit einem Tipp auf das + **2** legen Sie einen neuen Tab an, anstatt die Internetadresse zu überschreiben, die aktuell nach dem Öffnen Ihrer Safari-App angezeigt wird. Der neue Tab zeigt die Startseite der Safari-App mit Favoriten und häufig von Ihnen besuchten Seiten **3**. Tippen Sie einen Favoriten an, oder geben Sie wie gewohnt Ihre Adresse unten in der Suchleiste ein.

3. Wechseln Sie nun mit einem Fingertipp auf das Symbol ⧉ in der unteren Leiste **4** zurück in die Tab-Übersicht.

4. Durch Wischen nach oben bzw. unten blättern Sie durch die einzelnen Tabs. So sehen Sie auch Seiten, die Sie vor längerer Zeit geöffnet haben. Wenn Sie aktuell eine dieser Seiten öffnen wollen, tippen Sie einfach darauf **5**,

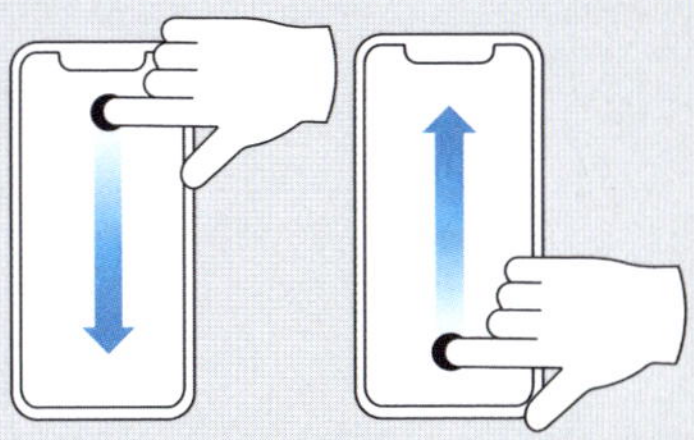

sodass sie im Vordergrund angezeigt wird. Möchten Sie die Tab-Vorschau schließen, ohne eine bestimmte Seite zu laden, tippen Sie auf **Fertig** ❻.

Tipp 4: Webseiten-Chaos beseitigen

Im Laufe der Zeit sammeln sich in den Tabs richtig viele Seiten an. Wenn Ihnen die Tab-Übersicht also auf Dauer zu unübersichtlich wird, können Sie hier auch sehr komfortabel aufräumen, ohne die betreffenden Seiten dafür jeweils groß anzeigen lassen zu müssen.

ACHTUNG!

Das Schließen der Tabs bedeutet nicht, dass die Seiten im *Verlauf* (siehe Tipp 1 auf Seite 111) entfernt werden. Dort sind sie nach wie vor erreichbar.

Öffnen Sie dazu die Tab-Übersicht, und tippen Sie einfach auf das × ❶ bei der jeweiligen Seite.

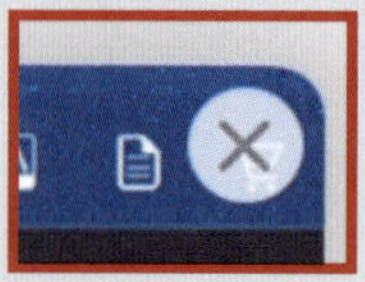

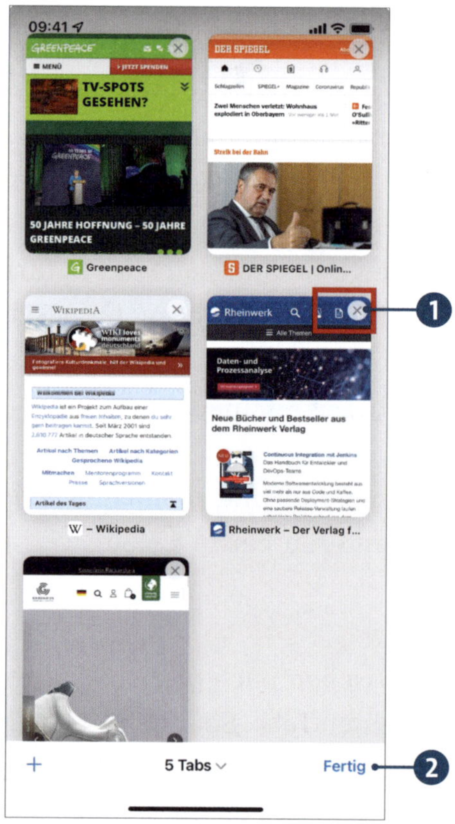

Möchten Sie alle Tabs auf einen Schlag schließen, drücken Sie mit dem Finger etwas länger auf **Fertig** 2. Sie erhalten nun die Option, alle vorhandenen Tabs auf einmal zu schließen 3, was nach einem Fingertipp darauf auch geschieht. Haben Sie es sich jedoch anders überlegt, können Sie den Löschen-Vorgang durch Antippen dieses × 4 auch abbrechen.

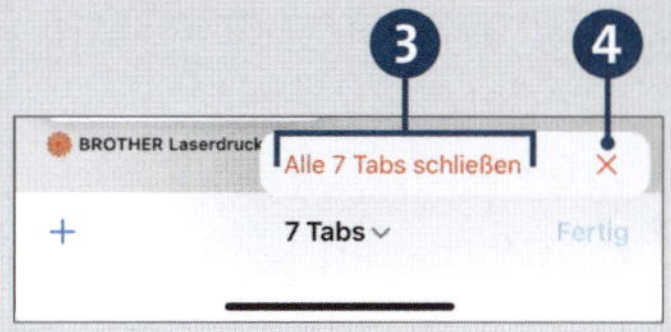

Tipp 5: Webseite ausdrucken

Es mag exotisch klingen, aber Sie können Inhalte auf Ihrem iPhone (wie z. B. Webseiten) auch ausdrucken. Voraussetzung dafür ist allerdings ein einigermaßen moderner Drucker, der in Ihr *WLAN* eingebunden ist. Das ist seit einigen Jahren eigentlich Standard. Das heißt, ist Ihr Drucker zu Hause drahtlos mit Ihrem Computer verbunden, dann klappt das Drucken in der Regel auch mit dem iPhone.

Und so einfach drucken Sie dann eine Webseite aus:

1. Öffnen Sie die gewünschte Internetseite mit der Safari-App, wie oben gezeigt.

2. Tippen Sie in der Bedienleiste auf das *Verteilen*-Symbol 1, das Sie schon in Tipp 2 kennengelernt haben.

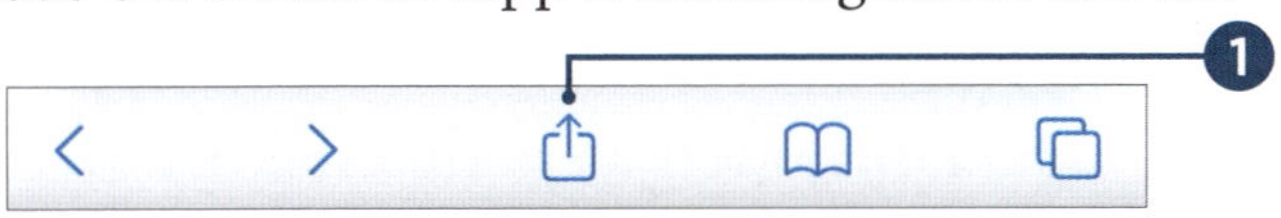

3. Sie erhalten wieder eine Reihe von Möglichkeiten, um die Webseite zu teilen, zu verschicken und Ähnliches mehr 2. Legen Sie jetzt aber den Finger auf das Display und schieben Sie ihn nach oben, um die **Drucken**-Funktion 3 am unteren Ende zu finden. Tippen Sie einmal darauf. Nun öffnet sich das Fenster zum Ausdrucken.

MERKE

Sie können nicht nur Internetseiten drucken, sondern auch E-Mails oder Fotos. Überall, wo die Verteilen-Schaltfläche zu sehen ist, kann in der Regel auf dem hier beschriebenen Wege gedruckt werden.

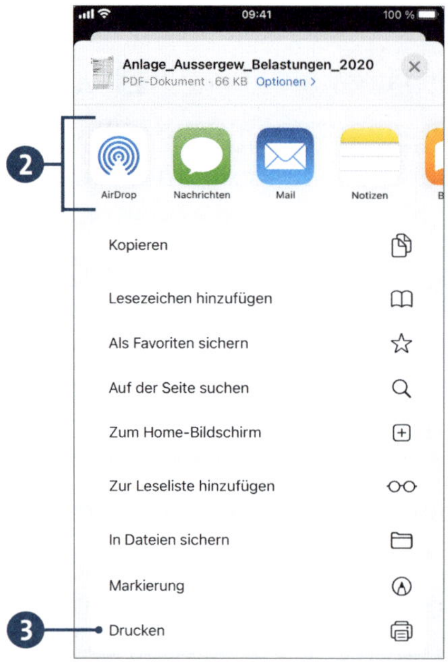

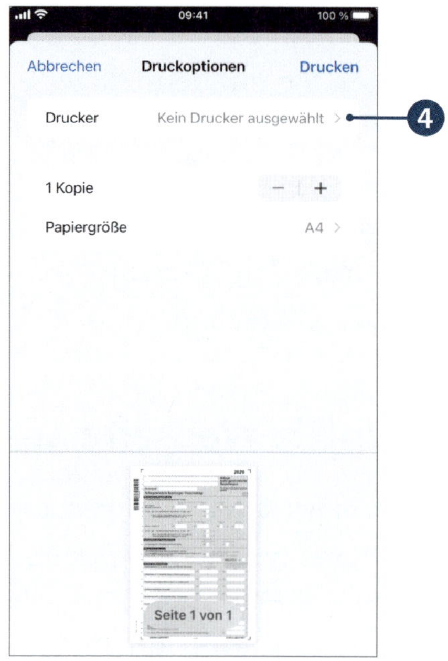

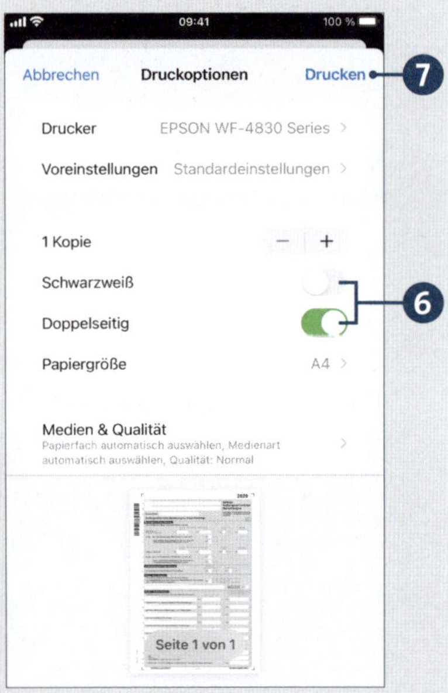

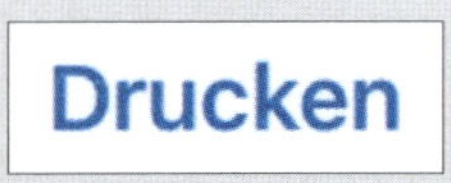

4. Tippen Sie auf **Kein Drucker ausgewählt** ④ und im folgenden Fenster auf Ihren Drucker. Vor dem ersten Druckvorgang kann es einige Sekunden dauern, bis Ihr Drucker erscheint ⑤. Nachdem Sie ihn angetippt haben, gelangen Sie wieder zum vorherigen Bildschirm zurück.

5. Hier haben Sie nun noch, je nach Drucker, die Möglichkeit, **Druckoptionen** zu definieren. Diese Optionen unterscheiden sich je nach Druckertyp erheblich. Wählen Sie durch Aktivieren der Schieberegler ⑥ per Fingertipp aus, was gewünscht ist.

6. Nun genügt ein Fingertipp auf **Drucken** rechts oben ⑦, und Ihre Webseite wird auf dem Drucker ausgegeben.

KAPITEL 7

Die ersten Telefonate

Durch seine zahlreichen Programme und die damit einhergehenden Möglichkeiten ist das iPhone ein kleines Wunderwerk der Technik. Beinahe könnte man vergessen, wofür das iPhone »eigentlich« gedacht ist: zum Telefonieren! Dafür gibt es eine eigene App, die *Telefon*-App. Natürlich können Sie mit ihr eine Telefonnummer wählen, um einen bestimmten Gesprächspartner zu erreichen. Aber anders als ein klassisches Telefon bietet die Telefon-App noch weitere Funktionen: u. a. ein Adressbuch und sogar eine Aufstellung aller getätigten bzw. versäumten Anrufe. Lassen Sie uns gemeinsam die App starten und ein erstes Telefonat führen.

Das iPhone ist in erster Linie ein Mobiltelefon – allerdings mit vielen Zusatzfunktionen. Die »Wählscheibe« bzw. die Wähltasten befinden sich in einer eigenen App.

Auch das Telefon ist eine App – sogar mit Wähltasten

Das Telefon öffnen Sie mit einem einfachen Fingertipp auf das Symbol der *Telefon*-App, die sich standardmäßig unten auf dem Bildschirm befindet.

In der geöffneten App sehen Sie unten einen Bereich mit mehreren Funktionstasten, der immer angezeigt wird:

Telefon-App starten

↓

Ziffernblock antippen

↓

Nummer eintippen

↓

Anrufen

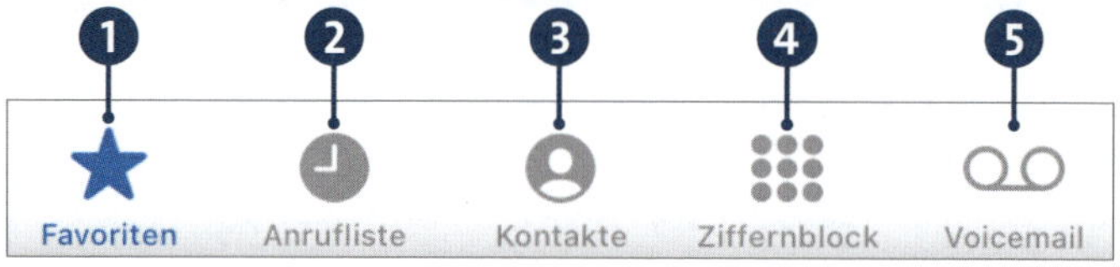

1. **Favoriten**: Damit können Sie wichtige Kontakte festlegen, die Sie hier in einer Übersicht finden.
2. Die **Anrufliste** enthält getätigte bzw. verpasste Anrufe, und zwar chronologisch geordnet.
3. **Kontakte**: Das ist Ihr digitales, alphabetisch geordnetes Adressbuch mit allen Kontakten, die Sie abgespeichert haben.
4. Mit **Ziffernblock** aktivieren Sie die Wähltasten.
5. **Voicemail** ist im Wesentlichen nichts anderes als ein integrierter Anrufbeantworter.

WAS TUN?

Sie können die Ziffern mit jedem beliebigen Finger eintippen. Die jüngere Generation macht das zwar gern mit dem Daumen, Sie können aber natürlich auch den Zeigefinger verwenden.

Nun wollen wir aber den ersten Telefonversuch wagen:

1. Tippen Sie zunächst auf die Fläche **Ziffernblock** (1), um die Wähltasten zu aktivieren.

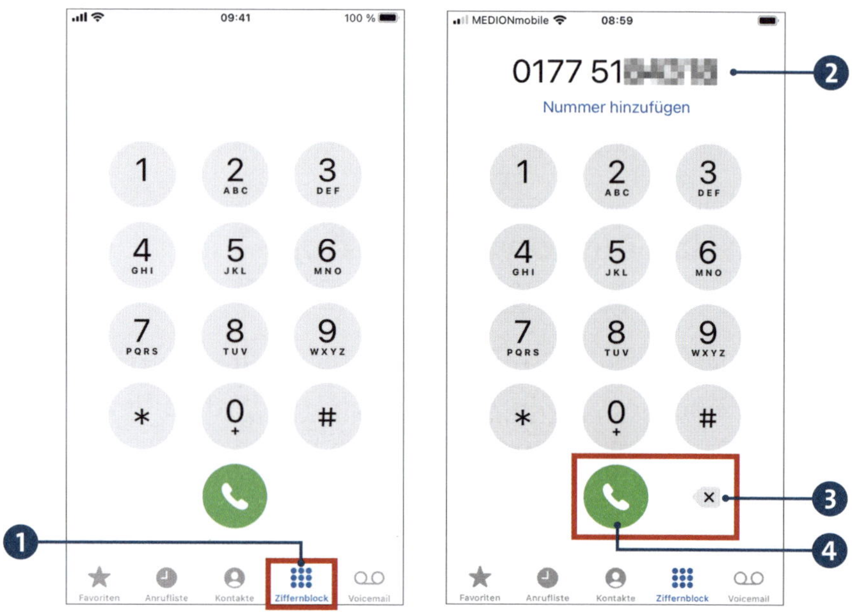

2. Geben Sie wie bei einem Tastentelefon oder einem Tastenhandy die gewünschte Telefonnummer durch Antippen der Ziffern-Schaltflächen ein. Ihre Eingabe erscheint oberhalb der Wähltasten **2**.

Sollten Sie sich vertippt haben, korrigieren Sie die Eingabe mit der kleinen Löschen-Schaltfläche **3**, die erst erscheint, wenn Sie bereits eine Ziffer eingegeben haben. Sie löscht bei jedem Antippen jeweils eine Ziffer von hinten nach vorne.

3. Ist die Nummer vollständig eingegeben, tippen Sie auf den grünen Kreis mit dem Hörersymbol **4**. Schon wird die Verbindung aufgebaut. Dabei wird der Bildschirm abgedunkelt, und unterhalb der eingegebenen Nummer erscheint das Wort **Anrufen** **5**.

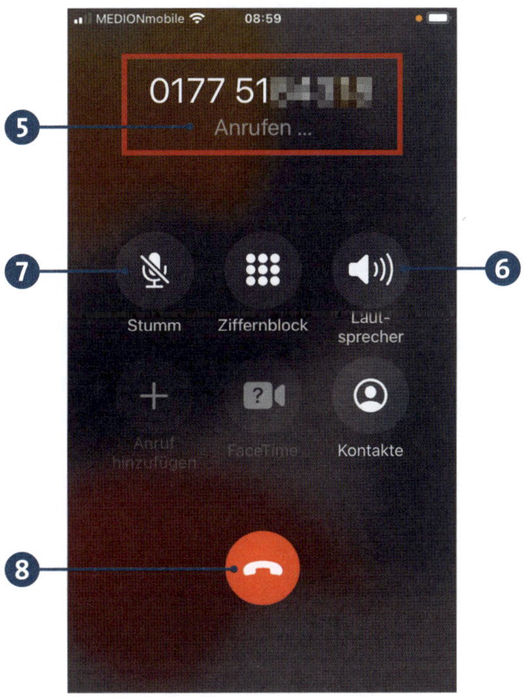

WAS TUN?

Sie möchten während des Telefonats die Hände frei haben oder eine weitere Person im Raum mithören lassen? Tippen Sie auf **Lautsprecher** **6**, um die Freisprecheinrichtung zu nutzen. Durch erneutes Antippen wird der Lautsprecher wieder ausgeschaltet. Nach demselben Prinzip funktioniert die Schaltfläche **Stumm** **7**. Damit schalten Sie Ihr Mikrofon an und aus – z. B. damit Ihr Gesprächspartner bzw. Ihre Gesprächspartnerin nicht mithören kann, wenn Sie eine Frage an jemanden bei sich zu Hause richten.

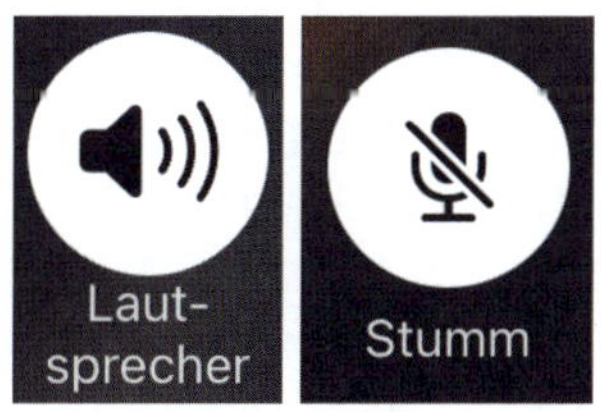

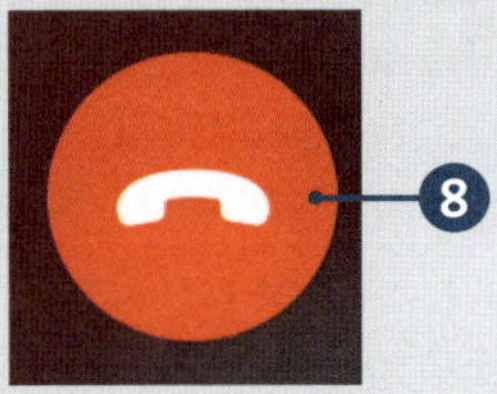

»Auflegen« geht mit dem roten Telefonhörersymbol.

WAS TUN?

Möchten Sie gerade nicht gestört werden und daher den Anruf abweisen, dann drücken Sie einfach zweimal kurz die Standby-Taste oben rechts am Gehäuserand. Damit wird der Anrufer automatisch zu Ihrem digitalen Anrufbeantworter, der *Voicemail*, weitergeleitet, sofern diese zur Verfügung steht. Wie Sie Ihren Anrufbeantworter abhören können, lesen Sie auf Seite 127.

4. Halten Sie das iPhone wie einen normalen Telefonhörer ans Ohr, und warten Sie, bis Ihr Gesprächspartner bzw. Ihre Gesprächspartnerin abnimmt.

5. Um das Gespräch zu beenden, nehmen Sie das Telefon vom Ohr und tippen auf den nun roten Kreis mit dem Hörersymbol **8**.

Ein Telefonat entgegennehmen

Was geschieht nun, wenn jemand Sie anruft? Hier gibt es mehrere Möglichkeiten, einen Anruf entgegenzunehmen, abhängig davon, was Sie mit Ihrem iPhone gerade machen.

Wenn Sie Ihr iPhone derzeit nicht benutzen, passiert Folgendes:

1. Das Display leuchtet auf, und Sie sehen die Nummer, von der aus Sie angerufen werden, oder den Namen Ihres Kontakts, den Sie schon auf Ihrem iPhone gespeichert haben. Je nach iPhone-Modell erscheint der Hinweis eher dezent **1** oder komplett über das gesamte Display **2**.

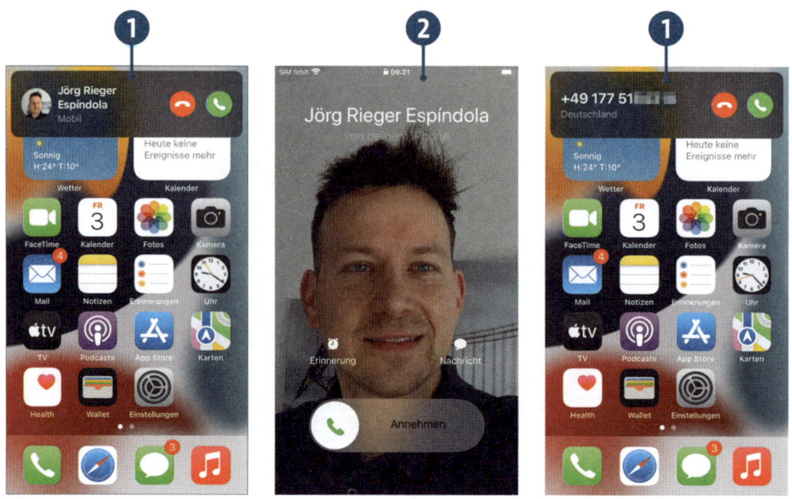

2. Im unteren Bereich des Bildschirms erscheint ein Feld, in dem **Annehmen** steht, und links davon ein Kreis mit einem grünen Telefonhörersymbol ❸ oder nur das kleine Symbol ❹.

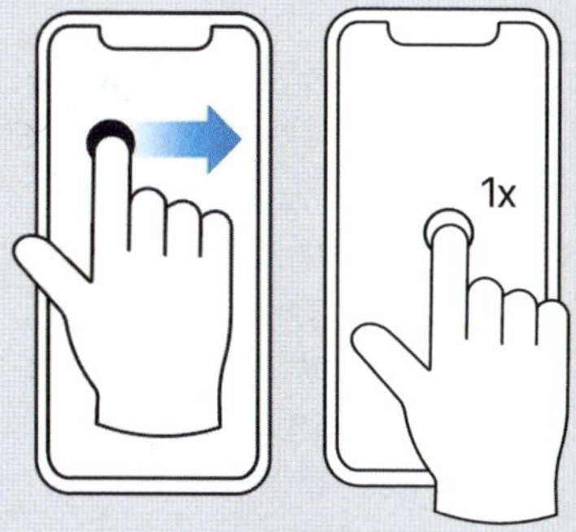

3. Bei der ersten Variante ❸ tippen Sie mit dem Finger auf das grüne Telefonhörersymbol und ziehen es nach rechts. Bei der zweiten Variante genügt ein Fingertipp auf den Hörer ❹. Schon steht die Verbindung. Halten Sie das Telefon ans Ohr und führen Sie Ihr Telefonat.

4. Auch hier gilt: Möchten Sie den Anruf beenden, nehmen Sie das Telefon vom Ohr und drücken auf den roten Telefonhörer-Button.

Auch wenn Sie gerade mit Ihrem Smartphone im Internet surfen oder eine beliebige andere App benutzen, erreichen Sie die Anrufe. Sie müssen sich nicht in der Telefon-App befinden.

Anruf verpasst – so rufen Sie zurück

Wie Sie Telefonate annehmen, wenn Ihr iPhone angeschaltet ist oder in Reichweite liegt, wissen Sie nun. Doch wie erfahren Sie, dass Sie angerufen wurden, wenn Sie das iPhone nicht gehört haben oder es vielleicht ganz ausgeschaltet hatten? Sollten Sie einen Anruf verpasst haben, teilt Ihr iPhone Ihnen das immer mit, und Sie können den Anrufer bzw. die Anruferin ganz komfortabel zurückrufen.

MERKE

Was es mit den *Push-Mitteilungen* auf sich hat und wie Sie diese einstellen, lesen Sie im Abschnitt »Optische Mitteilungen anpassen« ab Seite 190.

MERKE

Die Anrufliste erreichen Sie immer auch, wenn Sie die Telefon-App selbst starten (siehe dazu ② auf Seite 122).

Wenn Sie Ihr iPhone nur »schlafen gelegt« haben und es aus dem Standby heraus aktivieren, sehen Sie sofort in den sogenannten *Push-Mitteilungen* auf Ihrem Sperrbildschirm, welchen Anruf Sie verpasst haben. In unserem Fall ist es eine Nummer, die nicht in den Kontakten gespeichert ist ①.

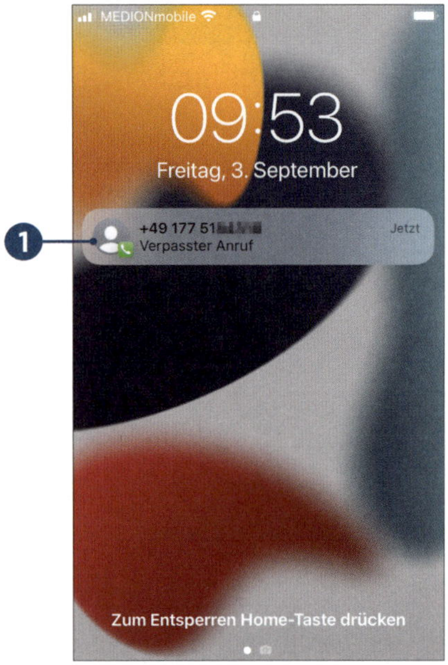

1. Tippen Sie nun auf diese Push-Mitteilung. Damit gelangen Sie in die **Anrufliste** ②, in der Sie die Telefonnummer des verpassten Anrufers in roter Farbe ③ sehen.

2. Sobald Sie auf diese rote Nummer tippen, wird die Verbindung zum Anrufer hergestellt.

Eine rote 1 am Symbol der Telefon-App bedeutet: 1 verpasster Anruf.

War das Telefon komplett ausgeschaltet, dann sehen Sie nach dem Einschalten zunächst am Symbol der Telefon-App die Anzahl der verpassten Anrufe ①.

1. Tippen Sie darauf, um die Telefon-App zu öffnen.

2. Tippen Sie unten auf **Anrufliste** (2). Im Dialog **Anrufliste** sind wie gesagt alle verpassten Anrufe (3) rot markiert. Per Fingertipp auf die jeweilige Nummer wird ein Rückruf gestartet.

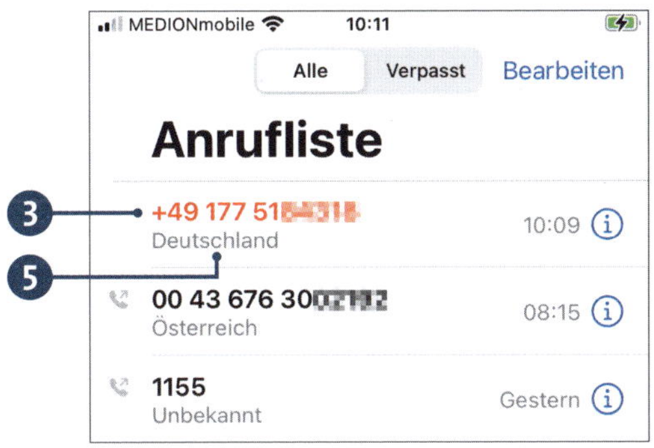

3. Hat der Anrufer für Sie eine Sprachnachricht auf dem digitalen Anrufbeantworter hinterlassen, erscheint eine Zahl in einem roten Kreis im Bereich **Voicemail** (4). Hier sehen Sie also, wie viele Nachrichten für Sie bereitstehen, die Sie noch nicht angehört haben.

Eine Sprachnachricht auf Ihrem Anrufbeantworter hören Sie folgendermaßen ab:

1. Tippen Sie auf das **Voicemail**-Symbol (1), um alle Sprachnachrichten im Überblick zu haben.

ACHTUNG!

Rufen Sie niemals eine Nummer zurück, bei der Sie sich unsicher sind, wer es sein kann. Insbesondere, wenn ein Anruf aus einem Land (5) kommt, in dem Sie keine Bekannte haben, rufen Sie nicht zurück. Denn diese Anrufe kosten nicht nur viel Geld, in der Regel wird hier versucht, persönliche Daten abzugreifen. Und wie Sie wissen – sollte es wirklich dringend sein, wird man Sie noch mal anrufen.

Sprachnachrichten kommen je nach Telefonanbieter mit großer Verzögerung an Ihrem Telefon an. Es kann also durchaus sein, dass Sie einen verpassten Anruf sehen, die passende Nachricht am Anrufbeantworter aber erst später aufscheint.

Der Anrufbeantworter muss in der Regel bei Ihrem Mobilfunkanbieter via Telefon aktiviert werden. Fragen Sie hier im Zweifel nach.

Funktioniert die Voicemail noch nicht, müssen Sie diese erst bei Ihrem Mobilfunkanbieter freischalten lassen.

2. Noch nicht angehörte Nachrichten sind mit einem blauen Punkt markiert ❷.

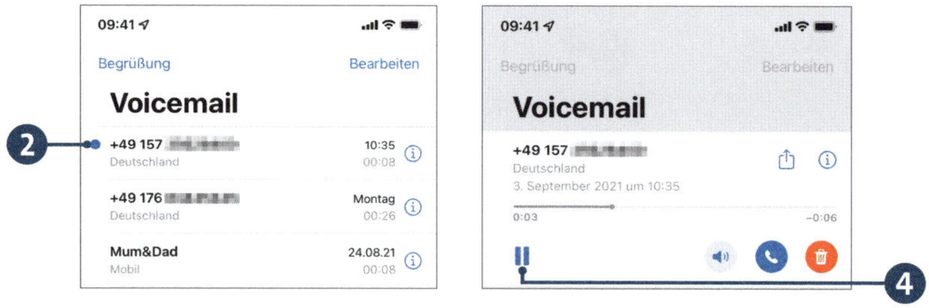

3. Tippen Sie eine solche Nachricht einmal an, klappen weitere Funktionen auf. Zum Abhören wählen Sie die Play-Schaltfläche ❸, die daraufhin zum Pause-Button ❹ wird. Die Nachricht wird laut wiedergegeben. Halten Sie das iPhone ans Ohr, wird der Lautsprecher automatisch deaktiviert, sodass niemand sonst die Nachricht mithören kann. Umgekehrt genügt wiederum ein Tipp auf den Lautsprecher ❺, um die Sprachnachricht laut hörbar abzuspielen. Benötigen Sie die Nachricht nicht mehr, kann sie mit einem Fingertipp auf den Papierkorb ❻ direkt entsorgt werden.

4. Einen Rückruf starten Sie durch Antippen des Telefonhörers ❼ – die Rufnummer wird automatisch gewählt.

MERKE

Ihre Adressen und Telefonnummern werden in **Kontakte** abgelegt. Das ist nicht etwa eine eigene App, sondern ein Bereich, der ebenfalls über die Telefon-App gestartet wird.

Telefonnummern in das Adressbuch übernehmen und Kontakte neu anlegen

Sie haben nun schon Anrufe erhalten bzw. selbst Telefonnummern eingegeben. Ohne Namen wird das Ganze aber schnell unübersichtlich. Praktischerweise können Sie jede Telefonnummer in Ihre **Kontakte** (d. h. in Ihr Adressbuch) übernehmen und sich ganz schnell eine Sammlung anlegen.

1. Öffnen Sie die Telefon-App **1**, und tippen Sie unten auf **Anrufliste**. Suchen Sie die gewünschte Telefonnummer, und tippen Sie dann auf das Infosymbol ⓘ **2** rechts daneben.

2. Ein neues Fenster öffnet sich. Tippen Sie dort auf die Schaltfläche **Neuen Kontakt erstellen** **3**. Wie Sie die Bildschirmtastatur handhaben, zeigen wir Ihnen in Kapitel 9, »Textnachrichten schreiben – iMessage, SMS und Co.«, ab Seite 153.

3. Tippen Sie im nächsten Bildschirm in das Feld **Vorname** **4**, und geben Sie mithilfe der nun eingeblendeten *Bildschirmtastatur* den Vornamen ein. Das Gleiche erledigen Sie bei **Nachname** **5**. Wichtig: Sie müssen die Eingaben nicht bestätigen; tippen Sie einfach in das nächste Feld.

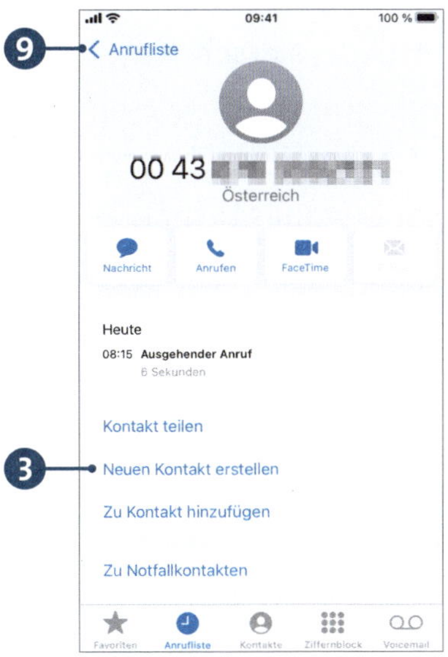

Anrufliste

Telefonnummer suchen

Kontakt erstellen

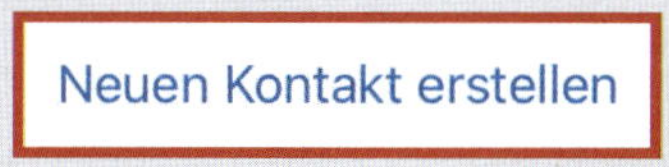

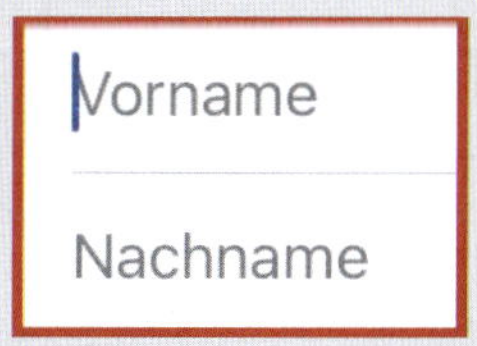

Die Telefonnummer ist bei diesem Vorgehen schon eingetragen. Sie müssen hier also nur noch den Namen des Kontakts ergänzen.

WAS TUN?

Wie Sie Zugriff auf Fotos auf Ihrem iPhone erhalten, lesen Sie in Kapitel 12, »Fotos und Videos aufnehmen, bearbeiten und mit anderen teilen«, ab Seite 211.

4. Mit der Eingabe des Namens erscheinen im oberen Feld die Initialen 6 Ihres Telefonpartners. An dieser Stelle könnten Sie über **Foto hinzufügen** 7 die Initialen durch ein Bild Ihres Kontakts ersetzen. Wie das im Detail klappt, zeigen wir Ihnen ab Seite 134.

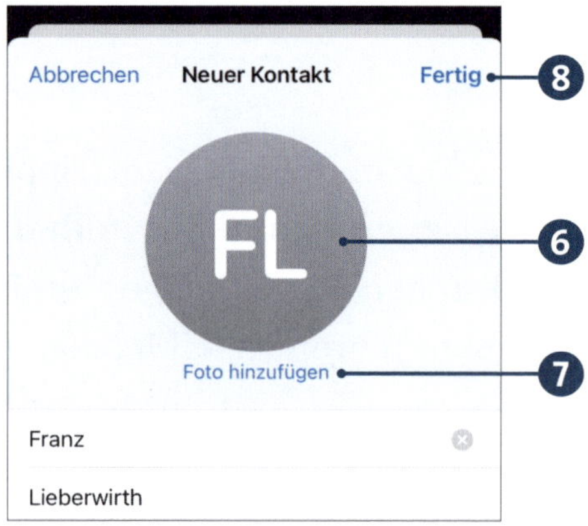

5. Wenn Sie mit der Eingabe fertig sind, tippen Sie rechts oben auf **Fertig** 8.

6. Durch Antippen von **Anrufliste** 9 gelangen Sie wieder zurück zu Ihrer Telefonliste, wo jetzt anstelle der Telefonnummer der Name des Anrufers erscheint.

Doch wie legen Sie einen Kontakt »ganz frisch« an? Dazu ist ein wenig mehr Schreibarbeit nötig, das Prinzip ist aber im Grunde dasselbe:

1. Tippen Sie das *Telefon*-Symbol 1 im Dock auf Ihrem iPhone an, und tippen Sie dann in der unteren Leiste auf die **Kontakte** 2.

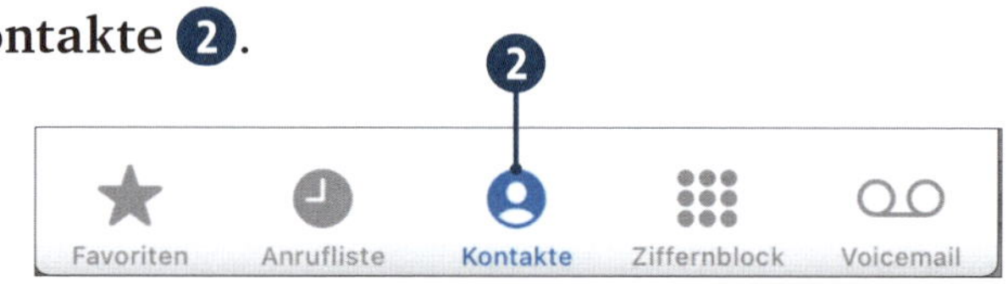

2. Im oberen Bereich sehen Sie rechts das Plus-Symbol + **3**. Tippen Sie dieses einmal an.

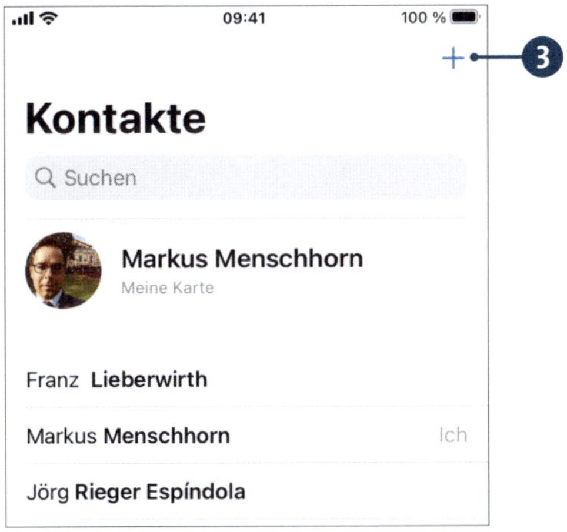

Nun wird ein leeres Kontaktformular geladen, das Sie beliebig weit ausfüllen können.

3. Sie müssen hier nun alles manuell eingeben. Tippen Sie in jede Zeile, oder geben Sie zumindest einen Namen **4** und eine Telefonnummer **5** an.

4. Wenn Sie den Finger auf das Display legen und nach oben fahren, sehen Sie weiter unten noch weitere mögliche Felder, die Sie nach Wunsch ausfüllen können **6**.

5. Tippen Sie schließlich auf **Fertig** **7**, um den Kontakt zu speichern. Er landet direkt in Ihrem Adressbuch.

MERKE

Geben Sie die Telefonnummer am besten immer mit der sogenannten Länderkennung ein, Also in Deutschland 0049 177 1234567 oder für Österreich 0043 1234 15321. Beachten Sie, dass die 0 der Vorwahl wegfällt. Diese Art der Eingabe hat den Vorteil, wenn Sie sich im Ausland befinden, dass iPhone direkt die richtige Vorwahl am Start hat.

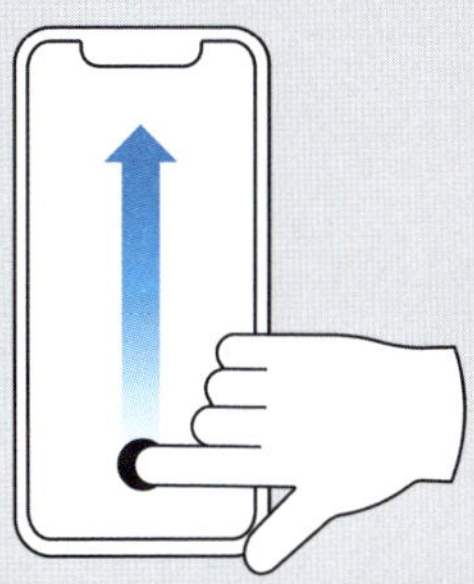

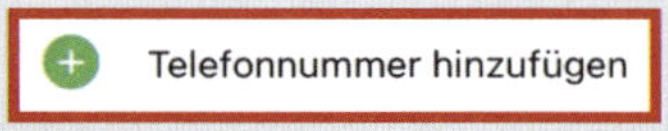

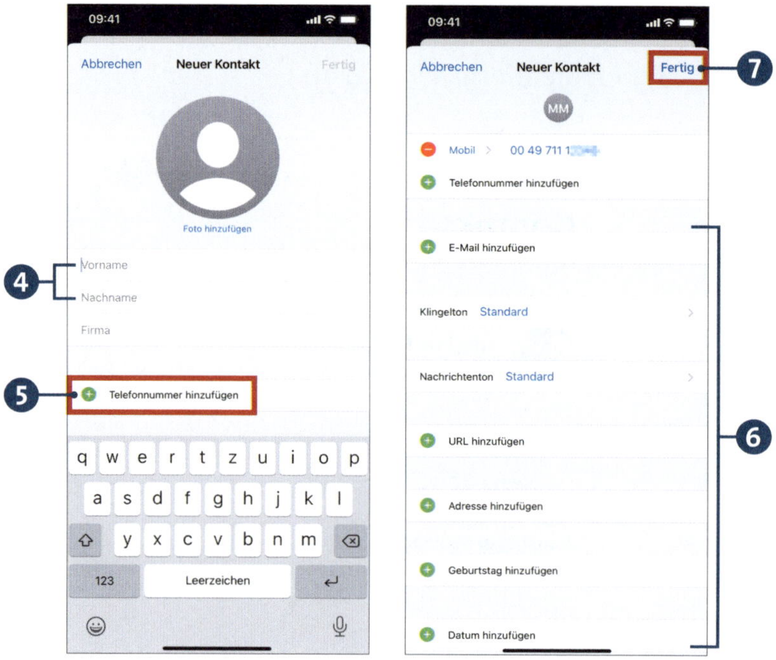

Kontakte bearbeiten oder löschen

Sie können einmal erstellte Kontakte jederzeit bearbeiten bzw. weitere Einträge ergänzen. Tippen Sie dazu den gewünschten Kontakt im Bereich **Kontakte** an. Im oberen Bereich finden Sie die Schaltfläche **Bearbeiten** 8. Tippen Sie darauf, können Sie sämtliche Daten komfortabel ändern und danach mit **Fertig** wieder abspeichern.

Um einen Kontakt ganz zu löschen, müssen Sie im **Bearbeiten**-Bereich ganz nach unten scrollen; dort finden Sie den Eintrag **Kontakt löschen** 9. Tippen Sie ihn an, wird der aktuelle Kontakt nach erneuter Rückfrage gelöscht.

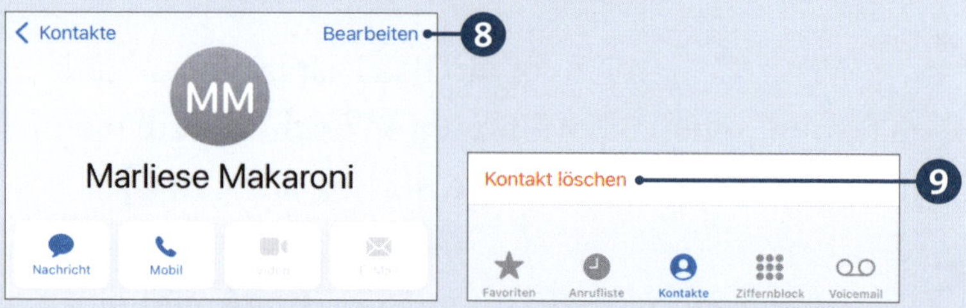

Die eigene Karte im Adressbuch bearbeiten

Tatsächlich gibt es im Adressbuch Ihres iPhones auch Ihre ganz persönliche *Karte*. Diese können Sie mit einem Foto, mit Ihrer Adresse, Telefonnummer und mehr ausstatten. Der Vorteil – Sie können diese Karte, ganz wie eine Visitenkarte, digital weitergeben und unter iPhone-Besitzern wird das Kontaktbild beim Telefonieren mit Facetime (siehe nächstes Kapitel) direkt mitgeschickt. Und so statten Sie Ihr digitales Aushängeschild perfekt aus:

1. Wie bereits vorangehend gezeigt, rufen Sie die Telefon-App über das Symbol im Home-Bildschirm Ihres iPhones auf.

2. Tippen Sie auf **Kontakte** im unteren Bereich und suchen Sie nach Ihrem Namen. In unserem Beispiel hatten wir noch gar keinen neuen Kontakt angelegt, folglich fällt die Suche recht kurz aus. Tippen Sie Ihren Kontakt ❶ an.

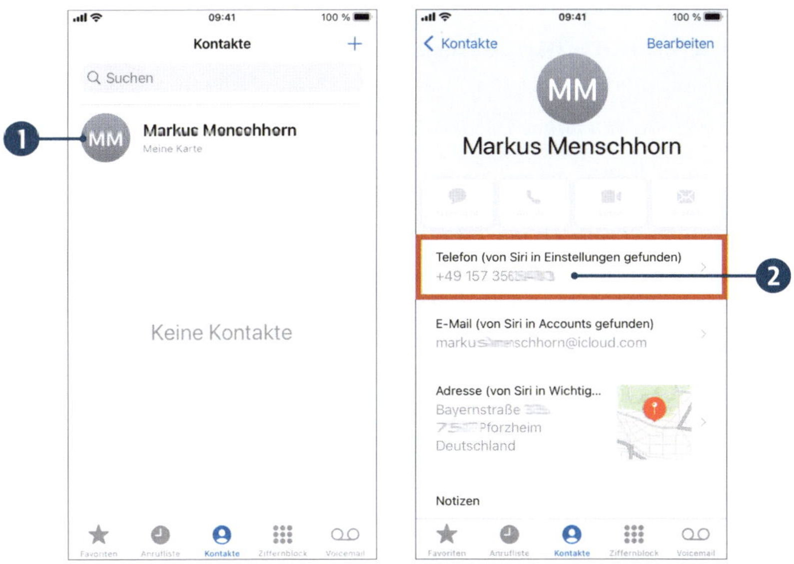

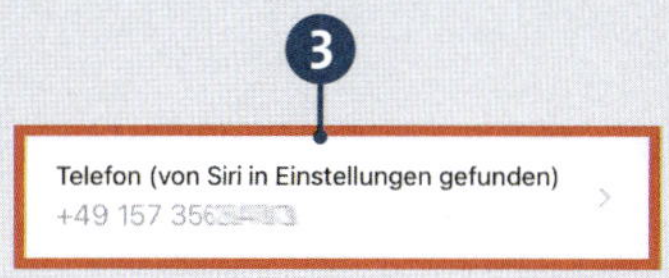

3. Hier sehen Sie, dass Apple schon einige Daten vorschlägt, beispielsweise die Telefonnummer **2**. Diese können Sie direkt übernehmen. Tippen Sie auf das Feld **3**; es öffnen sich nun mehrere Möglichkeiten im *Prüfen*-Bereich:

4. Passt die Telefonnummer? Dann tippen Sie direkt **Zu Kontakt hinzufügen** **4** an. Sie gelangen zu Ihrer Karte zurück und die Nummer wurde eingefügt.

5. Weitere Details ändern Sie per Fingertipp auf **Bearbeiten** **5** rechts oben.

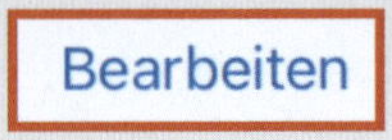

6. Jetzt können Sie aus dem Vollen schöpfen. Starten wir mit dem Profilbild. Denn das »MM« von unserem Autor Markus Menschhorn ist ja nicht ganz so aussagekräftig. Tippen Sie **Foto hinzufügen** **6** an.

Nun ist es an Ihnen – wollen Sie aus den Grafiken und Symbolen vom iPhone etwas aussuchen oder doch lieber ein eigenes Bild? Sie haben die Wahl per Fingertipp:

1. Foto (Selfie) direkt von der iPhone-Kamera aufnehmen
2. ein bereits erstelltes Foto auswählen
3. Emoji auswählen
4. Initialen ändern
5. Farbvarianten der Initialen
6. jede Menge verrückter, witziger oder süßer Grafiken

7. Wir entscheiden uns für ein vorhandenes Foto und gehen per Fingertipp auf das entsprechende Symbol 7 auf die Suche. Ein weiterer Tipp auf das Wunschbild öffnet den Dialog, um den Bildausschnitt anzupassen.

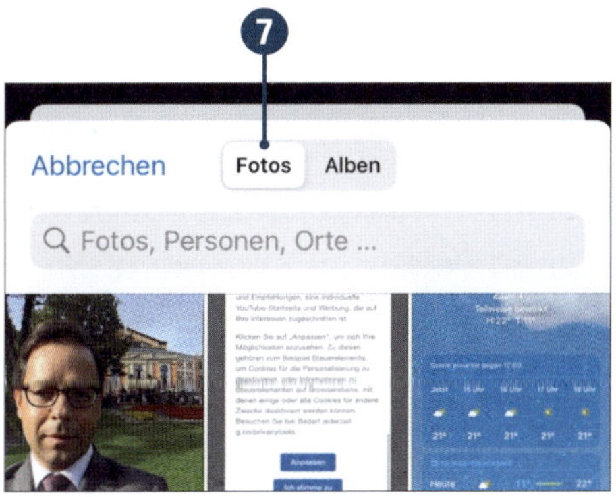

8. Mit Daumen und Zeigefinger vergrößern oder verkleinern Sie den Bildausschnitt – alles, was im Kreis dargestellt wird, wird später auch gezeigt. Tippen Sie auf **Auswählen**, wenn alles passt.

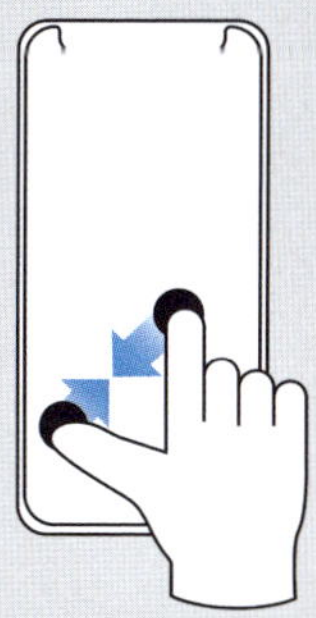

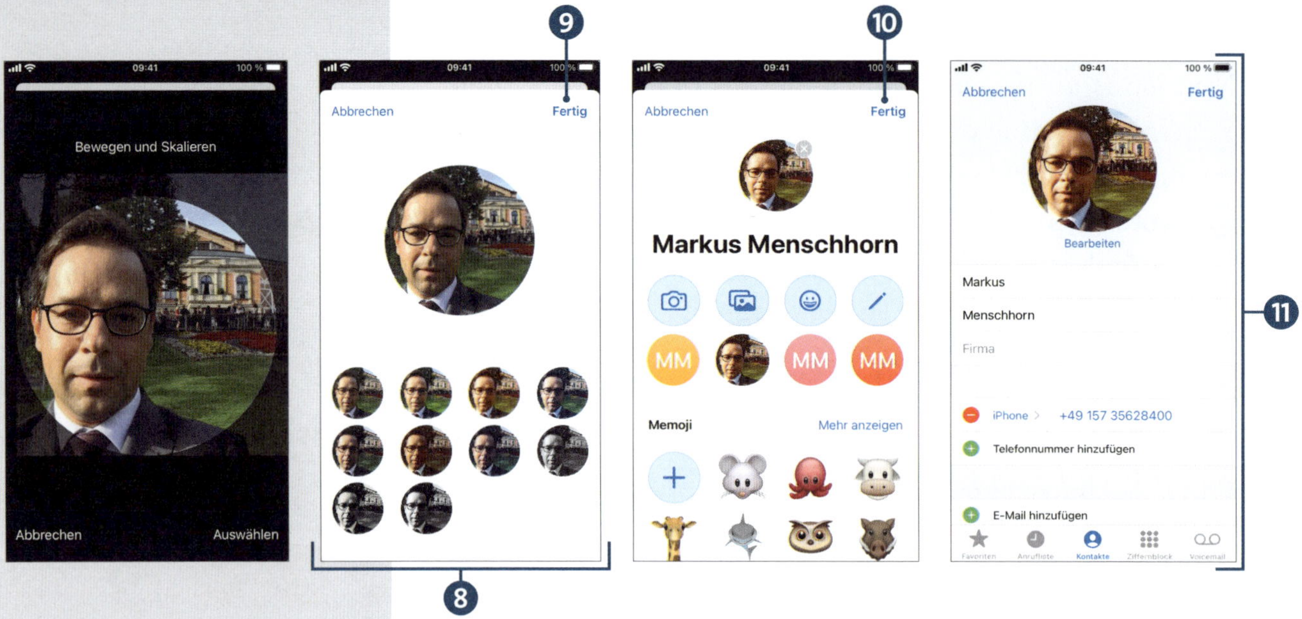

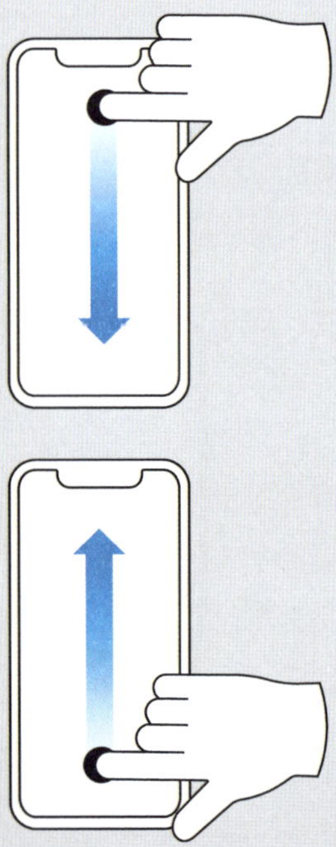

9. Doch damit nicht genug – jetzt können Sie noch entscheiden, ob Ihr Foto farblich verfremdet werden soll ❽. Wählen Sie eine Farbgebung nach Wunsch oder tippen Sie einfach direkt auf **Fertig** ❾. Ein weiterer Tipp auf **Fertig** ❿ bringt Sie zurück in den Bereich zum Bearbeiten aller Daten ⓫.

10. Wischen Sie mit dem Finger nach oben und unten, um alle möglichen Felder zu erkunden. Möchten Sie beispielsweise die Adresse ergänzen, dann drücken Sie exakt dort auf das grüne Symbol + ⓬.

11. Tippen Sie mithilfe der eingeblendeten Tastatur ⓭ alle Daten ein. Per Fingertipp springen Sie in die einzelnen Felder für Straße, Postleitzahl und Stadt ⓮. Sie beenden diese Eingabe mit einem Tipp auf **Fertig** ⓯.

Über die Schaltfläche **Kontakte** links oben gelangen Sie wieder zur Adressübersicht mit allen Kontakten. Um zurück auf den Home-Bildschirm zu gelangen, drücken Sie auf die Home-Taste, oder – bei iPhones ohne Touch-ID – wischen Sie mit dem Finger nach oben.

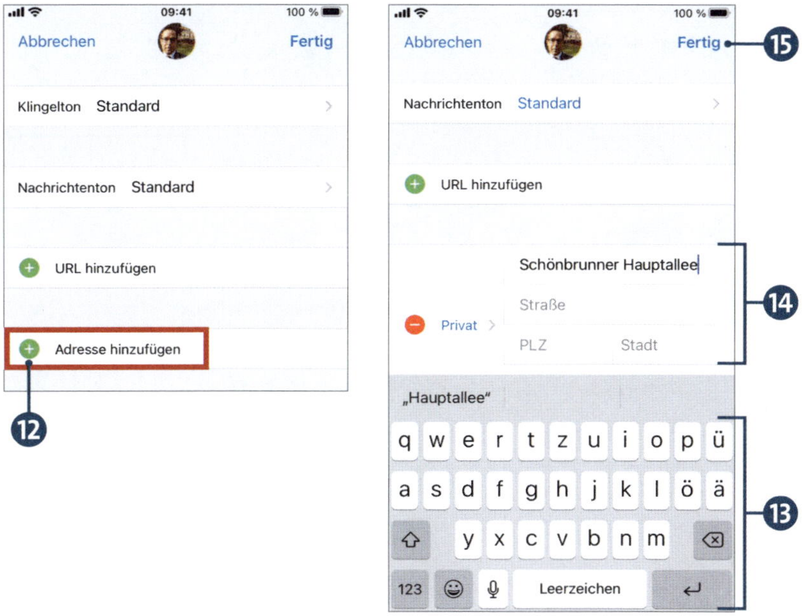

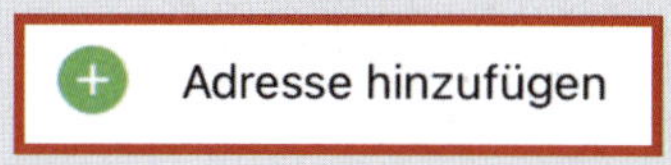

Auf diesem Wege können Sie alle Adressdetails ausfüllen und Ihre Karte vervollständigen.

Das eingebaute Adressbuch »Kontakte« für einen Anruf verwenden

Mit den Kontakten und einem umfangreichen Adressbuch ist es nun noch komfortabler, Anrufe zu tätigen. So gehen Sie dabei vor:

1. Öffnen Sie die *Telefon*-App, und tippen Sie in der unteren Leiste auf die Schaltfläche **Kontakte** (1). Daraufhin öffnet sich die alphabetische Liste mit Ihren gespeicherten Kontakten.

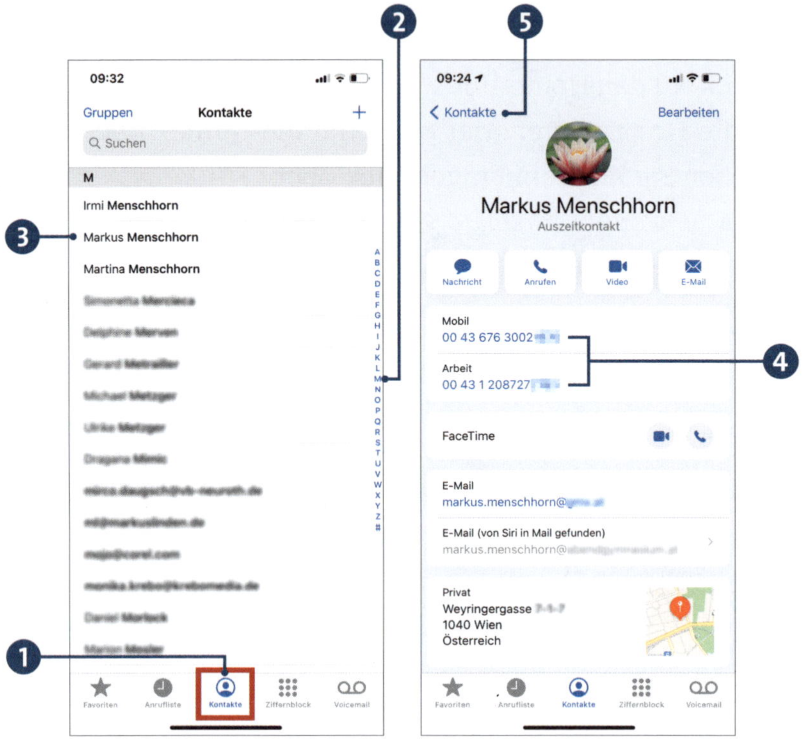

WAS TUN?

Das Wischen ist Ihnen zu mühsam? Da das Adressbuch alphabetisch geordnet ist, springen Sie durch Antippen eines Buchstabens in der Liste ❷ zumindest gleich zu allen Kontakten, die unter diesem Buchstaben angeordnet sind.

2. Um den gewünschten Kontakt zu finden, wischen Sie mit dem Finger von unten nach oben, bis Sie ihn gefunden haben. Je nachdem, wie umfangreich Ihr Adressbuch ist, müssen Sie ggf. eine ganze Weile scrollen. Hierzu gibt es einen Trick, um das Ganze abzukürzen (siehe den Kasten links).

3. Wenn Sie fündig geworden sind, tippen Sie einmal auf den entsprechenden Kontaktnamen ❸. Damit öffnen Sie den Kontakt mit allen hinterlegten Informationen (Telefonnummer, Adresse etc.).

4. In diesem neuen Fenster tippen Sie einfach auf die gewünschte Nummer ❹. Damit rufen Sie den Kontakt an und sparen sich das Eintippen der Telefonnummer über den Ziffernblock.

Der Anruf selbst funktioniert ganz so wie zuvor beschrieben. Nach dem Auflegen gelangen Sie wieder zurück zu der Kontaktseite. Um wieder alle Kontakte in der Adressleiste zu sehen, tippen Sie links oben auf **Kontakte** 5.

Wo finde ich meine eigene Handynummer?

Wer merkt sich schon gerne lange Zahlenketten? Und da man sich selbst in der Regel nicht anruft, kommt man schnell ins Grübeln, wie die eigene Nummer lautet. Sie können aber jederzeit auf Ihrem iPhone Ihre eigene Nummer nachschauen. Dieser Weg funktioniert immer.

Das iPhone speichert die Nummer nicht immer im Adressbuch, dafür aber in den *Einstellungen*.

Und so gelangen Sie ans Ziel:

1. Tippen Sie auf die *Einstellungen* 1 im Home-Bildschirm Ihres iPhones.

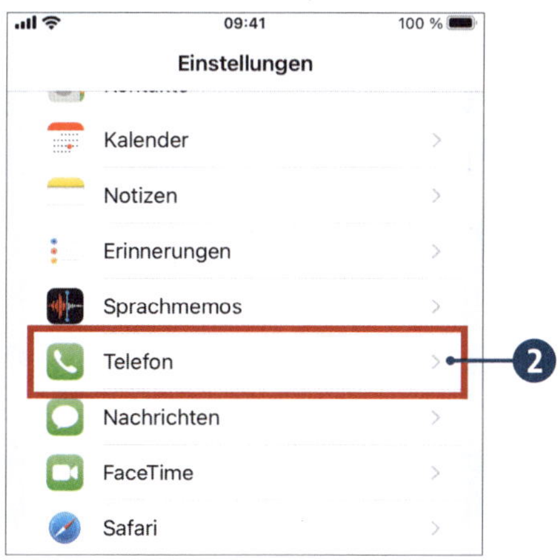

2. In den geöffneten Einstellungen legen Sie den Finger auf das Display und fahren nach oben, bis der Punkt **Telefon** ❷ erscheint. Tippen Sie ihn an.

3. Im folgenden Fenster finden Sie dann neben **Meine Nummer** ❸ Ihre eigene Rufnummer. Ganz schön praktisch, oder?

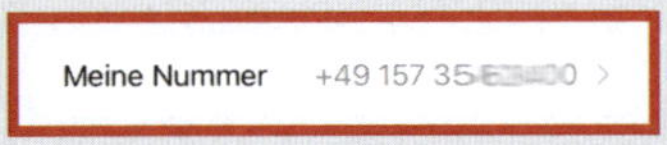

4. Verlassen Sie die Einstellungen wie gewohnt durch Drücken der Home-Taste Ihres iPhones oder mit einem Fingerwisch vom unteren Rand nach oben.

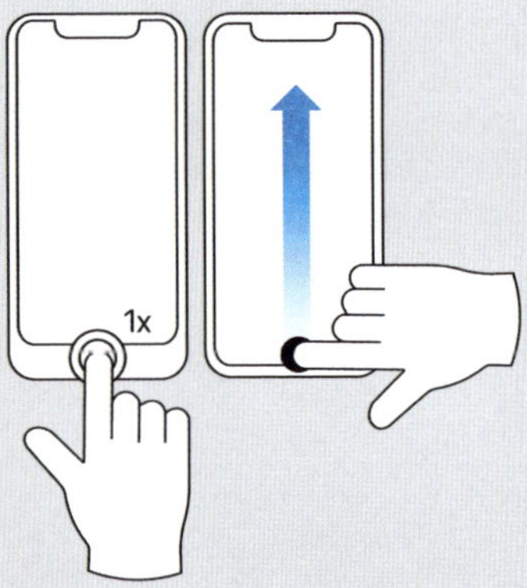

KAPITEL 8

Mit FaceTime auch per Bild telefonieren

ACHTUNG!

FaceTime-Anrufe werden über eine WLAN-Verbindung oder Ihren Datentarif hergestellt. Telefonkosten fallen keine an, allerdings werden Daten verbraucht.

FaceTime ist eine feine Sache, denn mit ihm können Sie ohne Zusatzkosten per Video telefonieren. Eine schöne Möglichkeit, mit den Liebsten in Kontakt zu bleiben oder dem Enkelkind live am Herd zu zeigen, wie die legendären Marillenknödel mit Ihrem Geheimrezept gelingen. Die Voraussetzung dafür ist allerdings, dass Ihr Gesprächspartner oder Ihre Gesprächspartnerin ebenfalls über ein iPhone verfügt. Das Beste ist – das klappt auch mit mehreren Teilnehmenden. Doch dazu später mehr. Starten wir einen Versuch, und rufen wir eine Person an, die bereits in Ihren Kontakten gespeichert ist.

Einen Kontakt per FaceTime anrufen

1. Tippen Sie zunächst auf die App *FaceTime* auf dem Home-Bildschirm Ihres iPhones **1**.

FaceTime öffnen

↓

Kontakt auswählen

↓

Videotelefonie starten

2. Um jemanden anzurufen, tippen Sie auf **Neuer FaceTime-Anruf** ❷.

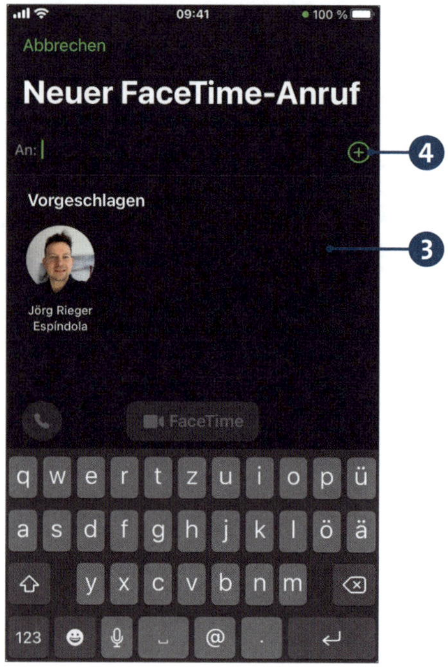

3. Damit öffnen Sie das Fenster **Neuer FaceTime-Anruf**. Da Sie die App noch nie benutzt haben, ist die Anrufliste noch leer ❸. Allerdings hat man uns hier schon einen Vorschlag gemacht.

4. Tippen Sie nun auf das Plus-Symbol im Kreis ⊕ rechts in der Zeile **An:** ❹. Damit öffnen Sie Ihre in der *Telefon*-App gespeicherten **Kontakte**.

5. Scrollen Sie mit einer Wischgeste nach oben durch die Liste, suchen Sie einen Kontakt über das **Suchen**-Feld ❺, oder tippen Sie – je nach Anzahl Ihrer Kontakte – auch einfach gleich auf den gewünschten Kontakt ❻.

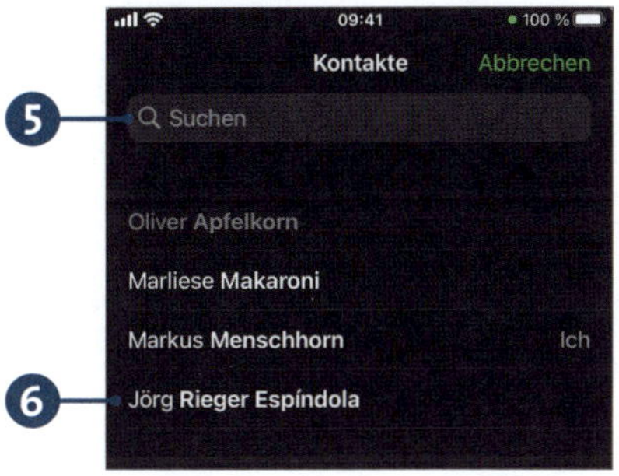

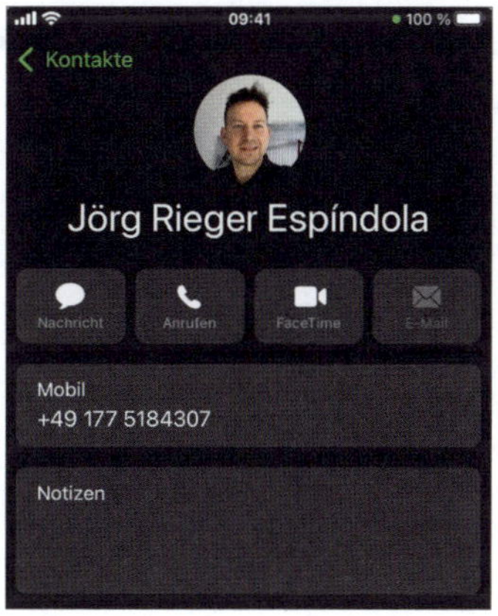

6. Im Fenster zum geöffneten Kontakt sehen Sie unter dem Namen eine Zeile mit verschiedenen Kontaktmöglichkeiten: **Nachricht** 7, **Anrufen** 8, **FaceTime** 9 und **E-Mail** 10.

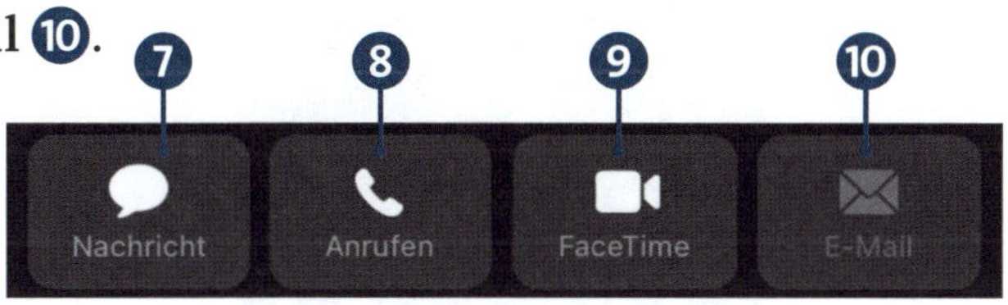

7. Da die Schaltfläche **FaceTime** hell erscheint und also aktiv ist, wissen wir, dass diese Person über ein iPhone und damit über FaceTime verfügt. Wir können sie also mit der App anrufen.

Kein iPhone – kein FaceTime

Bei dem Kontakt Oliver Apfelkorn ist die FaceTime-Schaltfläche, die hier mit **Video** bezeichnet wird, dunkel 11. Damit wissen wir: Der Gesprächspartner verfügt über kein iPhone bzw. FaceTime, und wir können ihn daher nicht über diese App kontaktieren.

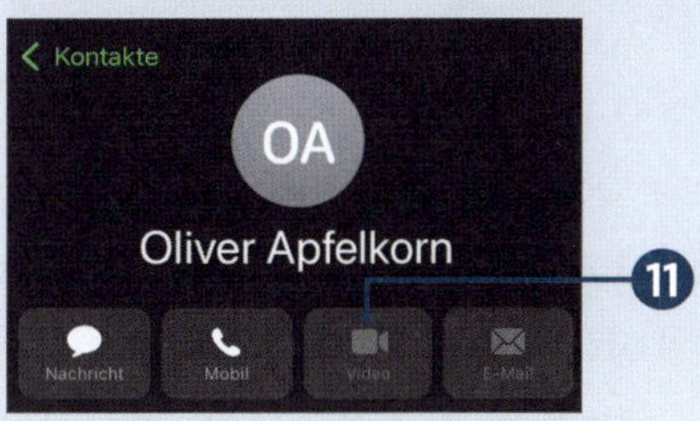

Um Ihren Kontakt nun per *FaceTime* anzurufen, gehen Sie so vor:

1. Tippen Sie auf die Schaltfläche **FaceTime**. Damit öffnen Sie wieder den Bildschirm **Neuer FaceTime-Anruf**.

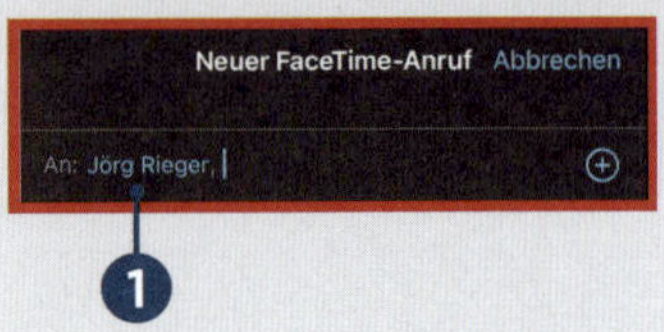

2. In der Zeile **An:** sehen Sie nun den gewünschten Kontakt ❶. In der unteren Bildschirmhälfte erkennen Sie zwei grüne Schaltflächen: **Audio** ❷ und **Video** ❸.

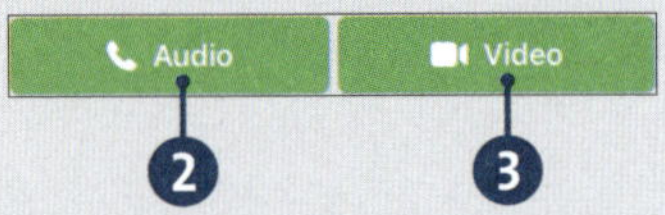

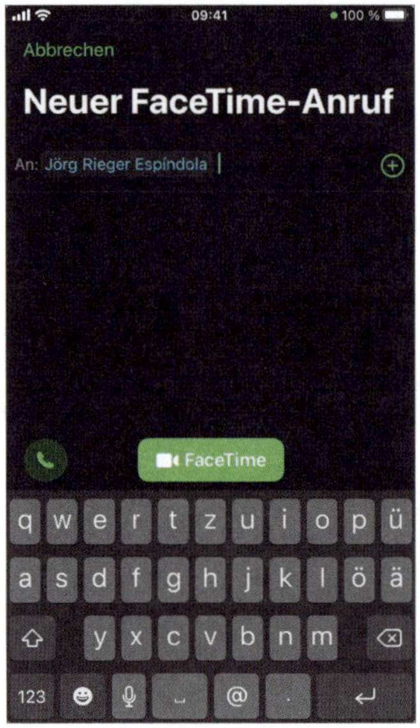

3. Da wir einen Videoanruf starten möchten, tippen Sie auf die Schaltfläche **Video** ❸. Damit starten Sie Ihren Anrufversuch. Die eingebaute Kamera schaltet sich ein, und Sie sehen sich im Großformat ❹. Im oberen Bereich erkennen Sie, welcher Kontakt gerade angerufen wird ❺. Sobald Ihr Gesprächspartner oder Ihre Gesprächspartnerin den Videoanruf annimmt, erscheint er oder sie auf Ihrem iPhone-Bildschirm. Ihr Bild sehen Sie dann nur noch im Kleinformat ❻. Sie können nun die Konversation beginnen.

Übrigens erscheint auf Ihrem iPhone ein kleiner grüner Punkt im rechten oberen Bereich, der Ihnen die aktivierte Kamera anzeigt.

4. Irgendwann möchten Sie Ihr FaceTime-Telefonat beenden. Tippen Sie dazu zunächst auf den Bildschirm, um die Steuerungselemente 7 im oberen Bereich wieder einzublenden. Sie sind während des Videotelefonats nicht zu sehen.

5. Um das Gespräch zu beenden, tippen Sie auf die gleichnamige Schaltfläche 8. Sie gelangen wieder zum ursprünglichen **FaceTime**-Bildschirm zurück, in dem Sie nun im Verlauf Ihr letztes Gespräch sehen 9.

Wenn ein kleiner orangefarbener Punkt erscheint, bedeutet das, dass das Mikrofon Ihres iPhones aktiviert ist. Haben Sie Siri aktiviert (siehe Seite 52), dann ist das Mikrofon permanent an, um etwaige Befehle zu hören.

WAS TUN?

Sie haben sich verwählt? Dann tippen Sie einfach auf das rote **Beenden**-Symbol 8, auch wenn der Anruf noch »anläutet«.

Nachdem Sie mehrere Gespräche geführt haben, füllt sich diese Liste mehr und mehr. Dann genügt es auch, einfach auf den angeführten Kontakt zu tippen, um ein erneutes Gespräch mit ihm zu führen.

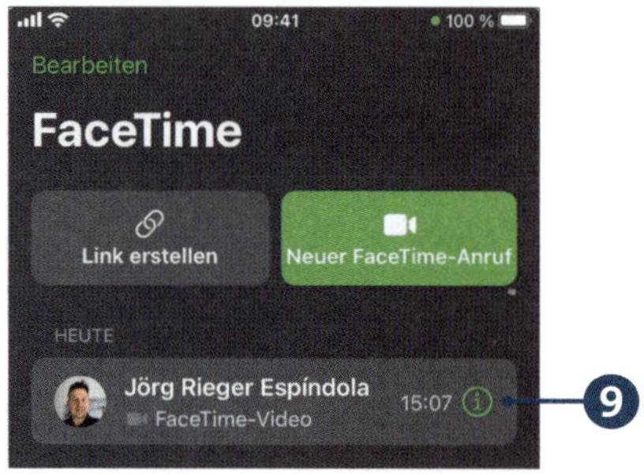

WAS TUN?

Wie Sie die App im *App-Wechsler* richtig schließen, haben Sie ab Seite 109 erfahren.

Zum Schluss wollen wir die App noch verlassen bzw. wieder in den Hintergrund bringen, damit der Home-Bildschirm wieder sichtbar ist. Tippen Sie dazu bei einem iPhone mit Face ID auf den unteren Rand des Bildschirms, und wischen Sie mit dem Finger leicht nach oben. Bei einem iPhone mit Touch ID betätigen Sie einfach die Home-Taste.

Mehrere Teilnehmer zusammen in Gruppenanrufen

Sie haben gelernt, wie man einzelne Personen anruft. Doch wie wäre es, die gesamte Verwandtschaft in einem FaceTime-Anruf zu versammeln? Sogenannte »Gruppencalls« sind seit der Corona-Pandemie tatsächlich zum neuen Trend avanciert, um in Kontakt zu bleiben. Tatsächlich ist es überaus praktisch, wenn man sich in einer kleinen oder größeren Gruppe online per Videokonferenz treffen kann. So können Sie die Enkelkinder in Amerika zusammen mit der Schwester aus Hamburg anrufen. Klingt klasse? Ist es auch. Hier zeigen wir Ihnen exakt, wie es funktioniert.

1. Starten Sie mit einem Fingertipp wieder die FaceTime-App vom Home-Bildschirm Ihres iPhones.

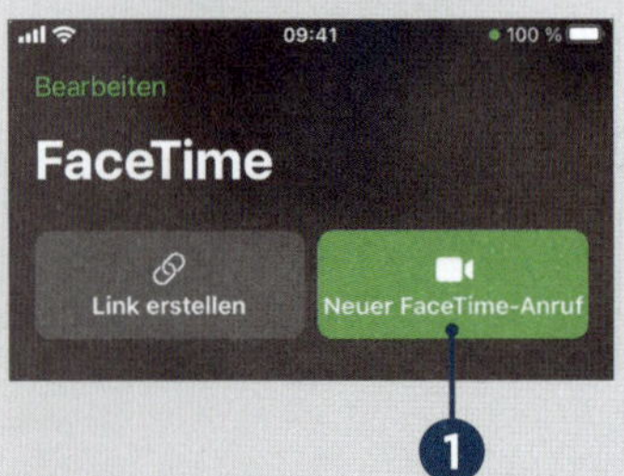

2. Tippen Sie auf die Schaltfläche **Neuer FaceTime-Anruf** ❶.

Die Voraussetzungen für Gruppenanrufe mit FaceTime:

- Alle Teilnehmenden müssen ein iPhone besitzen.
- Die iPhones müssen mindestens iOS 14 installiert haben.
- Um die nachfolgenden Schritte zu probieren, sollten Sie noch zwei bis drei Leute aus Ihrem Bekannten- oder Freundeskreis »vorwarnen«, damit diese mitmachen können.

3. Sie haben nun mehrere Möglichkeiten, eine Person hinzuzufügen:

- Wenn Sie bereits mehrere Anrufe getätigt haben, finden Sie unter **Vorgeschlagen** 2 schon Ihre häufig angerufenen Kontakte. Per Fingertipp wählen Sie einfach aus.
- Alternativ tippen Sie in den Bereich bei **An:** 3 und tippen den Namen ein.
- Sie können über einen Fingertipp auf das **Plus-Symbol** 4 auf das gesamte Adressbuch zugreifen und auch hier eine Person wählen.

ACHTUNG!

Nur blau markierte Kontakte können in FaceTime angerufen werden und damit auch am Gruppentelefonat teilnehmen.

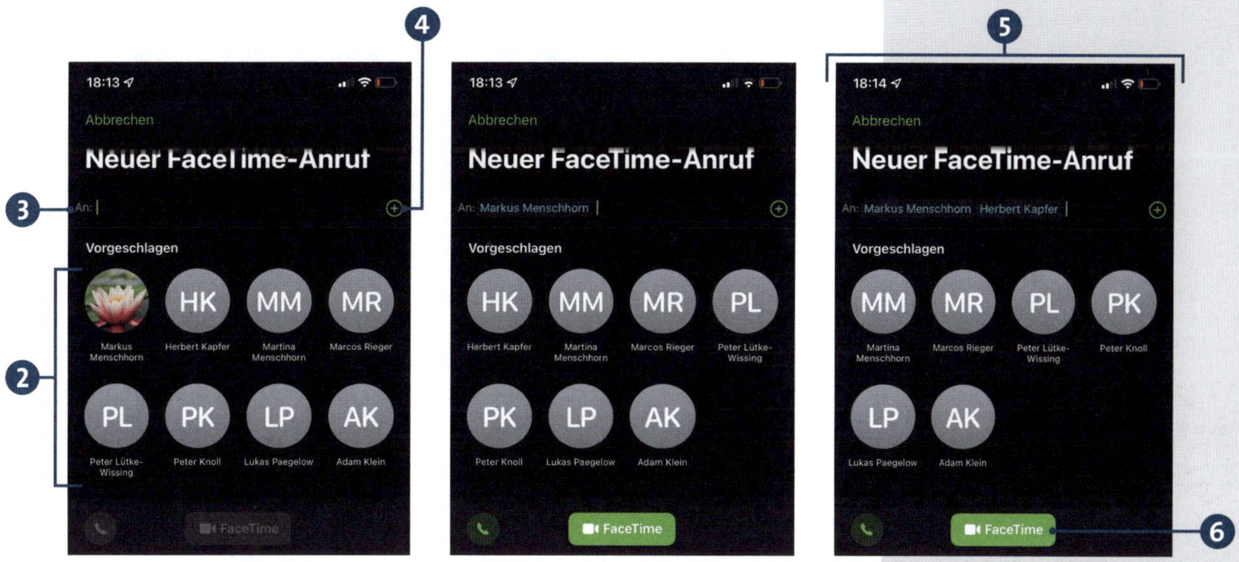

4. Das hat geklappt? Wunderbar, dann fügen Sie jetzt einfach noch eine Person hinzu. Das sollte dann so aussehen, wie hier in der Abbildung (auf Seite 147) gezeigt **5**. Sie können auf diesem Wege nun beliebig viele Personen hinzufügen. Aber zum Ausprobieren ist eine 3er-Konferenz ausreichend.

5. Mit einem Fingertipp auf das *FaceTime*-Symbol **6** starten Sie nun den Anruf. Alle Teilnehmenden werden direkt und gleichzeitig angerufen.

6. In unserem Fall sind nun alle versammelt, es hat geklappt! Sie können jetzt munter in der Gruppe losplaudern. Auch hier gilt – per Fingertipp auf Ihr iPhone werden die Ihnen bekannten Bedienelemente eingeblendet **7**.

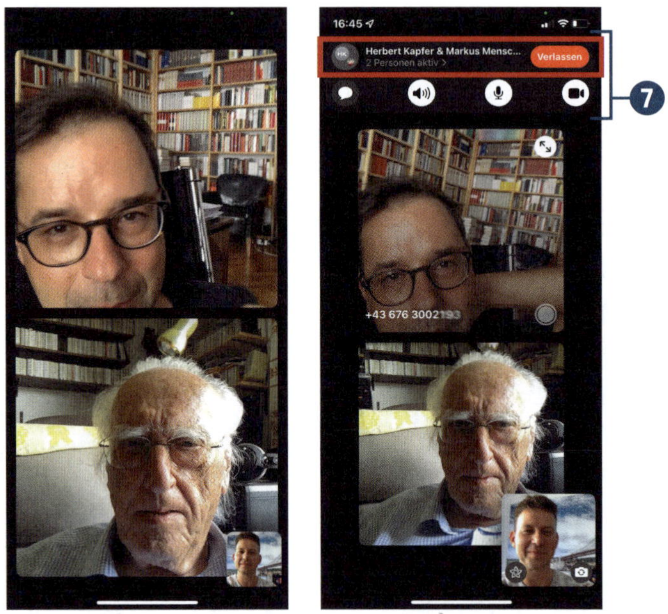

7. Wenn Sie die Videokonferenz verlassen wollen, dann tippen Sie auf das gleichnamige Symbol **8**. Tatsächlich heißt es hier nicht mehr *Beenden* – denn die anderen Gruppenmitglieder können natürlich problemlos weiterplaudern, auch ohne Sie.

8. Und … es gibt auch immer einen Weg zurück. Nach dem Verlassen gelangen Sie in der FaceTime-App automatisch zurück auf den Bildschirm mit der Liste vergangener Telefonate. Ist die Gruppenkonferenz noch aktiv, dann ist sie unter **AKTIV** ⑨ gelistet. Ein Tipp auf **Zum Verbinden tippen** ⑩ bringt sie wieder zurück zu allen anderen.

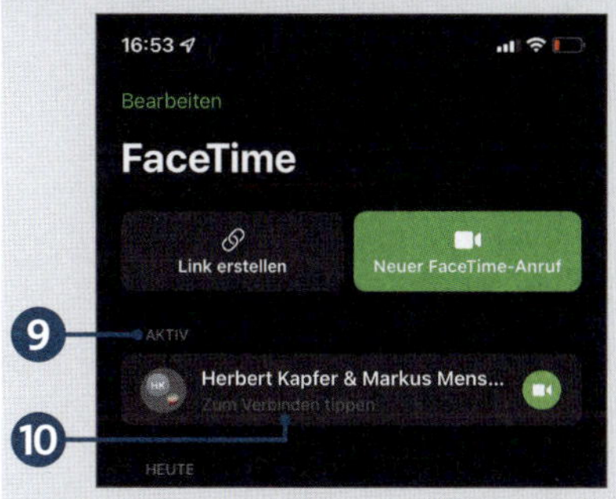

Sie sehen – Videotelefonate in der Gruppe machen Spaß und können eine echte Bereicherung sein. Probieren Sie es einfach aus!

MERKE

Auch wenn die Internetverbindung unterbrochen wurde, können Sie jederzeit wieder zurück in den Gruppenanruf. Sollten Sie komplett aus der App FaceTime »herausgeflogen« sein, ist das auch kein Problem: Starten Sie sie einfach über den Home-Bildschirm erneut und führen Sie nebenstehenden Schritt aus.

Weitere Möglichkeiten in FaceTime

FaceTime kann aber noch viel mehr als die gerade gezeigten Videoanrufe. Lernen Sie in diesem Abschnitt zunächst, wie Sie die Kamera während des Telefonats drehen können, um Ihren Kontakten noch etwas anderes als sich selbst zu zeigen.

1. Rufen Sie, wie oben beschrieben, erneut einen Ihrer Kontakte via *FaceTime* an.

2. Ihr iPhone verfügt über mehrere Kameras, zumindest über eine auf jeder Seite des Geräts. Wenn Sie telefonieren, ist logischerweise die Kamera auf der Seite des Bildschirms aktiviert. Wenn Sie nun die Umgebung oder eine Person zeigen möchten, die Ihnen gegenüber sitzt, müssen Sie das Gerät nicht umdrehen. Sie tippen einfach einmal auf den Bildschirm. Dann erscheinen diese Schaltflächen am unteren Bildschirmrand, direkt bei Ihrem Vorschaubild:

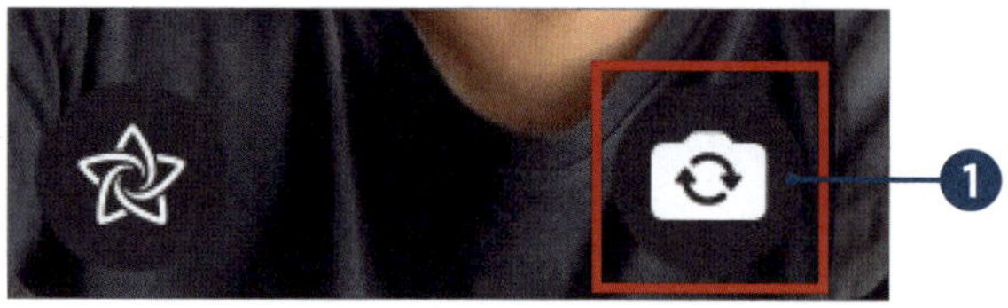

3. Tippen Sie auf die Schaltfläche **Wechseln** 1. Sie erkennen auf dem Bildschirm sofort, dass die Kamera auf der Rückseite des Gerätes eingeschaltet wird und Ihr Gegenüber bzw. die Umgebung zeigt 2. Damit die Kamera Ihrem Gesprächspartner oder Ihrer Gesprächspartnerin wieder Ihr Gesicht zeigt, tippen Sie erneut auf **Wechseln**.

Stellen Sie sich vor, Ihr Gegenüber möchte nun wissen, wie das Wetter morgen in Ihrer Stadt werden soll. Auch Herr Rieger in unserem Beispiel ist neugierig und erkundigt sich nach den Wetteraussichten in Wien. Als geübter iPhone-Nutzer bzw. geübte iPhone-Nutzerin wissen Sie, dass die *Wetter*-App bei solchen Fragen hilfreich sein kann. Auch während eines FaceTime-Gesprächs können Sie nämlich andere Apps öffnen:

1. Rufen Sie nochmals, wie oben beschrieben, einen Kontakt via *FaceTime* an.

2. Bei einem iPhone mit Face ID tippen Sie nun auf den unteren Bildschirmrand und wischen mit dem Finger leicht nach oben. Damit wird *FaceTime* auf das Bild Ihres Gesprächspartners oder Ihrer Gesprächspartnerin minimiert 1. Bei einem iPhone mit Touch ID betätigen Sie bitte die Home-Taste, um denselben Effekt zu bewirken.

3. Nun stellen wir fest, dass das Bild ärgerlicherweise gerade die Schaltfläche der *Wetter*-App überdeckt. Das ist

aber letztlich kein Problem. Halten Sie einfach das Bild Ihres Gesprächspartners oder Ihrer Gesprächspartnerin mit dem Finger gedrückt, und ziehen Sie es an eine Stelle, an der es nicht im Weg ist ❷.

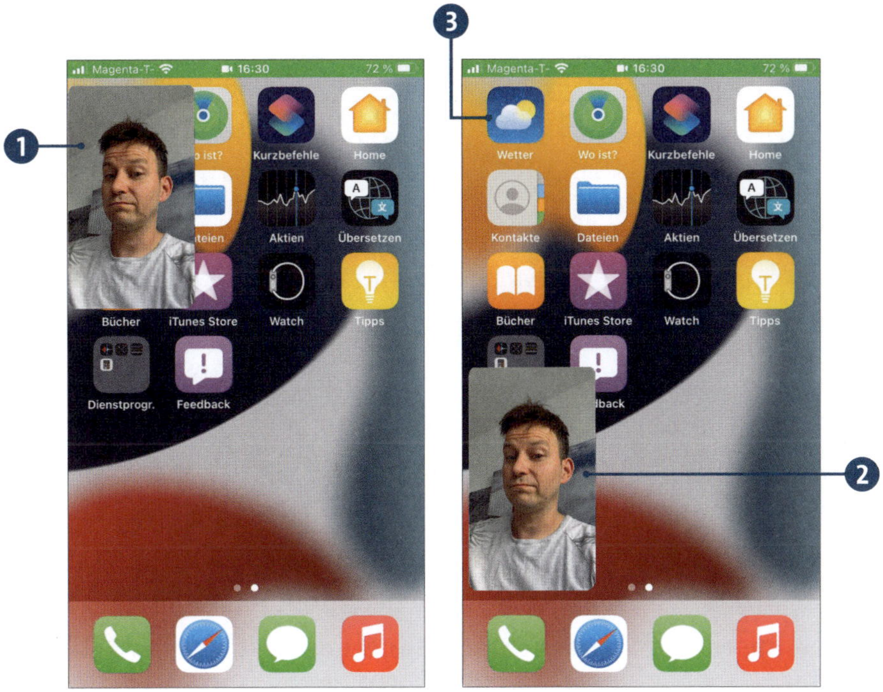

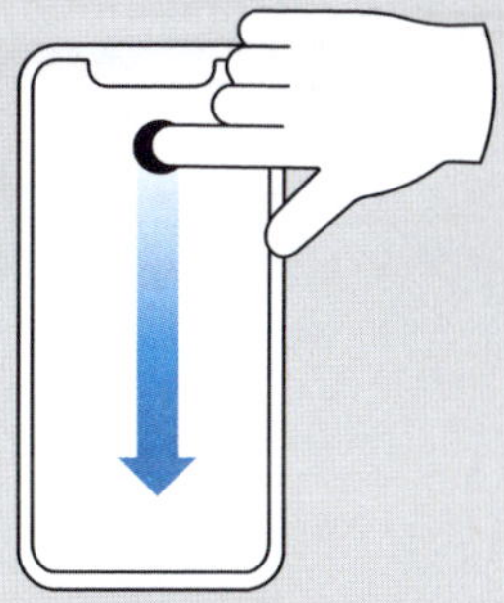

4. Nun ist das Icon der App *Wetter* ❸ frei zugänglich, und Sie können die App mit einem Fingertipp öffnen. Suchen Sie in der App die benötigte Information (siehe dazu ab Seite 105), während Sie Ihr Gegenüber auch in dieser App weiter im Blick behalten ❹.

5. Wenn Sie die *Wetter*-App wieder schließen und das Gespräch regulär weiterführen wollen, tippen Sie einfach einmal auf das Bild Ihres Gesprächspartners oder Ihrer Gesprächspartnerin ❹. Dann erscheint wieder die gewohnt große Ansicht der *FaceTime*-App während eines Videoanrufs.

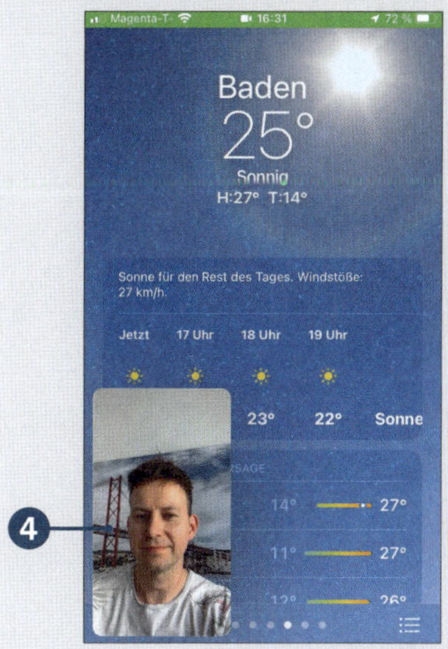

6. Um das Gespräch zu beenden, tippen Sie wie gewohnt auf die entsprechende Schaltfläche.

Stellen Sie sich nun vor, dass während des Videotelefonats jemand zu Ihnen ins Zimmer kommt, um Ihnen etwas Vertrauliches mitzuteilen. Sie wollen dafür aber Ihr Face-Time-Gespräch nicht beenden. Da gibt es eine gute Möglichkeit:

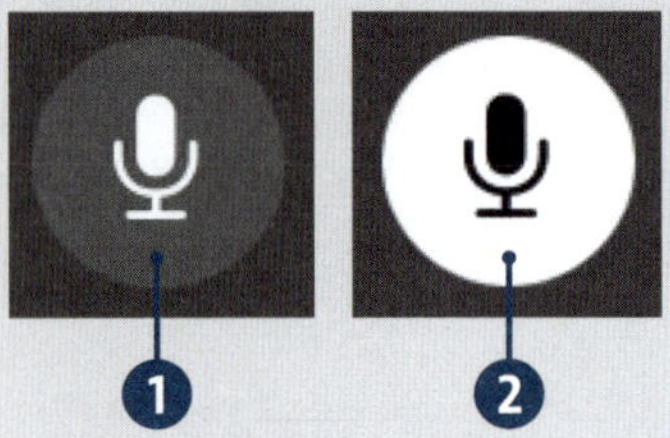

1. Tippen Sie während eines Telefonats einfach auf den Bildschirm, damit die Steuerungselemente am unteren Bildschirmrand wieder erscheinen.

2. Tippen Sie nun einmal auf die Schaltfläche **Stumm** 1. Damit deaktivieren Sie Ihr Mikrofon, und Ihr Gesprächspartner oder bzw. Ihre Gesprächspartnerin kann Sie nicht mehr hören. Sobald Sie diese Schaltfläche berühren, wird sie hell 2. Das bedeutet, dass das Mikrofon ausgeschaltet ist. Tippen Sie erneut darauf, wird das Mikrofon wieder aktiviert, und Ihr Gegenüber kann Sie wieder hören.

KAPITEL 9

Textnachrichten schreiben – iMessage, SMS und Co.

Dass man mit dem iPhone deutlich mehr macht als nur telefonieren, haben Sie schon in den vorangehenden Kapiteln erfahren. Das Schreiben von Textnachrichten ist eigentlich »ein alter Hut«. Schon mit den ersten Mobilfunktelefonen konnte man in den 90er-Jahren eine sogenannte *SMS*, also eine Kurznachricht, versenden, die damals auf 128 Zeichen beschränkt war. Mit Ihrem iPhone sind Sie weitaus flexibler, und die Nachrichten-Funktion hat mit einer einfachen Textnachricht nicht mehr viel gemeinsam. Sie können so viel schreiben, wie Sie möchten, Bilder und andere Dateien mit Ihren Kontakten austauschen und kleine Symbole, die sogenannten *Emojis*, mitschicken. Grundsätzlich schätzen besonders die Jüngeren das Schreiben von Nachrichten, statt anzurufen, da es etwas unverbindlicher ist und man sich aussuchen kann, wann man reagiert. Aber genug der Vorrede, erkunden wir nun gemeinsam die *Nachrichten*-App.

(Foto: Shutterstock 1022419006 © Peter Gudella)

Vielleicht hatten Sie bisher auch einen dieser »Telefon-Knochen«? Damit eine SMS zu schreiben, war eher mühselig.

Eine einfache Nachricht über die virtuelle Tastatur eingeben

In dieser Übung schreiben wir eine einfache Textnachricht und lernen die Besonderheiten der Bildschirmtastatur kennen. Auch das Schreiben von Sonderzeichen steht hier

Empfänger wählen

Text schreiben

Nachricht versenden

MERKE

Die Nachrichten-App finden Sie entweder gleich links oben auf dem ersten Home-Bildschirm oder unten im Dock.

auf dem Programm. Dafür benötigen Sie natürlich einen Kontakt, an den die Nachricht anschließend verschickt werden kann. Wählen Sie am besten ein Familienmitglied aus, das Sie vorab informieren, dass Sie Ihr neues iPhone testen. Dann können Sie ohne Druck alles ausprobieren, und es ist nicht schlimm, wenn nicht alles gleich so gelingt wie geplant.

1. Falls noch nicht geschehen, entsperren Sie Ihr iPhone durch Ihren Fingerabdruck oder die Gesichtserkennung, damit Sie den Home-Bildschirm sehen.

2. In der Regel ist das erste App-Symbol links oben auf dem Home-Bildschirm die App **Nachrichten** und unterhalb des Symbols auch so bezeichnet. Sie finden die App aber ebenfalls unten in Ihrem Dock ❶. Tippen Sie einmal darauf.

3. Die Nachrichten-App wird geöffnet und zeigt in einer Liste eventuell bereits Konversationen an, die Sie (oder auch eine andere Person – die Ihnen etwa bei der Einrichtung geholfen hat) schon geführt haben. Haben Sie noch keine Nachricht erhalten oder geschrieben, ist die Liste leer. Um eine neue Nachricht zu schreiben, tippen Sie rechts oben auf das kleine Symbol [Symbol], in dem Sie mit etwas Fantasie Papier und Stift erkennen können.

4. Nun öffnet sich ein neues Fenster, in dem Sie eine neue Nachricht schreiben können. Zuerst wählen Sie die Person aus, die die Nachricht erhalten soll. Haben Sie bereits einige Namen in Ihrem Adressbuch gespeichert (siehe dazu Kapitel 7, »Die ersten Telefonate«, ab Seite 128), können Sie einfach den Namen der gewünschten Person eintippen. Der Cursor blinkt im Feld hinter **An:** ❷, und die Bildschirmtastatur ist bereits im unteren Bereich aktiviert ❸. Tippen Sie den Namen der Empfängerin bzw. des Empfängers ein. Wir schreiben im Beispiel »jörg«, ohne uns um die Großschreibung zu kümmern.

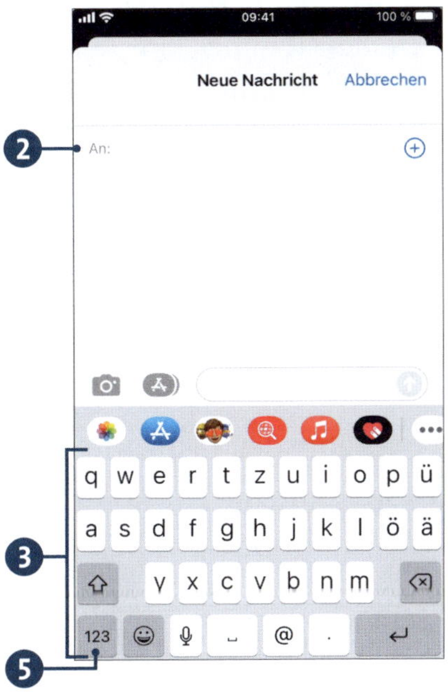

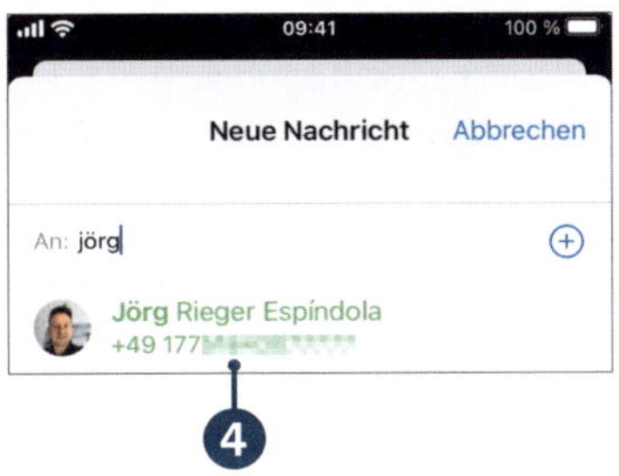

5. Schon nach der Eingabe der ersten Buchstaben erhalten Sie entsprechende Vorschläge ❹. Ist der gewünschte Kontakt dabei, wählen Sie ihn mit einem Fingertipp aus.

6. Steht der Empfänger nicht in Ihrem Adressbuch, tippen Sie hier einfach die Mobilfunknummer ein. (Es muss

ACHTUNG!

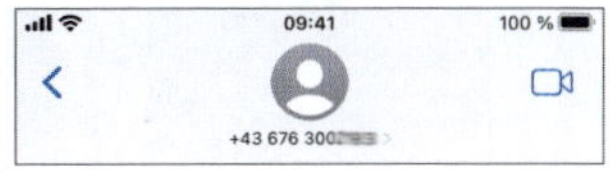

Bei Ihnen erscheint das Symbol für eine neue Nachricht nicht? Dann befinden Sie sich schon in einem Nachrichtenverlauf. Verlassen Sie diesen mit einem Fingertipp auf den Pfeil links oben <.

MERKE

Da auf dem Display nicht alle Zeichen Platz haben, ist die Bildschirmtastatur in mehreren Ebenen aufgebaut.

sich dabei tatsächlich um eine Mobilfunknummer handeln, da Sie an eine Festnetznummer prinzipiell keine Nachricht senden können.) Wechseln Sie für die Eingabe der mobilen Telefonnummer über die Taste **123** (5 auf Seite 155) zur numerischen Tastaturbelegung. Tippen Sie nun die Telefonnummer ein. Wechseln Sie anschließend über die nun sichtbare Taste **ABC** wieder zur ersten Tastatur mit den Buchstaben zurück.

Mit dieser Taste wechseln Sie zu den Zahlen.

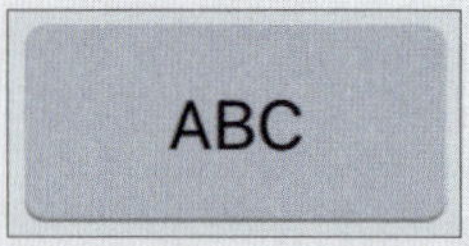

Über diese Taste gelangen Sie wieder zu den Buchstaben zurück.

Telefonnummern richtig eingeben

Tippen Sie die Telefonnummer ohne Leerschritte oder Bindestriche ein. (Das iPhone gliedert die Nummer automatisch für Sie.) Denken Sie daran, dass Sie bei Nummern im Ausland zusätzlich die Landesvorwahl eingeben müssen. Diese beginnt üblicherweise mit zwei Nullen. Am iPhone können Sie stattdessen auch ein + eingeben. Das iPhone versteht also folgende Schreibweisen für eine Nummer in Österreich: 004367610001000 oder alternativ +4367610001000.

Nun sind Sie gerüstet für Ihre erste Nachricht. Diese wird in das unscheinbare Feld direkt oberhalb der Tastatur eingegeben. Steht hier **SMS-Nachricht**, dann hat Ihr Kontakt vermutlich kein iPhone, kann aber dennoch problemlos Textnachrichten als SMS empfangen. Steht in dem Feld **iMessage**, hat die Empfängerin bzw. der Empfänger ein iPhone wie Sie, und Sie können nun über Ihren mobilen Datentarif und ohne Zusatzkosten Bilder (siehe dazu den Abschnitt »Fotos und Videos an Familie und Freunde weitergeben« ab Seite 248) und vieles andere mehr austauschen und sogar Sprachnachrichten verschicken.

Ihr Kontakt hat kein iPhone oder ist zumindest aktuell nicht mit einem WLAN oder über die mobilen Daten verbunden.

Ihr Kontakt hat ebenfalls ein iPhone.

1. Tippen Sie in das Feld, und schreiben Sie dann mit der Bildschirmtastatur Ihre Nachricht.

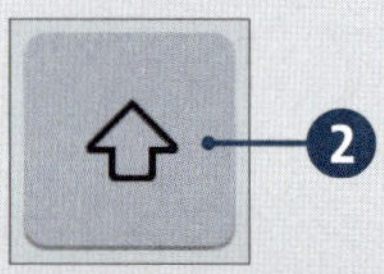

Die nicht aktivierte Umschalt-Taste

2. Schreiben Sie zum Ausprobieren erst einmal eine kurze Nachricht. Den Zeilenumbruch erledigt das iPhone für Sie.

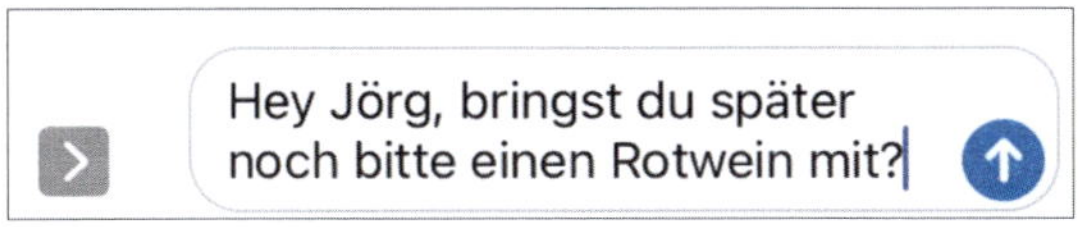

Gleich zu Beginn ist die ⇧-Taste aktiviert (schwarz dargestellt **1**), der erste Buchstabe wird also automatisch großgeschrieben. Anschließend ist sie grau.

Möchten Sie selbst einen Buchstaben großschreiben, tippen Sie auf die graue ⇧-Taste **2**. Nach Auswahl des Buchstabens wird automatisch wieder zur Kleinschreibung zurückgewechselt.

3. Die im Beispiel oben gezeigten Satzzeichen (Komma und Fragezeichen) erreichen Sie, nachdem Sie auf die Taste **123** **3** getippt haben. Zurück zu den Buchstaben gelangen Sie mit einem Fingertipp auf dieselbe Taste, die nun aber **ABC** **4** heißt.

4. Ä, Ö und Ü sind standardmäßig auf der Tastatur eingeblendet. Doch wo sind die Sonderzeichen wie *ß* oder *é* oder *í* versteckt? Die besonderen Zeichen verstecken sich hinter den jeweiligen »normalen« Buchstaben. Drücken Sie

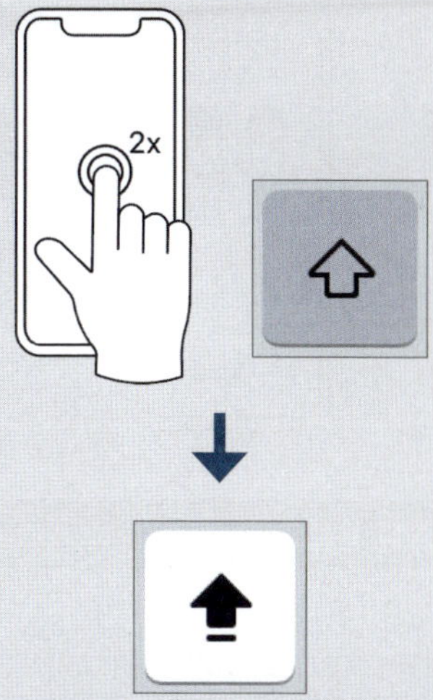

MERKE

Möchten Sie dauerhaft großschreiben, dann tippen Sie doppelt auf die ⇧-Taste: Sie wird dann mit einem Unterstrich schwarz angezeigt. Sie schreiben so lange GROSS, bis Sie die Taste erneut antippen.

Zu Ziffern, Satzzeichen und einigen weiteren Sonderzeichen wechseln

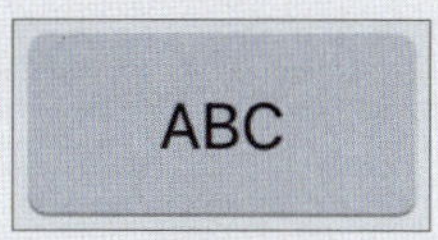

Zurück zu den Buchstaben

etwas länger darauf, und schon erscheint eine Auswahl der verfügbaren Varianten ❺.

5. Nun wird es ein wenig hakelig: Sie müssen den Finger gedrückt halten und auf den gewünschten Buchstaben fahren ❻. Sobald Sie den Finger vom Display nehmen, wird der Buchstabe in Ihre Nachricht eingefügt.

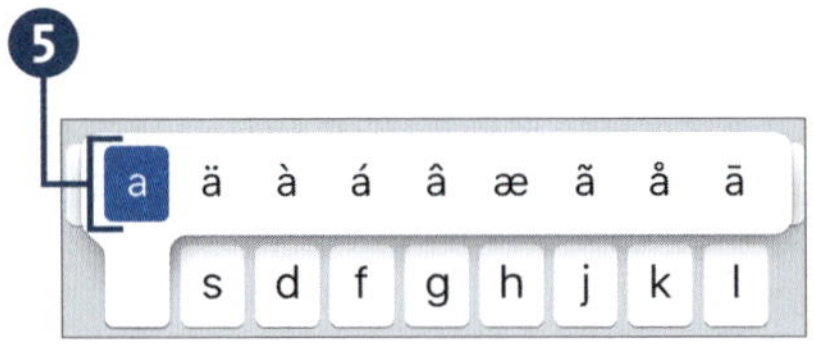

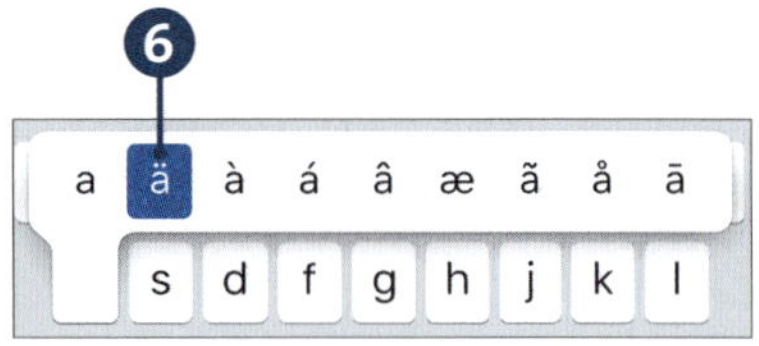

6. Wenn Sie noch weitere Sonderzeichen eingeben möchten, dann werden Sie auf der dritten Tastaturebene sicher fündig. Tippen Sie zunächst, ausgehend von der Tastatur mit den Buchstaben, auf die Taste **123**. Auf der Tastatur mit den Zahlen tippen Sie auf die Taste **#+=** ❼. Hier finden Sie nun auch Zeichen wie etwa %, + und =.

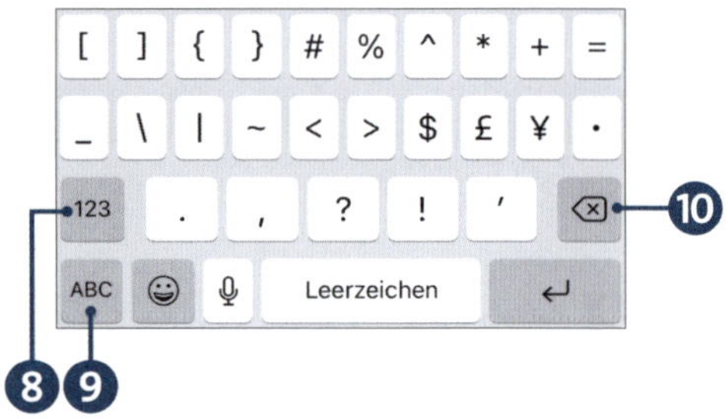

7. Von dieser dritten Tastatur aus haben Sie die Wahl, ob Sie zur zweiten oder in einem Zug gleich zur ersten Tastatur wechseln möchten. Mit der Taste **123** ❽ geht es zu den Ziffern zurück, mit der Taste **ABC** ❾ zu den Buchstaben.

8. Wenn Sie sich vertippt haben, können Sie mit der Löschen-Taste ❿ Fingertipp für Fingertipp die zuletzt ein-

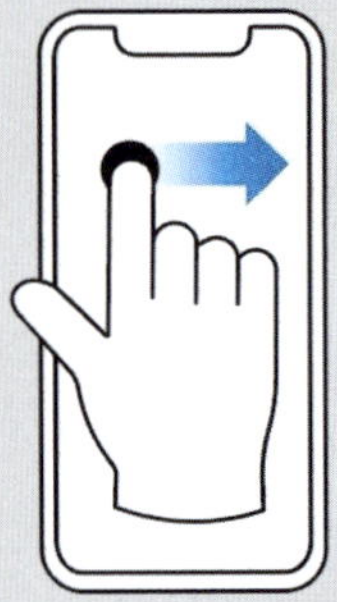

MERKE

Umlaute und Buchstaben mit Betonungszeichen wie *é* oder *ê* verstecken sich hinter den jeweiligen »normalen« Buchstaben (*ä* also z. B. hinter *a*).

Wenn Sie ein iPhone mit extragroßem Display besitzen, dann finden Sie die Umlaute direkt in der Tastatur.

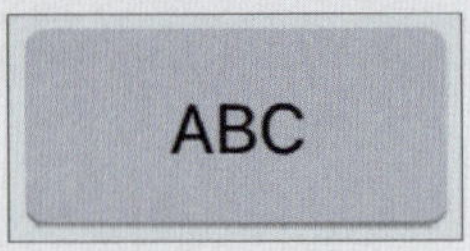

Über den Buchstaben-Umschalter gelangen Sie auf beiden Sonderzeichen-Tastaturen immer wieder zurück zur gewohnten ersten Tastatur.

gegebenen Zeichen löschen und dann weiterschreiben. Um ein falsch geschriebenes Wort mitten im Text zu ändern, doppeltippen Sie darauf und überschreiben es einfach mit der Bildschirmtastatur.

Rechtschreibkorrektur und Textergänzung

Wenn Sie eine Textnachricht schreiben, erscheinen immer nach der Eingabe der ersten Buchstaben eines Wortes ❶ direkt über der Bildschirmtastatur Wortvorschläge ❷. Tippen Sie einen der Vorschläge an, wird das Wort in Ihren Text eingefügt. Das spart jede Menge Tipparbeit. Ebenso sinnvoll ist die Rechtschreibkorrektur. Hat Ihr iPhone ein falsch geschriebenes Wort erkannt, dann wird es rot unterlegt ❸. Mit einem Fingertipp darauf erhalten Sie in einer schwarzen Leiste darüber einen oder mehrere Korrekturvorschläge ❹, die Sie ebenfalls per Fingertipp in Ihren Text übernehmen können. Sie können aber auch die Vorschläge der unteren Leiste übernehmen, da spielt Ihr iPhone ein doppeltes Spiel.

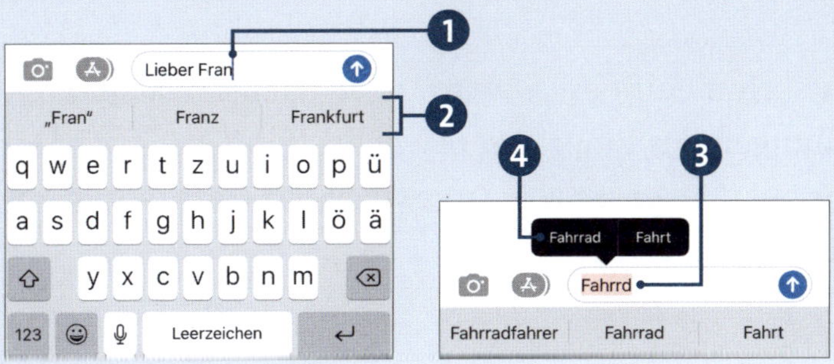

Nachricht abschicken

Sie sind mit Ihrer ersten Textnachricht zufrieden? Dann nichts wie abschicken:

1. Lesen Sie Ihre Nachricht ggf. noch einmal durch, und prüfen Sie, ob alles passt.

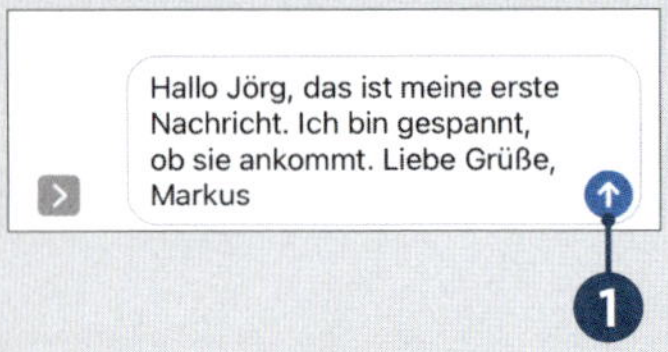

2. Mit einem Fingertipp auf das blaue Pfeilsymbol **1** wird die Nachricht versendet.

3. Wir haben hier eine *iMessage* abgeschickt, also eine Textnachricht an einen Empfänger mit iPhone. Daher wird sie blau dargestellt **2**. Als zusätzlicher Service wird angezeigt, ob die Nachricht zugestellt **3** wurde.

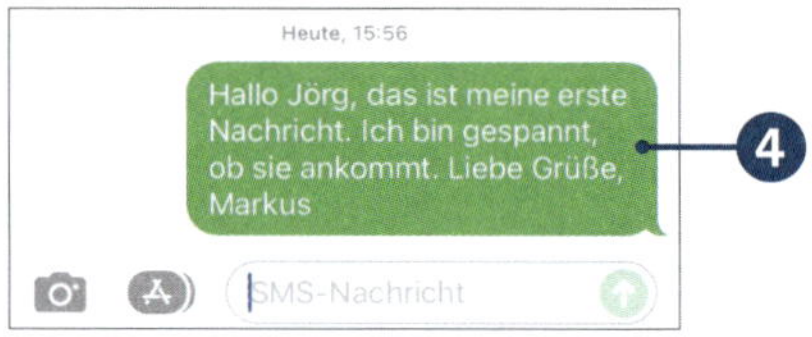

Versenden Sie eine SMS an ein Android-Handy, dann wird die Nachricht grün eingefärbt **4**. Eine Statusmeldung, ob die Nachricht zugestellt oder gar gelesen wurde, ist technisch nicht möglich.

4. Nun heißt es: Abwarten. Je nach Privatsphäre-Einstellungen des Empfängers wechselt der Nachrichtenhinweis bei iMessages von **Zugestellt** auf **Gelesen**, wenn die Nachricht geöffnet wurde.

Nachrichten empfangen

Nun warten wir gespannt auf eingehende Nachrichten. Keine Sorge, dazu müssen Sie nicht ständig in der *Nachrichten*-App nachschauen. Ihr iPhone kennt verschiedene Möglichkeiten, um Sie zu informieren.

Haben Sie Ihr iPhone längere Zeit nicht benutzt und ist der Bildschirm ausgeschaltet, dann wird eine eintreffende Nachricht auf dem Sperrbildschirm eingeblendet. Hier sehen Sie den Absender bzw. eine Rufnummer **1**, wenn Sie die Person noch nicht in Ihrem Adressbuch eingetragen haben. Auch die ersten Zeilen der Nachricht **2** werden als Vorschau eingeblendet.

Wenn Sie die Nachricht sofort und ohne Umwege über den Home-Bildschirm lesen und beantworten möchten, gehen Sie wie folgt vor:

Drücken Sie mit einem beliebigen Finger etwas länger auf die Nachricht. Sie haben dann die Möglichkeit, die gesamte Nachricht zu lesen und zu beantworten. Schreiben Sie einfach direkt Ihre Antwort, wie vorangehend beschrieben.

Haben Sie das Eintreffen einer Nachricht verpasst, erscheint am App-Symbol eine rote Markierung mit der Anzahl ungelesener Nachrichten **1**.

1. Tippen Sie auf das App-Symbol, um die *Nachrichten*-App zu öffnen.

2. Sie gelangen in die Übersicht aller Ihrer Nachrichten, die Sie mit verschiedenen Kontakten ausgetauscht haben. Ein blauer Punkt vor einer Nachricht **2** signalisiert, dass sich in dieser Konversation ungelesene Nachrichten befinden.

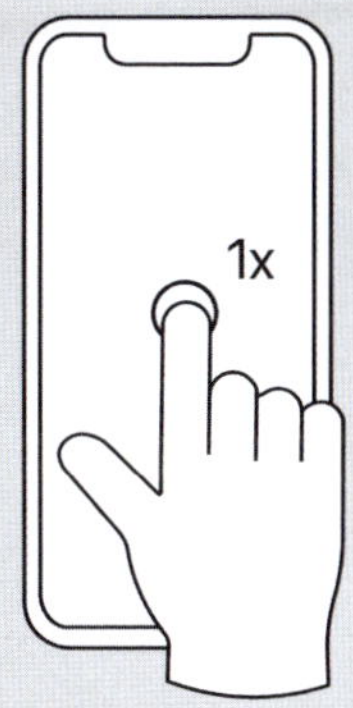

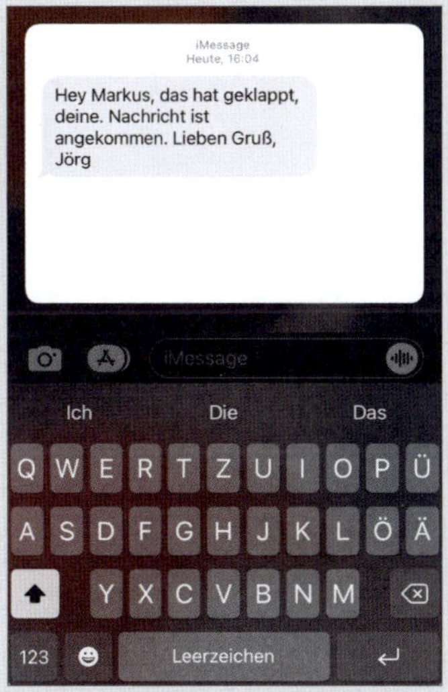

Nachrichten-App starten

↓

Absender auswählen

↓

Nachricht lesen

3. Mit einem Fingertipp auf einen beliebigen Bereich in dieser Zeile **3** gelangen Sie auch hier zum Nachrichtenverlauf.

Befinden Sie sich gerade in einer anderen App, dann wird die Nachricht in den Standardeinstellungen Ihres iPhones einfach abgelegt und durch das rote Icon in der Nachrichten-App angezeigt. Sie können diese Einstellungen aber nach Wunsch ändern – beispielsweise, dass erhaltene Nachrichten kurz eingeblendet werden. Wie das geht, zeigen wir im Kapitel 20 ab Seite 389 ganz ausführlich. Denn tatsächlich können Sie für jede App am iPhone festlegen, wie sie über Neuigkeiten oder Ereignisse informieren darf.

Nachrichten löschen

Grundsätzlich empfehlen wir Ihnen: Lassen Sie Ihre Nachrichten einfach im Verlauf stehen. Sie nehmen quasi keinen Speicherplatz weg, und es ist oft nützlich, wenn man einen Gesprächsverlauf noch einmal nachlesen kann. Dennoch können Sie natürlich einzelne Nachrichten problemlos löschen:

MERKE

Wenn Sie eine Nachricht auf Ihrem iPhone löschen, bleibt diese beim Empfänger weiterhin bestehen.

1. Öffnen Sie den gewünschten Gesprächsverlauf in der *Nachrichten*-App, wie vorangehend gezeigt.

2. Drücken Sie beherzt und etwas länger auf die Nachricht, die Sie löschen wollen. Sie wird nun isoliert auf einem grauen Hintergrund angezeigt. Tippen Sie auf **Mehr … 1**.

3. Sie gelangen zurück in den Nachrichtenverlauf. Ihre ausgewählte Nachricht ist nun mit einem blauen Haken versehen ❷. Nun können Sie nach Wunsch per Fingertipp weitere Nachrichten zum Löschen markieren.

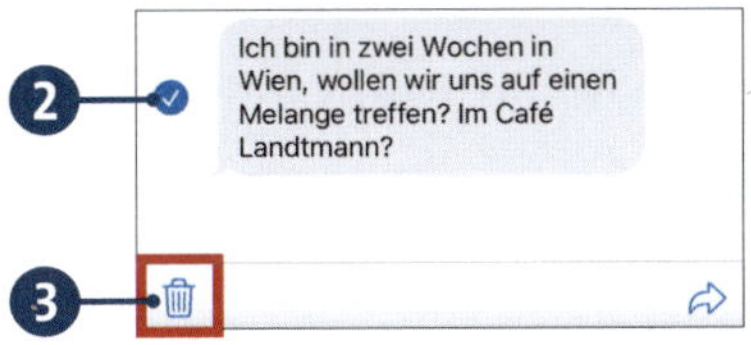

4. Mit einem abschließenden Tipp auf den Papierkorb ❸ werden die markierten Nachrichten aus dem Verlauf entfernt. Die Sicherheitsabfrage beantworten Sie mit **Nachricht löschen** ❹, dann ist der Löschvorgang endgültig. Sollten Sie es sich doch noch anders überlegen, tippen Sie in diesem Fenster stattdessen auf **Abbrechen** ❺ und anschließend oben rechts erneut auf **Abbrechen** ❻.

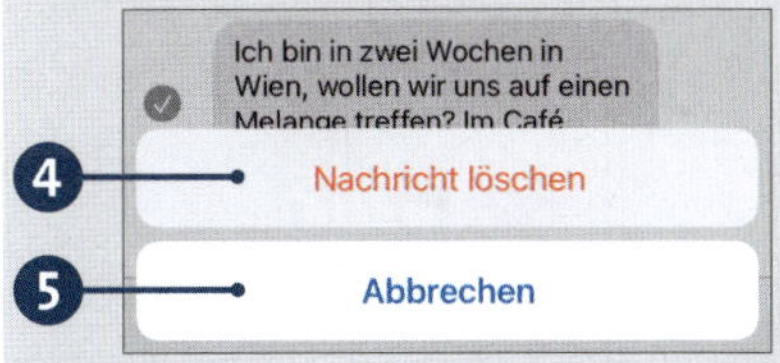

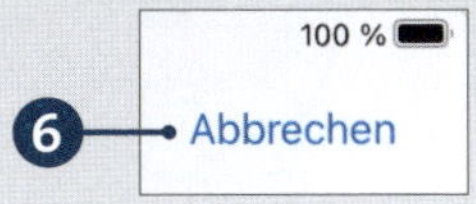

Emojis und Sprachnachrichten verschicken

Jetzt legen wir noch eins drauf und lockern den nüchternen Telegramm-Stil der Textnachricht etwas durch *Emojis* auf. Anschließend zeigen wir Ihnen, welche beiden weiteren, im Alltag sehr nützlichen Funktionen die *Nachrichten*-App für Sie bereithält. Sie können mit ihr nämlich auch diktieren, anstatt zu schreiben, oder gleich eine Sprachnachricht versenden.

MERKE

Unser Tipp: Setzen Sie Emojis eher »dosiert« ein. Beim Austausch mit engen Freunden kann es natürlich auch bunter und lustiger zugehen; in Nachrichten an Personen, die man kaum kennt, verzichtet man lieber darauf.

Nun aber zu den Emojis: Sie kennen sicherlich die lustigen, ursprünglich mal *Smileys* genannten Symbole. Am Smartphone haben sie eine gewisse Eigendynamik entwickelt, und als Emojis stehen mittlerweile Hunderte verschiedene Symbole, Gesten, Emotionen und mehr zur Verfügung. Damit können Sie Ihren Nachrichten schnell ein persönliches Erscheinungsbild geben:

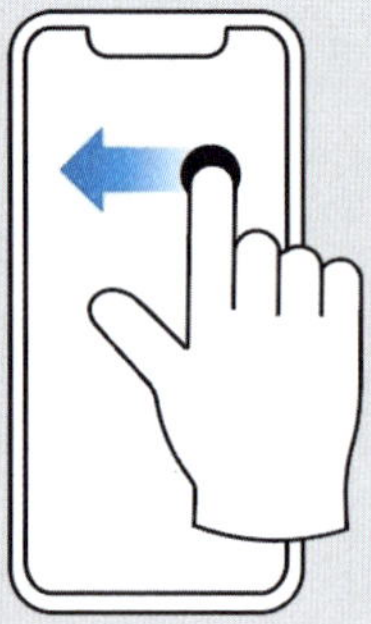

Wischen Sie nach links, um in den Emojis zu stöbern.

1. Tippen Sie in der *Nachrichten*-App auf einen bestehenden Kontakt, um den Nachrichtenverlauf zu sehen. Dort tippen Sie dann in das kleine Feld für eine neue Nachricht ❶, damit die Tastatur eingeblendet wird.

2. Mit einem Fingertipp auf das Symbol mit dem lachenden Gesicht unten auf Ihrer Bildschirmtastatur ❷ gelangen Sie in die Auswahl der Emojis. Die verschiedenen Symbole durchforsten Sie durch Wischen nach links.

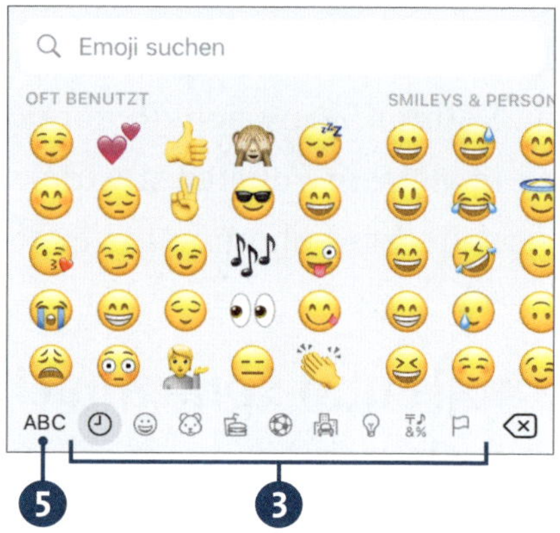

3. Wenn Sie auf die kleinen grauen Symbole ❸ darunter tippen, gelangen Sie direkt in die verschiedenen Rubriken. Sie müssen also nicht alles der Reihe nach durchblättern. Mit einem Fingertipp wird ein Emoji ❹ eingefügt.

4. Zurück zur Tastatur gelangen Sie mit der Taste **ABC** (5 auf Seite 164).

5. Wenn Ihre Nachricht fertig ist, versenden Sie sie mit dem Pfeil 6.

Übrigens: Bei den Personen- bzw. Gesichts-Emojis stehen für alle Ethnien eigene Emojis zur Verfügung. Drücken Sie bei einem Gesicht etwas länger darauf, so erhalten Sie (wie bei den Umlauten) eine Auswahl sämtlicher Hautfarben, die Sie mit derselben Methode wie bei den Umlauten (siehe dazu Seite 158) auswählen und in Ihre Nachricht einfügen können.

Die Diktatfunktion

Das Tippen auf der Bildschirmtastatur ist Ihnen doch auf Dauer zu mühselig? Dann lassen Sie doch einfach Ihr iPhone für Sie schreiben, indem Sie die praktische Diktierfunktion nutzen. Diese funktioniert, sofern man nicht im tiefsten Dialekt spricht, richtig gut.

1. Öffnen Sie eine leere Nachricht.

2. Aktivieren Sie mit einem Fingertipp das Mikrofon-Symbol auf Ihrer Tastatur 🎙 1.

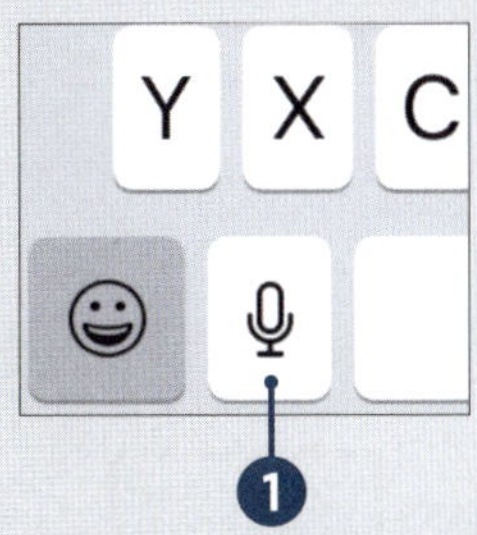

3. Vor der ersten Verwendung müssen Sie die Diktatfunktion aktivieren und Apple erlauben, Ihre Sprachnachrichten zu analysieren. Hier können Sie in jedem Fall zustimmen. Hintergrund ist folgender: Damit die Sprache perfekt erkannt wird, wird Ihre Sprachnachricht blitzschnell auf einen Apple-Server geladen, dort mit künstlicher Intelligenz analysiert und das Ergebnis als perfekter Text auf Ihrem iPhone eingesetzt. Daher: Tippen Sie auf **Diktierfunktion aktivieren** ❷. Diese Abfrage erfolgt nur bei der ersten Verwendung.

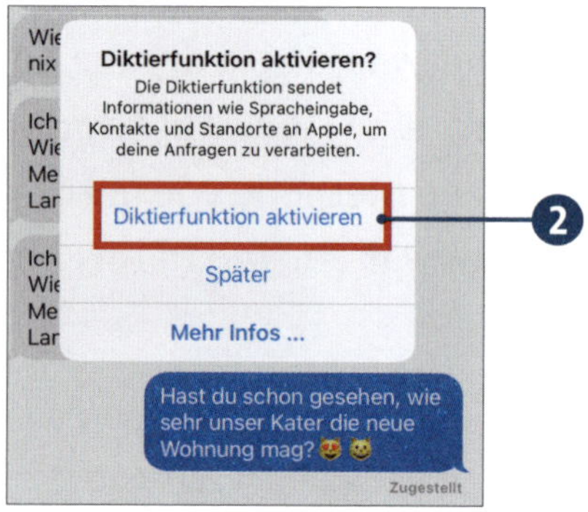

4. Diktieren Sie nun Ihren Text von beliebiger Länge, indem Sie ihn laut sprechen. Um Groß- und Kleinschreibung kümmert sich das iPhone, Satzzeichen müssen Sie jedoch mitdiktieren, also »Komma«, »Punkt« oder »Ausrufezeichen« ebenfalls deutlich aussprechen.

5. Ihr Diktat wird Ihnen gleich als Textnachricht ❸ angezeigt. Sind Sie fertig mit Ihrem Diktat, tippen Sie auf die kleine Tastaturschaltfläche ❹.

6. Sie können nun die diktierte Nachricht auch noch mit Emoijs ergänzen oder weiteren Text per Tastatur hinzufügen.

7. Mit einem Fingertipp auf den Pfeil **5** verschicken Sie auch hier Ihre Nachricht.

Sprachnachrichten

Es geht sogar noch eine Spur bequemer: Versenden Sie einfach gleich eine *Sprachnachricht*. Dabei wird Ihr gesprochenes Wort aufgenommen und beim Empfänger als Audiodatei wiedergegeben. Da dies besonders bei jungen Menschen beliebt ist, schwimmen Sie damit voll im Trend mit:

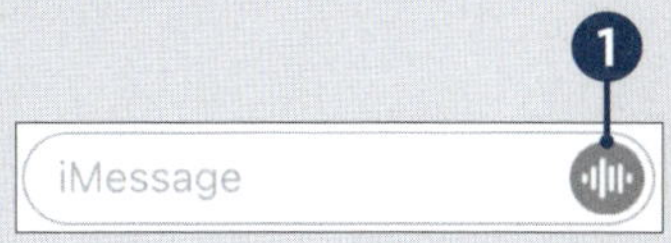

1. Für diese Übung muss Ihr Gegenüber unbedingt ein iPhone besitzen. Sie erinnern sich? Dann steht im noch leeren Nachrichtenfeld **iMessage** und rechts davon finden Sie das Symbol . Bei Besitzern anderer Telefone erscheint es dagegen nicht.

2. Tippen Sie auf dieses Aufnahmesymbol **1**. Ihre Sprachnachricht wird aufgenommen, solange Sie den Finger auf dem Symbol gedrückt halten. Sobald Sie ihn wegnehmen, wird die Aufnahme beendet.

3. Über die Play-Schaltfläche ❷ hören Sie alles noch einmal in Ruhe an.

4. Wenn Sie nicht zufrieden sind, tippen Sie auf das × ❸, und die Aufnahme wird gelöscht.

5. Um Ihre Audiobotschaft abzuschicken, tippen Sie auf den Pfeil ❹, und ab geht die Post. Die versendete Nachricht reiht sich wie jede andere Nachricht auch in den Verlauf der Textnachrichten ein. Allerdings »zerstört« sich diese Nachricht – beinahe wie in einem Agentenfilm – von selbst. Sowohl bei Ihnen als auch bei der Empfängerin bzw. dem Empfänger. Wenn Sie das nicht wünschen, lesen Sie auch den folgenden Kasten.

Sprachnachrichten haben ein Verfallsdatum

Apple löscht Ihre Audionachrichten bei Ihnen auf dem iPhone wenige Minuten nach dem Versand. Möchten Sie eine Sprachnachricht dauerhaft sichern, tippen Sie umgehend nach dem Versand auf **Behalten** ❺. Wichtig: Der Empfänger hat auf jeden Fall Zugriff auf Ihre Audiobotschaft, auch wenn sie bei Ihnen schon gelöscht ist. Erst nach dem Abhören tickt auch hier die Uhr bis zur »Selbstzerstörung«.

Sie sehen, die *Nachrichten*-App Ihres iPhones ist ein mächtiges Werkzeug. Es gibt natürlich noch viel mehr zu entdecken. Darauf kommen wir im Buch immer wieder zu sprechen.

KAPITEL 10

Zu klein, zu dunkel, zu laut, zu viel – Einstellungen für eine komfortable Bedienung

Wenn Sie mit Ihrem iPhone viel Zeit verbringen, ist es ratsam, es auch optisch und akustisch Ihren individuellen Wünschen und Bedürfnissen entsprechend einzurichten. Dazu gehören zahlreiche Einstellungen, z. B. die passende Bildschirmhelligkeit, die Lautstärke des Klingeltons oder die Größe der Schrift. Eine praktische Hilfe ist auch die eingebaute Taschenlampe und nicht zu vergessen *Siri*, die es Ihnen ermöglicht, Funktionen per Sprache zu aktivieren oder zu deaktivieren.

Das Display heller und dunkler einstellen

Die Regulierung der Helligkeit des Displays ist äußerst wichtig, nicht zuletzt, um die Augen zu schonen. Bei Sonnenschein kann es nicht hell genug sein, am Abend oder in dunklen Räumen reicht eine geringere Helligkeit. Und so gehen Sie vor, um diese nach Wunsch einzustellen:

Kontrollzentrum öffnen:

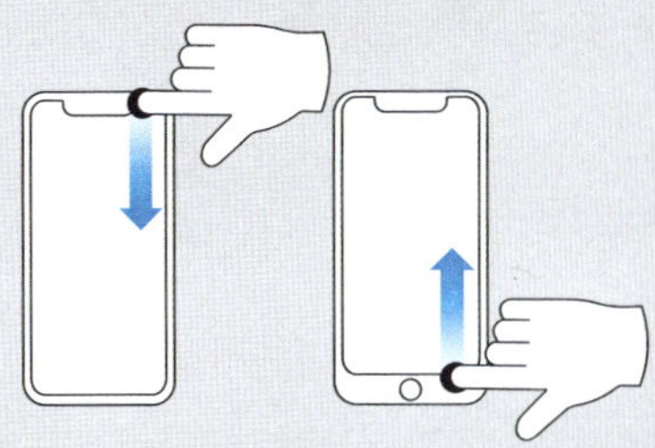

1. Rufen Sie zunächst das *Kontrollzentrum* auf. Wie das funktioniert, haben wir Ihnen auf Seite 77 erklärt.

2. Um nun die Helligkeit anzupassen, tippen Sie mit dem Finger in das Feld mit dem Sonnensymbol **1** und fahren mit gedrücktem Finger nach oben, um das Display heller zu machen. Die gleiche Bewegung nach unten macht es dunkler. Das Resultat sehen Sie sofort.

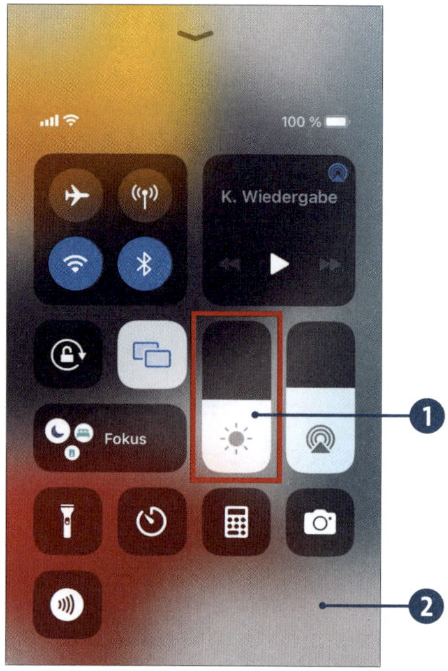

3. Sie schließen das Kontrollzentrum an jedem iPhone, indem Sie einfach auf einen leeren, nicht von Schaltflächen belegten Bereich **2** tippen.

Das iPhone bietet Ihnen auch die Möglichkeit, den Bildschirm auf Dauer in einem Hell- oder Dunkelmodus erscheinen zu lassen. Der Sinn dieser Funktion ist, die Kontraste bei Tag oder Nacht jeweils deutlicher hervortreten zu lassen und für ein angenehmeres Lesen zu sorgen. Manchmal ist es einfach Geschmackssache, welcher »Look« einem besser gefällt.

Kontrollzentrum

↓

Helligkeit

↓

1. Zu dieser Funktion gelangen Sie wieder über das *Kontrollzentrum*, das Sie nun bitte aufrufen.

2. Drücken Sie ca. eine Sekunde lang auf das Feld mit dem Sonnensymbol ❶. Die Aktivierung spüren Sie auch anhand einer sanften Vibration. Damit öffnen Sie ein neues Fenster. Der Helligkeitsregler erscheint nun in Übergröße auf dem Bildschirm ❷.

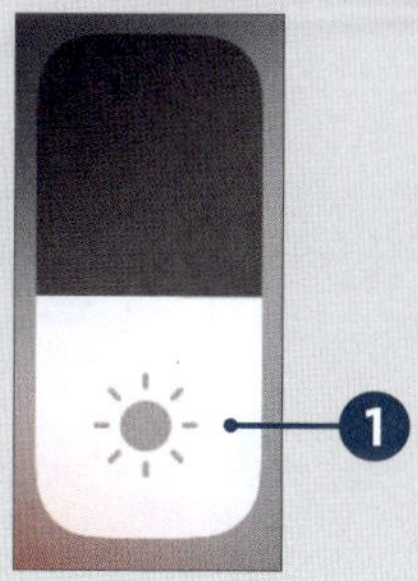

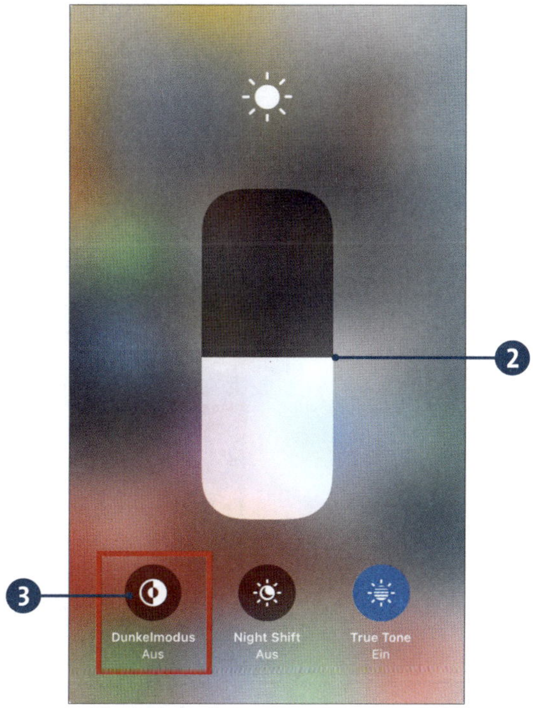

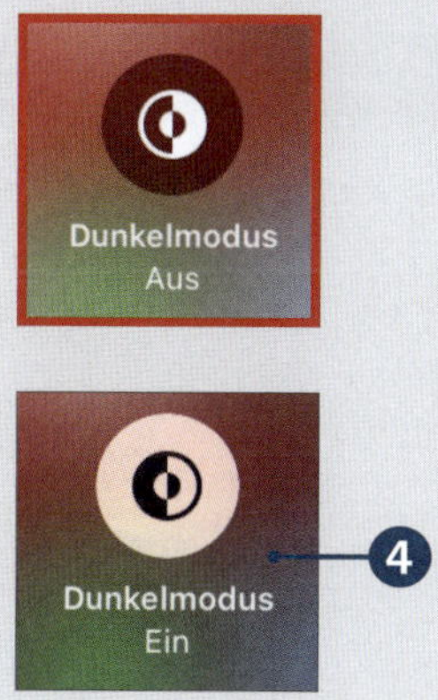

3. Im unteren Bereich sehen Sie außerdem drei runde Schaltflächen. Die Schaltfläche **Dunkelmodus Aus** ❸ finden Sie ganz links. Tippen Sie kurz auf diese Schaltfläche, und aktivieren Sie damit den Dunkelmodus. Die Schaltfläche ändert sich, und es erscheint die Bezeichnung **Dunkelmodus Ein** ❹.

MERKE

Apple hat eine etwas eigenwillige Bezeichnung für die Schalter: Es wird immer der Ist-Zustand angegeben. Sprich, um den Dunkelmodus einzuschalten, müssen Sie auf **Dunkelmodus Aus** drücken.

4. Um das Fenster mit dem Sonnensymbol zu schließen, tippen Sie kurz auf das Display. Damit gelangen Sie wieder zurück in das Kontrollzentrum. Mit einem weiteren Fingertipp auf einen leeren Bereich ohne Schaltflächen verlassen Sie auch das Kontrollzentrum.

5. Die Änderung erkennen Sie sofort. Öffnen Sie zum Ausprobieren z. B. die *Safari*-App. Die App ist tiefschwarz, und die Tastatur zur Eingabe der Internetadresse erscheint in Dunkelgrau.

Safari im hellen und dunklen Modus im Vergleich

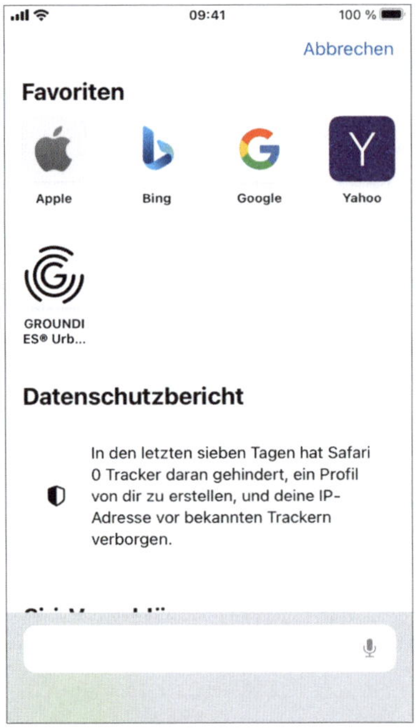

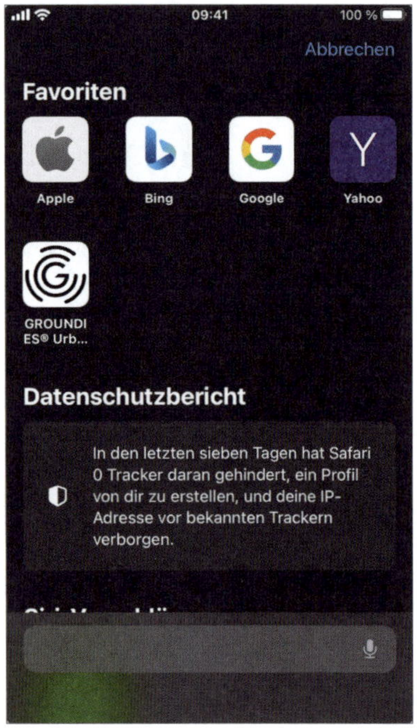

Kontrollzentrum

↓

Helligkeit

↓

6. Nun ändern Sie den Modus wieder zurück in Hell. Lassen Sie Safari geöffnet, und blenden Sie wieder das Kontrollzentrum ein. Tippen Sie erneut ca. eine Sekunde auf das Sonnensymbol.

7. Tippen Sie wieder auf **Dunkelmodus Ein** ❺. Damit stellen Sie – gemäß der Logik von Apple – wieder den Modus Hell her.

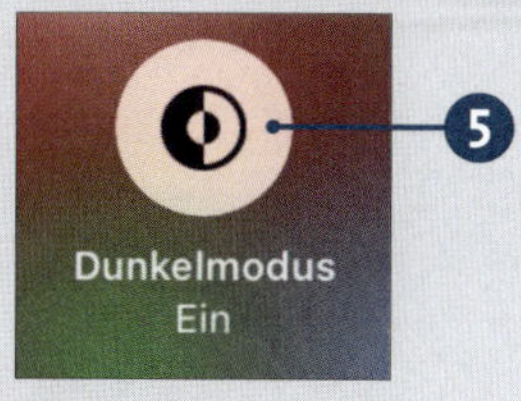

Der Dunkelmodus eignet sich im Übrigen auch hervorragend dazu, die Bilder in der *Fotos*-App in schönem Glanz erscheinen zu lassen ❻. Lesen Sie mehr dazu in Kapitel 12, »Fotos und Videos aufnehmen, bearbeiten und mit anderen teilen«, ab Seite 211.

Night Shift

Die Funktion *Night Shift* (die deutsche Übersetzung dazu lautet übrigens »Nachtschicht«) ist eine Funktion Ihres iPhones, die Sie sicher schätzen werden.

Das Display Ihres iPhones beinhaltet einen hohen Anteil an blauem Licht, das die aufgerufenen Apps zwar leuchten lässt, aber schädlich für Ihr Augenlicht ist. Experten sind der Meinung, dass gerade dieses Licht die Produktion des Hormons Melatonin senkt, das für den Schlaf verantwortlich ist. Vor allem in der Dämmerung oder in der Nacht ist es daher ratsam, den Nachtmodus bzw. *Night-Shift*-Modus des Handys zu aktivieren. Damit wird der Blaulichtanteil deutlich reduziert. Bei Ihrem iPhone funktioniert das folgendermaßen:

1. Öffnen Sie das *Kontrollzentrum* Ihres iPhones, und tippen Sie ca. eine Sekunde lang auf das Feld mit dem Sonnensymbol.

2. Tippen Sie nun auf **Night Shift Aus** ❶

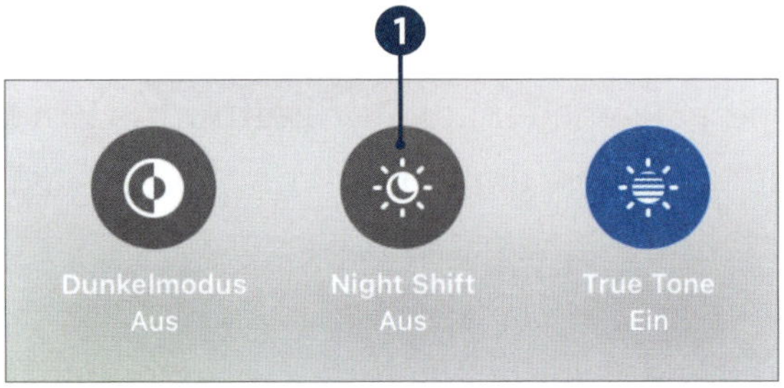

3. Bei der ersten Aktivierung erscheint das Fenster **Night Shift** mit einer Erklärung, worum es sich bei dieser Funktion handelt, und zwei Auswahlmöglichkeiten. Tippen Sie auf **Bis 07:00 aktivieren** ❷.

4. Sofort erkennen Sie die farbliche Veränderung und bemerken sicherlich, wie Ihre Augen entspannen.

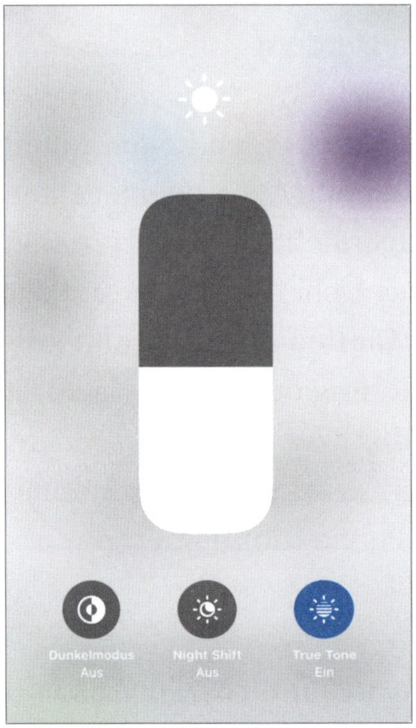

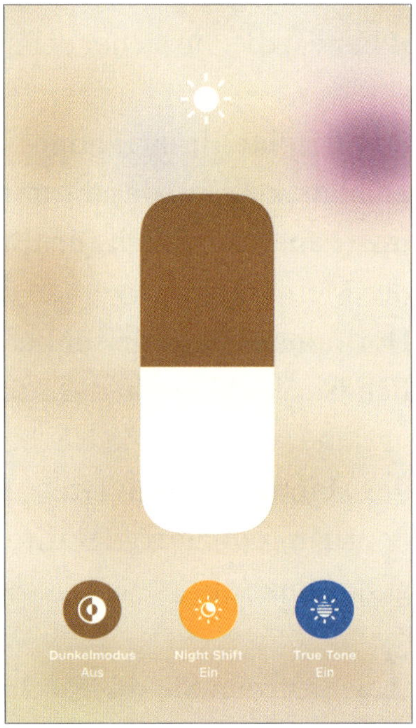

Ab 7.00 Uhr stellt sich Ihr iPhone nun automatisch wieder auf den normalen Modus am Tag um. Wenn Sie *Night Shift* aber schon früher deaktivieren wollen, gehen Sie folgendermaßen vor:

1. Öffnen Sie das Kontrollzentrum.

2. Tippen Sie auf die Schaltfläche **Night Shift Ein**, um die Funktion abzuschalten. Das Display wird sofort wieder heller.

3. Schließen Sie das Kontrollzentrum, indem Sie einfach auf einen leeren Bereich tippen.

Lauter oder leiser – die Lautstärke einstellen

Das iPhone kann wunderbar Musik abspielen und Sprache wiedergeben. Wenn Sie es ans Ohr halten, etwa beim Telefonieren, nehmen Sie die Geräusche aus dem internen Lautsprecher wahr. Das iPhone verfügt aber auch über einen externen Lautsprecher. Über ihn können Sie beim Telefonieren eine Freisprecheinrichtung starten (siehe dazu Seite 123) und vor allem Musik im Raum ertönen lassen. Sie haben zwei Möglichkeiten, die Lautstärke am iPhone zu regulieren: zum einen im Kontrollzentrum, zum anderen über die Schalter am Gehäuserand.

Kontrollzentrum öffnen:

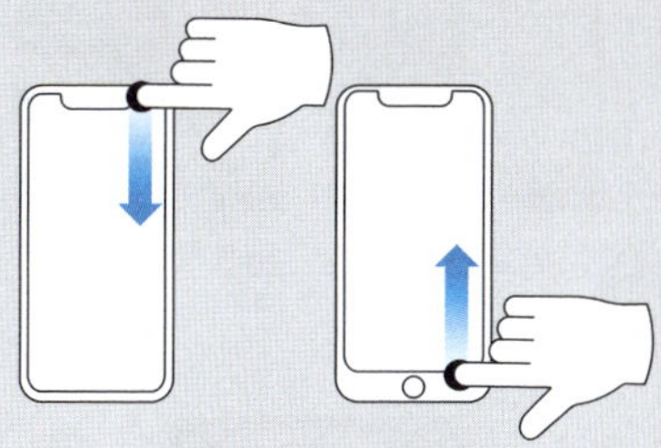

So regulieren Sie die Lautstärke im Kontrollzentrum:

1. Öffnen Sie das Kontrollzentrum.

2. Ganz rechts sehen Sie das Lautsprechersymbol. Tippen Sie darauf, und fahren Sie mit gedrücktem Finger nach oben, um die Lautstärke zu erhöhen, bzw. nach unten, um sie zu senken.

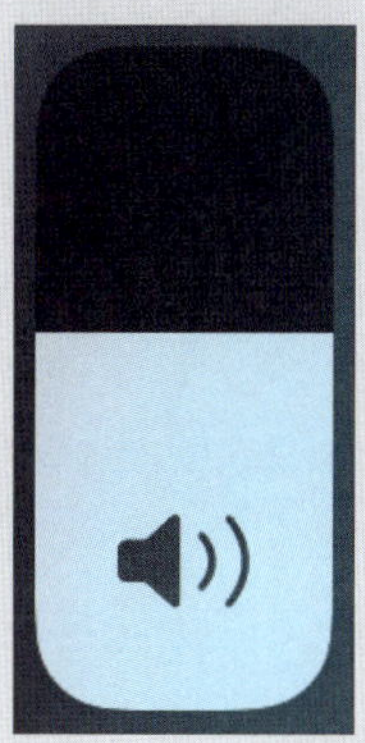

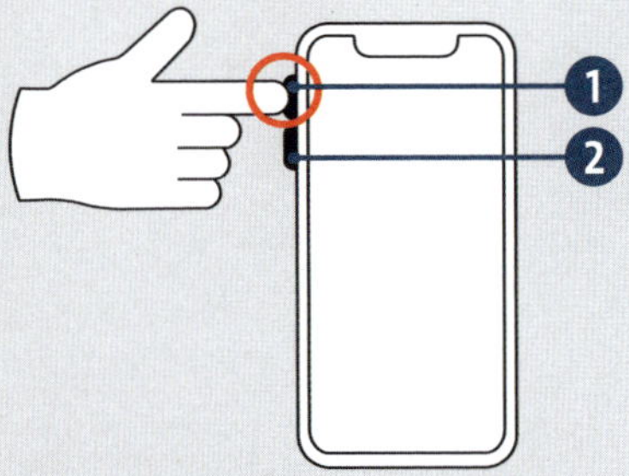

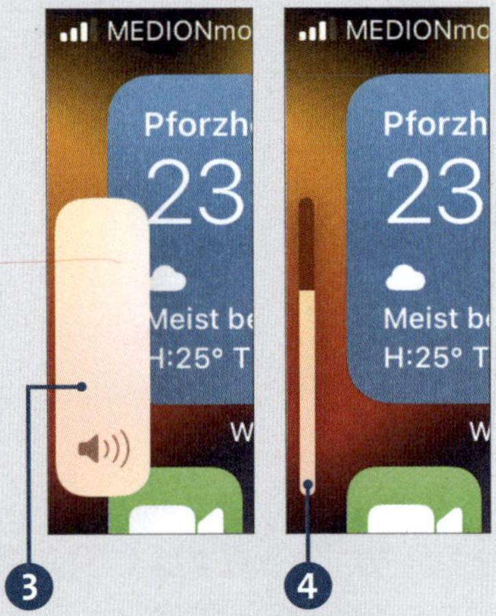

3. Schließen Sie das Kontrollzentrum, indem Sie auf einen leeren Bereich tippen.

Möchten Sie während eines Telefonats die Lautstärke ändern, ist diese Vorgehensweise allerdings recht unkomfortabel. Daher gibt es die Möglichkeit, mit den beiden Knöpfen auf der linken Seite des Telefons die Lautstärke ebenfalls zu regeln. Tippen Sie auf die obere Taste, um die Lautstärke zu erhöhen ❶, bzw. auf die untere ❷, um sie zu senken.

Auf Ihrem Display wird beim Betätigen der Tasten der aktuelle Status angezeigt. Tippen Sie einmal, sehen Sie einen breiten Regler ❸; halten Sie den Finger gedrückt, wird der Regler schmal ❹.

Klingelton – Lautstärke anpassen

Die Lautstärke des Klingeltons kann ebenfalls eingestellt werden. Das funktioniert aber auf einem etwas anderen Weg als die normale Lautstärkenregulierung:

1. Tippen Sie auf die App *Einstellungen*.

2. Wählen Sie in den Einstellungen den Bereich **Töne & Haptik** ❶ aus.

3. In der Mitte der zahlreichen Einstellungsmöglichkeiten finden Sie einen Schieberegler, der mit **Klingel- und Hinweistöne** ❷ bezeichnet ist.

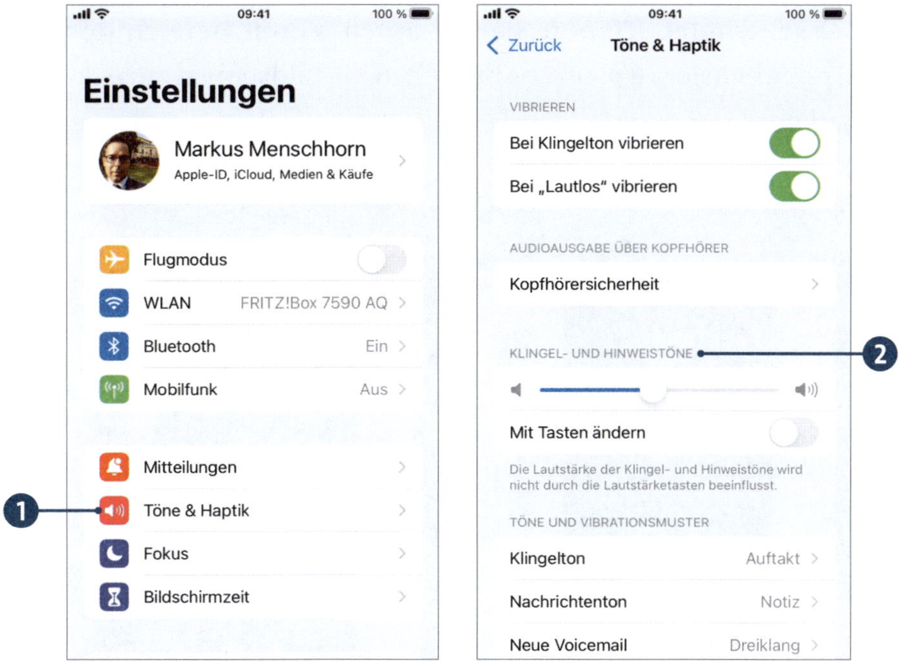

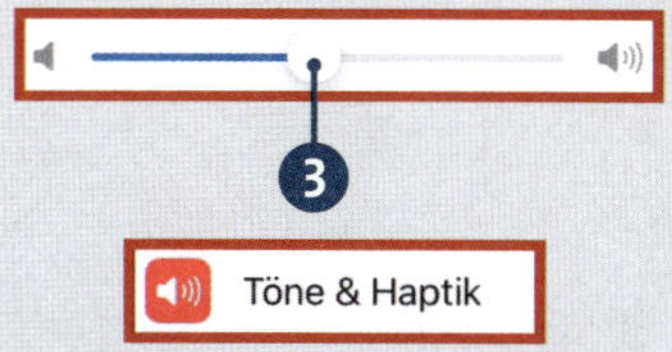

4. Legen Sie nun einen Finger auf den weißen Punkt in der Mitte des Schiebereglers ❸. Sobald Sie ihn berühren, ertönt auch schon der Klingelton in der gewählten Lautstärke zur Kontrolle. Ziehen Sie Ihren Finger nach rechts, um die Lautstärke des Klingeltons zu erhöhen, nach links, um sie zu reduzieren.

5. Wenn die Lautstärke passend eingestellt ist, lassen Sie den Schieberegler einfach los.

6. Um die *Einstellungen* zu verlassen bzw. ganz zu schließen, rufen Sie zunächst den *App-Wechsler* auf (siehe ab Seite 108). Wischen Sie anschließend die App **Einstellungen** ❹ mit einem Fingerwisch nach oben, bis sie

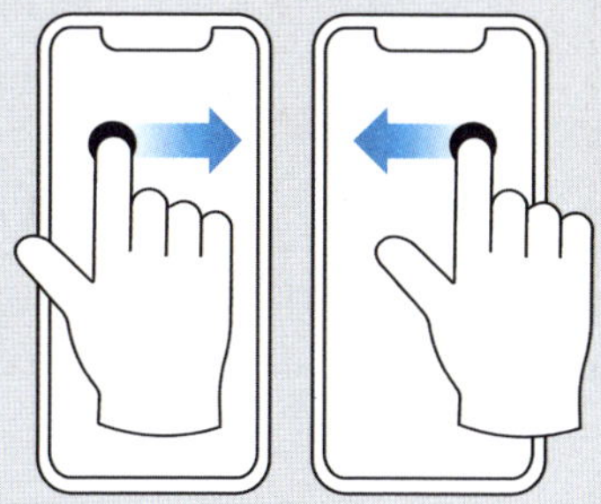

Lauter und leiser

MERKE

Sie können Ihr iPhone bei Bedarf auch stumm schalten. Lesen Sie dazu den Abschnitt »Hinweistöne und den Klingelton ausschalten – der Stummmodus« ab Seite 80.

verschwindet. Tippen Sie auf einen leeren Bereich des App-Wechslers **5**, um zu Ihrem Home-Bildschirm zurückzukehren.

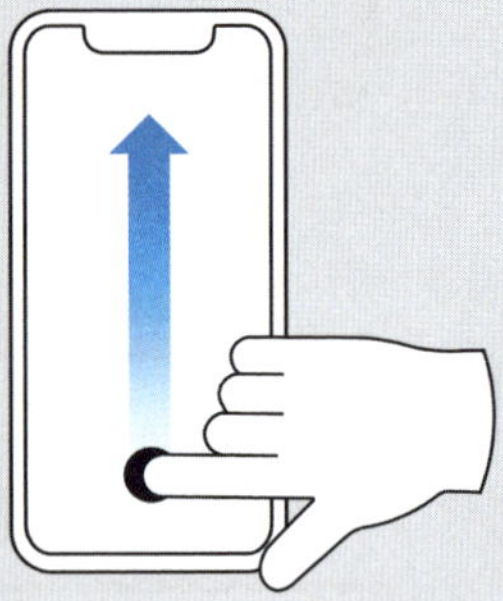

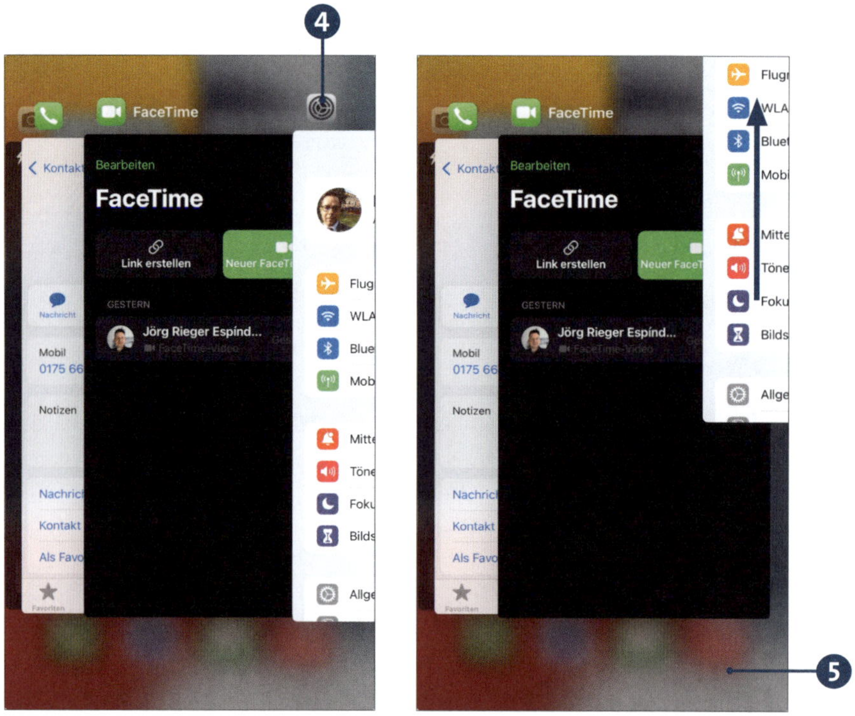

Nicht stören – den Schlafmodus aktivieren

Im Abschnitt »Hinweistöne und den Klingelton ausschalten – der Stummmodus« (siehe Seite 80) haben Sie bereits den *Flugmodus* als geeignete Möglichkeit kennengelernt, auch einmal für Ruhe (nicht nur während eines Fluges) zu sorgen. Im *Kontrollzentrum* finden Sie eine weitere praktische Funktion, die Ihnen das Leben mit Ihrem iPhone erleichtert. Dazu zählt der *Schlafmodus* bzw. der *Nicht stören*-Modus. Im iPhone sind diese praktischen Funktionen unter dem Begriff *Fokus* zusammenfasst. Hier haben Sie gleich mehrere Optionen, um für mehr Ruhe zu sorgen.

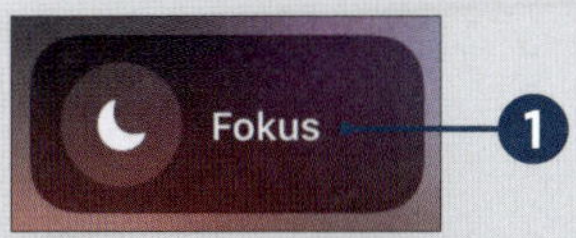

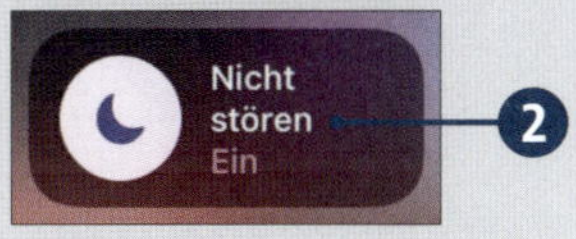

1. Öffnen Sie das Kontrollzentrum (siehe Seite 77). Der *Fokus*-Modus ist als Mondsichel dargestellt ❶.

2. Tippen Sie auf diese Schaltfläche, um den Modus zu aktivieren. Er stellt alle eingehenden Anrufe und Mitteilungen auf stumm, die Anzeige ändert sich entsprechend ❷.

3. Im Sperrbildschirm wird Ihnen dies nun mit einer Nachricht mitgeteilt, die als Erinnerung immer erscheint ❸.

4. Um diesen Modus zu deaktivieren, gehen Sie wiederum ins Kontrollzentrum und tippen mit dem Finger erneut auf die Schaltfläche mit dem Mondsichel-Symbol.

ACHTUNG!

Im *Nicht stören*-Modus werden Sie über keine eingehenden Anrufe oder Nachrichten informiert. Sie können allerdings in Ihrem Adressbuch Notfallkontakte definieren, die auch in diesem Modus zu Ihnen durchgestellt werden. So bleiben Sie beispielsweise für Ihre Partnerin bzw. Ihren Partner jederzeit erreichbar. Mehr dazu lesen Sie in Kapitel 17, »Fit und gesund mit der App Health«, ab Seite 339.

Textgröße einstellen

Auch die Textgröße am iPhone können Sie individuell und nach Ihren Bedürfnissen einrichten, denn teilweise sind die Schriften und Kennzeichnungen mikroskopisch klein.

Einstellungen
↓
Anzeige & Helligkeit
↓
Textgröße anpassen

1. Öffnen Sie dazu die App *Einstellungen*, indem Sie auf die entsprechende Schaltfläche auf dem Home-Bildschirm ❶ tippen.

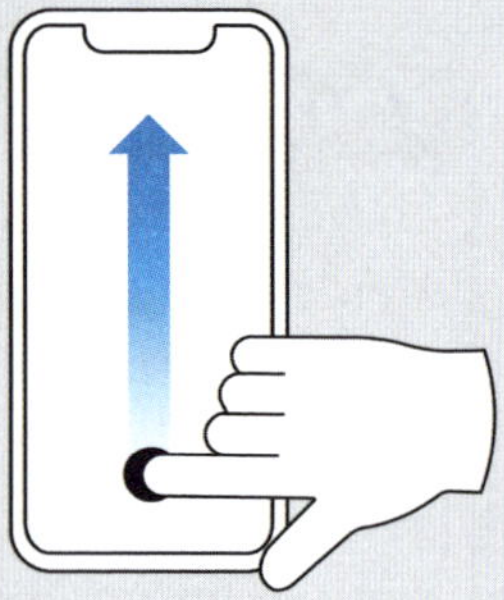

2. Im eingeblendeten Bildschirm fahren Sie mit dem Finger nach oben, bis Sie zum Punkt **Anzeige & Helligkeit** ❷ gelangen. Tippen Sie auf diese Zeile, um weitere Optionen zu sehen.

3. Legen Sie auf dem nächsten Bildschirm einen Finger auf, und fahren Sie damit so weit nach oben, bis die Zeile **Textgröße** ❸ erscheint. Tippen Sie darauf.

4. Nun sehen Sie ganz unten einen Schieberegler mit einem weißen Punkt in der Mitte ❹ sowie einen Beispieltext im oberen Bereich ❺.

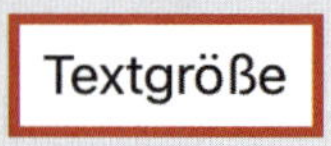

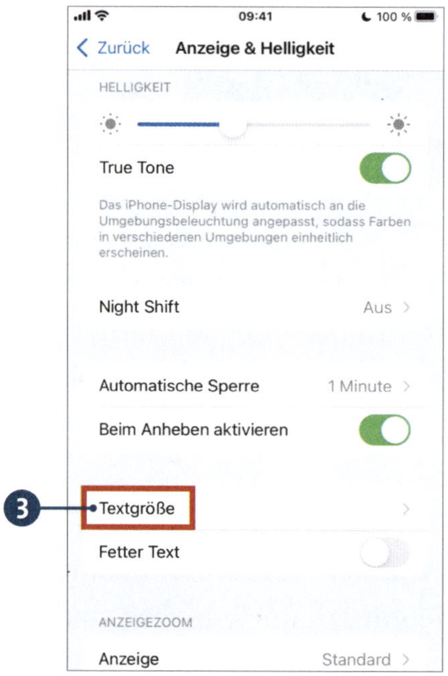

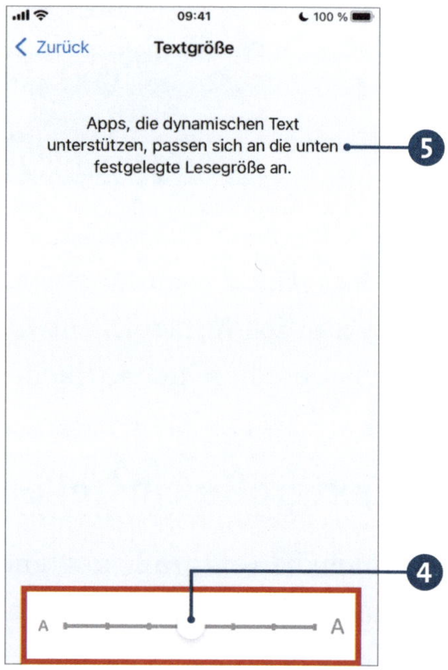

5. Um die Schrift größer einzustellen, legen Sie einen Finger auf den weißen Punkt in der Mitte des Reglers und ziehen ihn nach rechts. Sie erkennen sofort, dass der Beispieltext oben größer wird. Sobald Ihnen die Schrift groß genug erscheint, nehmen Sie den Finger wieder vom Bildschirm.

6. Um wieder zurück zum Ausgangsbildschirm zu gelangen, tippen Sie bei einem iPhone mit Face ID ganz unten auf den Bildschirm und wischen leicht nach oben. Bei einem iPhone mit Touch ID drücken Sie einfach die Home-Taste.

Mit Siri das iPhone per Sprache steuern

Siri ist in der Tat eine große Unterstützung für die Bedienung Ihres iPhones. Damit sparen Sie sich viele Fingertipps und Schreibarbeit. Einträge im Kalender, das Abspielen Ihrer Lieblingsmusik, das Schreiben von Nachrichten und das Starten von Anrufen – fast alles ist machbar.

Haben Sie bei der Einrichtung Ihres Smartphones Siri nicht aktiviert und eingerichtet (siehe Seite 52), dann müssen Sie das jetzt nachholen, um Siri nutzen zu können. Siri muss nämlich zunächst Ihre Stimme kennenlernen. Und so machen Sie das nachträglich:

1. Tippen Sie wieder auf die App *Einstellungen*.

2. Legen Sie einen Finger auf den Bildschirm der geöffneten Einstellungen, und fahren Sie nach oben, bis die Zeile **Siri & Suchen** erscheint. Tippen Sie darauf.

WAS TUN?

Haben Sie Siri schon bei der Installation eingerichtet, ist der Schieberegler (1 auf Seite 182) bereits auf Grün eingestellt. Sie müssen hier in den *Einstellungen* also nichts weiter tun und können zur nächsten Übung ab Seite 184 blättern.

Relevant für uns sind nun die folgenden Zeilen:

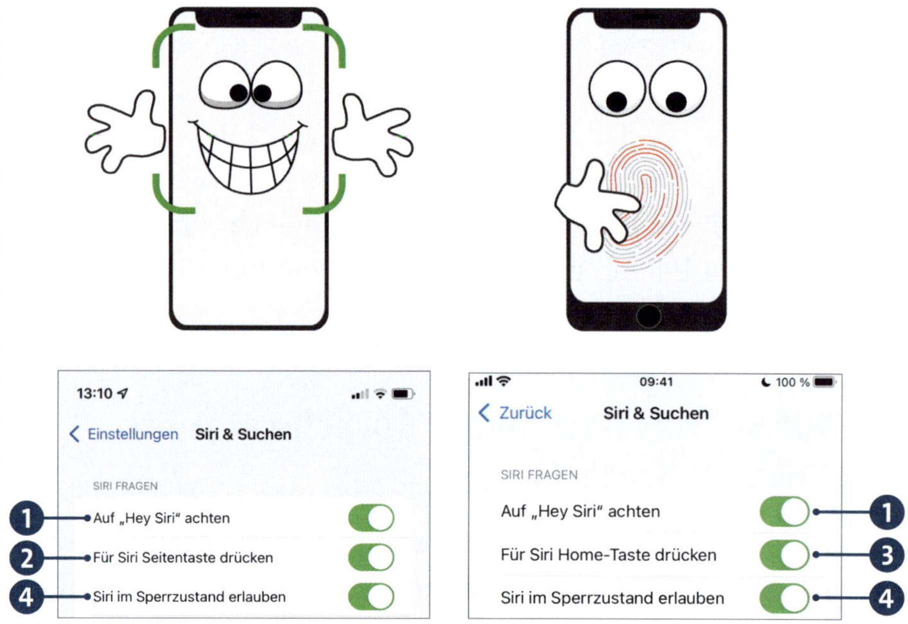

1. **Auf „Hey Siri“ achten**: Damit konfigurieren Sie die Sprachassistentin so, dass sie auf die Aussage »Hey Siri« reagiert.
2. **Für Siri Seitentaste drücken**: Damit können Sie Siri mit der Taste auf der rechten Seite Ihres iPhones (der *Standby*-Taste) aktivieren.
3. Bei iPhones mit Home-Taste steht an dieser Stelle **Für Siri Home-Taste drücken**. Hier können Sie Siri also wie so vieles andere auch per Home-Taste aktivieren.
4. **Siri im Sperrzustand erlauben**: Dies ermöglicht es Ihnen, Siri im Sperrbildschirm zu aktivieren; per Sprache mit »Hey Siri«, mit der Standby-Taste auf der rechten Seite (bei iPhones mit Face ID) oder der Home-Taste.

1. Tippen Sie nun in der Zeile **Auf „Hey Siri“ achten** auf den Schalter ❺, um die Sprachmöglichkeit zu aktivieren. Dann öffnet sich ein Fenster, das Sie darüber informiert, dass Siri nun konfiguriert wird.

2. Tippen Sie im unteren Bereich des Fensters auf die Schaltfläche **Fortfahren** ❻.

3. Nun folgen ein paar Schritte zur Einrichtung, die Sie mit Ihrer Sprache steuern. Sie sprechen den Text in den Anführungszeichen ❼. Wenn Siri Sie versteht, gibt es ein Okay in Form eines Hakens ❽, und es geht zum nächsten Punkt. Sollte Siri Sie nicht verstehen, macht sie dies sofort deutlich ❾. Sie dürfen es noch einmal versuchen. Ist die Konfiguration abgeschlossen ❿, tippen Sie einfach auf **Fortfahren** ⓫. Die Sprachassistentin steht Ihnen nun zur Verfügung.

4. Tippen Sie jetzt in den unteren Bereich des Bildschirms, und fahren Sie mit dem Finger leicht nach oben, um die Einstellungen zu beenden. Bei einem iPhone mit Touch ID drücken Sie dazu auf die Home-Taste.

ACHTUNG!

Dieser Abschnitt ist nur relevant, wenn Sie Siri noch nicht aktiviert haben und der Schalter bei **Auf „Hey Siri“ achten** grau und damit inaktiv ist.

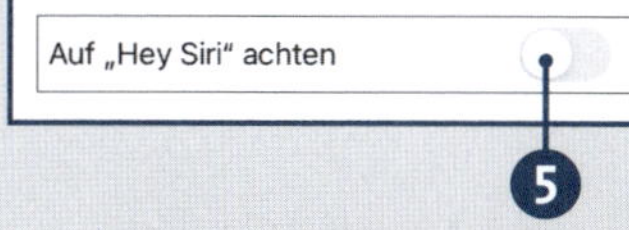

Und nun kann es losgehen – wir geben Siri den ersten Auftrag:

Siri aktivieren

↓

Wecker auf 8:30 Uhr einstellen

↓

Wetter abrufen

1. Nehmen Sie Ihr iPhone in die Hand, und sagen Sie »Hey Siri«. Siri wird sofort in Form eines bunten Balls eingeblendet, egal ob Sie sich in einer App oder auf dem Sperrbildschirm aufhalten. Wichtig zu wissen: Indem Sie »Hey Siri« sagen, aktivieren Sie die Sprachassistentin.

2. Wir wollen von Siri, dass sie uns einen Wecker stellt. Daher sagen wir: »Siri, den Wecker bitte um 8.30 stellen.« Und schon stellt Siri den Wecker ein. Sie bestätigt verbal den Auftrag und zeigt dies auch mit einer entsprechenden Nachricht **1**.

ACHTUNG!

Siri ist übrigens recht ungehalten, wenn Sie ruppig mit ihr sprechen. Also, bitte recht freundlich.

3. Sagen Sie nun zu Siri Folgendes: »Siri, wie wird das Wetter morgen in Wien?« Siri öffnet sofort die *Wetter*-App mit den gewünschten Daten und sagt Ihnen auch, wie das Wetter morgen in Wien wird **2**.

In dieser Form können Sie Siri alle möglichen Aufgaben stellen. Sie können sie also bitten, eine Nachricht zu schreiben, die Sie ihr diktieren, oder eine App zu öffnen. Und wenn Sie gerne über etwas schmunzeln möchten, dann bitten Sie Siri doch einmal, dass Sie Ihnen eine Geschichte oder einen Witz erzählt. Die Antworten darauf sind durchaus launig und in Sachen Flachwitz ist Siri wirklich Meisterin ❸.

Bedienungshilfen – so wird das iPhone auch bei Einschränkungen zum perfekten Begleiter

Letztlich hat es nicht immer mit dem Alter zu tun – eine Sehschwäche, motorische Einschränkung oder Hörschwäche kann auch in jungen Jahren das Leben und durchaus auch die Bedienung eines Smartphones erschweren. Die gute Nachricht – mit den richtigen Einstellungen kann man auch mit einer Behinderung das iPhone perfekt bedienen und das iPhone kann mit passenden Apps und Erweiterungen sogar den Alltag deutlich erleichtern.

Zunächst richten wir VoiceOver (auf deutsch ganz grob übersetzt »Sprache darüber gelegt«) ein – damit liest das iPhone per Fingertipp alles auf dem Display vor, von der Schaltfläche bis zur E-Mail. Und so funktioniert es:

MERKE

Lassen Sie sich bei der Einrichtung der Bedienungshilfen von Familienmitgliedern, Freundinnen bzw. Freunden oder Bekannten unterstützen.

Einstellungen öffnen

↓

Bedienungshilfen antippen

↓

VoiceOver aktivieren

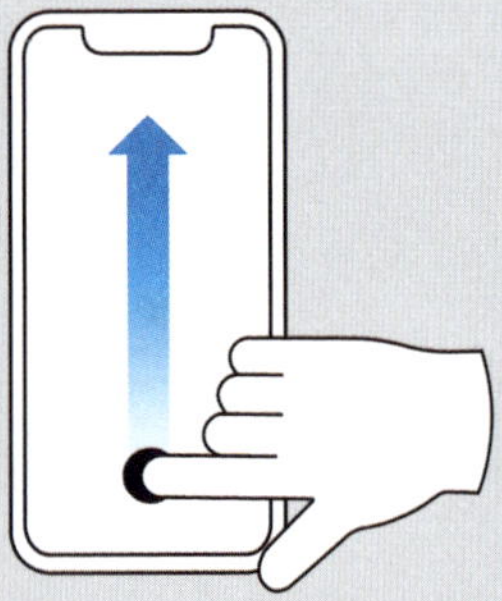

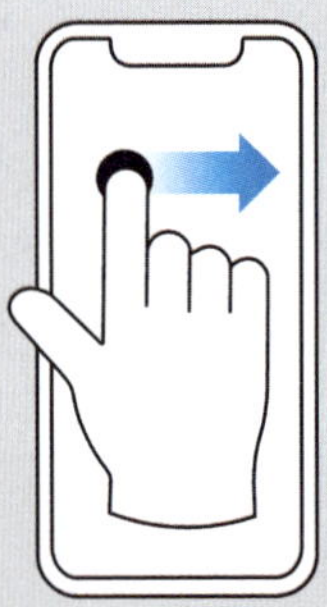

1. Tippen Sie im Home-Bildschirm auf die **Einstellungen**.

2. Dort schieben Sie mit dem Finger nach oben, bis die **Bedienungshilfen** erscheinen. Diese tippen Sie einmal an.

3. Von den unzähligen Einstellungsmöglichkeiten wählen wir hier **VoiceOver** ❶. Tippen Sie diese Möglichkeit einmal an, um in die passenden Einstellungen ❷ zu gelangen.

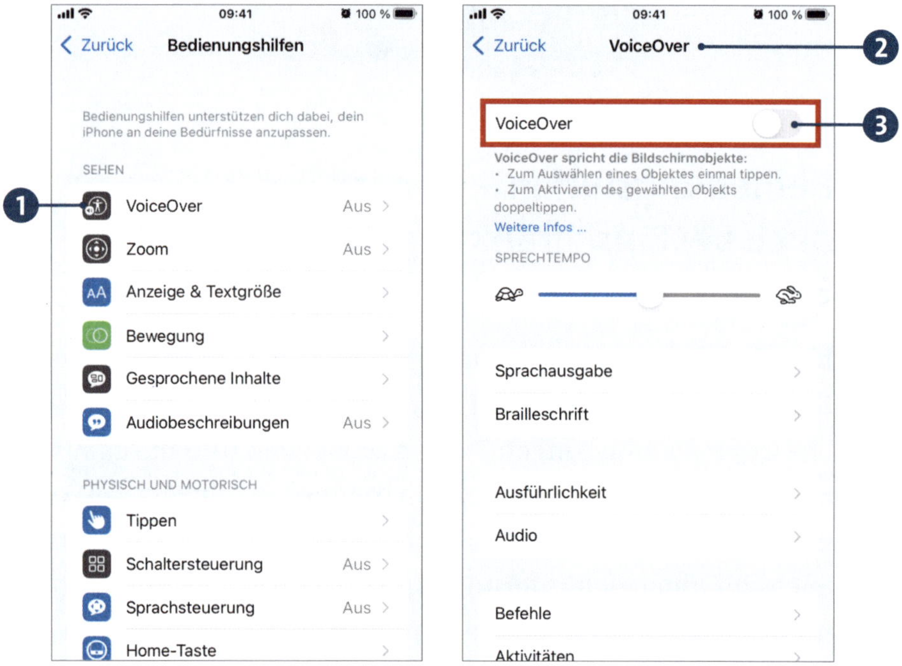

4. Hier aktivieren Sie *VoiceOver*, indem Sie den Schieberegler ❸ nach rechts schieben. Ihr iPhone wird direkt anmerken, dass sich nun die Bedienung des Geräts ein wenig verändert. Bestätigen Sie hier mit **OK** ❹.

Die größte Änderung: Wenn Sie eine Schaltfläche bedienen, müssen Sie künftig doppelt tippen. Denn per einfachem Tipp wird das iPhone ab sofort die entsprechende Schaltfläche vorlesen.

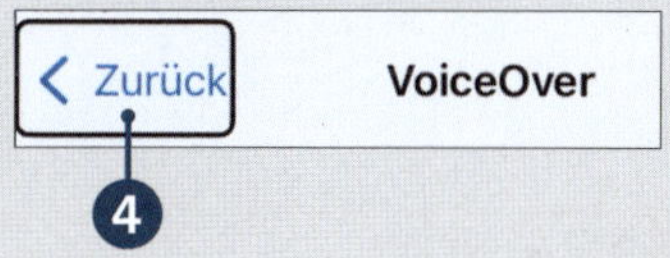

5. Probieren Sie das direkt aus. Tippen Sie die Schaltfläche **Zurück** 4 einmal an. Statt auf die Einstellungen zurückzugelangen, wird sie schwarz eingerahmt, und das iPhone liest »Bedienungshilfen-Zurück-Taste« vor.

6. Sie haben nichts verstanden, weil viel zu schnell vorgelesen wurde? Dann nutzen Sie den Schieberegler **Sprechtempo**.

7. Auch hier ist nun mit aktiviertem VoiceOver die Bedienung etwas anders. Sie müssen auf den kleinen Knopf 5 etwas länger drücken und mit gedrücktem Finger nach rechts oder links fahren.

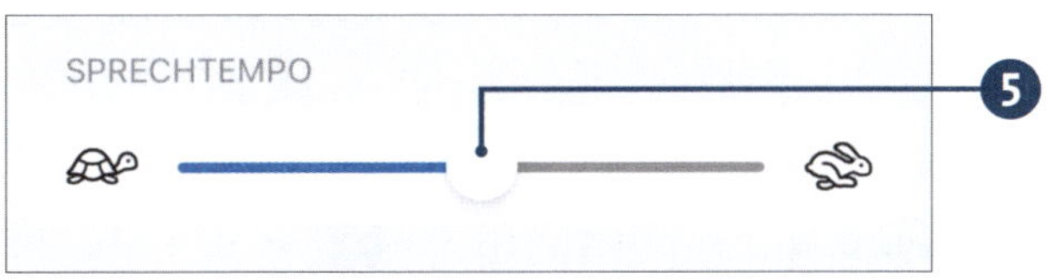

8. Tippen Sie auf **VoiceOver-Übungen**, um die neue Bedienungsweise zu trainieren. Das iPhone zeigt Ihnen hier nochmals Schritt für Schritt, wie Sie künftig mit der Sprachunterstützung arbeiten.

Nach den Übungen gelangen Sie wieder zu den VoiceOver-Einstellungen zurück.

9. Möchten Sie **VoiceOver** aktuell doch nicht nutzen? Dann schalten Sie den Schieberegler in den Bedienungshilfen mit einem Doppeltipp aus, und das iPhone funktioniert wieder wie gehabt, ohne Vorlesen.

In den **Bedienungshilfen** haben Sie noch viel mehr Möglichkeiten, das iPhone leichter zu bedienen. Bitte haben Sie Verständnis, dass wir in diesem Buch nicht alle vorstellen können. Schauen Sie aber gerne selbst die Liste durch und probieren Sie einfach aus. Lassen Sie sich bei Bedarf helfen.

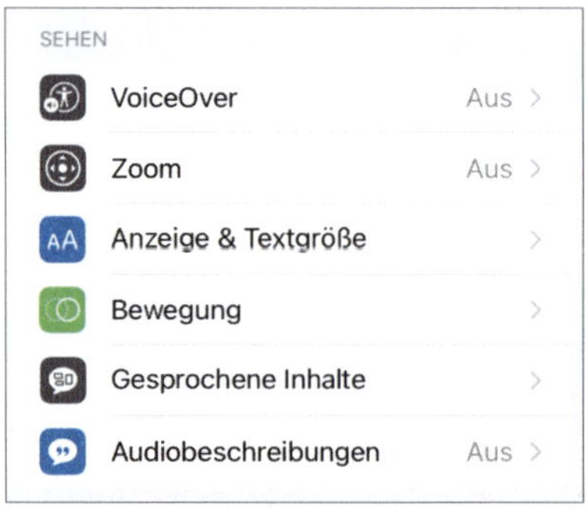

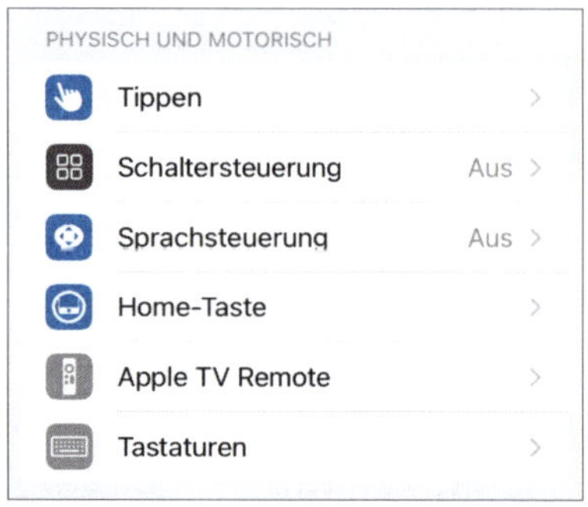

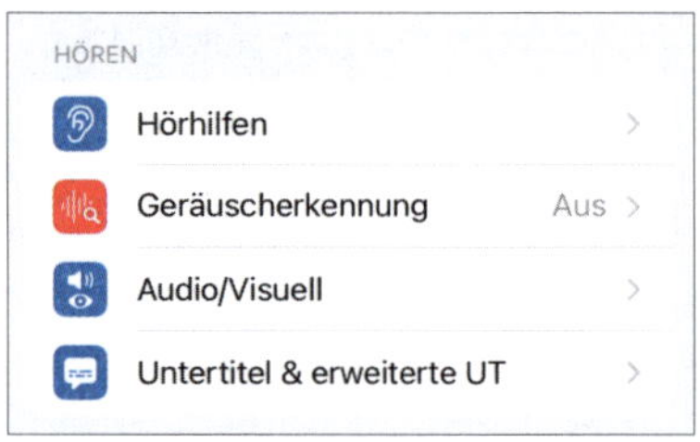

Abseits der Bedienungshilfen wird das iPhone immer mehr zum Multifunktionswerkzeug. Wir wollen hier anhand von zwei Beispielen aufzeigen, wie das iPhone Sie im Zusammenspiel mit anderen Geräten im Alltag unterstützen kann. Tatsächlich gibt es mittlerweile sehr viele Hilfsmittel, die das iPhone als Basis verwenden. Setzen Sie doch einfach mal Ihre Kinder oder Enkelkinder darauf an, für Sie zu recherchieren, oder legen Sie selbst los.

OrCam MyEye (*www.orcam.com*) – mittels einer App und einem Gerät, das auf die Brille geklemmt wird, können Menschen mit starker Seheinschränkung unterstützt werden. Die intelligente Kamera erkennt Schriftzüge von Preisschild bis zur Straßenbahnnummer und liest diese vor. Sind in der Foto-App Personen hinterlegt (siehe auch Kapitel 235), werden auch diese dank Gesichtserkennung erfasst, und ein entsprechender Hinweis wird gegeben.

Foto: Orcam

Foto: OrCam

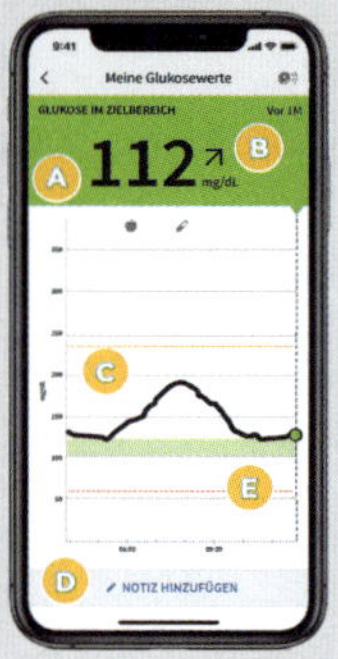

Foto: Freestyle Libre

Freestyle Libre – Diabetes ist fast schon eine Volkskrankheit und das ewige Messen über den Fingerpieks sehr lästig. Dieser Hersteller hat einen kleinen Sensor am Start, der beispielsweise am Arm aufgeklebt wird und die Blutzuckerwerte permanent ans iPhone übermittelt.

Optische Mitteilungen anpassen

Die Frage aller Fragen lautet: Wie können Sie erkennen, ob Sie beispielsweise eine neue Nachricht erhalten oder ein Telefonat verpasst haben? Das iPhone teilt Ihnen diese Nachrichten an mehreren Stellen mit. Sie entscheiden, ob Sie diese bereits im Sperrbildschirm sehen möchten oder nur, wenn Ihr iPhone entsperrt ist. Diese Meldungen nennt man auch *Push-Nachrichten*.

1. Tippen Sie im Home-Bildschirm auf das App-Symbol der *Einstellungen*.

2. In den geöffneten Einstellungen tippen Sie auf die Zeile **Mitteilungen** ❶.

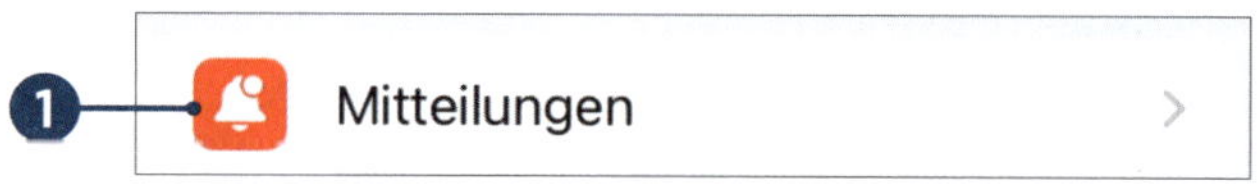

3. In den **Mitteilungen** tippen Sie auf die zweite Zeile: **Vorschauen zeigen** ❷.

❸ Standardmäßig ist **Immer** angehakt. Das bedeutet, dass Sie die Nachrichten sowohl im Sperrbildschirm erhalten als auch dann, wenn das iPhone entsperrt ist.

❹ **Wenn entsperrt** bedeutet, dass neue Nachrichten nur angezeigt werden, wenn Ihr iPhone entsperrt ist.

❺ **Nie** bedeutet, dass überhaupt keine Nachrichten angezeigt werden.

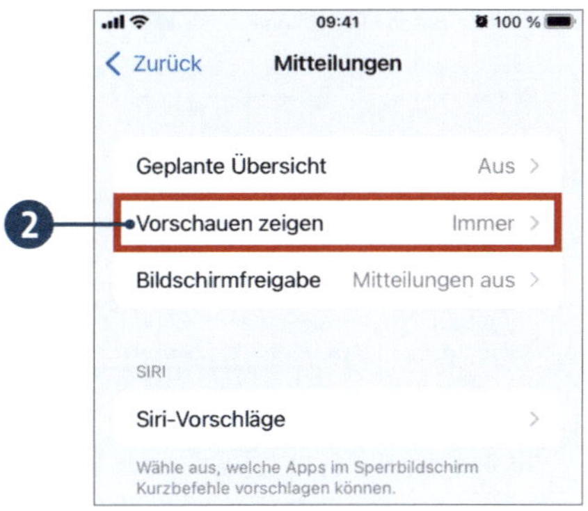

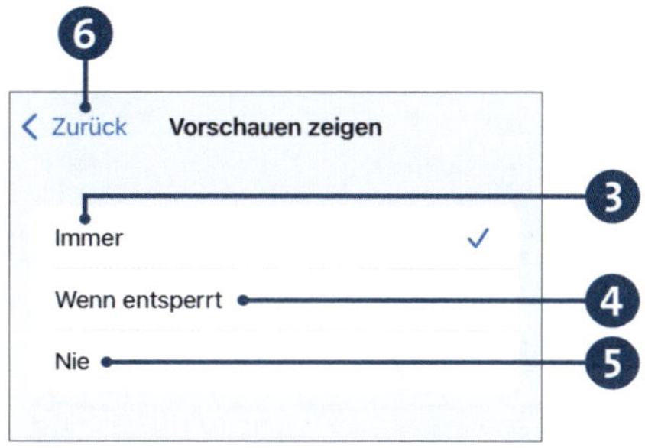

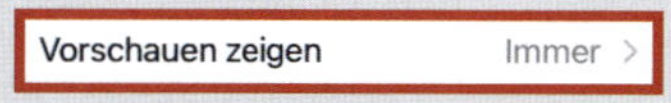

Wir lassen die Einstellung jetzt so, wie sie ist, und tippen auf **Zurück** ❻ links oben, um zum vorherigen Bildschirm zurückzukehren.

Sie können das Erscheinen von Nachrichten sowohl im Sperrmodus als auch beim entsperrten iPhone für jede App individuell regeln. Wir demonstrieren Ihnen das einmal anhand der App *Nachrichten*:

1. Legen Sie einen Finger auf den Bildschirm der **Mitteilungen** und fahren Sie damit so weit nach oben, bis Sie zur App **Nachrichten** gelangen. Tippen Sie einmal darauf ❶. Damit öffnet sich ein Fenster für individuelle Einstellungsmöglichkeiten zu **Nachrichten** ❷.

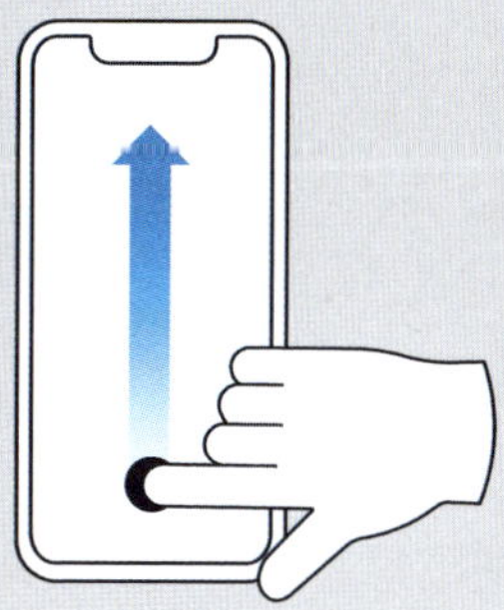

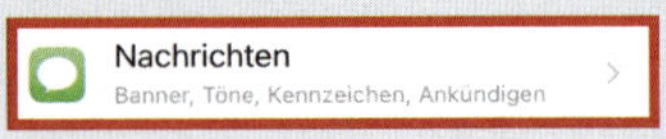

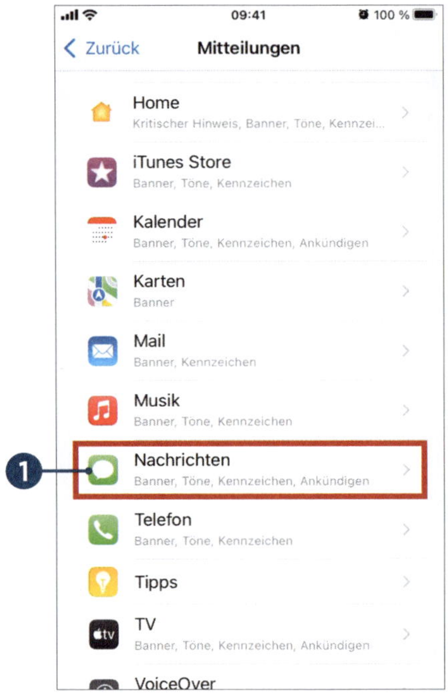

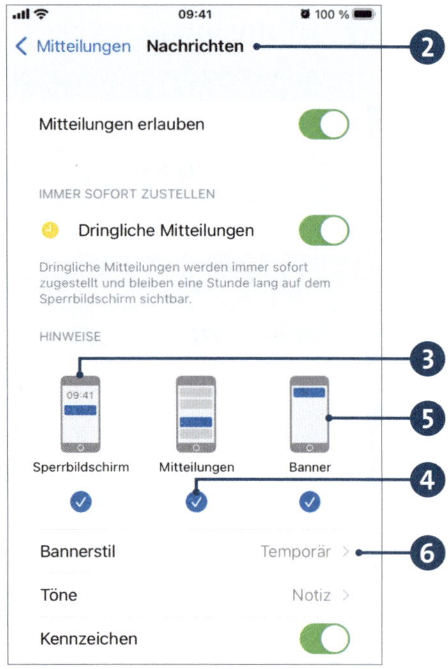

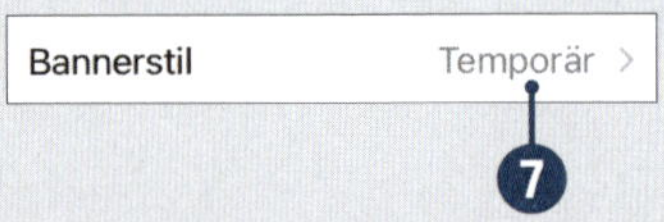

Drei Darstellungsvarianten sind bereits voreingestellt:

3 **Sperrbildschirm**: Eintreffende Nachrichten erscheinen auf dem Sperrbildschirm.

4 **Mitteilungen**: Damit werden Nachrichten in der Mitteilungszentrale Ihres iPhones aufgelistet.

5 **Banner**: Die Nachrichten werden Ihnen beim Eintreffen kurz im oberen Bereich des jeweiligen Bildschirms angezeigt, den Sie gerade vor sich haben.

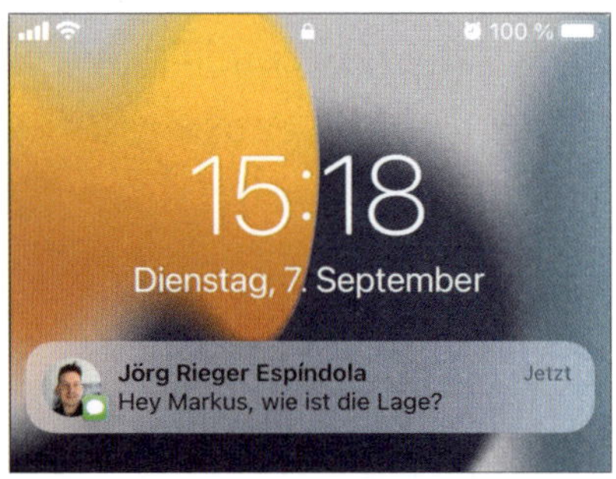

2. Tippen Sie nun in den Einstellungen zu den Nachrichten auf die Zeile **Bannerstil** ❻.

3. Hier finden Sie nun die beiden Optionen **Temporär** und **Dauerhaft**. Voreingestellt ist **Temporär** ❼. Das bedeutet, dass die Bannernachricht nach wenigen Sekunden wieder verschwindet. **Dauerhaft** bedeutet dagegen, dass diese Bannernachrichten erst verschwinden, wenn Sie auf sie tippen. Wir raten Ihnen dazu, die Voreinstellung so zu belassen, ansonsten ist der gesamte Bildschirm mit Nachrichten übersät.

4. Um wieder zurück zum Ausgangsbildschirm zu gelangen, tippen Sie bei einem iPhone mit Face ID ganz unten auf den Bildschirm und wischen leicht nach oben. Bei einem iPhone mit Touch ID drücken Sie einfach auf die Home-Taste.

KAPITEL 11

Mit dem Kalender alle Termine im Blick

Was man nicht im Kopf hat, hat man in den Beinen – oder eben im iPhone. Letztere Variante ist praktischer und spart jede Menge Nerven. Denn das iPhone ist als Planer ein verlässlicher Partner und besser als jeder Notizzettel oder handgeschriebene Kalender. Es ist zu Beginn vielleicht eine Umstellung, den liebgewonnenen Planer an der Wand nicht mehr zu verwenden, aber schon die automatische Geburtstagserinnerung macht das alles wett. In diesem Kapitel geht es also um den Kalender und alles, was mit ihm verbunden ist. Denn wie Sie sicher ahnen: Das iPhone verbindet den Kalender mit allerlei weiteren praktischen Funktionen.

Rundgang durch den Kalender

Die *Kalender*-App gehört zu den Standard-Apps auf dem iPhone und ist daher immer vorinstalliert. Sie befindet sich normalerweise auf der ersten Seite des Home-Bildschirms ❶ und verändert täglich ihr Aussehen, denn das App-Symbol zeigt immer tagesaktuell das Datum an. Das sogenannte Widget ❷ auf der ersten Seite des Home-Bildschirms blendet aktuell anstehende Termine interaktiv ein.

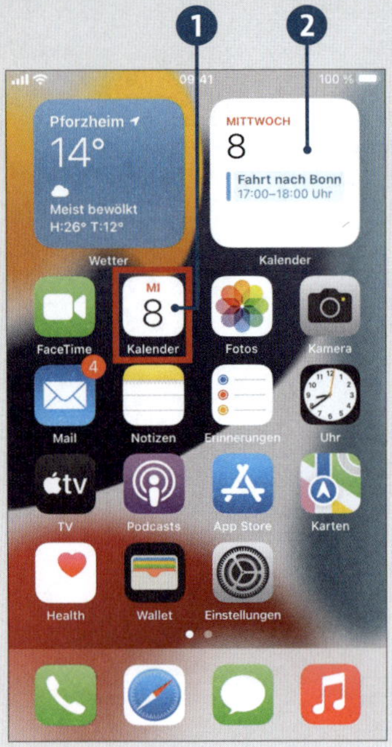

1. Um den Kalender zu starten, tippen Sie auf sein Symbol. Wenn das Symbol **1**, aus welchem Grund auch immer, auf einen anderen Bildschirm verschoben worden ist und Sie es partout nicht finden können, ist nun eine gute Gelegenheit, um die Suche, die wir Ihnen auf Seite 93 kurz vorgestellt haben, einmal auszuprobieren.

2. Legen Sie den Finger auf eine Fläche zwischen den App-Symbolen, und ziehen Sie mit gedrücktem Finger kurz nach unten. Nun erscheint das Suchfeld **3**. Tippen Sie dort mithilfe der Bildschirmtastatur das Wort »Kalender« ein – ob in Groß- oder Kleinschreibung spielt hier keine Rolle. In den Ergebnissen sehen Sie nun das entsprechende App-Symbol **4** und können die App mit einem Fingertipp darauf starten.

3. Die *Kalender*-App startet beim ersten Aufruf zunächst mit der schon hinlänglich bekannten Abfrage nach der Standortfreigabe. Hier tippen Sie **Beim Verwenden der App erlauben** **5** an. Es lohnt sich, denn damit kann der Kalender intelligent erinnern und beispielsweise für einen Termin die Anreisezeit einrechnen.

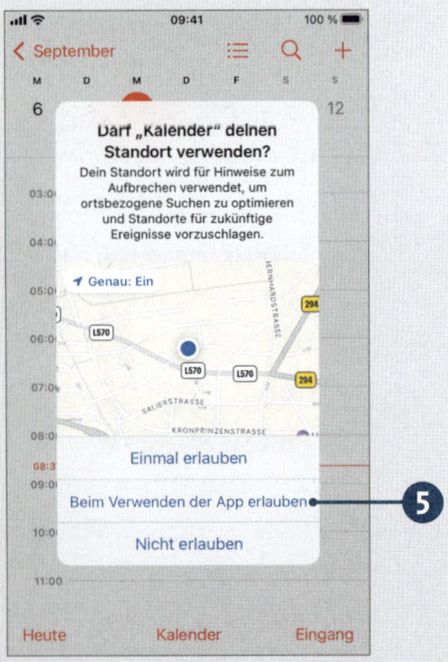

4. Danach startet die App mit einer der hier gezeigten Ansichten – je nach iPhone kann das die Tages-, Monats- oder Jahresansicht sein. Sie können jederzeit nach Bedarf zwischen diesen Ansichten wechseln.

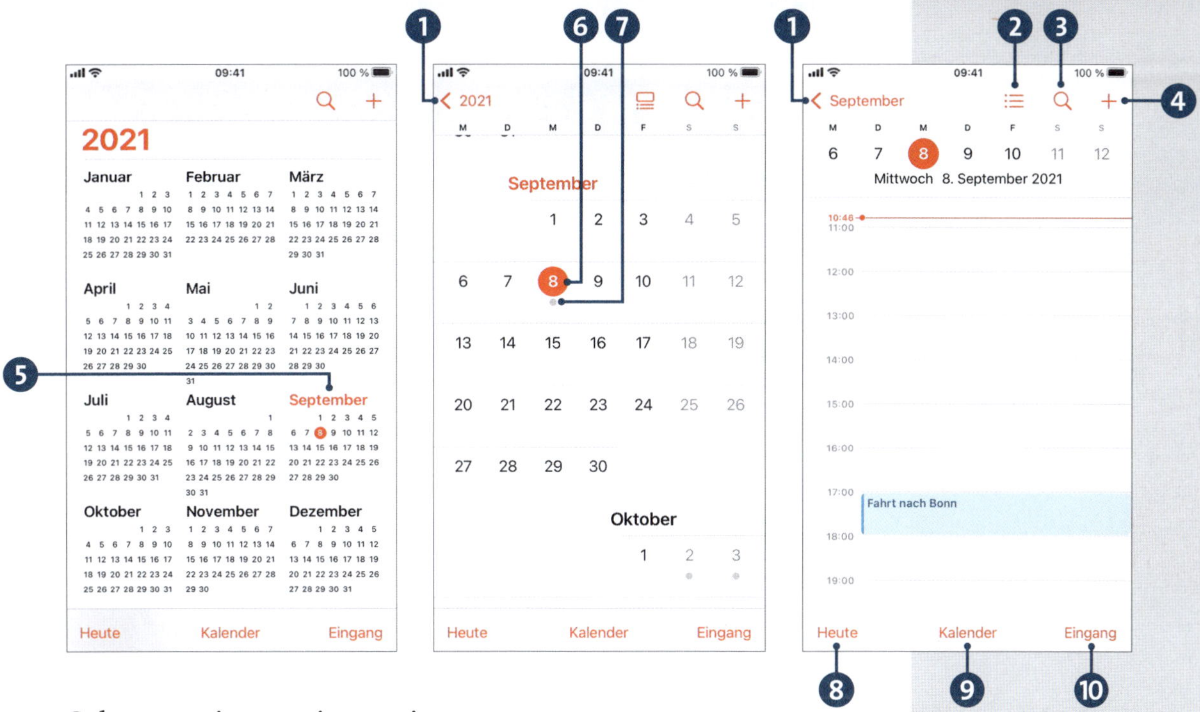

Schauen wir uns ein wenig um:

1. Mit dem Pfeil nach links gelangen Sie zur Monats- und Jahresübersicht zurück.
2. Hier blenden Sie Details zum aktuell angewählten Tag ein.
3. Mit der Lupe können Sie nach Ihren Terminen suchen.
4. Mit dem Plus-Symbol wird ein neuer Termin erstellt.
5. Der aktuelle Monat wird hier dargestellt.
6. Der aktuelle Tag ist rot markiert.
7. Ein Punkt unter einem Tag bedeutet, dass hier ein Termin eingetragen ist.
8. **Heute** bringt Sie immer zu einer Übersicht über alle Termine, die aktuell anstehen, egal wo Sie sich gerade in der Kalender-App befinden.
9. **Kalender** bringt Sie in die Übersicht der verschiedenen vorhandenen Kalender und Kalenderrubriken.
10. In **Eingang** landen Termineinladungen und Terminvorschläge. Diese können beispielsweise auch aus E-Mails kommen; Ihr iPhone erkennt das automatisch.

WAS TUN?

Die Kalender-App zeigt bei Ihnen eine Ansicht für das ganze Jahr an? Dann tippen Sie einfach auf die Überschrift des aktuellen Monats, um zur Monatsansicht zu wechseln. Wenn Sie dagegen nur einen Tag im Detail sehen, tippen Sie links oben auf den kleinen Zurück-Pfeil.

Einen ersten Kalendereintrag erstellen

Erstellen wir nun unseren ersten Kalendereintrag:

1. Haben Sie die *Kalender*-App gestartet, können Sie in jeder Ansicht über das Plus-Symbol rechts oben + **1** einen neuen Termin anlegen. Es spielt keine Rolle, in welcher Ansicht Sie sich gerade befinden. Tippen Sie einmal auf dieses Symbol.

2. Nun öffnet sich das **Ereignis**-Fenster mit einer Menge Optionen. Doch der Reihe nach: Tippen Sie in den Bereich **Titel** **2**, und geben Sie mit der Bildschirmtastatur **3** eine Bezeichnung ein.

Kaffeehaus mit Markus

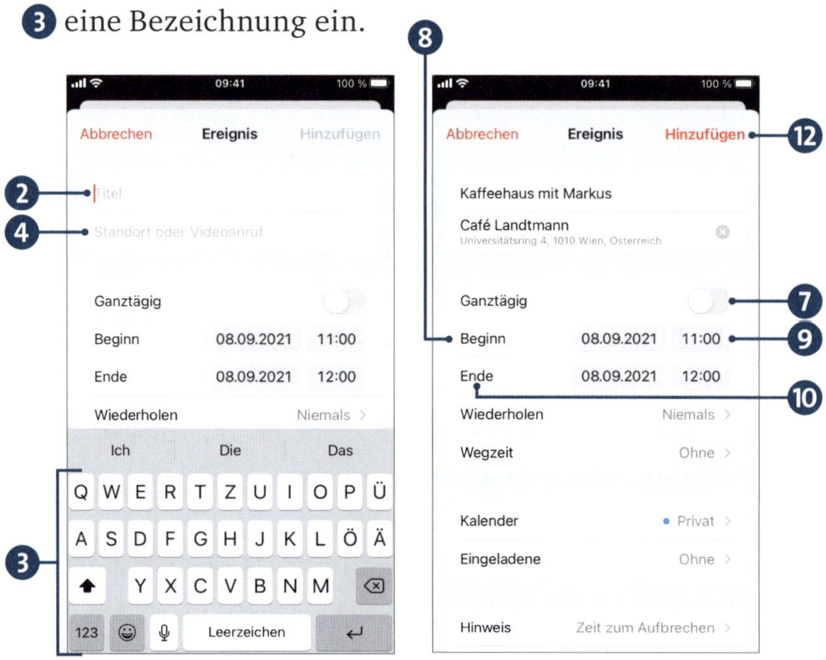

3. Tippen Sie dann in den Bereich **Standort** ❹. Hier zeigt sich die künstliche Intelligenz des Kalenders, denn nun erscheint ein neues Fenster, das Sie bei der Ortsbestimmung unterstützt. Tippen Sie in das Feld für den Standort ❺, und geben Sie den Treffpunkt Ihres Termins ein. Sie erhalten sofort Vorschläge ❻ und können per Fingertipp aus ihnen wählen. Anschließend gelangen Sie automatisch zurück zur Termineingabe.

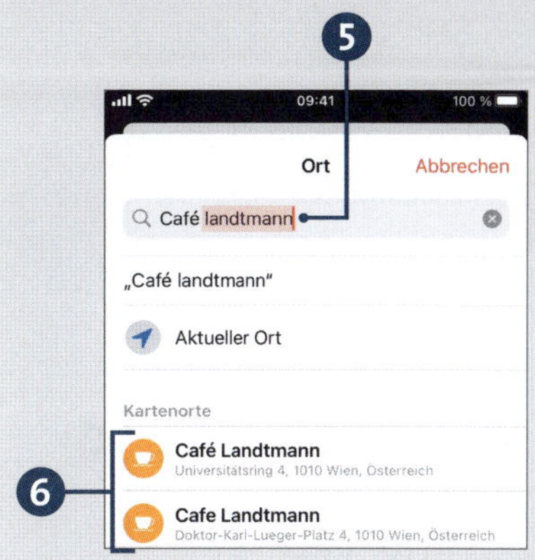

4. Jetzt geht es um den Zeitpunkt des Termins. Soll das Ereignis ganztägig stattfinden, aktivieren Sie den Regler ❼ in diesem Bereich durch Antippen. Ist das Ereignis wie in unserem Beispiel auf ein paar Stunden beschränkt, tippen Sie auf das Datum in der Zeile **Beginn** ❽. Es ist standardmäßig auf das aktuelle Datum eingestellt. Das wollen wir aber nun ändern.

5. Einen anderen Tag wählen Sie jetzt über den unten eingeblendeten Kalender aus. Den Monat wechseln Sie über die Pfeile rechts < >. Hier wählen Sie dann den passenden Tag in der Monatsübersicht per Fingertipp aus.

6. Tippen Sie jetzt in das Feld nebenan mit der Uhrzeit ❾ im Bereich **Beginn**. Nun können Sie die neue Uhrzeit über die schon aus anderen Bereichen bekannten »Datumswalzen« per Fingerwisch einstellen. Eine direkte Eingabe per Tastatur ist nicht möglich.

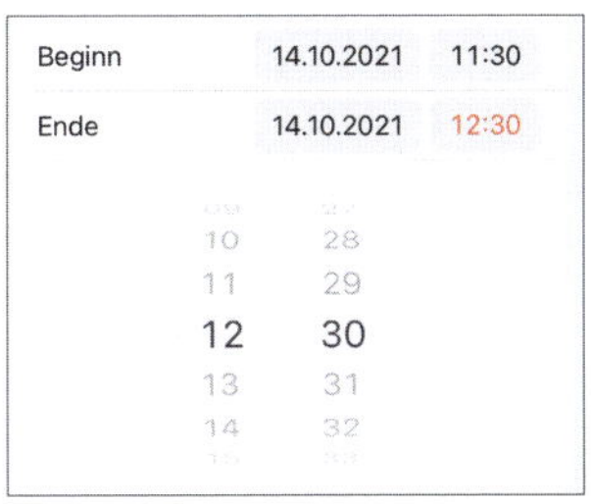

MERKE

Sie wissen nicht genau, wie man die Datumswalze bedient? Auf Seite 48 zeigen wir es im Detail.

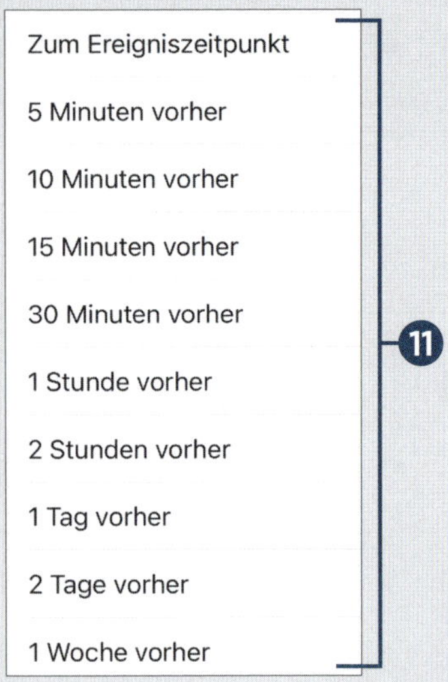

7. Um das Ende des Termins festzulegen, tippen Sie auf **Ende** (⑩ auf Seite 198) und definieren, wie vorangehend beschrieben, wieder Datum und Uhrzeit.

8. Legen Sie den Finger auf das Display, und schieben Sie ihn noch ein wenig nach oben, bis die Zeile **Hinweis** erscheint. Hier ist schon automatisch **Zeit zum Aufbrechen** eingetragen. Das passiert automatisch, sobald Sie bei **Ort** einen Treffpunkt festgelegt haben.

9. Möchten Sie an einem anderen Tag oder zu einem anderen Zeitpunkt erinnert werden, tippen Sie auf **Zeit zum Aufbrechen** und wählen aus den angezeigten Optionen den gewünschten Zeitraum ⑪ per Fingertipp aus.

10. Die anderen Einstellungen lassen wir erst einmal außen vor. Tippen Sie rechts oben auf **Hinzufügen** ⑫, um Ihren ersten Termin zu speichern. Dann wird wieder die Kalenderansicht angezeigt.

Und wo finden Sie nun Ihren soeben eingetragenen Termin?

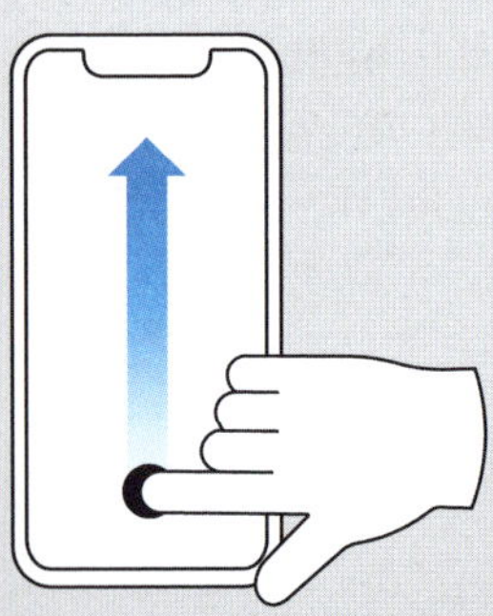

1. Wechseln Sie, falls nicht angezeigt, in die Monatsübersicht (siehe Seite 197) Schieben Sie in der Übersicht mit gedrücktem Finger nach oben, um den nächsten Monat zu sehen. Unser Eintrag ist im Oktober, also schieben wir aktuell von September bis Oktober.

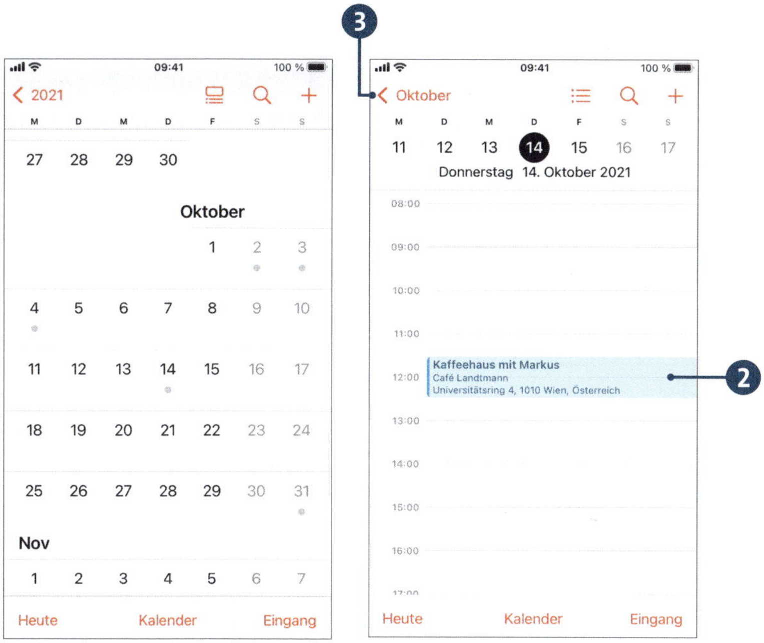

MERKE

Im Kalender kommen Sie über einen Fingertipp auf den Menüpunkt **Heute**, der immer links unten eingeblendet ist, jederzeit zum aktuellen Datum.

2. Unterhalb unseres Beispieltermins befindet sich ein grauer Punkt (1). Tippen Sie den Tag an, an dem Sie einen Termin im Kalender eingetragen haben.

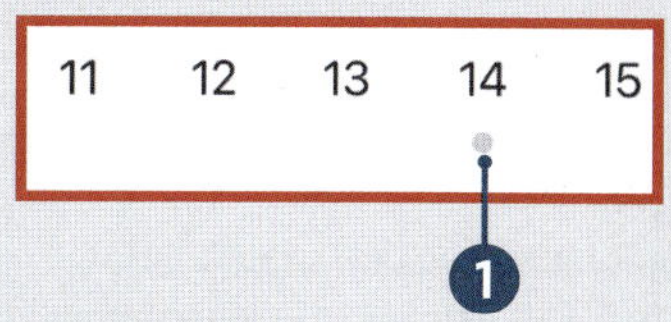

3. Jetzt erscheint eine Tagesansicht mit dem gerade eingetragenen Termin und allen weiteren Details (2).

4. Zurück zur Übersicht gelangen Sie mit einem Fingertipp auf den kleinen Pfeil links oben < (3).

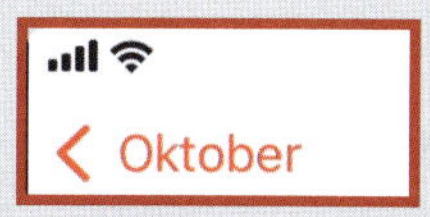

Rückt ein Termin näher, wendet der Kalender alle Kniffe an, damit Sie auch pünktlich sind. In unserem nächsten Beispiel weiß das iPhone, dass man mit dem Auto zum Treffpunkt am Bahnhof nur wenige Minuten benötigt. Also kommt die Erinnerung auf dem iPhone, nun doch langsam loszufahren, relativ zeitnah zum vereinbarten Termin.

MERKE

Der Hinweis zum rechtzeitigen Aufbruch ist standardmäßig eingestellt, sofern Sie bei der Termineingabe einen Ort definiert haben.

Bei den ersten Kalender-Erinnerungen zeigt das iPhone an, ob man diese dringlichen Ereignisse weiterhin auf den

4

Sperrbildschirm bekommen soll. Da können Sie gerne auf **Eingeschaltet lassen** 4 tippen, denn letztlich haben Sie ja exakt aus diesem Grund den Kalender am Smartphone im Einsatz.

Ansonsten erinnert die *Kalender*-App zu den zuvor von Ihnen eingestellten Erinnerungsintervallen, also beispielsweise eine Stunde oder einen Tag vorher. Der Hinweis erscheint entweder auf dem Sperrbildschirm oder im oberen Bereich des iPhones, egal in welcher App Sie sich gerade befinden. So vergessen Sie nie wieder einen Termin, garantiert!

MERKE

Einen Geburtstag bitte niemals als Termin eintragen, sondern im jeweiligen Kontakt, wie hier beschrieben.

Geburtstagskalender verwalten

Wer kann sich schon alle Geburtstage merken? Und zudem stellt sich dann ja auch die Geschenkefrage, die idealerweise ein paar Tage vorher geklärt sein sollte. So gut die Erinnerung an den Ehrentag mit Ihrem iPhone auch funktioniert – die Geschenke müssen Sie selbst besorgen. Das intelligente Multitalent kann sie (noch) nicht direkt bestellen. Ganz wichtig: Tragen Sie die Geburtstage niemals manuell als Termin ein, sondern folgen Sie dieser Anleitung. Denn grundsätzlich werden die Geburtstagstermine über die *Kontakte* in Ihrem iPhone verwaltet. Das heißt, Sie speichern zu einem Kontakt das Geburtsdatum mit ab, und das wird vollautomatisch im Kalender als Geburtstag vermerkt.

Wie Sie einen Kontakt im iPhone abspeichern, haben wir Ihnen in Kapitel 7, »Die ersten Telefonate«, ab Seite 128 gezeigt. Jetzt ergänzen wir noch den Geburtstag.

1. Aktivieren Sie den Home-Bildschirm Ihres iPhones, und tippen Sie im Dock die *Telefon*-App an **1**. Dort tippen Sie unten auf das **Kontakte**-Symbol **2**.

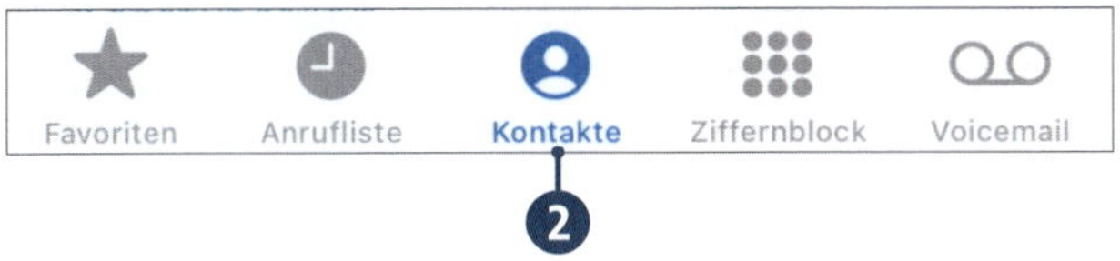

2. Suchen Sie nun Ihren gewünschten Kontakt in der Liste, und tippen Sie ihn an **3**. Es erscheint eine große Kontaktkarte mit allen aktuell eingegebenen Details.

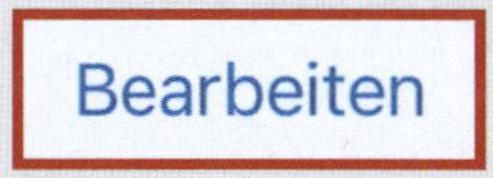

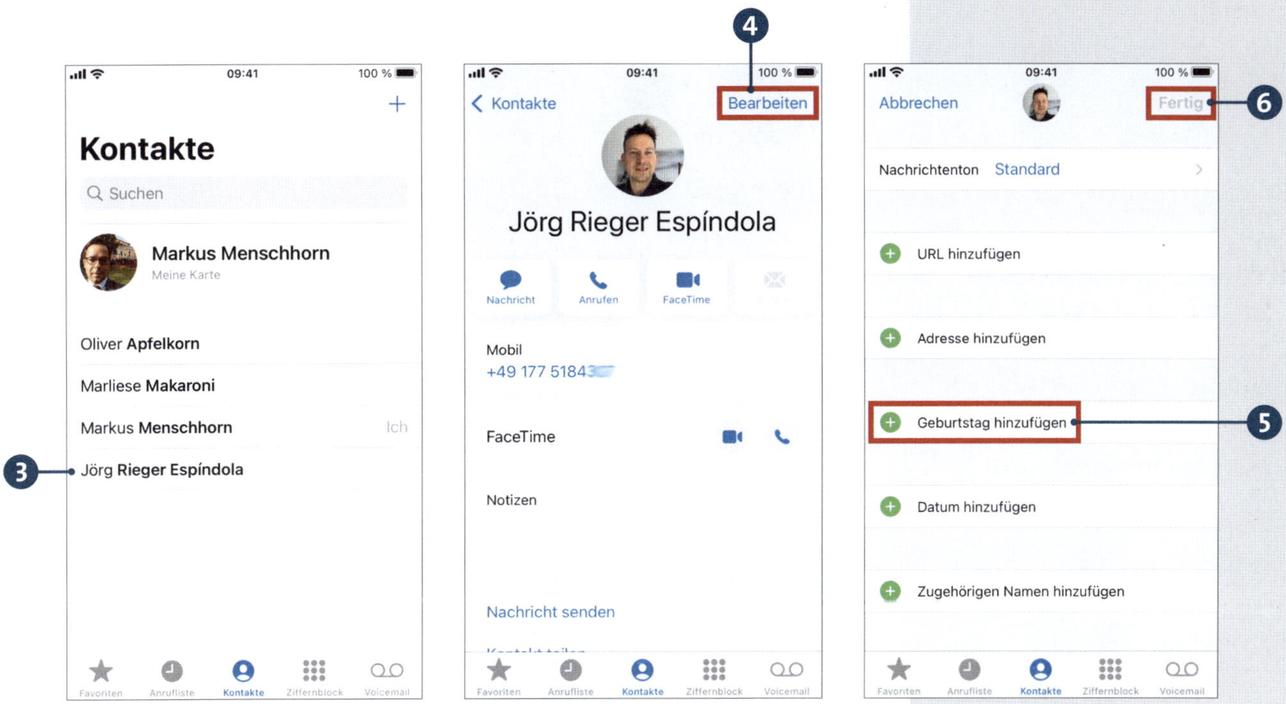

3. Tippen Sie nun rechts oben auf **Bearbeiten** **4**. Jetzt können Sie sämtliche Positionen bearbeiten. Außerdem werden auch nicht ausgefüllte Felder angezeigt. Setzen Sie den Finger auf das Display, und fahren Sie nach oben, bis **Geburtstag hinzufügen** **5** erscheint. Tippen Sie darauf.

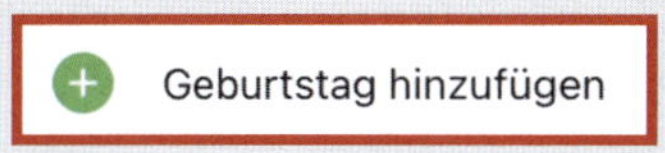

4. Nun wird die »Walze« zur Terminauswahl eingeblendet. Wir haben Ihnen auf Seite 48 schon gezeigt, wie sie zu bedienen ist. Eine direkte Eingabe per Tastatur ist hier aber nicht möglich. Stellen Sie daher durch Scrollen den Geburtstag zusammen, indem Sie in den drei Datumsbereichen mit dem Finger nach oben und unten wischen. Passt alles? Dann tippen Sie rechts oben auf **Fertig** (6 auf Seite 203). Die Kontaktkarte wird nun mit dem ergänzten Geburtsdatum angezeigt 7.

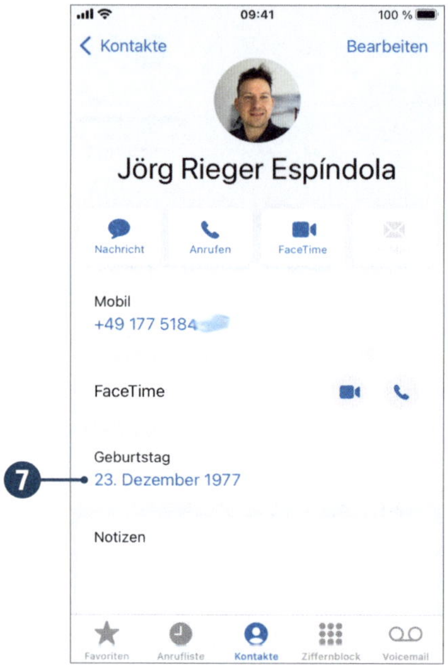

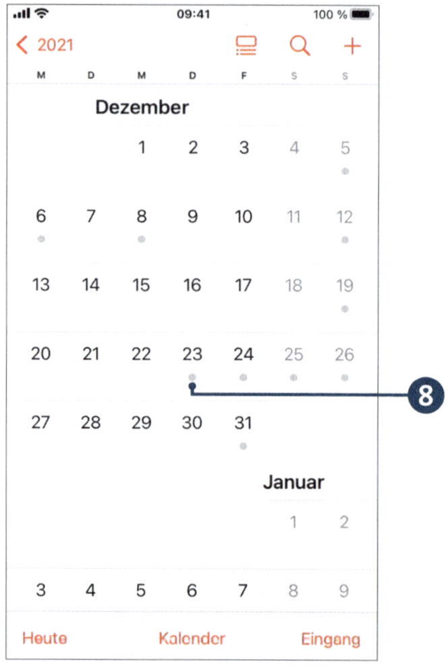

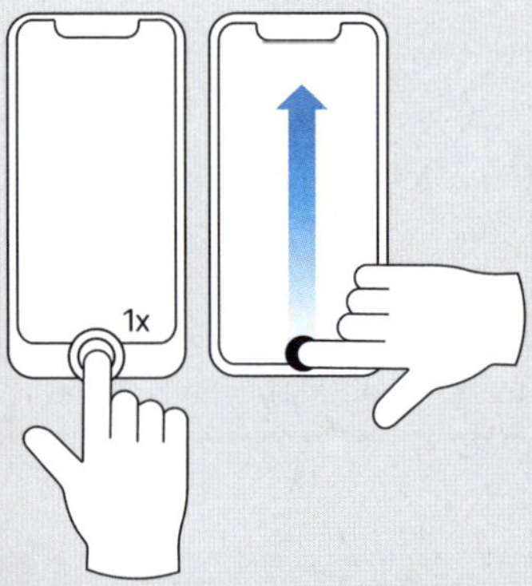

5. Verlassen Sie den *Kontakte*-Bereich, indem Sie zum Home-Bildschirm wechseln – wie gewohnt über die Home-Taste oder mit einen Fingerwisch nach oben.

6. Öffnen Sie auf dem Home-Bildschirm die *Kalender*-App. Dort wechseln Sie, wie vorangehend gezeigt, zu dem Tag, an dem Ihr Kontakt Geburtstag hat 8.

7. Tippen Sie diesen Tag an, werden Ihnen die wichtigsten Infos angezeigt, und praktischerweise errechnet das iPhone auch direkt das Alter **9**.

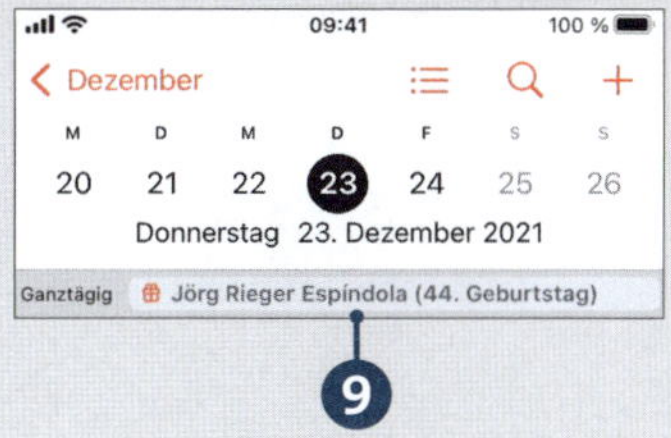

Auf die Minute pünktlich – dank Wecker

Um für Pünktlichkeit und Verbindlichkeit zu sorgen, ist im iPhone noch ein »Muntermacher« innerhalb der *Uhr*-App integriert, der *Wecker*. Auch wenn zum Zeitpunkt seines Einsatzes meist wenig Freude bereitet – um rechtzeitig aus den Federn zu kommen, ist er unentbehrlich. Im Unterschied zu dem Wecker, der auf Ihrem Nachttisch steht, kann er, wie Sie sich denken können, einiges mehr. Legen wir los, und stellen wir einen Wecker ein, der uns an allen Werktagen freundlich daran erinnert, aufzustehen.

1. Tippen Sie auf die App *Uhr* **1** auf Ihrem Home-Bildschirm. Das Display wird nun sehr dunkel und standardmäßig startet die **Weltuhr** **2**.

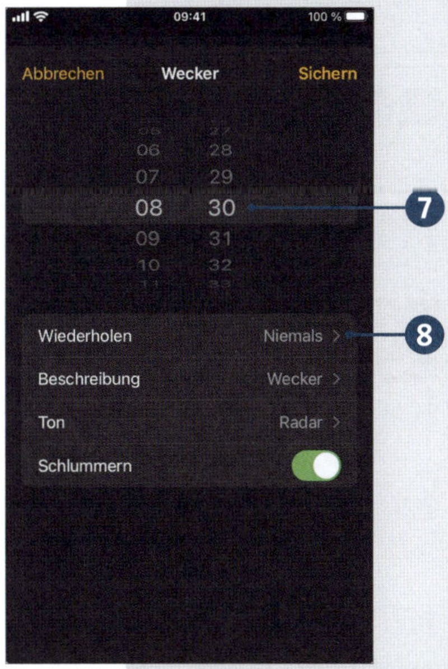

2. Sie tippen in der unteren Leiste nun aber direkt auf **Wecker** ❸. Das Symbol wird gelb markiert ❹, und die Einstellungen, die für ein pünktliches Aufwachen nötig sind, werden geladen ❺.

3. Logischerweise ist hier noch nichts eingestellt. Tippen Sie bitte auf das Symbol + rechts oben ❻.

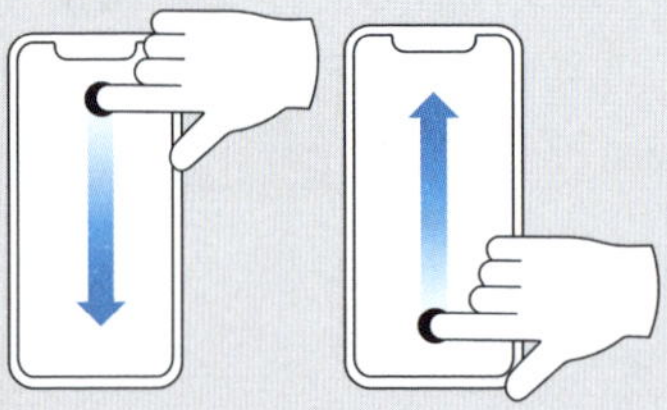

4. Definieren Sie zunächst die Zeit, zu der Sie geweckt werden möchten. Sie müssen hier einen Finger auf Stunde und Minuten ❼ setzen und nach oben bzw. nach unten fahren, um die Zeit korrekt einzustellen.

ACHTUNG!

Der Wecker kann nur dann funktionieren, wenn das iPhone nicht komplett ausgeschaltet ist.

5. Bei **Wiederholen** steht als Standardeinstellung **Niemals** ❽. Wir wollen aber, dass das Helferlein an allen Werktagen aktiv wird. Also tippen Sie diesen Schriftzug an. Dann erscheint eine Liste mit allen Wochentagen.

6. Tippen Sie nun all jene Tage an, an denen der Wecker zum Einsatz kommen soll. Der jeweilige Tag wird per Häkchen markiert. Haben Sie Ihre Auswahl getroffen, tippen Sie auf **Zurück** ❾.

7. Nun stellen wir noch den **Ton** ein. Tippen Sie auf **Radar** ⑩: Das ist der Standard-Weckton. Auch hier öffnet sich ein neues Fenster.

8. In dieser Liste blättern Sie nach unten – also Finger auflegen und nach oben fahren. Hier findet sich im Bereich **Klingeltöne** ⑪ eine Vielzahl von Geräuschen, die das Aufstehen erleichtern sollen. Tippen Sie in der Liste einen Ton an, um ihn direkt zu hören und auszuwählen. Sie können auf diesem Wege alle Töne durchprobieren.

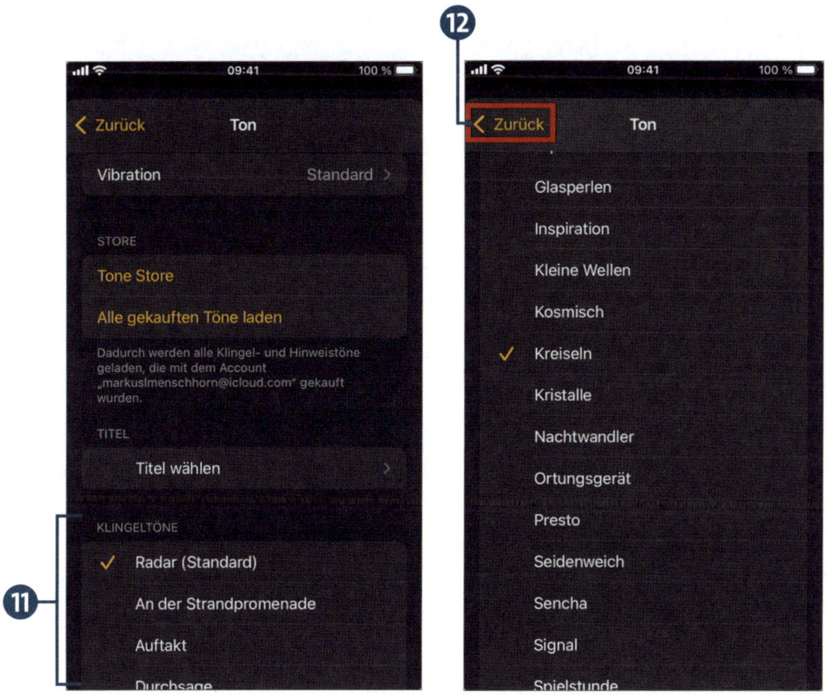

9. Haben Sie einen Weckton gefunden, der Ihnen zusagt, tippen Sie links oben auf **Zurück** ⑫, um zu den Wecker-Einstellungen zurückzukehren.

10. Der Schalter hinter **Schlummern** ⓭ ist grün, also schon aktiviert. Das ist perfekt: Damit können Sie nämlich – sollten Sie noch ein paar Minuten länger im Bett verweilen wollen – den Wecker einfach für ein paar Minuten deaktivieren. Tippen Sie nun auf **Sichern** ⓮.

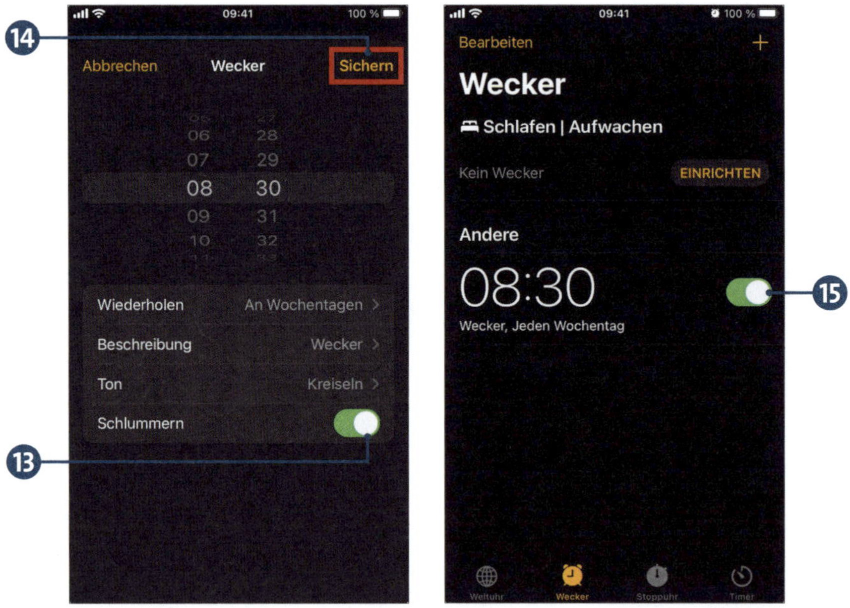

11. Sie gelangen zum ersten Bildschirm der *Uhr*-App zurück. Hier ist der neue Wecker mit Uhrzeit und Angaben zu den aktivierten Tagen aufgelistet und standardmäßig aktiviert ⓯.

12. Sie können die App nun wie gewohnt mit einem Fingertipp auf die Home-Taste (Touch ID) oder einem Fingerwisch von unten nach oben (Face ID) verlassen.

Doch was passiert nun, wenn die Zeit zum Aufwachen gekommen ist? Dann erscheint der Wecker bildschirmfüllend und die in Schritt 8 eingestellte Melodie ertönt.

MERKE

Sie können den Wecker jederzeit deaktivieren, beispielsweise wenn Sie einen Tag frei haben oder ein Feiertag ansteht. Dazu rufen Sie die *Uhr*-App auf, gehen auf **Wecker** und schieben den Regler hinter Ihrem Wecker per Fingertipp nach links. Vergessen Sie aber nicht, ihn später wieder einzuschalten.

Mit einem Fingertipp auf **Schlummern** ⑯ haben Sie noch mal neun Minuten Zeit, weiter aufzuwachen, bevor wieder geweckt wird. Ein Fingertipp auf **Stopp** ⑰ schaltet die Weckfunktion hingegen sofort ab. Dann sollten Sie wirklich aufstehen, denn eine weitere Erinnerung erfolgt an diesem Tag dann nicht mehr!

Wecker mit Siri? Das funktioniert!

Wir haben Ihnen im Kapitel 10 die Sprachassistentin Siri vorgestellt. Sie können per Sprache auch einen Wecker stellen und sich damit Tipparbeit sparen. Probieren Sie es einfach aus, in dem Sie »Hey Siri« sagen und dann »stelle mir einen Wecker auf 7 Uhr für die gesamte Woche«. Und wenn Sie sich noch nicht ganz sicher sind, wie Siri funktioniert, schauen Sie noch mal auf Seite 52.

KAPITEL 12

Fotos und Videos aufnehmen, bearbeiten und mit anderen teilen

Smartphones und insbesondere iPhones sind mittlerweile echte »Kamera-Killer«. Schon 2017 wurden 85 % aller Bilder weltweit mit einem Smartphone aufgenommen. Die Bildqualität ist den meisten Kompaktkameras ebenbürtig. Selbst für ambitionierte Fotografen sind, wie wir bereits in Kapitel 1 ausgeführt haben, die iPhone-Modelle mit erweiterter Kamerafunktion eine echte Alternative.

Das iPhone ist geradezu ideal für einen spontanen Schnappschuss.

Die Vorteile liegen auf der Hand: Sie sparen sich ein weiteres Gerät, und Sie haben Ihr iPhone ohnehin meist dabei.

Mit dem iPhone können Sie auch Videos in hervorragender Qualität aufnehmen. Das iPhone verfügt zudem über einen *Makromodus* für Motive, die mit einem Abstand von wenigen Zentimetern aufgenommen werden. Umgekehrt gelingen mit ihm auch *Panoramaaufnahmen*. Bei Bildern, die im *Live-Fotomodus* aufgenommen wurden, können Sie später das beste Bild auswählen. *Highspeed-Aufnahmen* auf der einen und *Zeitlupen-Aufnahmen* auf der anderen Seite sorgen für eine große Varianz in Ihrer Fotografie. Sie können den *Selbstauslöser* flexibel handhaben. Das iPhone sorgt dafür, dass Ihre Bilder nach Aufnahmeort sortiert und automatisch in Fotoalben abgelegt werden. Zudem können alle Fotos im Internet, in der *iCloud*, gespeichert werden. Nicht zuletzt können Sie Ihre Aufnahmen direkt am iPhone nachbearbeiten und auch von dort direkt an andere Personen weitergeben.

Mit dem *Nightshot*-Modus ab dem iPhones 11 gelingen beeindruckende Aufnahmen auch bei Nacht. (Foto: Apple, Konstantin Chalabov)

Natürlich gibt es auch einige Nachteile: So haben Sie am iPhone keine echten manuellen Einstellungsmöglichkeiten von Blende und Belichtungszeit wie bei einer professionellen Kamera. Im Vergleich zu einer Spiegelreflexkamera ist der Schärfespielraum eingeschränkt. (iPhones neigen dazu, eher alles scharf zu machen.) Allerdings gibt es in der *Kamera*-App einen *Porträtmodus*, der das ausgleichen kann. Das *Zoomen* ist bei den kleineren iPhones nur digital möglich, d. h., es wird einfach der Bildausschnitt digital vergrößert. Die teuren iPhones verfügen immerhin über drei echte Zoomstufen für Standard, Ultraweitwinkel und Tele, die Pro-Modelle haben sogar einen Makromodus inklusive. Echte *RAW-Aufnahmen* wie mit der Spiegelreflexkamera sind den Pro-Modellen von iPhone 12 und 13 vorbehalten.

ACHTUNG!

Sorgen Sie unbedingt dafür, dass das iPhone beim Fotografieren immer gut in der Hand liegt und Ihnen im Eifer des Gefechts nicht entgleitet. Im Querformat halten Sie es am besten so, wie Autor Jörg Rieger Espindola es hier zeigt.

Dennoch überwiegen unseres Erachtens die Vorteile deutlich. Und vermutlich werden Sie – wie so viele andere auch – die iPhone-Kamera nicht mehr missen wollen, sobald Sie sich an ihre Bedienung gewöhnt haben, egal ob Sie Ihr iPhone als Ersatz oder Ergänzung zu Ihrer bisherigen Kamera verwenden oder mit ihm die Fotografie als neues Hobby entdecken.

Viele iPhone-Modelle, viele Kamera-Apps

Je nach iPhone kann die Kamera-App etwas mehr oder weniger. Daher sieht auf verschiedenen iPhones die Kamera-App auch geringfügig anders aus. Lassen Sie sich dadurch nicht irritieren. Die auf den folgenden Seiten gezeigten Aktivitäten sind mit allen iPhones durchführbar, allerdings kann mal eine Funktion tatsächlich an einer anderen Stelle des Bildschirms sitzen.

Sie können Ihr iPhone wahlweise im Hoch- oder Querformat halten.

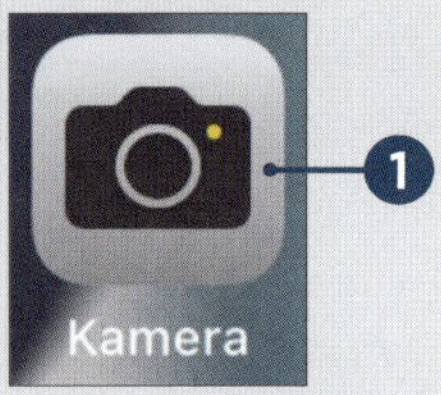

Das erste Foto mit der Kamera-App

Starten wir eine erste Erkundungstour mit der *Kamera*-App in Ihrem iPhone, und schießen wir erste Fotos:

1. Die *Kamera*-App kann entweder direkt vom Sperrbildschirm (siehe Seite 71) oder über das Kamera-Symbol ❶ auf dem Home-Bildschirm per Fingertipp gestartet werden.

2. Die *Kamera*-App öffnet sich im Aufnahmemodus und zeigt die Welt durch die »Augen« der vorderen Kamera am iPhone. Sie können das iPhone wie gesagt sowohl hochkant ❷ als auch quer halten ❸, so wie Sie es auch von Ihrem Fotoapparat gewohnt sind. Im Querformat befinden sich die Bedienelemente der Kamera-App dann natürlich auch an anderer Stelle.

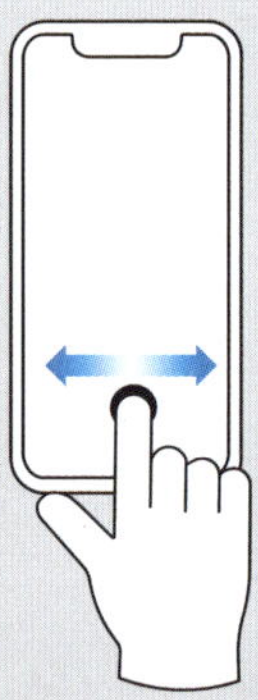

3. Unter der Live-Vorschau sollte **Foto** ④ gelb markiert sein. Falls nicht, setzen Sie den Finger auf diese Leiste mit den verschiedenen Optionen und fahren nach links oder rechts (bzw. im Querformat nach oben und unten), bis dieser Begriff gelb hervorgehoben ist. Auf die anderen Foto-Modi, die hier aufgelistet sind, kommen wir später zu sprechen.

MERKE

Nutzen Sie auch für die Fotografie mit dem iPhone unterschiedliche Perspektiven, sonst werden die Bilder langweilig und beliebig.

4. Suchen Sie sich nun ein passendes Motiv, und wählen Sie eine geeignete Perspektive. Am Display haben Sie dank der Live-Vorschau die volle Kontrolle und sehen exakt das, was später auch fotografiert wird. Mit einem kurzen Fingertipp auf den Auslöser ⑤ nehmen Sie das Bild auf. Das Scharfstellen erledigt das iPhone in den meisten Fällen vollautomatisch.

ACHTUNG!

Tippen Sie den Auslöser nur kurz an. Wenn Sie länger drücken, schaltet das iPhone in den *Serienbildmodus* und macht unzählige Aufnahmen pro Sekunde.

5. Das Bild landet automatisch in Ihrer *Fotos*-App und wird in der Kamera-App klein dargestellt ⑥. Sie können direkt weiterfotografieren; die Miniaturvorschau Ihrer vorherigen Aufnahme wird durch die jeweils aktuelle ersetzt.

6. Um einen prüfenden Blick auf alle Schnappschüsse zu werfen, tippen Sie auf das kleine Vorschaubild ⑥. Ihre letzte Aufnahme erscheint nun in der *Fotos*-App im Großformat auf dem Bildschirm ⑦. In der kleinen Leiste am unteren Bildschirmrand sehen Sie die Fotos in der Reihen-

MERKE

Sobald Sie auf die Vorschau in der *Kamera*-App tippen, öffnet sich automatisch die *Fotos*-App.

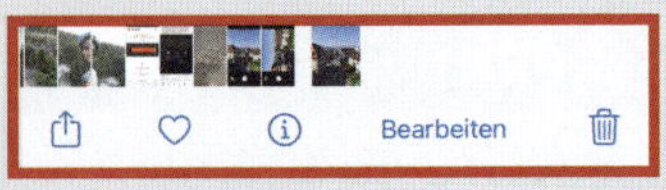

folge ihrer Aufnahme 8. Wenn Sie dort auf ein Bild tippen, wird es groß dargestellt. Mit einem Fingertipp auf das Bild in der großen Ansicht blenden Sie alle Bedienelemente aus 9; ein weiterer Fingertipp zeigt sie wieder an.

7. Mit einem Fingertipp auf den Zurück-Pfeil 10 gelangen Sie in die *Kamera*-App zurück, und weiter geht es mit der Aufnahme Ihrer Fotos.

8. Die *Kamera*-App beenden Sie wie üblich entweder per Home-Taste oder mit einem Fingerwisch nach oben – je nach Modell.

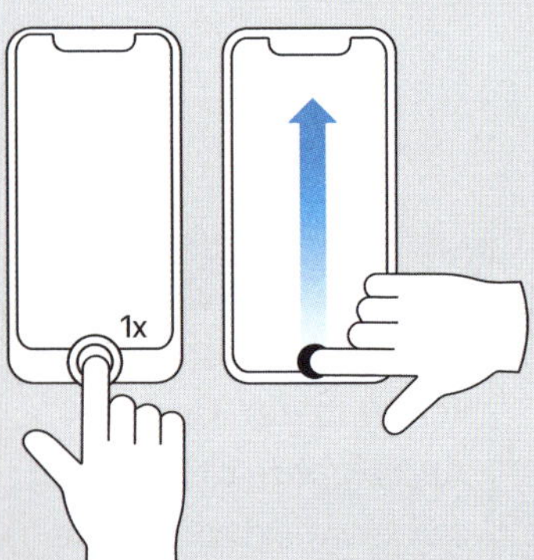

Den Auslöser am iPhone nutzen

Wenn es Ihnen Schwierigkeiten bereitet, beim Fotografieren Ihr iPhone sicher zu halten, ohne dass ein Finger im Bild zu sehen ist, dann nutzen Sie zum »Abdrücken« alternativ die Lauter-Taste am iPhone 11. Bei aktivierter Kamera fungiert sie ebenfalls als Auslöser.

Der Klassiker – Finger im Bild. Wenn Sie den Auslöser am iPhone selbst nutzen und nicht den auf dem Display, ist die Gefahr gering, dass das passiert.

Und damit kennen Sie schon alle Grundlagen, um Ihre Erinnerungen künftig per iPhone festzuhalten. In den folgenden Abschnitten zeigen wir Ihnen jetzt ein paar besondere Tipps und Tricks der *Kamera*-App und gehen dann in die *Fotos*-App, um die Bilder zu betrachten, zu bearbeiten und zu präsentieren.

Mehr Fotografie-Wissen mit der Kamera-App

Sie ahnen es sicher schon, dass die *Kamera*-App an Ihrem iPhone noch viel mehr kann als einfach nur ein Bild aufnehmen. Die einzelnen Optionen schauen wir uns nun näher an.

Das iPhone stellt Schärfe und Bildhelligkeit automatisch ein. Personen, Tiere oder Objekte erkennt die *Kamera*-App ziemlich genau. Möchten Sie die Schärfe selbst auf einen Bildbereich legen, tippen Sie diesen einfach mit dem Finger an. Das iPhone wird sich sofort daran orientieren.

Tipp Nummer 1:
Schärfe nach Wunsch

Tipp Nummer 2: Bildhelligkeit ändern

Das iPhone versucht, die korrekte Belichtung für Ihr Motiv zu finden. Das funktioniert aber nicht immer, denn (noch) weiß das iPhone nicht, was Ihnen am wichtigsten ist. Mit einem Fingertipp auf den entsprechenden Bildbereich setzen Sie nicht nur den Schärfefokus, sondern sagen der *Kamera*-App auch, dass dieser Bereich korrekt belichtet werden soll.

In unserem Beispiel wird der Schwerpunkt auf den vorderen Bereich im Schatten ❶ gelegt. Dadurch wird aber der Himmel logischerweise viel zu hell belichtet ❷. Mit einem Fingertipp auf den Himmel zwingen Sie das iPhone, den Himmel als ausschlaggebendes Bildelement zu wählen. Dabei wird ein gelbes Quadrat eingeblendet ❸. Die Ansicht verändert sich am Display sofort; Sie können also beliebige Bereiche antippen und sehen, wann das Bild am besten aussieht.

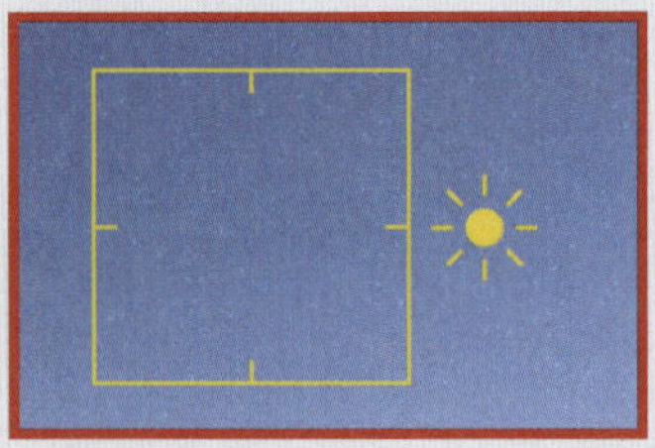

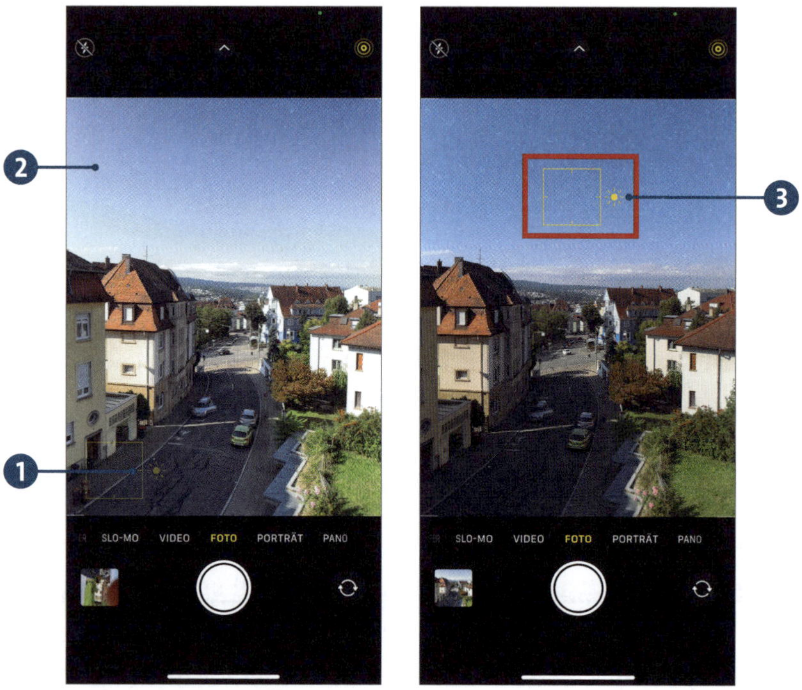

Tipp Nummer 3:
Blitzen leicht gemacht

Das iPhone verfügt über einen integrierten Blitz, eine sehr helle LED. Diese kann übrigens auch als Taschenlampe (siehe Seite 77) zweckentfremdet werden. Den Blitz können Sie individuell steuern. Das geschieht je nach Modell auf verschiedene Weise.

Blitz auf neueren iPhones einschalten oder ausschalten

Bei neueren iPhones sehen Sie in der oberen Leiste ein Blitz-Symbol ❶. Damit können Sie per Fingertipp den Blitz ein- oder ausschalten. Standardmäßig ist der Blitz so eingestellt, dass er dann zugeschaltet wird, wenn es notwendig erscheint. Möchten Sie nicht blitzen, beispielsweise bei einem romantischen Sonnenuntergang, tippen Sie den Blitz einmal an. Der ausgeschaltete Blitz ist dann durchgestrichen. Damit wird nicht mehr geblitzt. Mit einem weiteren Fingertipp stellen Sie die Automatik wieder ein.

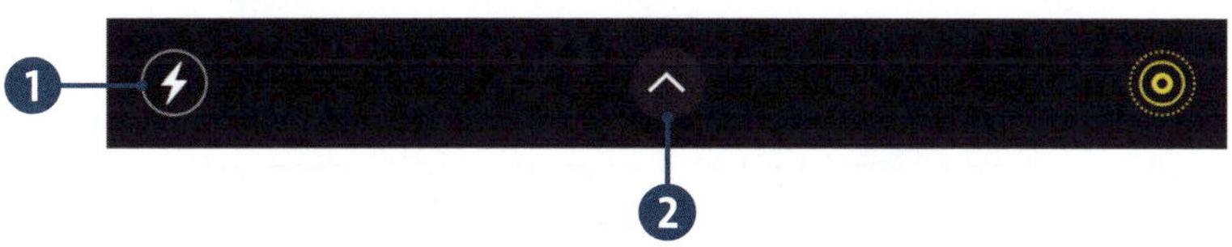

Möchten Sie hingegen immer blitzen, muss das separat eingestellt werden:

1. Tippen Sie dazu auf das kleine Dreieck in der Mitte der oberen Leiste ❷ der *Kamera*-App. Nun öffnet sich im unteren Bereich Ihres iPhones eine andere Leiste. Dort ist an erster Position der Blitz im aktuellen Status dargestellt ❸.

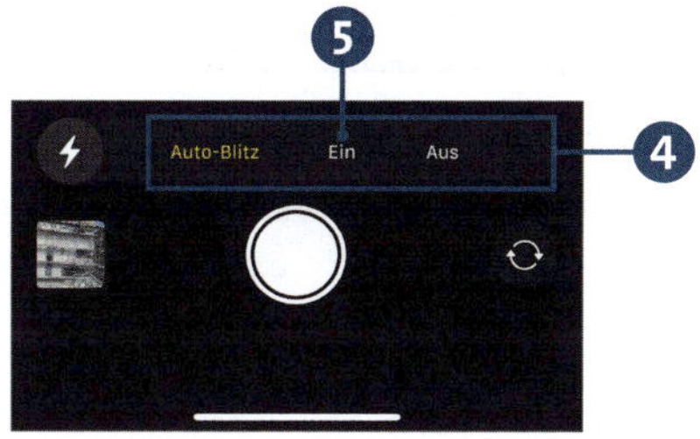

MERKE

Die Blitzfunktion ist auch im *Selfie-Modus*, also mit der Frontkamera, möglich. Hierbei trickst das iPhone aber gewaltig und blendet beim Fotografieren eine weiße Farbfläche in voller Helligkeit auf dem Display ein.

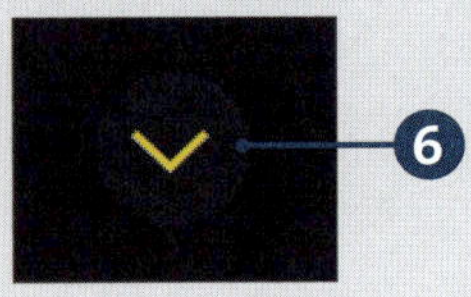

Mit einem Fingertipp darauf öffnen sich weitere Optionen ❹. Hier können Sie dann auch **Ein** ❺ wählen, um mit jedem Foto zu blitzen. Mit einem Fingertipp auf das Dreieck oben ❻ klappen Sie diese Leiste wieder zu und können fotografieren. Dass der Blitz permanent aktiviert ist, sehen Sie daran, dass das Symbol links oben nun dauerhaft gelb ist.

Blitz bei älteren iPhones einstellen

Bei älteren iPhones ist es sogar noch einfacher, den Blitz einzustellen. Im oberen Bereich sehen Sie links außen das Blitzsymbol ❶.

Standardmäßig schaltet sich der Blitz bei Bedarf automatisch dazu. Sie erkennen das daran, dass der Blitz weiß dargestellt ist. Möchten Sie den Blitz dauerhaft einschalten oder ausschalten, klappt das auf diesem Weg:

1. Tippen Sie auf das Blitzsymbol ❷. Es werden die möglichen Optionen eingeblendet:

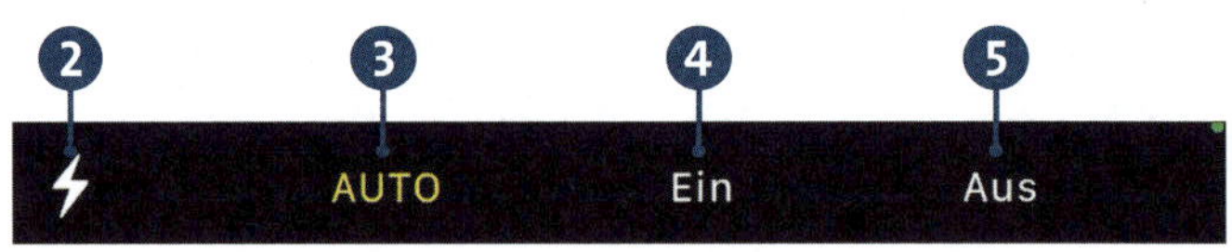

In unserem Beispiel ist **AUTO** ❸ aktiv, erkennbar an der gelben Markierung. Tippen Sie auf **Ein** ❹, wird permanent geblitzt, bei **Aus** ❺ wird nie geblitzt.

MERKE

Wie auch beim normalen Fotoapparat gilt: Der Blitz ist das allerletzte Mittel, um ein Bild aufzuhellen, denn das grelle Licht ist ein Stimmungskiller. In vielen Fällen kann das iPhone auch bei schlechtem Licht gute Bilder machen. Hinzu kommt: Der kleine Blitz reicht nur über eine kurze Distanz; einen Raum bekommen Sie damit nicht aufgehellt.

2. Mit einem Fingertipp auf das Blitzsymbol **2** werden die Optionen auch wieder ausgeblendet, und anstelle des Blitzsymbols wird der neu gewählte Status **7** angezeigt (hier im Beispiel der abgeschaltete Blitz).

Für einen schnellen Schnappschuss müssen Sie das iPhone noch nicht einmal entsperren.

Tipp Nummer 4: Fotos direkt vom Sperrbildschirm aus aufnehmen

1. Bei iPhones mit Face ID drücken Sie einfach etwas länger auf die Kamera-Schaltfläche rechts unten **1**, und schon wird die Kamera aktiviert. Bei einem iPhone mit Touch ID fahren Sie mit dem Finger von rechts nach links **2**. Auch damit wird die Kamera sofort aktiviert.

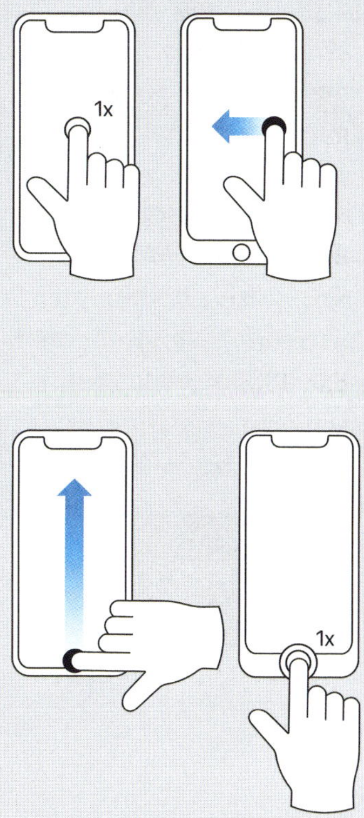

2. Zurück zum Sperrbildschirm geht es wie immer über einen Fingerwisch von unten nach oben oder durch das Drücken der Home-Taste.

Tipp Nummer 5: Selbstauslöser

Für das stimmungsvolle Familienfoto inklusive des Smartphone-Fotografen bzw. der Smartphone-Fotografin bietet sich der *Selbstauslöser* der *Kamera*-App an. So gehen Sie vor:

Ein Stativ für Ihr iPhone, wie hier vom Hersteller Joby, ist für Aufnahmen mit Selbstauslöser einfach perfekt. (Foto: Joby.com)

1. Sorgen Sie für eine möglichst absturzsichere Aufstellung des iPhones. Es gibt übrigens spezielle Stative und Stativaufsätze für jedes iPhone. Das ist natürlich die beste und sicherste Variante.

2. Die Bedienung in der *Kamera*-App ist nun wie beim Blitzen je nach Gerätegeneration ein wenig anders. Bei neueren iPhones tippen Sie auf das kleine Dreieck oben ❶, um mehr Einstellungsmöglichkeiten ❷ zu sehen. Bei älteren iPhones steht schon alles in der oberen Leiste bereit ❸.

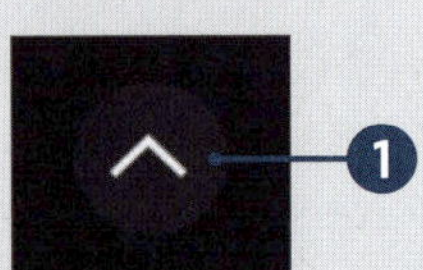

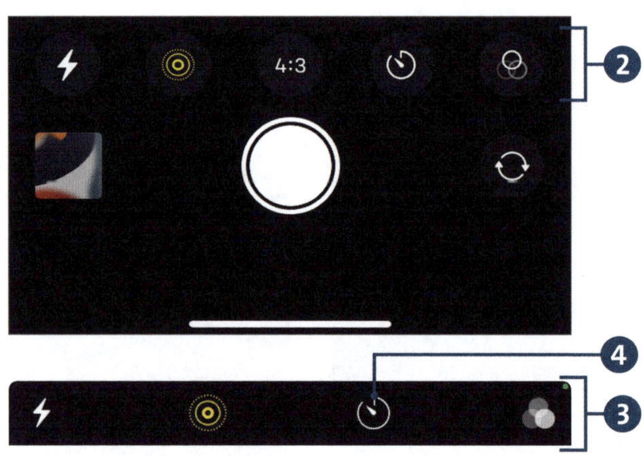

3. Der Selbstauslöser ist mit einem Uhrensymbol gekennzeichnet ❹. Tippen Sie einmal darauf, um die Einstellungen vorzunehmen. Sie können zwischen 3 und 10

Sekunden Verzögerung wählen. Ein Fingertipp genügt zur Aktivierung und die gewählte Option wird angezeigt **5**.

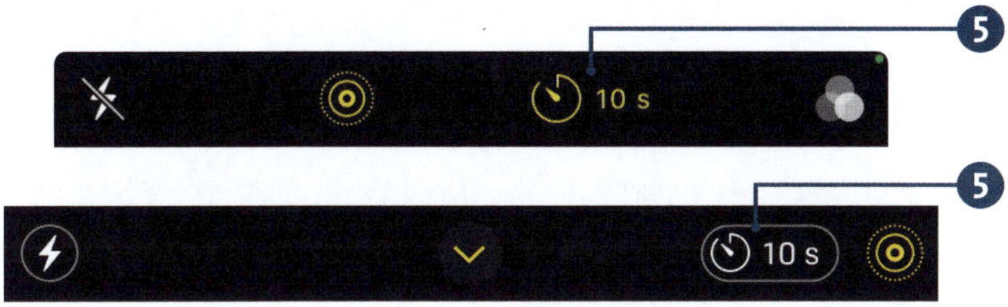

Ältere iPhones

Neuere iPhones

Damit ist der Selbstauslöser aktiviert. Schon beim nächsten Foto wird das Bild nicht mehr direkt, sondern mit der gewählten Verzögerung geschossen. Ausreichend Zeit also, um mit aufs Familienfoto zu kommen. Praktischerweise wird der Countdown nicht nur auf dem Display, sondern auch mit einem Blitzlichtsignal heruntergezählt.

Der Selbstauslöser bleibt so lange eingeschaltet, bis Sie ihn wieder abschalten.

Selfies aufnehmen

Ganz wie die Kinder oder Enkelkinder – *Selfies* stehen hoch im Kurs. Selfies sind Aufnahmen, die Sie von sich selbst machen, meist nur vom Gesicht und aus naher Perspektive. Auch das kann man mit dem iPhone bewerkstelligen, und zwar viel praktischer als mit einer herkömmlichen Kamera.

Mit der eingebauten Kamera auf der Rückseite Ihres iPhones wäre das allerdings ein ziemlicher Balanceakt. Zudem würden Sie ja gar nicht sehen, was Sie aufnehmen. Daher hat Apple eine zweite Kamera auf der Displayseite eingebaut. Das ist jene Kamera, die beim Videotelefonieren

MERKE

Beim Videotelefonat wird automatisch die Kamera auf der Displayseite aktiv. Beim Fotografieren mit der *Kamera*-App ist die Kamera auf der Rückseite standardmäßig aktiv, sodass Sie hier für ein Selfie eigens zur vorderen Kamera wechseln müssen.

automatisch Ihr Gesicht aufnimmt. Zu dieser wechseln Sie für die Selfie-Fotografie per Fingertipp in der *Kamera*-App.

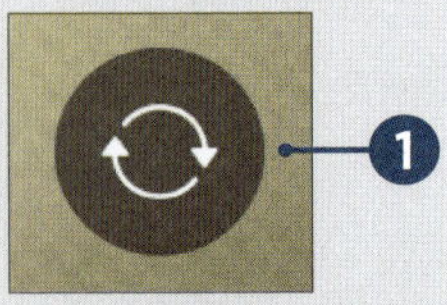

Neueres iPhone

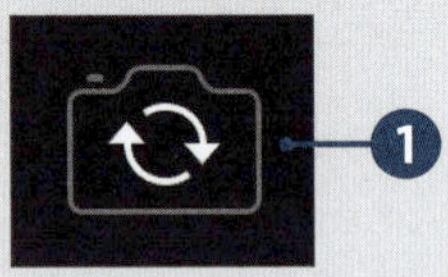

Älteres iPhone

Das Symbol zum Kamerawechsel 1 befindet sich im unteren Bildschirmbereich. Es ist mit Drehpfeilen gekennzeichnet.

Selfies sind im Urlaub äußerst beliebt und auch zu zweit ganz wunderbar.

Wichtig zu wissen: Je näher das iPhone an Ihrem Gesicht ist, desto verzerrter werden Sie abgebildet. Der Effekt ist unschön und kann nur dadurch reduziert werden, dass Sie den Abstand vergrößern. Das klappt mit einem langen Arm schon ganz gut, für wirklich gelungene Selfies empfehlen wir Ihnen aber einen Selfie-Stick. Diese Teleskop-Arme gibt es überall für wenig Geld zu kaufen. Das iPhone wird in eine Halterung eingespannt, ein Fernauslöser ermöglicht das Fotografieren auch bei ausgefahrenem Teleskop.

Mit einem sog. *Selfie-Stick* gelingen viel bessere Selbstporträts.

Zuerst verbinden Sie die Kamera und den Teleskop-Arm via *Bluetooth* laut Anleitung des jeweiligen Herstellers. (Wie eine Verbindung mit Bluetooth am iPhone hergestellt wird, zeigen wir Ihnen in Kapitel 16, »Musik mit dem iPhone – Mitsingen geht überall«, am Beispiel von AirPods-Kopfhörern bzw. einer Lautsprecherbox ab Seite 335). Starten Sie die *Kamera*-App, und wechseln Sie, wie erläutert, die Kamera, sodass diejenige auf der Bildschirmseite aktiv ist.

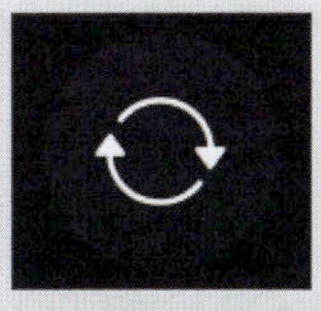

Kamerawechsel auf einem neueren iPhone

Kamerawechsel auf einem älteren iPhone

Nun spannen Sie Ihr iPhone so in den Selfie-Stick ein, dass das Display zu Ihnen zeigt. Überprüfen Sie, ob es auch fest sitzt. Dann fahren Sie den Teleskop-Arm aus und fotografieren über den Fernauslöserknopf am Stick.

Panorama aufnehmen

Sie kennen sicherlich die schönen Landschaftsbilder im Breitbildformat, sog. *Panoramafotos*. Solche Fotos können Sie mit dem iPhone ganz einfach selbst und ohne komplizierte Montage erstellen. Denn die *Kamera*-App setzt viele Einzelbilder vollautomatisch zu beeindruckenden Quermotiven zusammen.

Inselpanorama auf Kreta – als Panorama besonders attraktiv

1. Starten Sie die *Kamera*-App wie gewohnt. Halten Sie die Kamera unbedingt hochkant.

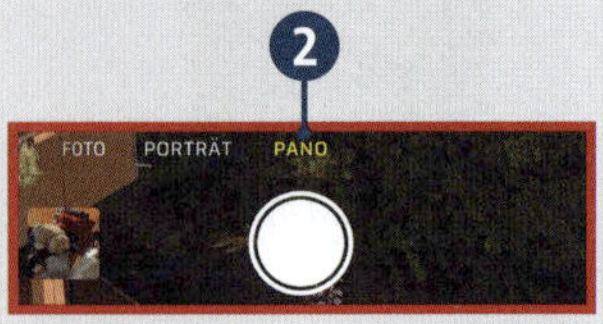

2. Im unteren Bereich legen Sie nun den Finger auf die Zeile mit den Aufnahmemöglichkeiten ❶ und schieben mit dem Finger nach links, bis **PANO** ❷ gelb markiert erscheint.

3. Die Anzeige im Vorschaubild ändert sich und zeigt nun ein Pfeilsymbol ❸ sowie den aktuellen Fotoausschnitt im Kleinformat ❹ an.

ACHTUNG!

Die Panorama-Aufnahme klappt nur im Hochformat. Halten Sie das iPhone quer, wird sie nicht funktionieren.

4. Tippen Sie jetzt auf den Auslöser **5**, und bewegen Sie das iPhone in einer durchgehenden Bewegung von links nach rechts. Achten Sie dabei darauf, es auf der gleichen Höhe zu halten. Wenn der Pfeil auf der gelben Linie bleibt, ist das auch der Fall.

5. Möchten Sie die Aufnahme abschließen, tippen Sie den aktivierten Auslöser **6** erneut an. Das Panorama wird in der *Fotos*-App abgespeichert. Alternativ stoppt das iPhone die Aufnahme automatisch, wenn das Maximum an Bildwinkel erreicht ist. Sie können im Anschluss direkt das nächste Panorama aufnehmen.

Insgesamt ist beim Aufnehmen von Panoramen etwas Übung erforderlich – besonders das Führen der Kamera von links nach rechts benötigt etwas Übung. Aber das Ergebnis entschädigt für die Mühe. Von daher – einfach ausprobieren!

Aufnahmen sichten

Alle Ihre Aufnahmen landen automatisch in der *Fotos*-App auf Ihrem iPhone. Diese App ist ebenfalls auf Ihrem iPhone vorinstalliert. Sie können sich die App wie ein riesiges, vollautomatisches Fotoalbum vorstellen. Die Bilder werden direkt nach Aufnahmedatum abgelegt, zusätzlich wird der Aufnahmeort gespeichert. Außerdem erkennt das iPhone recht intelligent, wer oder was auf den Bildern fotografiert wurde. Der Vorteil: Sie finden das gewünschte Motiv auch aus Tausenden von Bildern im Handumdrehen. Eine Datensicherung ist außerdem inklusive, denn das iPhone legt die Bilder bei bestehender Internetverbindung automatisch in der *iCloud* ab. Bei einem Verlust oder Defekt Ihres Handys bleiben Ihre wertvollen Erinnerungen also erhalten. Starten wir einen ersten »Rundflug« durch die *Fotos*-App.

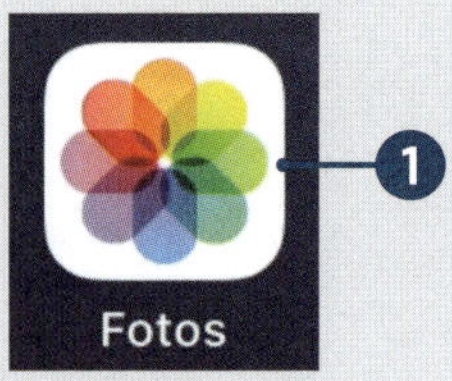

1. Starten Sie die App, indem Sie auf das entsprechende Symbol im Home-Bildschirm **1** tippen. Finden Sie die App nicht auf Anhieb, legen Sie Ihren Finger auf einen freien Bereich des Home-Bildschirms und ziehen leicht nach unten. Die Suchfunktion **2** erscheint, und Sie können einfach »Fotos« eintippen **3**. Die passende App erscheint in den Ergebnissen **4**. Tippen Sie sie an.

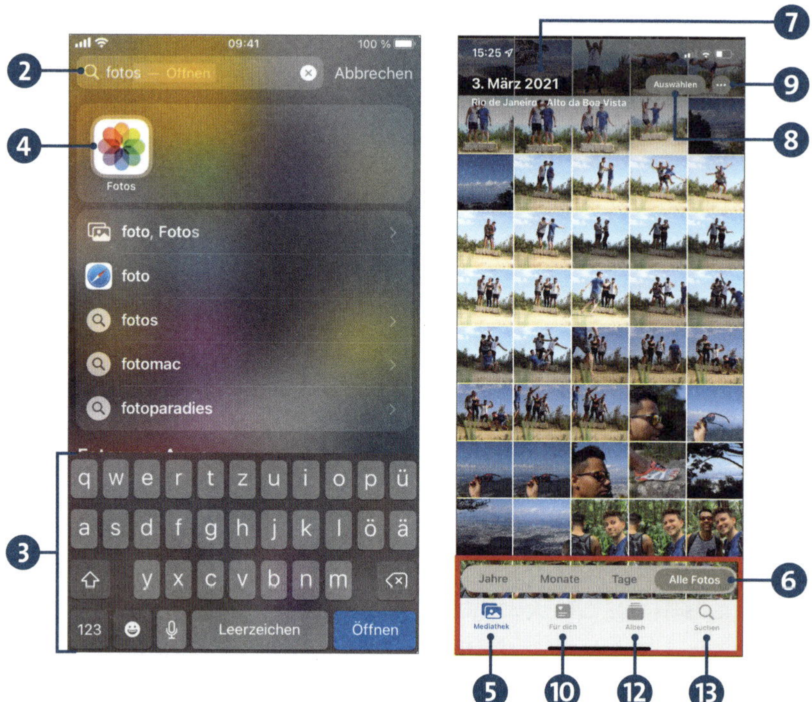

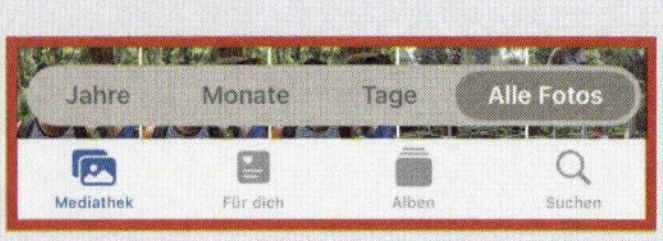

2. Die App öffnet sich, je nachdem, ob Sie vielleicht schon einmal hineingeschaut haben, auch mit einer anderen Ansicht. Das spielt aber keine Rolle. Damit wir alle den gleichen Ausgangspunkt haben, tippen Sie unten auf **Mediathek** **5** und **Alle Fotos** **6**. Die *Mediathek* ermöglicht den Zugriff auf alle Videos und Fotos, die Sie aufgenommen haben. Die Aufnahmen sind hier zudem nach

Jahren, Monaten und Tagen sortiert. Der Bereich *Alle Fotos* zeigt alle Bilder in einer Rasterübersicht. Legen Sie den Finger auf diesen Bereich, und schieben Sie ihn nach oben und nach unten, um durch die Bilder zu scrollen.

Des Weiteren finden Sie folgende zentrale Schaltflächen in der *Fotos*-App:

7 Hier sehen Sie das Datum, an dem die gerade angezeigten Fotos aufgenommen wurden.

8 Mit **Auswählen** können Sie Fotos auswählen, um sie zu sortieren, zu löschen oder beispielsweise per *WhatsApp* oder *Mail* zu versenden.

9 Hinter den drei Punkten verstecken sich einige praktische Funktionen, um z. B. das Fotoraster zu vergrößern oder zu verkleinern. Das schauen wir uns später an.

10 **Für dich** stellt, abhängig davon, wie fleißig Sie in den letzten Wochen fotografiert haben, individuelle Fotosammlungen automatisch zusammen. Das können beispielsweise Rückblicke sein – dank künstlicher Intelligenz erkennt die *Fotos*-App Personen, Tiere und sogar Landschaften. Die abgebildeten *Rückblicke* 11 wurden ohne Zutun erstellt und benannt.

12 **Alben** sind digitale Fotoalben. Diese können von Ihnen selbst angelegt werden, teilweise werden sie aber auch automatisch erstellt. Alle Alben werden jedenfalls hier aufgelistet und stehen zum Anschauen bereit.

13 **Suchen** ist wirklich die Powerfunktion der *Fotos*-App. Per Fingertipp finden Sie dank ausgefeilter Suchoptionen in Sekundenschnelle Ihr gewünschtes Foto. Das schauen wir uns daher auch direkt im folgenden Abschnitt an.

Wie findet man Fotos in der großen Sammlung wieder?

Ein Foto ist mit dem iPhone schnell gemacht – auch noch eines und noch ein Video. Im Laufe der Zeit sammeln sich viele Hundert oder gar Tausende Bilder an. Doch wie behält man in dieser Bilderflut den Überblick? Das klappt mit dem iPhone erfreulicherweise sehr gut.

Für die manuelle Suche bieten sich die folgenden Möglichkeiten:

- Scrollen durch die Bilder
- Sortierung der Bilder nach Jahren, Monaten und Tagen
- Suche nach dem Aufnahmeort
- Suche nach einem konkreten Datum
- Suche nach Bildinhalten

Die folgenden Schritte sind natürlich erst dann sinnvoll, wenn sich schon einige Fotos auf Ihrem iPhone befinden. Dabei lernen Sie, wie Sie die Suchfunktion benutzen, wie Sie durch Ihre Sammlung scrollen und wie Sie die Bildminiaturen vergrößert betrachten können. Außerdem zeigen wir Ihnen, wie Sie ein nicht ganz so gelungenes Bild löschen können.

1. Starten Sie die *Fotos*-App mit einem Fingertipp auf das Symbol auf Ihrem Home-Bildschirm.

2. Tippen Sie im unteren Bereich der Fotos-App auf **Mediathek** ❶, falls das Symbol noch nicht blau markiert ist, und tippen Sie anschließend in der Leiste darüber auf **Alle Fotos** ❷.

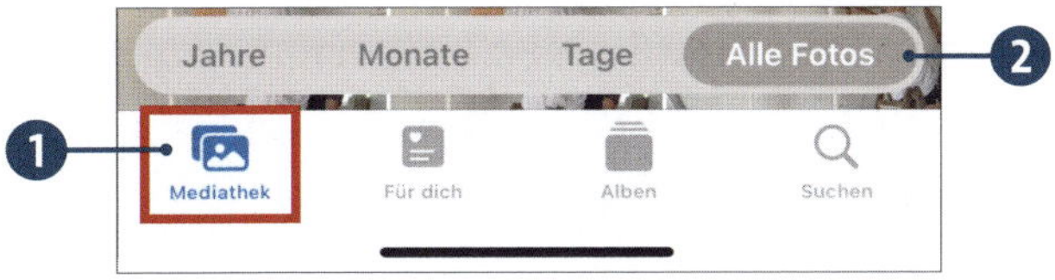

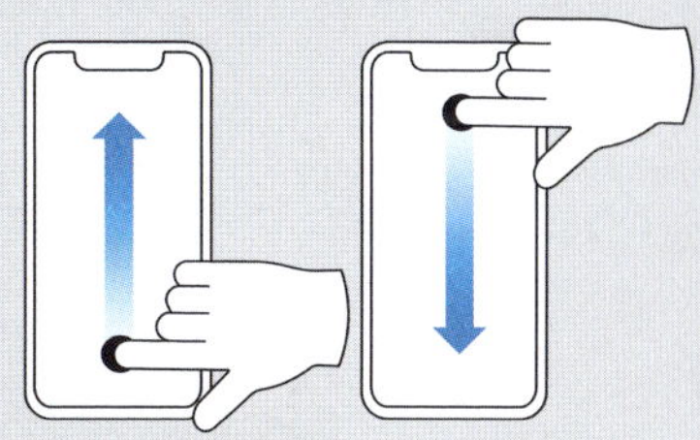

3. Nun werden sämtliche Fotos und Videos als Raster aufgelistet **3**. Um manuell durch alle Bilder zu scrollen, legen Sie einen Finger auf das Display und fahren nach oben oder unten. Je schneller Sie dies tun, desto schneller werden die Bilder auch gescrollt. Heben Sie den Finger nach der Bewegung an, scrollt das iPhone noch etwas weiter. Möchten Sie den Scrollvorgang anhalten, dann legen Sie den Finger erneut auf das Display.

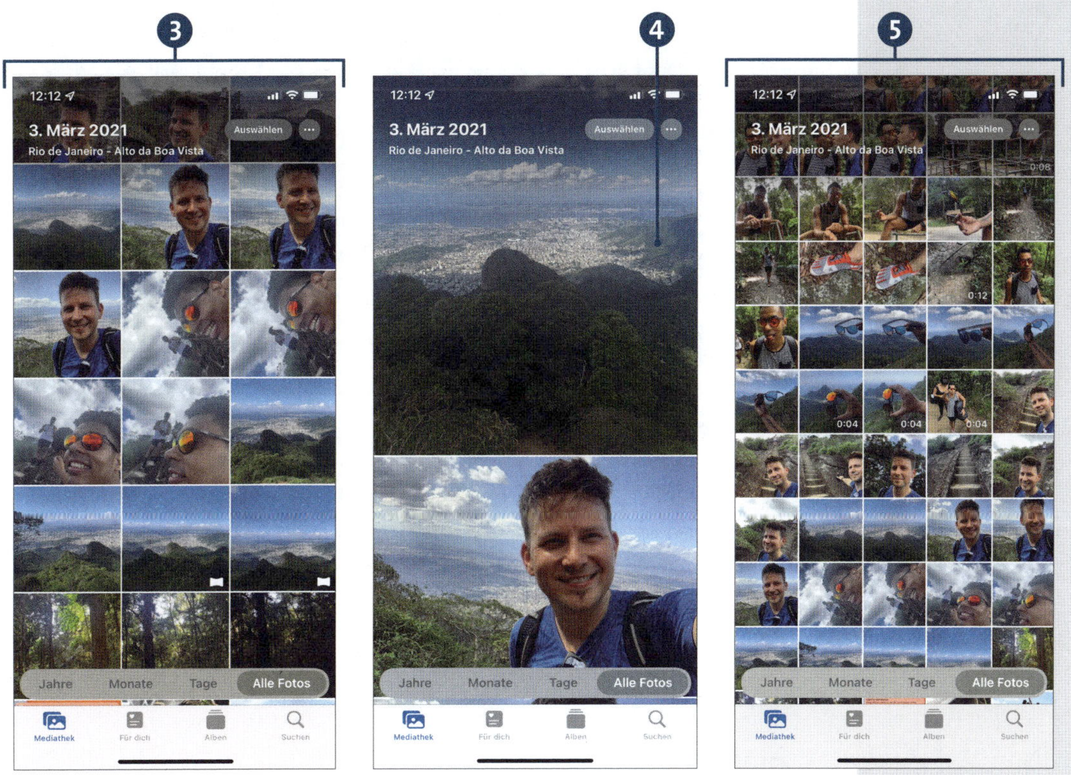

4. Möchten Sie das Raster der Bilderansicht vergrößern oder verkleinern, dann klappt das mit dem »Fingerzoom«. Legen Sie Daumen und Zeigefinger in den Fotobe-

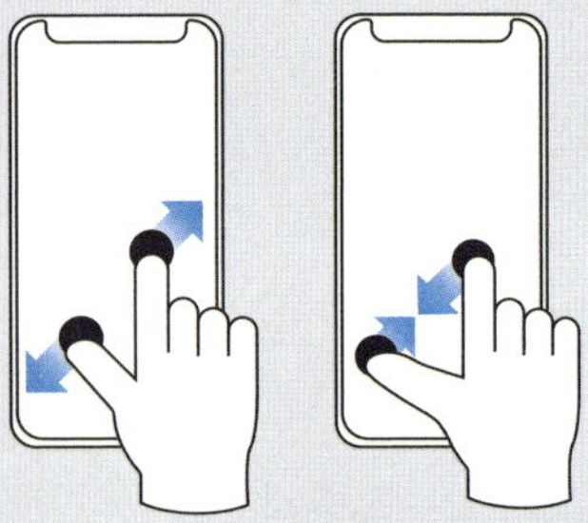

reich und fahren Sie mit beiden Fingern nach außen. Damit werden die Bilder vergrößert 4. Um die Ansicht hingegen zu verkleinern, fahren Sie mit Daumen und Zeigefinger zusammen 5. Praktischerweise »rastet« die Ansicht bei diesem Vorgang immer etwas ein, sodass Sie versehentlich nicht zu groß oder zu klein zoomen.

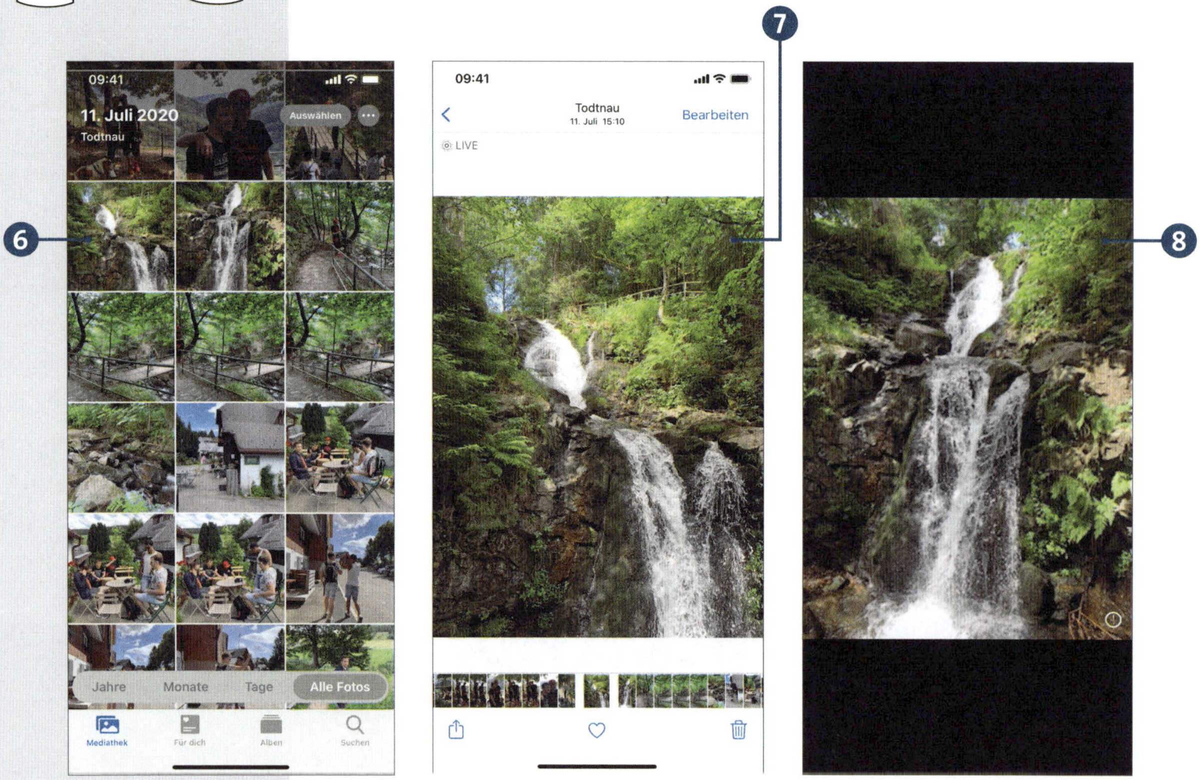

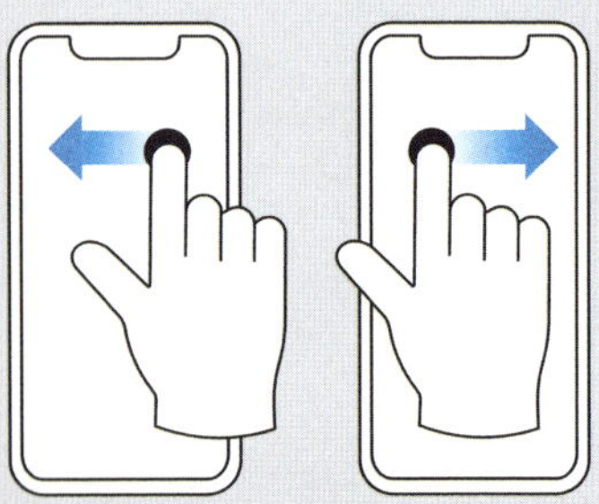

5. Haben Sie das gewünschte Bild gefunden, dann genügt ein Fingertipp darauf 6, um es groß anzuzeigen 7.

6. Möchten Sie in dieser vergrößerten Ansicht Ihre Fotos weiter erkunden, legen Sie den Finger auf das Foto 7 und wischen nach links bzw. nach rechts, um vorwärts- bzw. zurückzublättern.

7. Tippen Sie erneut auf das vergrößerte Bild, verschwinden zudem die Bedienelemente oben und unten ❽. Auch in dieser Ansicht blättern Sie per Fingerwisch durch die Fotos, aber vor einem schicken schwarzen Hintergrund. Ein Fingertipp auf das Bild selbst bringt Sie wieder zu der Ansicht mit den Bedienelementen.

8. Um Bilder zu überspringen, tippen Sie einfach auf eines der klein dargestellten Fotos in der eingeblendeten Bilderleiste ❾. Der jeweilige Schnappschuss wird wieder oberhalb vergrößert dargestellt.

9. In dieser vergrößerten Ansicht ist es zudem einfach, nicht erwünschte Fotos zu löschen. Das gelingt mit einem Fingertipp auf den Papierkorb ❿. Es folgt noch eine Sicherheitsabfrage, die Sie mit einem Fingertipp auf **Foto löschen** ⓫ bestätigen. Damit wird das Foto aus Ihrer Sammlung entfernt.

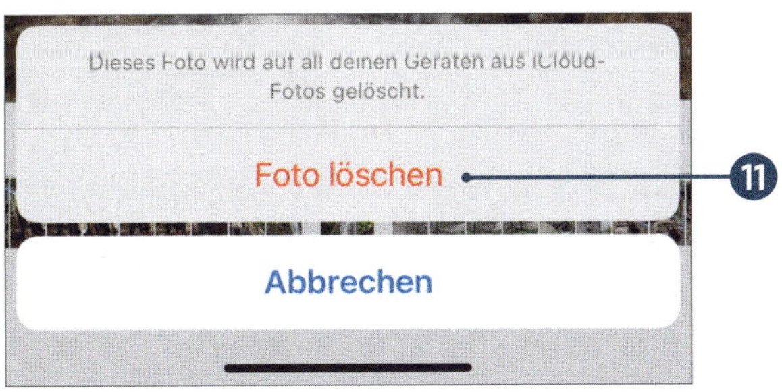

10. Mit einem Fingertipp auf den kleinen Pfeil links oben gelangen Sie wieder zurück zur Gesamtübersicht Ihrer Aufnahmen.

ACHTUNG!

In die *Fotos*-App ist ein »Sicherheitsnetz« eingebaut: Gelöschte Fotos können noch 30 Tage lang wiederhergestellt werden. Dazu gehen Sie in der Foto-Übersicht in den Bereich **Alben**, scrollen nach unten und tippen auf den Punkt **Zuletzt gelöscht**. Hier können Sie alle Elemente mit einem Tipp auf **Wiederherstellen** zurückholen.

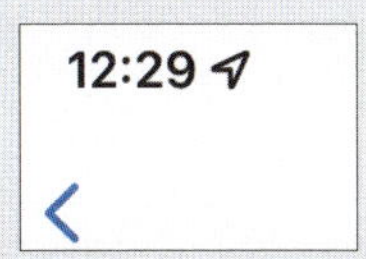

Die gerade gezeigte Methode kann bei einer beachtlichen Bildersammlung etwas mühselig werden. Doch Sie haben die Möglichkeit, diese Ansicht zu verändern:

1. Tippen Sie im unteren Bereich der Fotos-App auf **Mediathek** ❶, falls das Symbol noch nicht blau markiert ist, und tippen Sie anschließend in der Leiste darüber auf **Monate** ❷. Sofort wird die Ansicht geändert, und es werden Ihre Bilder nach Monaten aufgelistet ❸, inklusive einiger repräsentativer Ereignisse in diesem Zeitraum, einer Ortsangabe und einem detaillierten Datum ❹. In dieser Ansicht scrollen Sie, wie vorhin gezeigt, ebenfalls per Fingerwisch nach oben und nach unten zum gewünschten Monat.

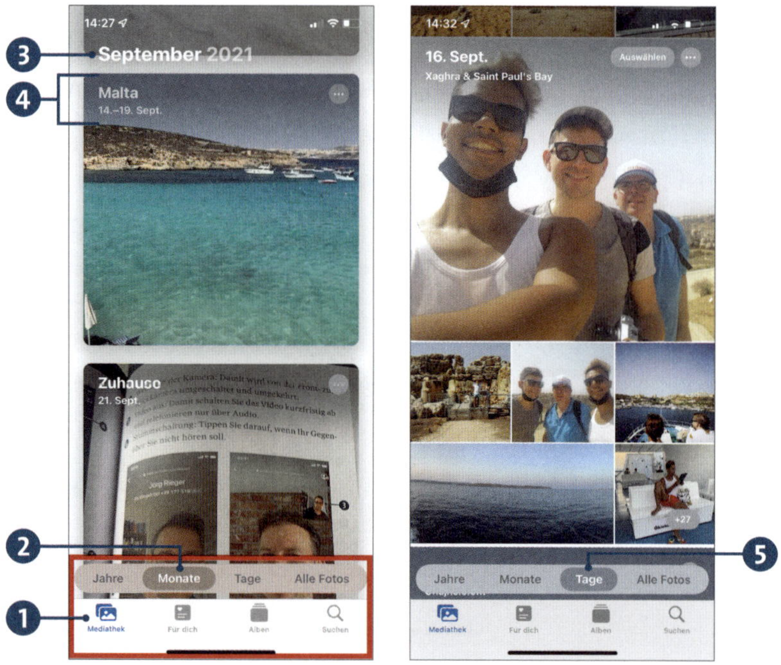

2. Um zu den Bildern zu gelangen, die unter den **Monate**-Voransichten hinterlegt sind, tippen Sie auf das entsprechende Motiv. Die *Fotos*-App listet dann die dazugehörigen Bilder hübsch strukturiert auf und schaltet automatisch in die **Tage**-Ansicht ❺. Auch hier gilt: Scrollen Sie, wie gezeigt, durch die Bilder. Mit einem Fingertipp auf ein Foto landen Sie wieder in der Vollbildansicht.

3. Per Fingertipp auf **Monate** ❻ gelangen Sie wieder zur Sortierung nach Monaten zurück.

Sie sehen, dass Sie schon mit diesen einfachen Mitteln leichter den Überblick behalten. Doch Ihr iPhone kann noch mehr. Und das schauen wir uns nun an:

1. Starten Sie die *Fotos*-App, und tippen Sie mit dem Finger in der unteren Leiste auf **Suchen** ❶. Nun öffnet sich die umfangreiche Recherche-Funktion der *Fotos*-App. Hier werden Ihnen bereits einige Suchkriterien präsentiert:

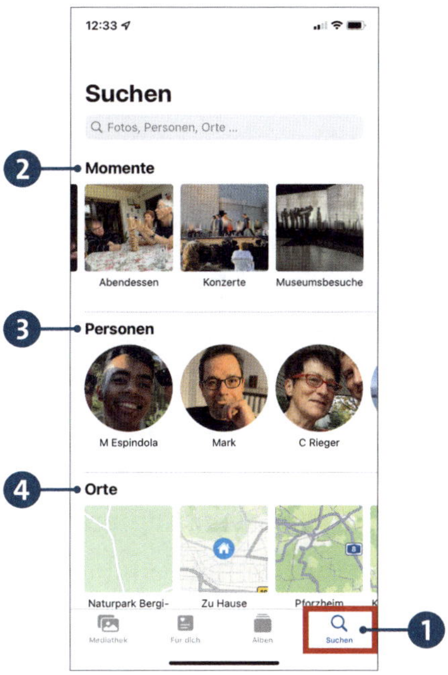

MERKE

Momente, **Personen** und **Orte** sind Sortierungen, die Apple vornimmt. Sie finden hier allerdings nicht sämtliche von Ihnen aufgenommenen Personen, Orte oder Momente, sondern nur jene, die für relevant erachtet werden. Die Intelligenz der *Fotos*-App listet beispielsweise bei den Orten jene auf, die Sie zuletzt oder häufiger besucht haben.

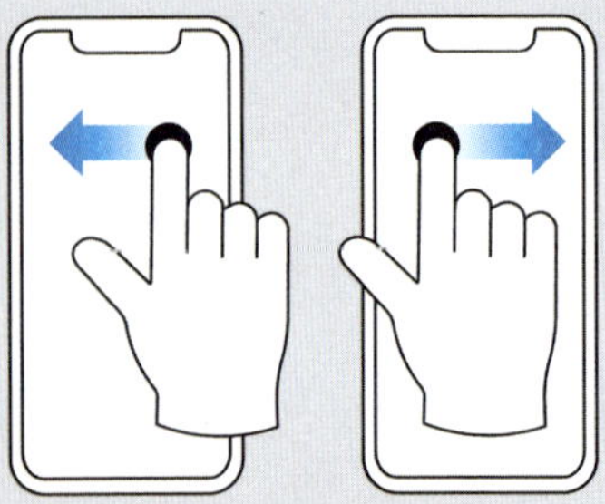

❷ **Momente**: Die *Fotos*-App hat hier ohne Ihr Zutun Ihre Fotosammlung nach verschiedenen Events vorsortiert.

❸ **Personen**: Die *Fotos*-App erkennt auch Gesichter auf Fotos und bietet hier die Möglichkeit, sich jeweils mehrere Bilder von einer Person anzeigen zu lassen.

❹ **Orte**: Jedes iPhone-Foto wird mit seinem Aufnahmeort gespeichert. Das ist sehr praktisch, denn so können Sie zu jedem Ort die passenden Bilder aufrufen.

Bei allen drei Optionen können Sie durch die Auswahl horizontal blättern. Legen Sie den Finger z. B. auf **Orte**, und bewegen Sie ihn nach links oder rechts, um alle relevanten Plätze zu sehen.

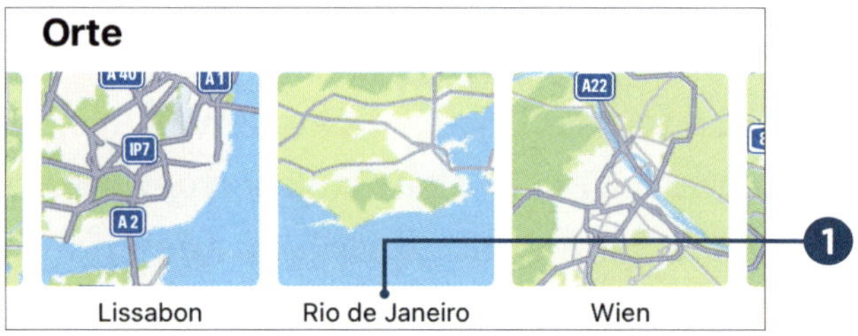

2. Möchten Sie die in den Suchvorschlägen hinterlegten Fotos betrachten, genügt ein Fingertipp auf einen Vorschlag, und Sie erhalten zahlreiche Möglichkeiten, die dort aufgenommenen Bilder zu betrachten oder die Suche weiter zu verfeinern. In unserem Falle gibt es in *Rio de Janeiro* ❶ 40 Bilder mit Marcos Espindola als Person abgebildet ❷, 72 Fotos im Tijuca-Nationalpark ❸, weitere Motive an der Copacabana ❹ und nach Jahreszeiten und Jahr nochmals einige Motive ❺. Sie kommen jeweils per Fingertipp in die dort hinterlegten Bilder. Ein Fingertipp auf **Alle Anzeigen** ❻ hingegen blendet komplett alle Erinnerungen ein, die am Standort *Rio de Janeiro* gemacht wurden.

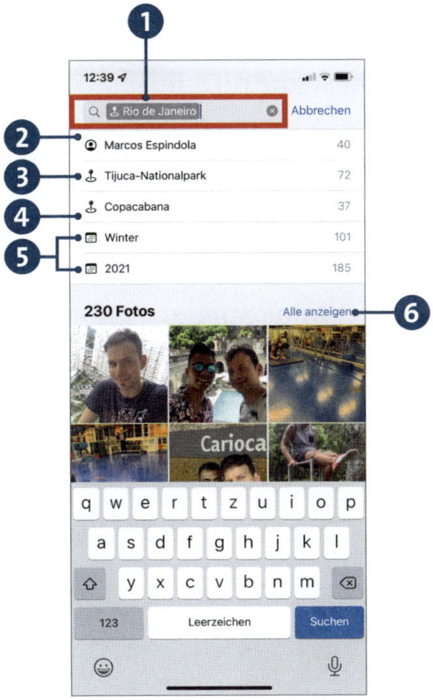

3. Zurück zur Startseite der Suche kommen Sie mit einem Fingertipp links oben auf **Suchen** ⑦ und einem weiteren rechts oben auf **Abbrechen** ⑧.

Zurück zur **Suchen**-Seite in Schritt 1:

Nach diesem Prinzip können Sie im Suchfeld Personen, Momente und Orte durchforsten. Werfen wir noch einen abschließenden Blick auf das Sucheingabefeld:

1. Das Suchfeld ist ein flexibler Eingabeort. Sie aktivieren es, indem Sie auf der unteren Leiste der *Fotos*-App auf die Schaltfläche **Suchen** tippen. Sie können hier letztlich nach allem suchen. Tippen Sie diejenigen Begriffe ein, nach denen Sie suchen möchten:

- ein exaktes Datum, aber auch eine Uhrzeit
- einen Ort (Das kann ganz detailliert sein, also nicht nur »Berlin«, sondern z. B. »Brandenburger Tor« oder eine Adresse mit einem Straßennamen.)

- ein Motiv (Apple scannt Bilder automatisch. Vieles ist hier möglich, von »Essen« bis hin zu »Katze«.)
- ein Ereignis (z. B. eine Reise, eine Geburtstagsfeier etc.)

Das funktioniert übrigens auch kombiniert. In unserem Beispiel haben wir »Wien« mit den Anfangsbuchstaben von Autor Markus Menschhorn in das Suchfeld eingetragen ❶, und schon werden die passenden Bilder aufgelistet ❷.

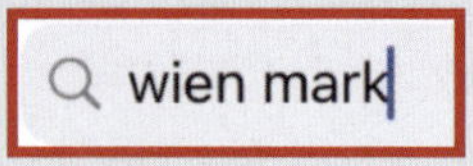

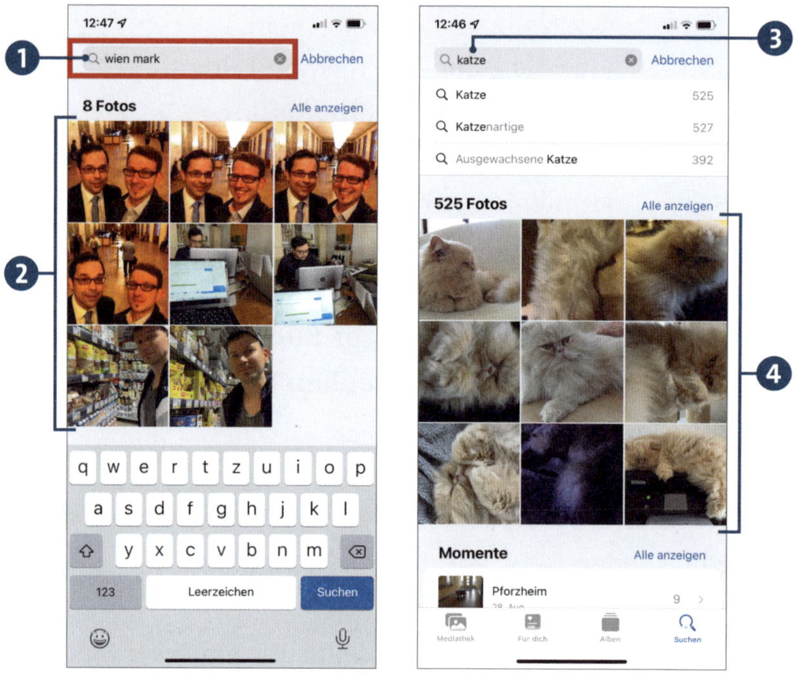

Die Möglichkeiten der Suche sind schier unbegrenzt, auch der Begriff »Katze« ❸ etwa führt zu Ergebnissen ❹, obwohl wir vorab keinerlei Tierbilder sortiert, beschriftet oder markiert hatten. Die Objekterkennung der *Fotos*-App ist wirklich erstaunlich gut.

Sie sehen: Das iPhone ist der perfekte Platz für Ihre Fotos und ein ultraflexibles Fotoalbum mit »Wiederfinden-Garantie«.

Fotos korrigieren und kreativ bearbeiten

Nicht jedes Fotos ist perfekt, und vielleicht haben Sie an Ihrem Computer auch schon Bildbearbeitung praktiziert? Die *Fotos*-App am iPhone stellt für viele Fotoprobleme eine sehr umfangreiche Korrekturfunktion zur Verfügung. Aufhellen, abdunkeln, Farben verändern – das klappt wie immer per Fingertipp. Wir stellen Ihnen hier die wichtigsten Funktionen vor. Beginnen wir mit der *Autokorrektur*.

WAS TUN?

Wie Sie in der *Fotos*-App navigieren und ein Foto groß auf dem Bildschirm anzeigen, können Sie ab Seite 230 nachlesen.

1. Starten Sie die *Fotos*-App über den Home-Bildschirm Ihres iPhones. Suchen Sie sich ein misslungenes Foto aus, das zu hell oder zu dunkel geraten ist oder »matschige« Farben hat. Tippen Sie es einmal an, um die große Ansicht zu erhalten.

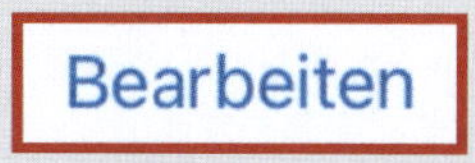

2. Tippen Sie jetzt auf **Bearbeiten** ❶ rechts oben. Ein neuer Bildschirm öffnet sich. Er ist nun mit **Anpassen** ❷ betitelt.

3. Ein Fingertipp auf den Zauberstab ❸ optimiert das Bild komplett automatisch. Das klappt mal mehr, mal weniger gut. Probieren Sie es einfach aus. Mit dem Regler weiter unten ❹ können Sie die Intensität dieser Korrektur steuern. Setzen Sie den Finger auf die Striche, und schieben Sie nach links oder rechts. Heben Sie den Finger an, wenn die Korrektur passt.

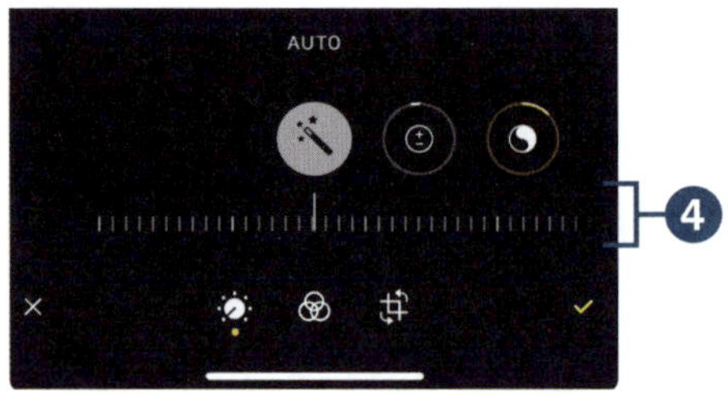

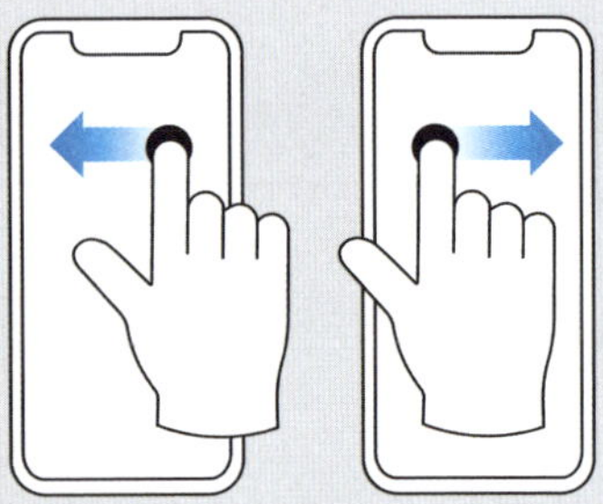

4. Sie wollen noch einmal prüfen, ob die Verbesserung wirklich eine Verbesserung ist? Ein Fingertipp auf das korrigierte Motiv ❺ zeigt das **Original** für eine Sekunde an ❻ und wechselt dann wieder zurück.

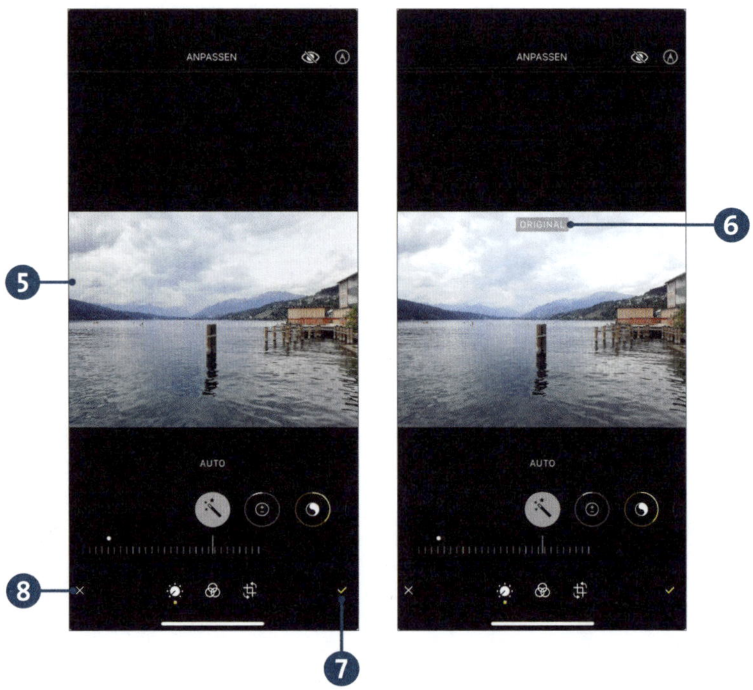

5. Sind Sie mit der Korrektur zufrieden, genügt ein Fingertipp auf den gelben Haken rechts ✓ (7), um das Bild mit der Korrektur zu übernehmen. Alternativ brechen Sie die Bearbeitung mit einem Fingertipp auf das kleine ✕ auf der linken Seite (8) ab. In beiden Fällen gelangen Sie wieder zur großen Ansicht des Bildes, je nachdem im Original oder in der korrigierten Version.

Die *Fotos*-App zeigt durch die gelben Markierungen an, in welchen Bereichen Sie bereits eine Korrektur durchgeführt haben.

Damit wäre die erste Fotokorrektur geschafft! Die *Fotos*-App kann natürlich noch viel, viel mehr – das können wir in diesem Buch leider nicht alles vorstellen. Wir zeigen Ihnen aber anhand einer erweiterten Korrekturmöglichkeit, wie es grundsätzlich funktioniert. Vieles werden Sie dann selbst nach und nach herausfinden.

Hier also noch eine Übung zu den erweiterten Korrekturmöglichkeiten:

1. Gehen Sie mit einem Bild in den **Bearbeiten**-Bereich der *Fotos*-App, wie vorangehend beschrieben.

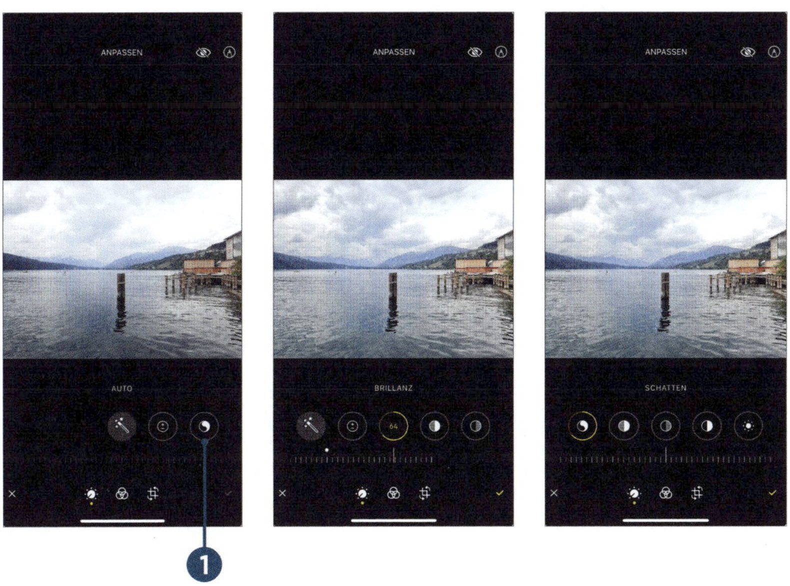

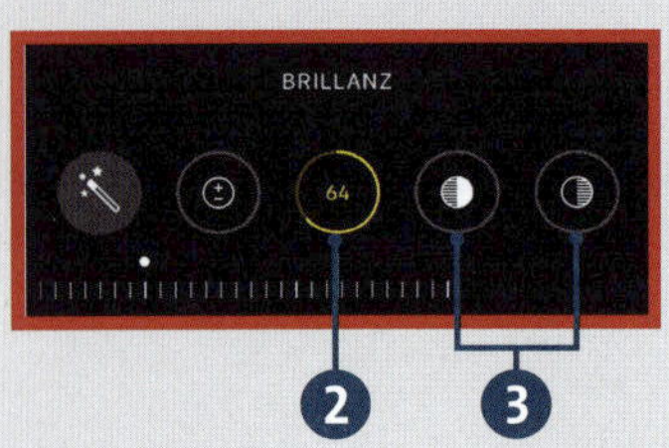

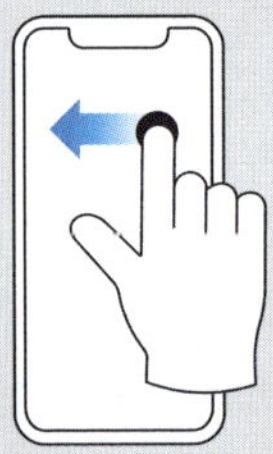

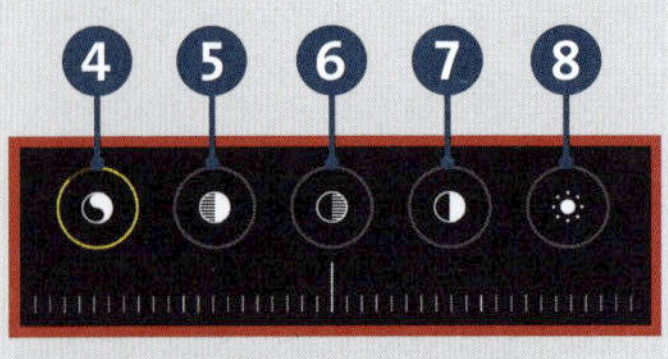

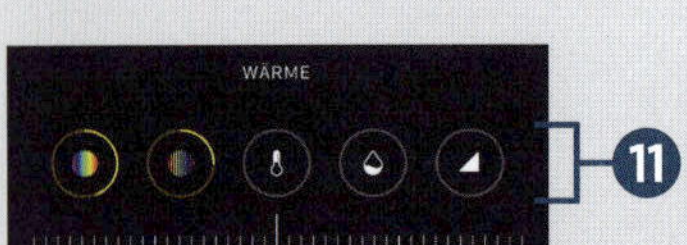

2. Statt auf den Zauberstab tippen Sie diesmal auf die Schaltfläche mit dem Yin-Yang-Symbol ❶. Dadurch werden der Einstellungsregler für die **Brillanz** ❷ und weitere, neue Symbole ❸ angezeigt. Setzen Sie nun Ihren Finger auf die gestrichelte Linie, und schieben Sie diese nach links – das Bild wird dann viel strahlender erscheinen.

3. Doch damit nicht genug: Setzen Sie nun den Finger auf die Ebene mit den Symbolen, und schieben Sie diese ebenfalls nach links, bis das Yin-Yang-Symbol ganz links erscheint ❹. Die *Fotos*-App bietet Ihnen hier weitere Einstellungsmöglichkeiten:

❺ Glanzlichter
❻ Schatten
❼ Kontrast
❽ Helligkeit

4. Tippen Sie die gewünschte Korrektur an, und stellen Sie sie mithilfe der gestrichelten Linie so ein, wie schon in Schritt 2 gezeigt. Wir entscheiden uns hier für mehr Kontrast ❾.

5. Für Profis kommt es jetzt noch dicker! Wenn Sie den Finger auf die Liste der Symbole setzen ❿ und noch weiter nach links schieben, erhalten Sie noch weitere Profikorrekturwerkzeuge ⓫. Insgesamt finden sich hier 13 unterschiedliche Einstellungsmöglichkeiten. Experimentieren Sie ruhig damit, denn im schlimmsten Fall können Sie die Korrektur einfach über das kleine ☒ links unten ⓬ jederzeit abbrechen. Mit einem Fingertipp auf den gelben Haken ✓ ⓭ bestätigen Sie hingegen die Optimierung und gelangen zurück in die bekannte Bildübersicht Ihrer Fotos-App.

Von »mau« zu »wow« mit wenigen Fingergesten

Foto-Sicherung ganz automatisch

Die Datensicherung Ihrer Bilder erfolgt automatisch in der *iCloud*, dem Datenspeicher von Apple. Bei bestehender Internetverbindung landet jeder Schnappschuss in dieser Online-Datensicherung. Das bedeutet für Sie: Sollte Ihr iPhone kaputt gehen oder gestohlen werden, sind Ihre Bilder nach wie vor vorhanden. Bei der Einrichtung eines neuen Gerätes mit Ihrer Apple-ID landen alle Bilder wieder direkt auf dem Telefon. Sie müssen sich um die Sicherung Ihrer wichtigen Erinnerungen also keinerlei Sorgen machen.

MERKE

Anders als mit einem Windows-PC müssen Sie sich am iPhone keinerlei Gedanken um eine Datensicherung, auch *Backup* genannt, machen.

Besitzen Sie einen Mac-Computer, werden die Bilder übrigens auch dorthin übertragen und vollautomatisch im *Fotos*-Programm abgelegt. Mit einem Windows-PC ist das leider ziemlich kompliziert, da Sie dafür noch ein Zusatzprogramm benötigen. Daher raten wir davon ab, zumal eine Sicherung auf dem PC gar nicht nötig ist.

Einziger Nachteil der Datensicherung in der iCloud: Sie erhalten von Apple »nur« 5 Gigabyte Speicherplatz gratis, der auch dafür verwendet wird, ihr gesamtes iPhone mit allen seinen Apps zu sichern. Wenn Sie viel fotografieren, könnte es irgendwann knapp mit dem Speicherplatz werden. Allerdings sind die Aufpreise für mehr Speicher wirklich human. Ihr iPhone weist Sie auch rechtzeitig darauf hin, wenn Sie mehr Platz benötigen. Alle Infos zu diesem Thema haben wir für Sie in Kapitel 21, »Datensicherung leicht gemacht«, ab Seite 403 zusammengefasst.

Ein Video mit der Kamera-App aufnehmen

Ihr iPhone ist auch eine vollausgestattete Videokamera. Selbst professionelle Produktionen werden mittlerweile mit den hochaufgerüsteten Pro-Modellen durchgeführt – in Kinoqualität. Das Beste ist, dass dieses Profi-Equipment in Ihre Hosentasche passt. Lassen Sie uns direkt einen kleinen Videoclip aufnehmen:

1. Starten Sie die *Kamera*-App wie gewohnt.

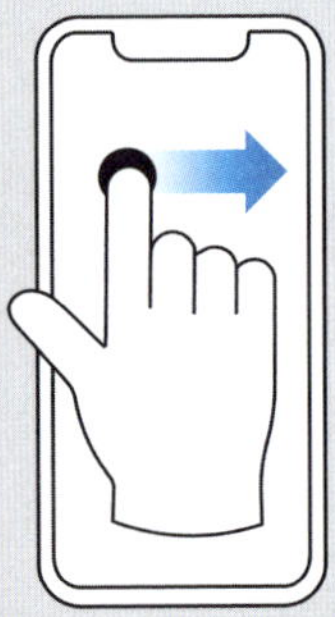

2. Im Aufnahmebildschirm müssen Sie nun zum Video-Bereich wechseln. Legen Sie den Finger auf die Leiste mit den Beschriftungen, und verschieben Sie sie von links nach rechts, bis **Video** ❶ gelb markiert ist. Die Aufnahme-Schaltfläche ist nun rot dargestellt ❷.

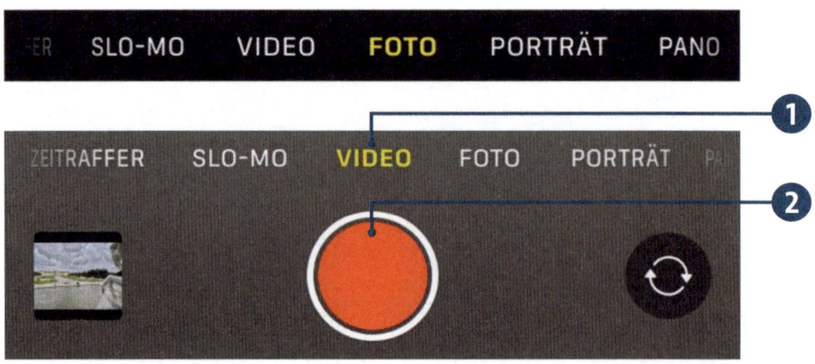

3. Nun geht es ganz einfach: Tippen Sie auf den Aufnahme-Knopf auf dem Display, und schon wird die Videoaufzeichnung gestartet. Im oberen Bildschirmbereich sehen Sie die aktuelle Aufzeichnungsdauer ❸.

4. Möchten Sie parallel noch ein Foto der aktuellen Szene aufnehmen, tippen Sie den Foto-Auslöser rechts daneben ❹ an. Dieses Bild wird im Hintergrund direkt in die Fotos-App geladen.

5. Um die Videoaufzeichnung zu stoppen, tippen Sie erneut den Aufnahme-Knopf an, der während der Aufnahme als Stopp-Symbol dargestellt wird ❺.

6. Auch das Video wird automatisch in der *Fotos*-App abgelegt. Sie können nach erfolgter Aufnahme die *Kamera*-App wie gewohnt beenden.

Möchten Sie das von Ihnen aufgezeichnete Video betrachten, starten Sie die *Fotos*-App vom Home-Bildschirm Ihres iPhones aus. Videos erkennen Sie daran, dass die Abspieldauer in der Bildvorschau eingeblendet wird ❶.

1. Ein Fingertipp auf das Motiv lädt das Video in großer Ansicht.

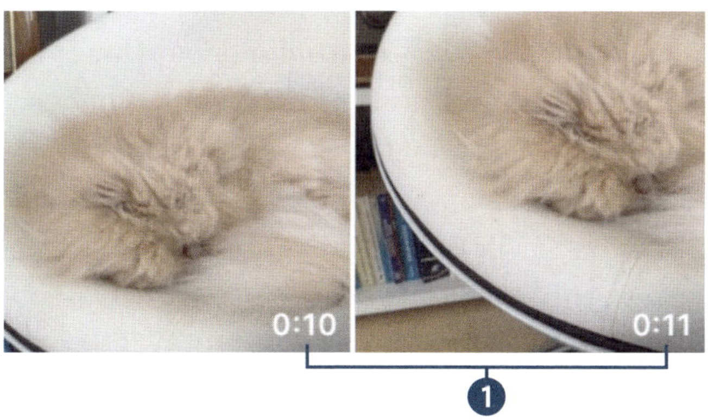

2. Mit einem weiteren Fingertipp auf die Play-Schaltfläche **2** startet die Wiedergabe des Videos.

Ein Video schneiden und bearbeiten

Auch ein Videoclip kann natürlich bearbeitet werden, ganz wie ein Foto. Beim Video kommt aber die Möglichkeit dazu, es am Ende und zu Beginn zu schneiden. Damit machen Sie die Bewegtbildaufnahme attraktiver und haben später einen wirklich knackigen Clip. Legen wir los:

WAS TUN?

Für diesen Video-Exkurs sollten Sie schon einen Videoclip aufgenommen haben.

1. Starten Sie die *Fotos*-App, und laden Sie ein Video in der großen Ansicht, so wie vorangehend gezeigt.

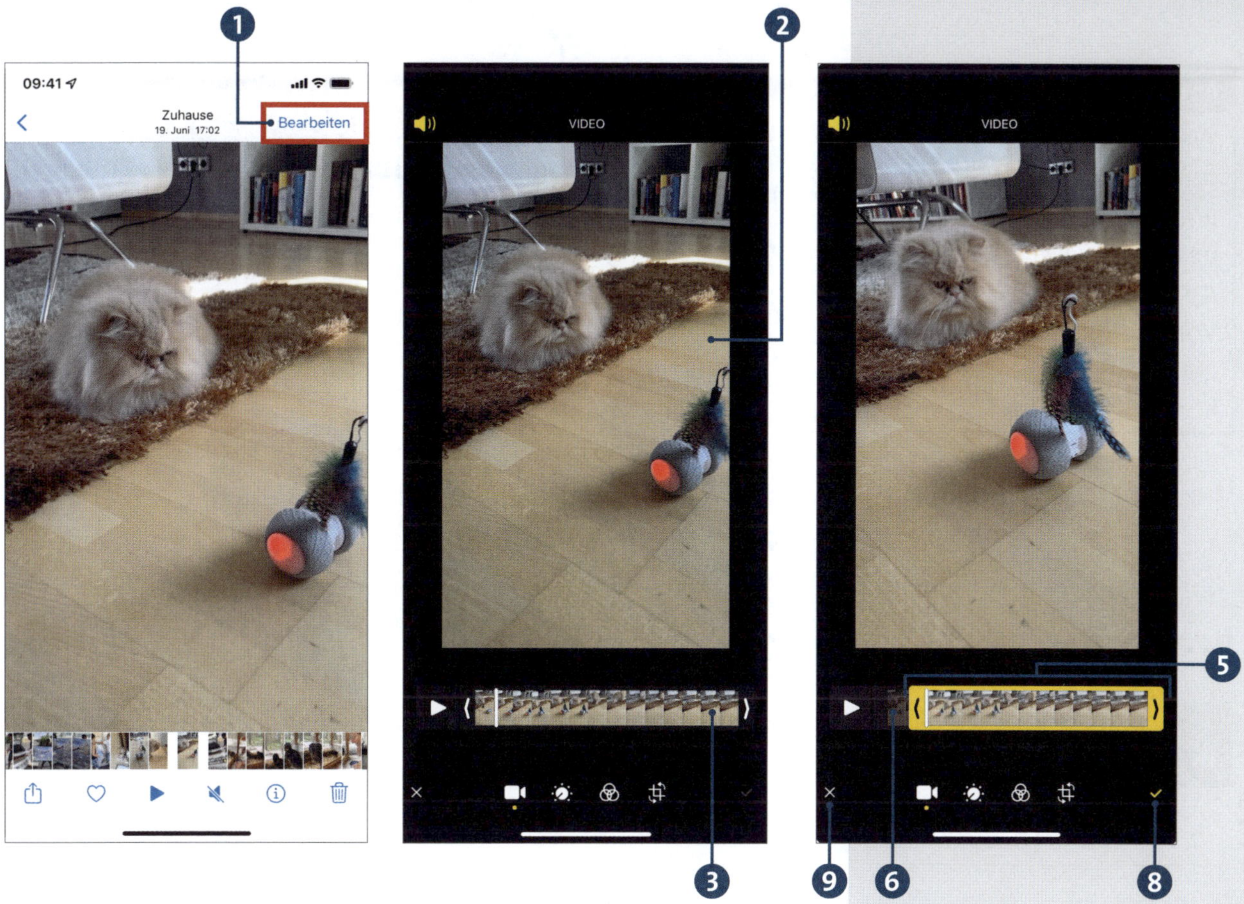

2. Tippen Sie rechts oben auf **Bearbeiten** ❶. Nun wird ein neuer Bildschirm mit dem ersten Bild Ihres Clips ❷ und einer Vorschau des gesamten Films geladen ❸.

3. Jetzt geht es an den Filmschnitt. Um den Anfang zu beschneiden, tippen Sie auf die linke Markierung ❹, halten den Finger gedrückt und ziehen nach rechts.

Jetzt erscheint eine gelbe Markierung ❺. Sie zeigt an, welcher Clip-Abschnitt übrig bleibt und was wegfällt ❻.

MERKE

Wenn Sie die Markierungen am Ende und am Anfang des Clips bewegen, verändert die App auch das jeweilige Vorschaubild, damit Sie ganz exakt schneiden können.

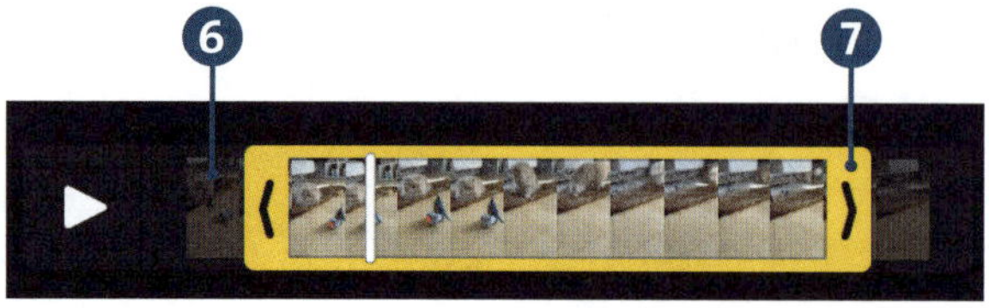

4. Verfahren Sie mit dem Ende des Clips nach Wunsch genauso, und ziehen Sie die rechte Markierung nach links 7.

5. Gefällt Ihnen der Filmschnitt, bestätigen Sie ihn mit einem Fingertipp auf den gelben Haken ✓ 8. Alternativ tippen Sie auf das ✕ 9, um den Vorgang abzubrechen.

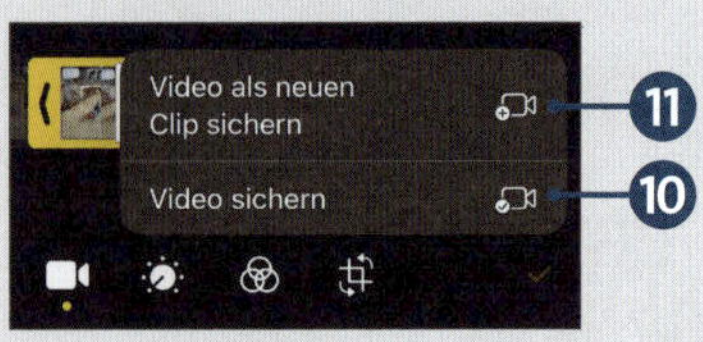

6. Sie haben nun die Möglichkeit, das ursprüngliche Video zu überspeichern 10 oder als neuen Clip abzuspeichern 11. Tippen Sie die gewünschte Option einfach an.

Sie sehen – ein einfacher Filmschnitt ist auch mit dem iPhone schnell erledigt.

Fotos und Videos an Familie und Freunde weitergeben

Fotos-App öffnen

↓

Fotos auswählen

↓

mit der Nachrichten-App versenden

Sie möchten Ihre Fotos und Videos gerne mit Freunden und Bekannten teilen? In Kapitel 14, »Mit WhatsApp den Kontakt mit Freunden und Familie pflegen«, erklären wir Ihnen ab Seite 293, wie Sie mit der beliebten *Messenger*-App *WhatsApp* solche Medien ganz einfach in Ihre Nachrichten einfügen und verschicken können. Das geht aber auch direkt aus der *Fotos*-App heraus. Und das zeigen wir Ihnen hier:

1. Öffnen Sie die Fotos-App, und gehen Sie in die *Mediathek* 1 mit allen Ihren Bildern und Videos 2.

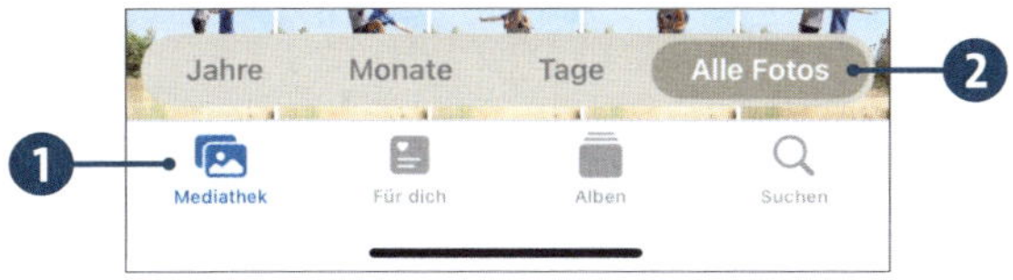

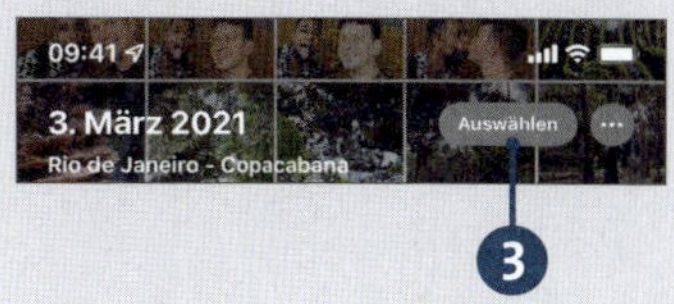

2. Tippen Sie nun rechts oben auf **Auswählen** ❸. Dann tippen Sie nacheinander alle Bilder an, die Sie im Anschluss an jemanden senden möchten. Die ausgewählten Bilder werden mit einem kleinen blauen Haken ✓ ❹ dargestellt. In der unteren Leiste haben Sie zudem immer im Blick, wie viele Fotos aktuell ausgewählt wurden ❺. Haben Sie ein Bild versehentlich angetippt, tippen Sie es erneut an – der blaue Haken verschwindet.

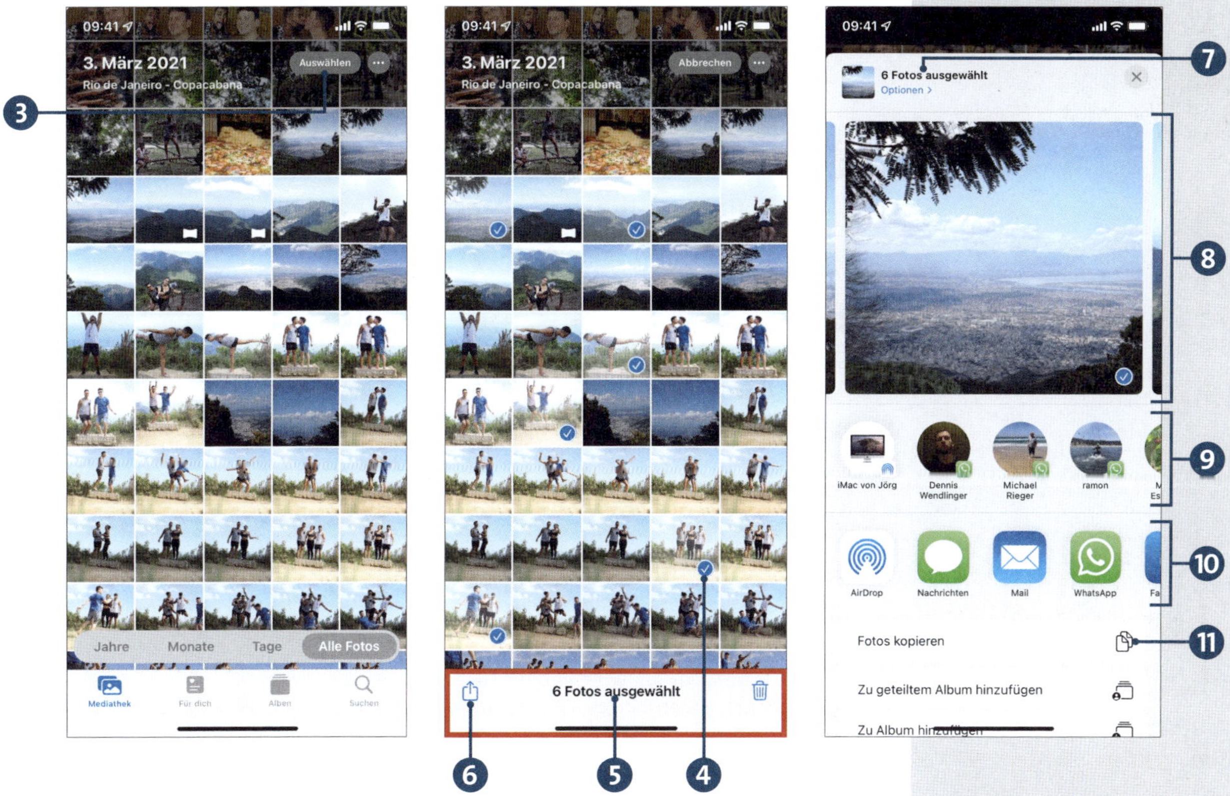

3. Ebenfalls in der unteren Leiste sehen Sie links das Symbol zum Teilen ⎙ ❻. Tippen Sie einmal darauf.

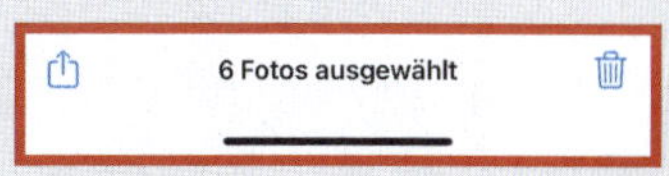

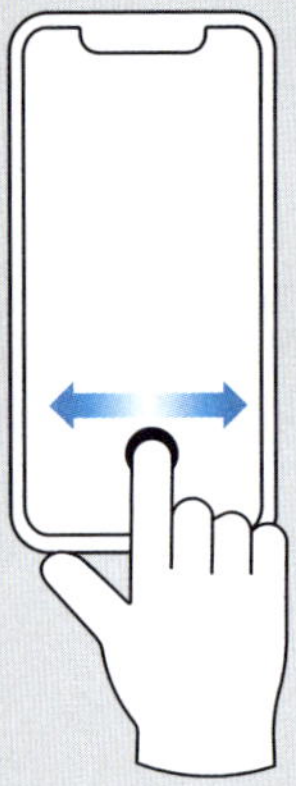

4. Es öffnet sich ein neues Fenster:

❼ Hier wird noch einmal angezeigt, wie viele Bilder Sie insgesamt ausgewählt haben.

❽ Der Bilderstreifen ermöglicht es Ihnen, noch weitere Fotos hinzuzufügen oder zu entfernen. Legen Sie den Finger auf diesen Bereich, und schieben Sie ihn nach links oder rechts, um mehr Fotos zu sehen.

❾ Haben Sie bereits Nachrichten mit Freunden und Bekannten getauscht, präsentiert Ihnen das iPhone Ihre bevorzugten Kontakte. Nach Auswahl eines Kontakts können Sie festlegen, über welche App Sie dem Kontakt Ihre Bilder senden möchten.

❿ Anstatt zuerst einen Kontakt auszuwählen, können Sie hier zunächst die gewünschte App auswählen, über die die Fotos geteilt werden soll. Anschließend geht es weiter wie ab Schritt 5 beschrieben.

⓫ **Fotos kopieren** sorgt dafür, dass sich das iPhone Ihre aktuelle Bilderauswahl merkt, sodass Sie sie später beliebig in einer App verwenden können.

5. Wählen Sie durch Antippen eine der angezeigten Apps (siehe ❿ auf Seite 249) aus, mit der Sie Ihre Fotos versenden möchten. Wir wählen hier die *Nachrichten*-App ⓬ und tippen darauf.

6. Nun öffnet sich ein Fenster der *Nachrichten*-App, in das die Fotos für den Versand geladen werden ⓭. Tippen Sie in das Feld **An:** ⓮, und geben Sie den Empfänger bzw. die Empfängerin mit der Bildschirmtastatur ein.

Erst die App auswählen, dann den Kontakt als Empfänger eintragen:

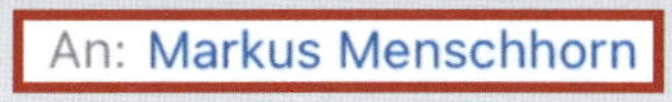

7. Möchten Sie in dieser Nachricht noch einen Kommentar zu den Bildern verfassen, müssen Sie bis unterhalb des letzten Fotos scrollen und links auf Höhe des blauen Pfeils auf den weißen Bereich ⓯ tippen. Die Einfügemarke erscheint, und Sie können losschreiben.

8. Sind Sie fertig, versenden Sie die Nachricht mit einem Fingertipp auf den blauen Senden-Pfeil ⓰.

Danach gelangen Sie automatisch in die Mediathek der *Fotos*-App zurück. Schließen Sie die App wie gewohnt.

MERKE

Auf diesem Wege können Sie Fotos auch per *Mail*, *WhatsApp* oder *Facebook Messenger* versenden – je nachdem, welche dieser Apps Sie auf Ihrem iPhone schon installiert haben. Statt der *Nachrichten*-App wählen Sie in Schritt 5 die gewünschte App aus.

KAPITEL 13

Neue Apps auf dem iPhone installieren

Apples Einkaufszentrum heißt schlicht *App Store* und befindet sich selbst als App auf Ihrem iPhone. In dieser App können Sie weitere Apps für alle möglichen Zwecke herunterladen und anschließend nutzen. Angefangen bei etlichen Spielen über nützliche Verkehrs-Apps bis hin zu Ratgebern finden Sie im *App Store* alles, was das Herz begehrt. Dabei gibt es verschiedene Arten von Apps:

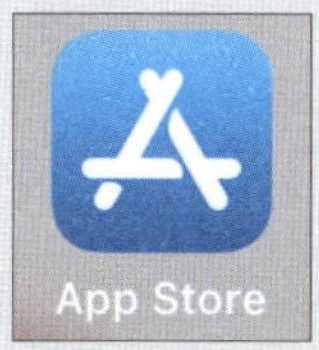

- Apps, die Sie kostenlos herunterladen und ohne Einschränkungen nutzen können
- Apps, die Sie zunächst kostenlos herunterladen, aber später kostenpflichtig erweitern können (sogenannter *In-App-Kauf*)
- Apps, für deren Download Sie einmalig einen Betrag bezahlen müssen
- Apps, die Sie abonnieren können und für die Sie entweder monatlich oder jährlich eine Gebühr entrichten

Eine kostenlose App erstmalig herunterladen

Nun gehen wir auf Einkaufstour und laden uns zunächst eine kostenfreie App auf das iPhone. Stellen Sie sich vor, Sie wollen Wien besuchen und dazu eine App der *Wiener Linien* herunterladen, um Ihre Fahrten mit Straßenbahn, Bus oder U-Bahn zu planen.

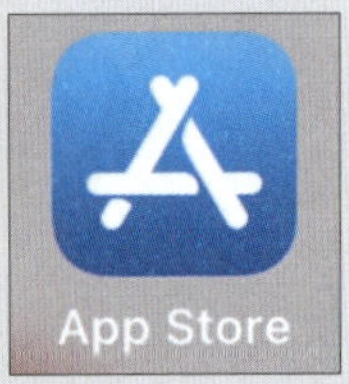

1. Öffnen Sie die App *App Store* auf dem Home-Bildschirm Ihres iPhones.

2. Starten Sie zum ersten Mal, kommt die Abfrage zur personalisierten Werbung. Hier können Sie entscheiden – wollen Sie, dass im App-Store künftig persönliche App-Empfehlungen angezeigt werden, oder nicht? Wenn Sie die Option aktivieren ❶, dann wird der App Store anhand Ihrer gekauften Apps das als Basis nehmen, Ihnen möglicherweise interessante, ähnliche Anwendungen zu empfehlen. Deaktivieren Sie diese Option ❷, dann erhalten Sie die Standard-Empfehlungen. Es liegt daher ganz an Ihnen, was Sie hier auswählen.

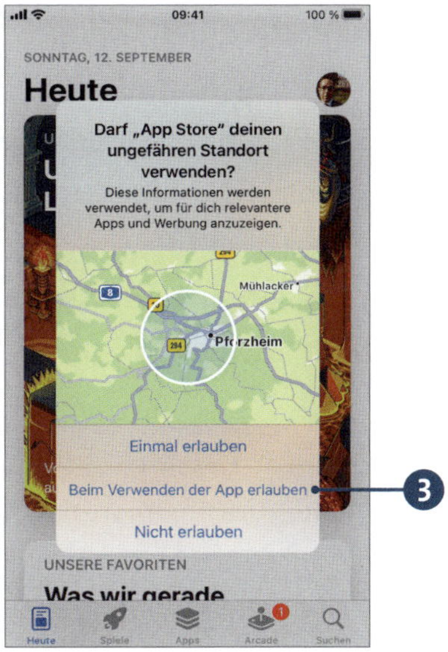

3. Ebenfalls, wie schon im Buch häufiger vorgekommen, will auch der App Store wissen, wo Sie sich gerade rumtreiben. Auch das dient dazu, passende Apps anzuzeigen oder auszublenden. Auch hier: Tippen Sie das an, womit Sie sich am wohlsten fühlen. Wir empfehlen **Beim Verwenden der App erlauben** ❸.

4. Jetzt endlich sehen Sie nun den Startbildschirm des Stores. Im unteren Bereich gibt es fünf Auswahlmöglichkeiten, zwischen denen Sie mit einem Fingertipp wechseln können.

❶ **Heute** zeigt Ihnen die tagesaktuellen Angebote und Favoriten des *App Stores*, z. B. das Spiel des Tages oder die App des Tages.

❷ **Spiele** zeigt Ihnen ausschließlich Spiele, die der *App Store* in seinem Angebot hat.

❸ Unter **Apps** finden Sie Apps aus allen möglichen Bereichen. Diese sind nach Themen sortiert.

MERKE

Rechts neben jeder App sehen Sie die *Download*-Schaltfläche. Damit laden Sie Ihre App aus dem Store auf Ihr iPhone herunter. Steht auf der Schaltfläche **LADEN**, ist die App zunächst kostenlos. Steht hier ein Preis, dann kostet die App so viel, wie dort angegeben ist. Steht zusätzlich »InApp-Käufe« dabei, bedeutet das, dass Sie in der App selbst später noch zusätzliche Funktionen zukaufen können. Das ist aber freiwillig.

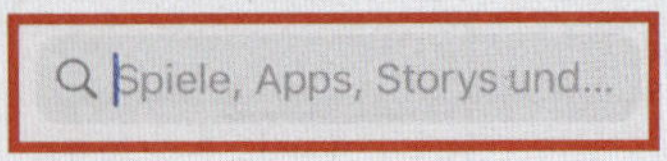

4 **Arcade** zeigt Ihnen Spiele-Apps an, die Sie kostenpflichtig abonnieren können.

5 Im Bereich **Suchen** können Sie gezielt nach Apps suchen, die Sie herunterladen möchten.

Beim Öffnen des *App Stores* ist standardmäßig die Rubrik **Heute** geöffnet.

Nun wollen wir eine App gezielt suchen und herunterladen. Wir gehen an dieser Stelle davon aus, dass Sie bei Ihrer *Apple-ID* die Zahlungsmodalitäten und Ihre Adresse noch nicht angegeben haben. Zwar müssen Sie für eine kostenlose App selbstverständlich nichts zahlen, dennoch werden diese Angaben im Verlauf des Downloads benötigt. All das zeigen wir Ihnen aber nun im Detail:

1. Tippen Sie auf die Schaltfläche **Suchen** in der Auswahlliste unten rechts. Das Fenster **Suchen** öffnet sich und schlägt Ihnen bereits einige Apps vor, die häufig heruntergeladen wurden bzw. im Trend liegen 1.

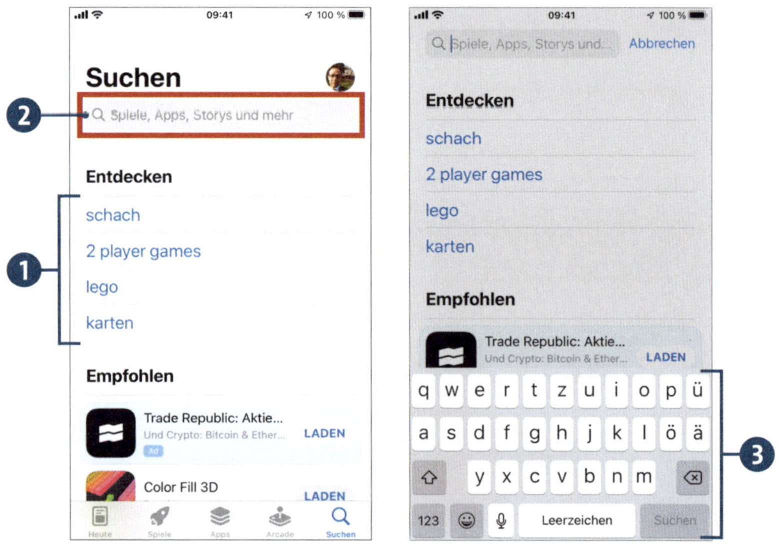

2. Tippen Sie anschließend in die Suchleiste **2** im oberen Bereich des Fensters. Nun wird unten die Bildschirmtastatur **3** eingeblendet.

3. Tippen Sie auf der Tastatur »stadt land« ein, ob in Groß- oder Kleinschreibung spielt keine Rolle. Der *App Store* macht schon bei der Eingabe Vorschläge **4** und vervollständigt Ihre Eingabe automatisch.

4. In unserem Beispiel können wir auf den zweiten Vorschlag **5** tippen. Der *App Store* hat zu unserem Suchbegriff gleich mehrere Apps im Angebot. Wir entscheiden uns für die App **Stadt Land Fluss** und tippen darauf **6**. Damit ist die App aber noch nicht heruntergeladen. Zunächst erhalten Sie weitere Informationen in einem neuen Fenster.

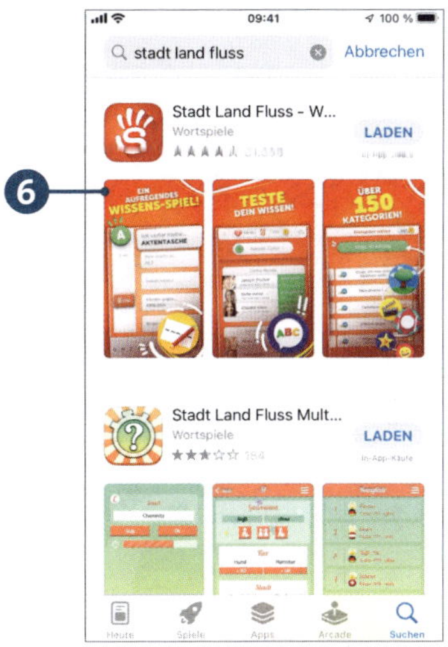

MERKE

Die Suchleisten sind im iPhone immer mit einer Lupe gekennzeichnet.

ACHTUNG!

Der *App Store* reagiert auf Ihren Standort und zeigt Apps – je nach lokaler Relevanz – anders an. Wenn Sie also z. B. in Hamburg leben, werden Ihnen andere Apps als in Wien angezeigt. Scrollen Sie dann wie gewohnt mit einem Fingerwisch nach unten durch die Liste, um diese Apps zu sehen.

MERKE

Um nicht nur die Anzahl der Sterne (hier 4) und Rezensionen (im Beispiel 21) zu sehen, sondern die Bewertungen selbst lesen zu können, legen Sie Ihren Finger auf den Bildschirm und fahren leicht nach oben bis zum Bereich **Bewertungen & Rezensionen**.

WAS TUN?

Sie haben bereits Ihre Zahlungsdaten hinterlegt und die folgenden Abfragen erscheinen nicht? Dann blättern Sie einfach zu Schritt 8 auf Seite 263 weiter.

5. Hier sehen Sie auch, wie die App bewertet wurde **7**: Je mehr Sterne sie von den Nutzern und Nutzerinnen erhalten hat, umso besser. Um alle Informationen (von der Altersbeschränkung bis hin zur Dateigröße) zu lesen, legen Sie Ihren Finger auf die Informationsleiste und wischen nach links.

6. Um die App jetzt auf Ihr iPhone zu laden, tippen Sie auf die Schaltfläche **Laden** **8**. Wie oben erklärt, ist das ein Hinweis darauf, dass die App kostenlos ist.

7. Es folgt nun eine Einblendung, in der Sie die Installation bestätigen müssen. Tippen Sie bei einem iPhone mit Touch-ID **Installieren** **9** an. Bei einem iPhone mit Face-ID drücken Sie die Seitentaste zwei Mal **10**.

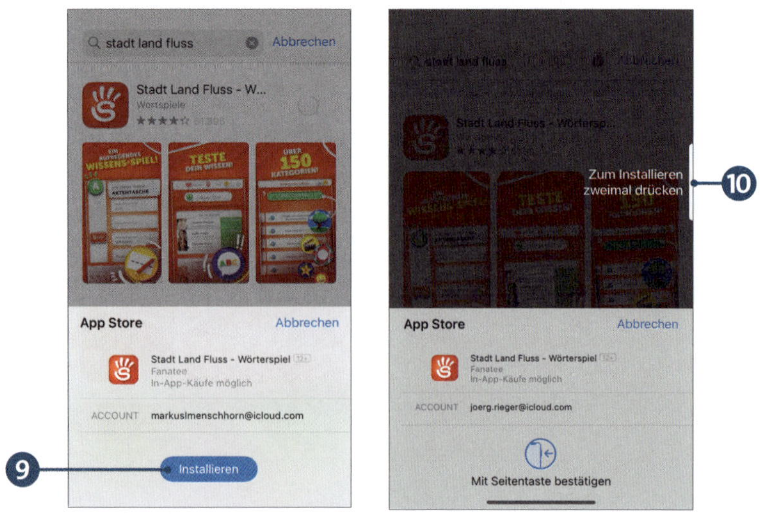

Damit die App auf Ihr iPhone heruntergeladen werden kann, verlangt Apple nun Ihre *Apple-ID*.

Geben Sie dazu im Feld **Passwort** ❶ Ihrer Apple-ID ein. Tippen Sie dann auf **Anmelden** ❷.

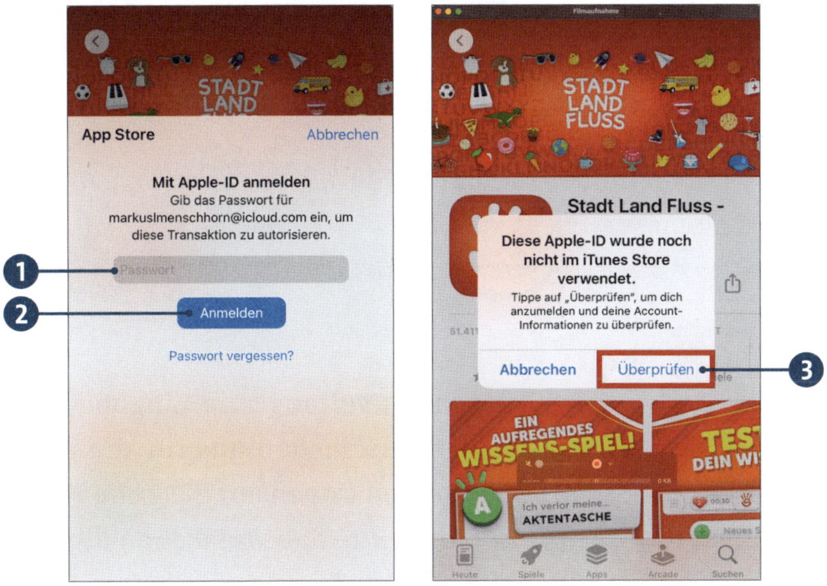

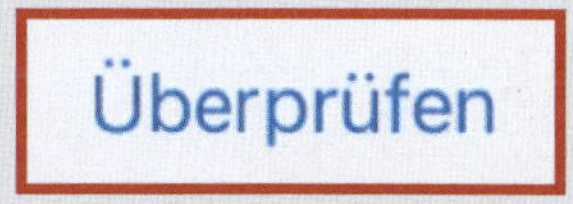

1. Da Ihre Apple-ID noch nie im App Store verwendet wurde, möchte Apple Ihre Apple-ID inklusive der Zahlungsmodalitäten in einer weiteren Abfrage überprüfen. Tippen Sie daher auf die Schaltfläche **Überprüfen** ❸.

2. Nun müssen Sie noch den Geschäftsbedingungen zustimmen und die Apple-ID für eventuelle zukünftige Käufe vervollständigen. Tippen Sie dazu auf den weißen Schalter hinter **Allgemeinen Geschäftsbedingungen zustimmen** ❹, sodass er aktiviert (grün) ist ❺. Anschließend tippen Sie auf **Weiter** ❻.

MERKE

Keine Sorge: Diese Prozedur müssen Sie nur beim allerersten Download durchführen. Nach der Eingabe der restlichen Daten ist dies künftig nicht mehr nötig.

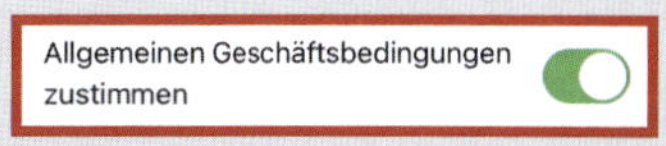

Weiter

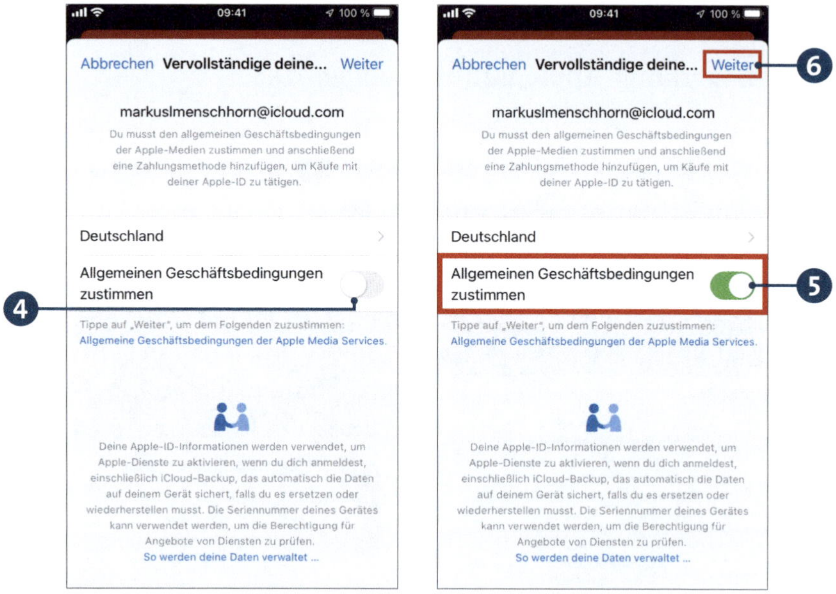

3. Der nächste Bildschirm verlangt die Eingabe der Zahlungsmodalitäten. Wir entscheiden uns für die Eingabe der Kreditkartendaten und tippen auf die Zeile **Kredit-/Debitkarte** 7. Sie erhält ein blaues Häkchen und es erscheinen die entsprechenden Felder, in die Sie Ihre Kartendaten eingeben können 8.

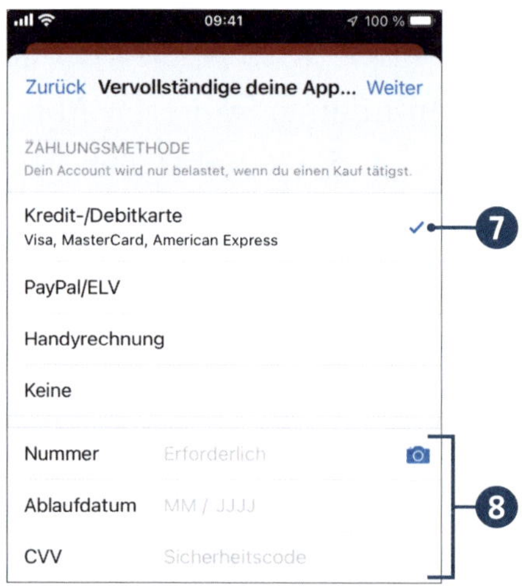

Ist die App auch wirklich kostenlos?

Sie müssen im *App Store* immer eine Zahlungsmöglichkeit angeben, auch wenn Sie dort stets nur kostenlose Apps herunterladen. »Aus Versehen« können Sie auch keine App kaufen, da Sie bei einem echten Kauf mehrfach darüber informiert werden. Ihre Kreditkarte wird also nur dann belastet, wenn Sie Apps kaufen, die tatsächlich etwas kosten. Apple weist Sie im Bereich der Zahlungsmodalitäten auch ausdrücklich darauf hin.

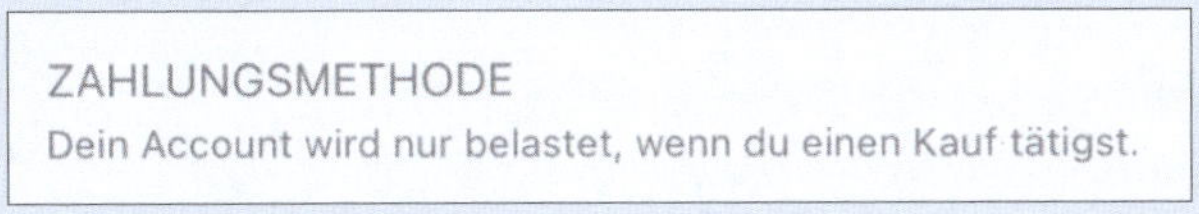

Foto statt tippen

Da wir schon richtige iPhone-Profis sind, wissen wir – Apple hat sich etwas ausgedacht, um Zeit zu sparen. Statt einzutippen, können Sie einfach Ihre Kreditkarte fotografieren und Ihr Smartphone erledigt den Rest. Legen Sie die Kreditkarte auf einen hellen Untergrund und tippen Sie auf das Kamerasymbol im Bereich Nummer 1. Halten Sie das iPhone so, dass die Karte im Aufnahmefeld 2 ist – und schon wird Ihre Kartennummer erkannt. Tippen Sie dann auf **Fertig** 3. Weitere Daten müssen Sie dann im Anschluss aber trotzdem noch nachtragen.

4. Wenn Sie in das Feld hinter **Nummer** tippen, erscheint ein Tastenfeld zur Eingabe Ihrer Kreditkartennummer. Danach tippen Sie in die Zeile **Ablaufdatum** und geben bei **MM** mithilfe des Tastenfeldes den Monat des Ablaufdatums Ihrer Karte ein. Der Cursor springt dann automatisch weiter zu **JJJJ**, wo Sie das Jahr eintippen, in

Kreditkarte auf hellen Untergrund legen

↓

abfotografieren

↓

Daten automatisch übernehmen

dem Ihre Karte abläuft. Im Feld **CVV** geben Sie Ihre Sicherheitsnummer ein, die sich auf der Rückseite Ihrer Kreditkarte befindet.

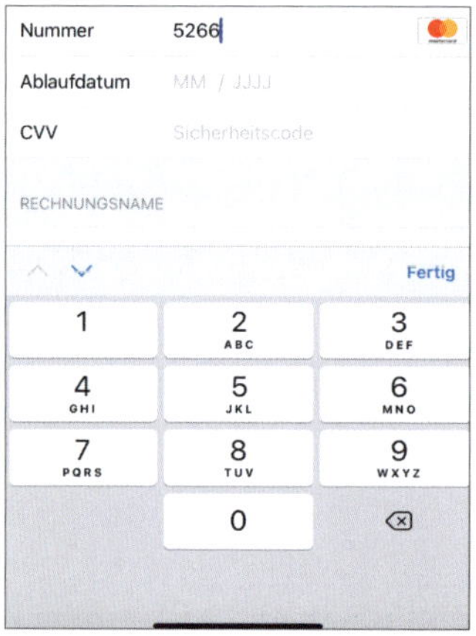

5. Nun legen Sie den Finger auf den Bildschirm und wischen leicht nach oben, bis die Felder bei **Rechnungsname** 9 und **Rechnungsadresse** 10 zu sehen sind. Da Sie bereits eine Apple-ID angelegt haben, sind bei **Rechnungsname** Ihr Vor- und Nachname schon eingetragen. Die Rechnungsadresse müssen Sie nun aber noch eingeben. Die Daten, die Sie zwingend eingeben müssen, sind dabei mit **Erforderlich** 11 gekennzeichnet, nämlich Adresse, Postleitzahl und Stadt. Auch Ihre Telefonnummer müssen Sie hier angeben.

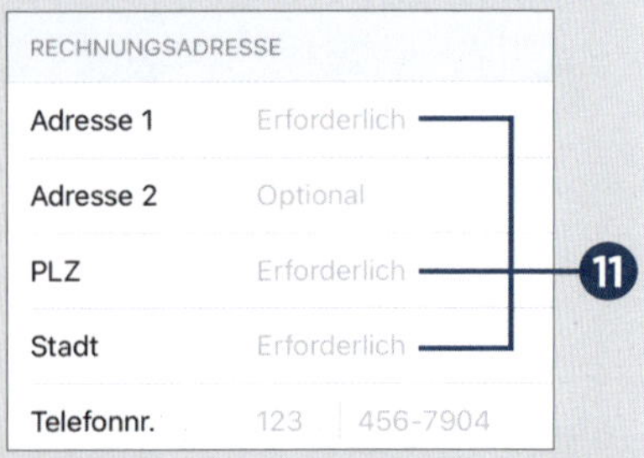

6. Tippen Sie in die Zeile **Adresse 1**, und geben Sie über die Tastatur Ihre Straße und Hausnummer ein. Füllen Sie auf die gleiche Weise auch die Felder **PLZ**, **Stadt** und **Telefonnr.** aus.

7. Haben Sie alle Daten eingegeben, tippen Sie auf **Weiter** im rechten oberen Bereich des Bildschirms. Damit erscheint ein Bildschirm, der Ihnen mitteilt, dass Sie Ihre

Apple-ID nun vervollständigt haben und dass diese auch für Einkäufe im Store von Apple zur Verfügung steht.

8. Tippen Sie nun auf die blaue Schaltfläche **Weiter** im unteren Bereich des Bildschirms. Damit gelangen Sie zurück in den *App Store*.

9. Dort tippen Sie erneut auf die Schaltfläche **LADEN**. Das Ladensymbol verschwindet, stattdessen erscheint ein kleiner, sich drehender Kreis ⓬. Das bedeutet, dass die Installation vorbereitet wird.

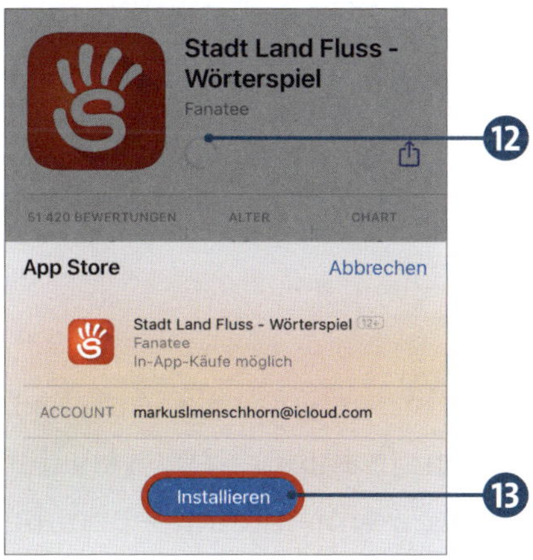

10. Im unteren Viertel des Bildschirms erscheint nun ein Fenster, das von Ihnen eine Installationsbestätigung verlangt. Hier sehen Sie auch den **Account**, über den die Installation läuft. Tippen Sie hier auf die blaue Schaltfläche **Installieren** ⓭.

11. Damit starten Sie in unserem Beispiel die Installation der kostenlosen App *Stadt Land Fluss*. Nun verlangt der *App Store* erneut die Eingabe des Passworts Ihrer Apple-ID. Geben Sie es im Feld **Passwort** ⓮ ein, und tippen Sie danach auf die blaue Schaltfläche **Anmelden** ⓯.

MERKE

Apple fragt bei jedem Kauf bzw. Gratisdownload nach Ihrem Passwort für die Apple-ID bzw. nach der ersten Anmeldung nach Ihrer Face ID oder Touch ID, um sicherzugehen, dass Sie (und nicht eine unbefugte Person) den Kauf oder den Gratisdownload tatsächlich durchführen möchten.

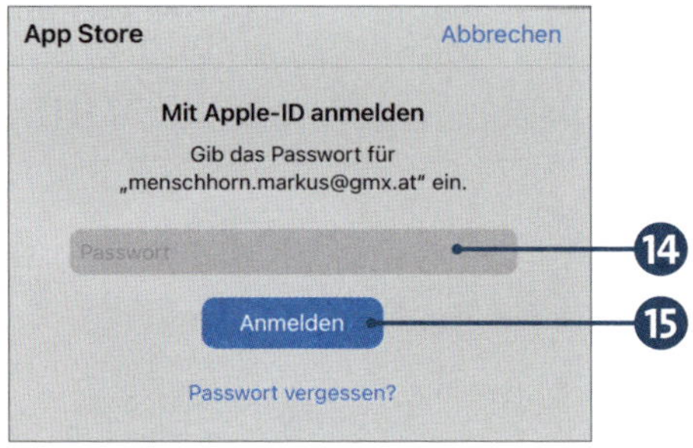

12. Der Download beginnt ⑯. Sobald er abgeschlossen ist, erscheint die Schaltfläche **ÖFFNEN** ⑰. Tippen Sie darauf, wird die App geöffnet. Beim ersten Öffnen fragt die App, ob sie Ihren Standort verwenden darf. Tippen Sie bei dieser App auf **Beim Verwenden der App erlauben**.

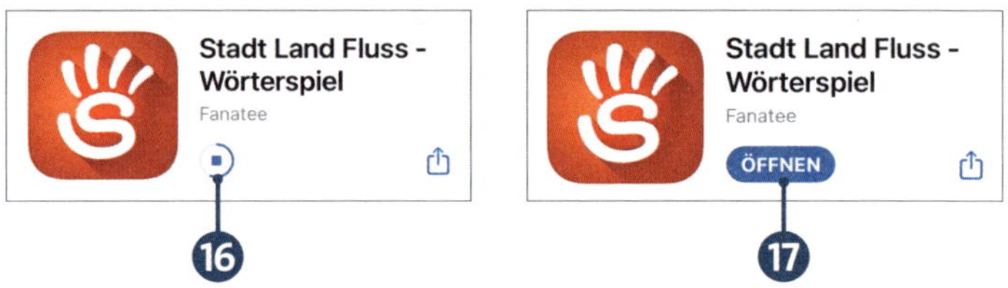

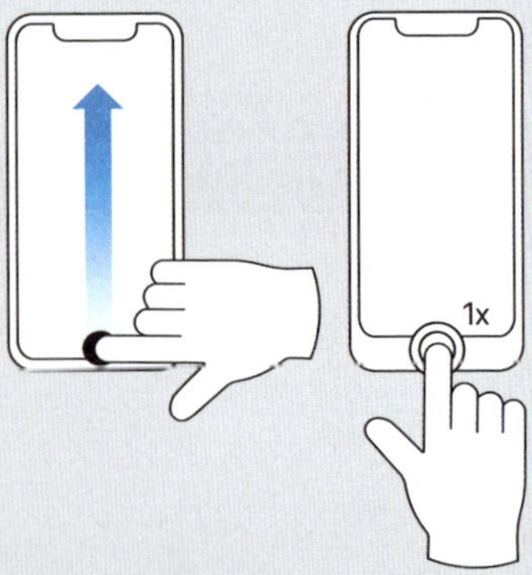

Nun ist die App einsatzbereit ⑱. Auf die Bedienung gehen wir hier nicht ein. In Kapitel 19, »Das iPhone auf Reisen«, ab Seite 382 zeigen wir Ihnen noch an Beispielen, wie Sie mit solchen Apps grundsätzlich den Weg finden. Schließen Sie nun die App, indem Sie den Finger auf den unteren Bildschirmrand legen und leicht nach oben wischen. Bei einem iPhone mit Touch ID betätigen Sie die Home-Taste.

Sie sehen jetzt wieder den Home-Bildschirm mit allen Apps. Doch wo ist Ihre neu installierte App?

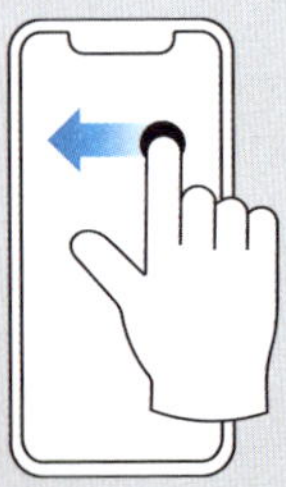

Legen Sie den Finger auf den rechten Rand des Bildschirms, und wischen Sie nach links. Damit öffnen Sie die zweite Seite des Home-Bildschirms. Dort finden Sie das Symbol der gerade heruntergeladenen App ⑲.

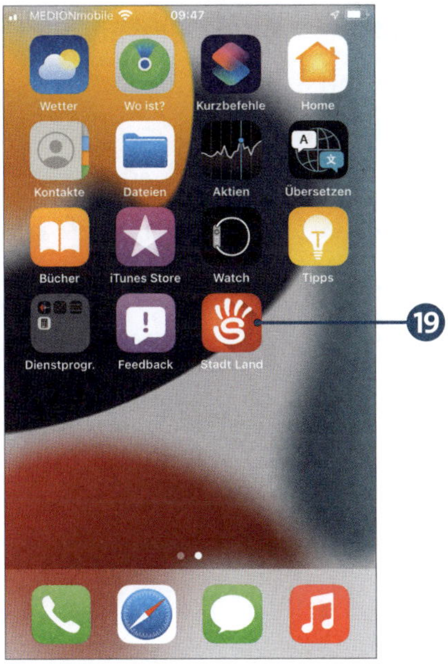

Eine Gratis-App mit vollständiger Apple-ID herunterladen

In diesem Abschnitt zeigen wir Ihnen, wie Sie eine kostenlose App aus dem *App Store* laden, wenn Sie in Ihrer *Apple-ID* Ihre Rechnungsadresse sowie die Zahlungsmodalitäten schon angegeben haben. Das geht dann um einiges schneller. Hier suchen wir uns eine App, um in Wien schneller voranzukommen.

MERKE

Wie Sie mit Apps durch fremde Städte navigieren, zeigen wir Ihnen in Kapitel 19, »Das iPhone auf Reisen«, ab Seite 382.

1. Öffnen Sie den *App Store*, tippen Sie auf den Bereich **Suchen**, und geben Sie in die Suchleiste »wien mobil« ein.

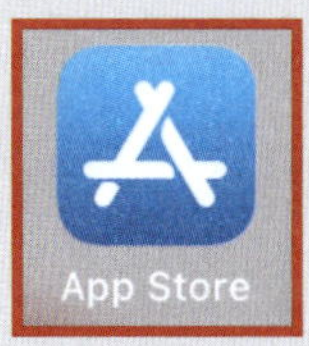

2. Diesmal wählen wir die angebotene App *WienMobil* aus. Tippen Sie auf das Symbol der App **1**, wenn Sie vorab noch die Informationsseite der App öffnen und sich dort über Bewertungen und Ähnliches mehr informieren möchten (siehe dazu Seite 258).

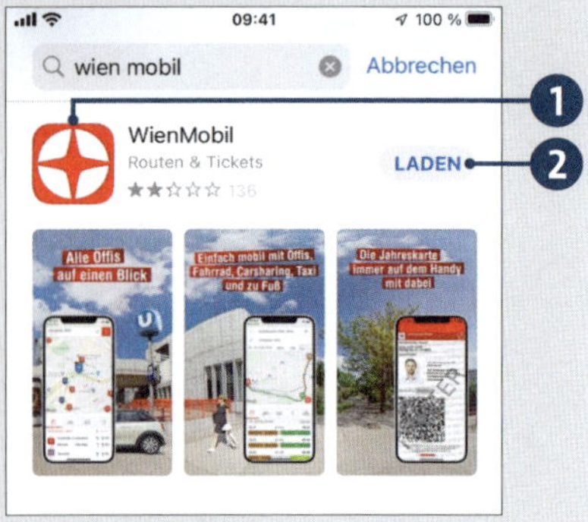

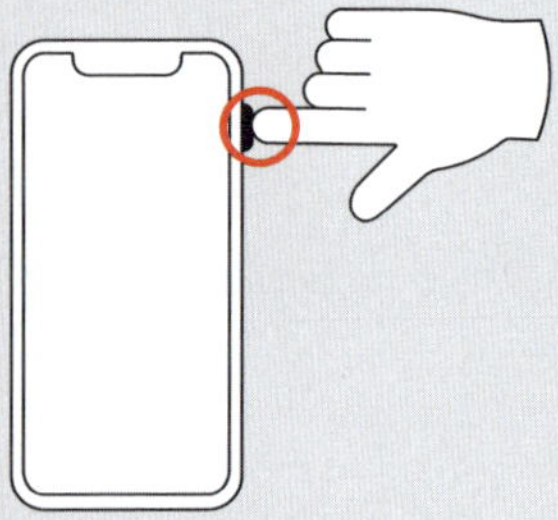

Zweimal die Standby-Taste drücken

3. Tippen Sie auf der Informationsseite oder auch gleich auf der Ergebnisseite Ihrer Suche auf die Schaltfläche **LADEN** ❷.

Sie werden nun aufgefordert, den Download der App zu bestätigen.

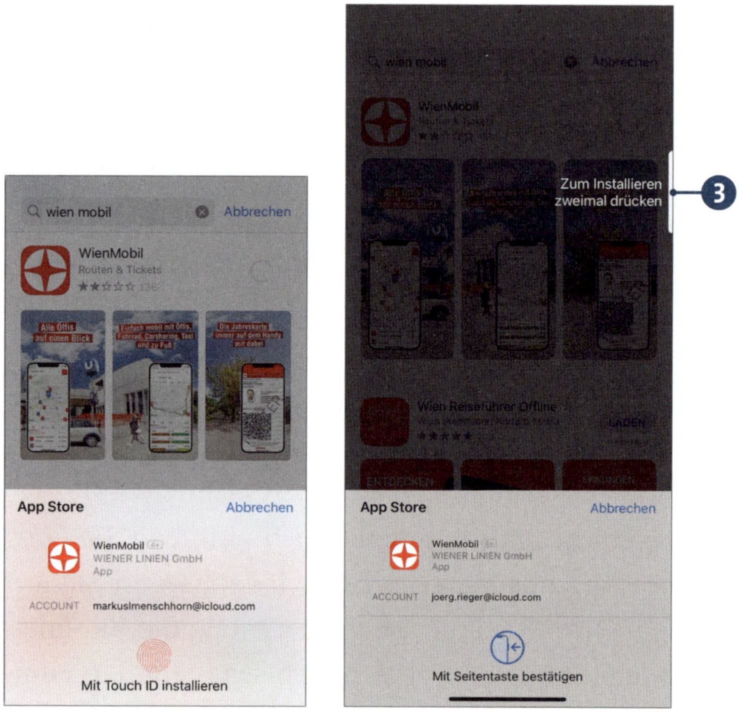

4. Bei einem iPhone mit Face ID bestätigen Sie dies, indem Sie zweimal schnell hintereinander die Standby-Taste auf der rechten Seite Ihres iPhones betätigen ❸ und dabei auf Ihr Gerät schauen, damit es Ihr Gesicht erkennen kann ❹. War die Gesichtserkennung erfolgreich, wird Ihre Gratis-App heruntergeladen.

Bei einem iPhone mit Touch ID erscheint die Aufforderung, Ihren Finger auf die Home-Taste ❺ zu legen, damit das

Gerät Ihren Fingerabdruck erkennt. Sobald das geschehen ist, wird die Gratis-App *WienMobil* auf Ihr iPhone heruntergeladen.

Wie es genau weitergeht, können Sie im vorigen Abschnitt ab Schritt 12 auf Seite 264 nachlesen.

App entfernen

Nachdem Sie Ihren Wien-Urlaub beendet haben, ist auch die App *WienMobil* für Sie im Grunde nicht mehr von Interesse. Wir zeigen Ihnen nun also, wie Sie nicht mehr benötigte Apps wieder von Ihrem iPhone entfernen:

1. Drücken Sie auf Ihrem Home-Bildschirm ca. eine Sekunde auf die App, die Sie löschen möchten ❶. Sie spüren dabei eine leichte Vibration, und unterhalb des App-Symbols öffnet sich ein kleines Fenster ❷.

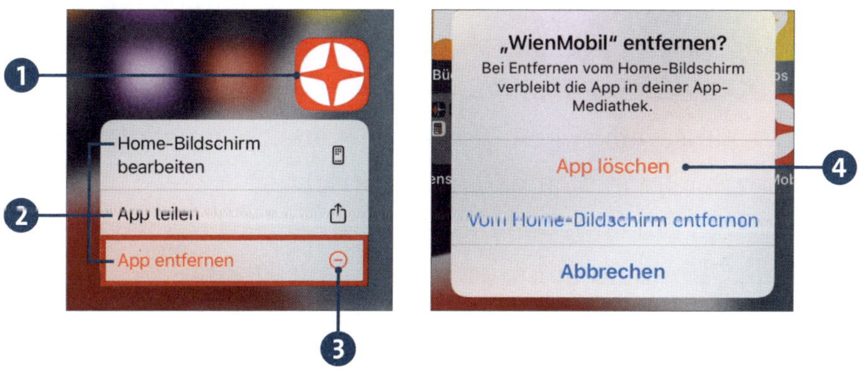

2. Tippen Sie nun auf **App entfernen** ❸. Das iPhone fragt sicherheitshalber nach, ob Sie die App wirklich löschen möchten, und weist Sie darauf hin, dass mit der App auch alle dazugehörigen Daten gelöscht werden.

ACHTUNG

Haben Sie eine App mit Abonnement installiert (siehe ab Seite 271), dann läuft das Abo weiter, auch wenn Sie die App löschen oder nicht mehr verwenden. Sie müssen das Abo separat abbestellen (siehe dazu ab Seite 276).

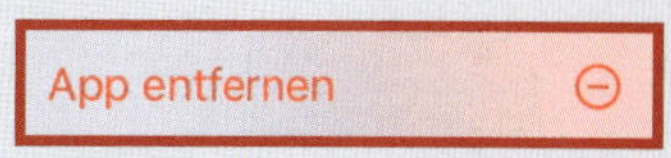

3. Tippen Sie auf **App löschen** ❹, um die App tatsächlich zu entfernen.

Auf diese Weise löschen Sie jede beliebige App. Keine Sorge: Diejenigen Apps, die zum Betrieb Ihres iPhones notwendig sind, die sog. *System-Apps*, können Sie nicht versehentlich löschen: Das wird automatisch blockiert.

Außerdem können Sie eine App, die Sie irgendwann gekauft haben, nach dem Löschen einfach wieder installieren, ohne dass Sie erneut dafür zahlen müssen. Wenn Sie nach einer solchen App im *App Store* suchen, werden Sie dort keinen Zahlungshinweis sehen, sondern können sie gratis laden.

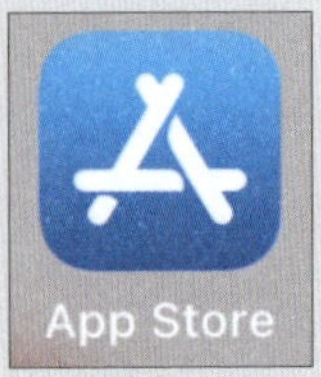

Eine kostenpflichtige Spiele-App herunterladen

Jetzt zeigen wir Ihnen, wie Sie eine kostenpflichtige App im *App Store* erwerben. Als Beispiel nehmen wir ein Spiel, das Sie dann auf dem iPhone spielen können. Im Gegensatz zu unserem ersten Beispiel ab Seite 254 muss man für dieses Spiel vorab eine Gebühr entrichten.

1. Öffnen Sie zunächst die App *App Store*.

2. Tippen Sie im geöffneten *App Store* unten auf die Schaltfläche **Spiele** ❶, damit Sie zu der Angebotsseite gelangen, auf der ausschließlich Spiele zu finden sind.

3. Legen Sie nun einen Finger auf den unteren Bereich Ihres Bildschirms, aber oberhalb der Auswahlliste, in der Sie **Heute**, **Spiele** usw. sehen, und fahren Sie mit dem Finger nach oben. Dadurch sehen Sie zahlreiche Rubriken mit Spieleangeboten, z. B. *Was wir gerade spielen*.

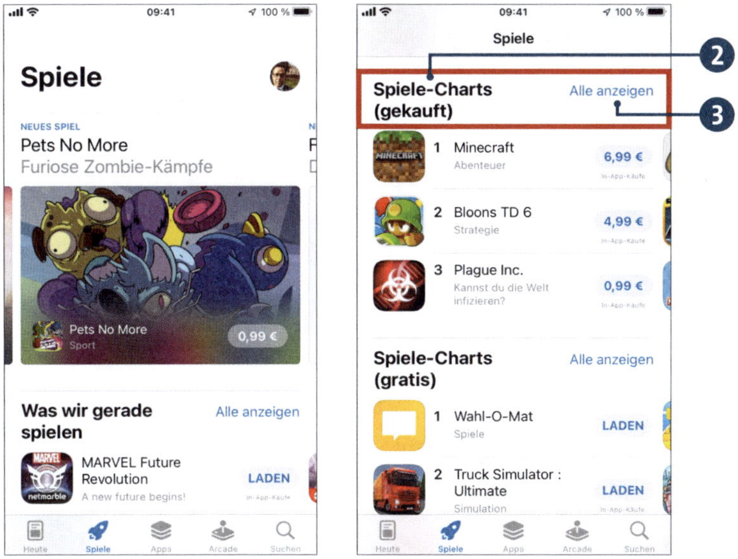

4. Wir wollen aber noch weitersuchen. Legen Sie also erneut einen Finger auf den Bildschirm, und wischen Sie langsam nach oben, bis die Rubrik **Spiele-Charts (gekauft)** 2 erscheint. Hier sehen Sie die beliebtesten Spiele, die bisher gekauft wurden. Tippen Sie in diesem Bereich auf die Schaltfläche **Alle anzeigen** 3.

5. Im folgenden Fenster werden, nach ihrer Beliebtheit sortiert, Spiele-Apps zum Kauf angeboten. Wischen Sie den Bildschirm langsam nach oben, um zu sehen, welche Spiele es gibt. Wir entscheiden uns für *Monopoly*, das zur Zeit der Produktion dieses Buches auf Platz 6 gelistet war 4. Rechts davon sehen Sie eine Schaltfläche mit dem Preis für diese App. In unserem Fall sind das 3,99 € 5.

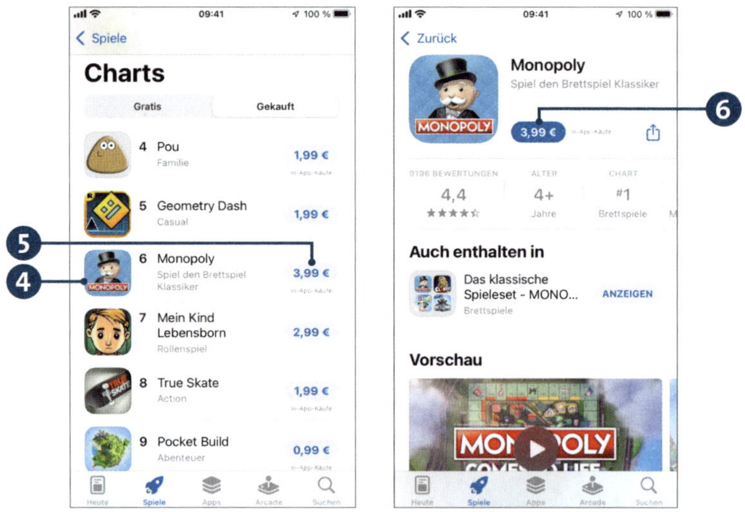

6. Tippen Sie nun auf die Zeile mit der App, um die App genauer unter die Lupe zu nehmen. Auch hier wird eine Informationsseite zur App geöffnet. Oben sehen Sie wiederum die kleine blaue Schaltfläche mit dem Preis **6**. Wir wollen die App kaufen und tippen daher auf diese Schaltfläche.

7. Sie werden aufgefordert, den Kauf dieser App zu bestätigen. Bei einem iPhone mit Touch ID erscheint die Aufforderung, **Mit Touch ID bezahlen** **7**. Sobald Sie Ihren Finger auf die Home-Taste legen und Ihr Fingerabdruck erkannt wurde, wird das Spiel *Monopoly* auf Ihr iPhone heruntergeladen.

Zweimal die Standby-Taste betätigen

8. Bei einem iPhone mit Face ID werden Sie dazu aufgefordert, die Seitentaste zu betätigen **8**. Drücken Sie also zweimal schnell hintereinander auf die Standby-Taste auf der rechten Seite Ihres iPhones, und schauen Sie dabei auf Ihr Gerät, damit es Ihr Gesicht erkennen kann. War die Gesichtserkennung erfolgreich, wird Ihre kostenpflichtige Spiele-App heruntergeladen.

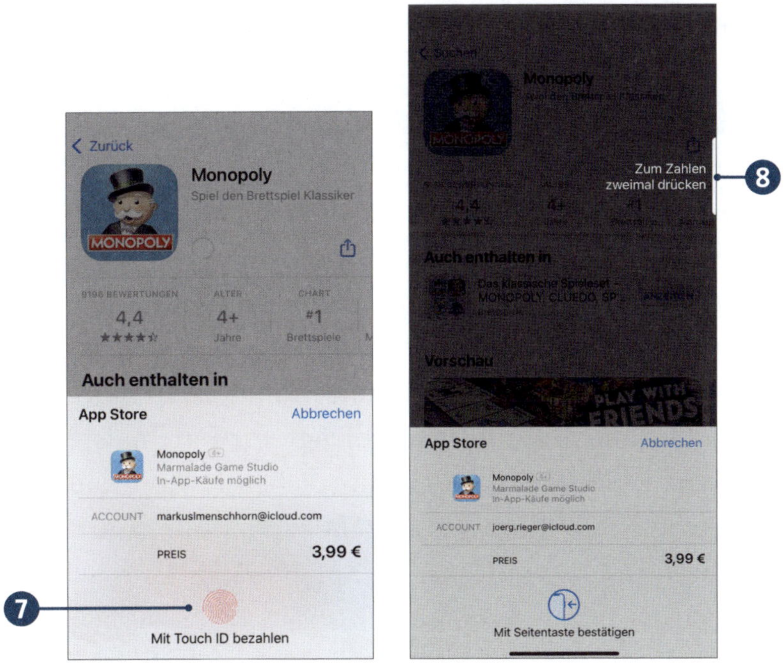

9. Sobald der Download ❾ abgeschlossen ist, erscheint an der Stelle, an der zuvor der Preis zu sehen war, die kleine blaue Schaltfläche **ÖFFNEN** ❿. Tippen Sie darauf. Damit wird die App geöffnet, und Sie können mit dem Spielen beginnen.

10. Die App beenden Sie wie üblich.

Einen Abo-Kauf abschließen

Sie haben inzwischen gelernt, wie man kostenlose und kostenpflichtige Apps installiert. Die dritte Variante, das

Abonnement, schauen wir uns jetzt an. Es gibt sowohl Jahres- als auch Monatsabonnements für Apps im *App Store*. Die Apps lassen sich in der Regel zunächst kostenlos laden und nur dann, wenn Sie mehr Funktionen nutzen möchten, wird ein Abo fällig.

Wenn sich unterhalb der Schaltfläche **LADEN** der Hinweis **In-App-Käufe** befindet, dann können auch bei einer vermeintlich kostenlosen App irgendwann Kosten fällig werden. Aber auch hier gilt: Ungefragt wird niemals etwas abgebucht. Stimmen Sie einem solchen In-App-Kauf mit erweiterten Funktionen also nicht explizit zu, kann nichts passieren.

Klassischerweise sind Fitness-Apps, aber auch Fotobearbeitungs- oder Wellness-Apps mit einem Abo verbunden.

Wichtig: In der Regel erkennen Sie bei keiner dieser Apps direkt, ob sich ein Abo dahinter verbirgt. Das merken Sie erst bei der Nutzung oder nach der Installation.

ACHTUNG!

Alle Abo-Apps gibt es meist als Testversion. Kündigen Sie im Laufe dieses Testzeitraums, am besten direkt nach der Installation. Sie können die App noch nutzen, aber es wird kein Abo nach Ablauf des Zeitraums abgeschlossen.

Daher zeigen wir Ihnen nun im Folgenden an einem Beispiel, was geschieht, wenn Sie eine solche App herunterladen, und auf welche Weise man Sie zu einem Abo bewegen möchte. Natürlich erfahren Sie im nächsten Abschnitt auch, wie Sie im Fall der Fälle ein Abo kündigen können. Die Installation einer solchen App erfolgt so, wie in den vorangehenden Abschnitten beschrieben.

1. Wir haben uns die *Calm*-App zum Entspannen und Entstressen herausgesucht. Diese App kann zunächst gratis geladen werden. Suchen Sie einfach im *App Store* nach »Calm«.

Calm-App laden

↓

Datenschutzfreigaben

↓

Anmeldung bei der App mit Apple

↓

Abo abschließen

2. Die Installation erfolgt ganz wie vorangehend beschrieben. Nach dem Tipp auf **Laden** müssen Sie mehrfach bestätigen und dann ist die App auch schon startklar.

3. Beim ersten Start der App müssen Sie sich durch mehrere Datenschutzfreigaben tippen – das passiert bei jeder App. Apple nimmt den Datenschutz sehr ernst, daher muss jeder Hersteller bei Ihnen um diese Erlaubnis fragen. In den folgenden vier Abfragen können Sie getrost drei Mal akzeptieren (1, 2, 3). Das **App-Tracking** 4 sehen wir allerdings kritisch – denn Calm geht es nun wirklich nichts an, wo Sie surfen und welche Apps Sie verwenden. Hier können Sie gerne **App-Tracking ablehnen** 5 antippen.

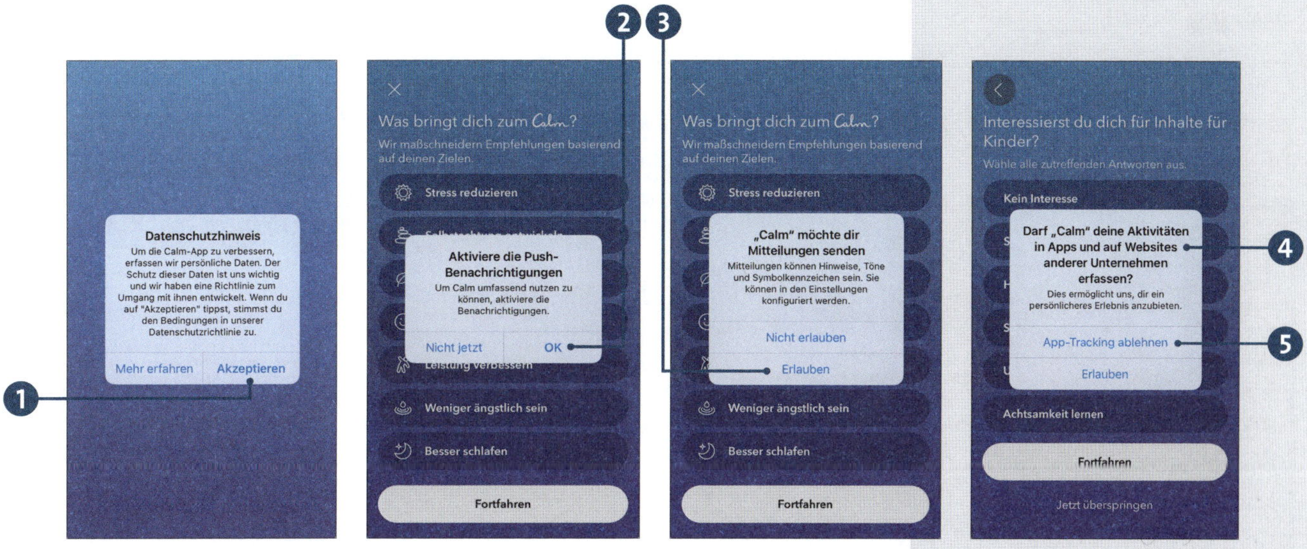

4. Calm möchte nun noch wissen, was Sie sich von der App erhoffen. Tippen Sie einfach an, was Ihnen wichtig ist, und tippen Sie dann auf **Fortfahren** 6.

5. Nun kommt die **Anmeldung**. Auch das ist bei vielen Apps üblich. Damit erstellen Sie einen für sich reservierten Bereich, einen sogenannten Account, in dem Ihre Daten

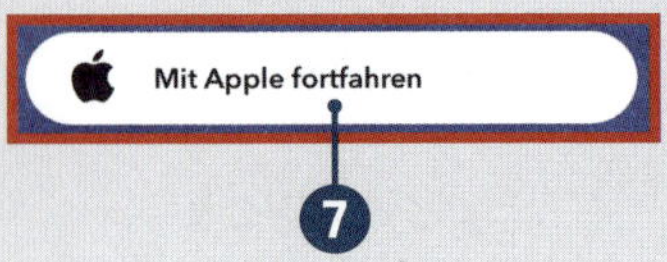

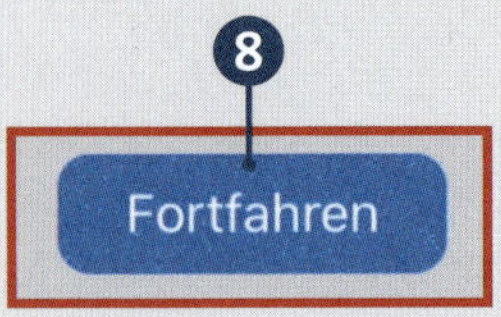

gespeichert werden. Hier wählen Sie **Mit Apple fortfahren** ❼. Damit sparen Sie sich viel Tipparbeit, die Daten Ihres Smartphones werden verwendet und Apple schützt automatisch Ihre Daten.

6. Im folgenden Bildschirm fahren Sie mit dem Finger nach oben, um ganz unten die Schaltfläche **Fortfahren** ❽ anzutippen.

7. Nun setzen Sie im Anschluss noch ein Häkchen bei Ihrer Mailadresse. Sie können Calm entweder Ihre richtige Mailadresse mitteilen ❾ oder Apple erstellt im Hintergrund vollautomatisch eine zufällige Adresse ❿, um Ihre Identität zu schützen. Nun ist die Anmeldung mit einem Fingerdruck oder der Face-ID-Erkennung erledigt.

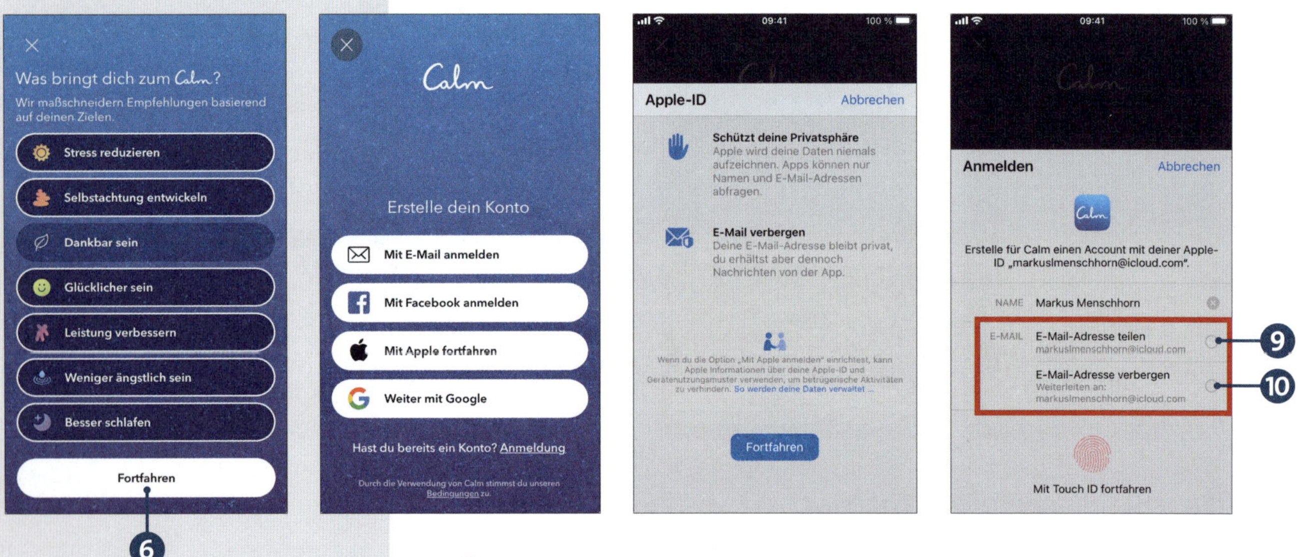

8. So, und jetzt kommt tatsächlich die vorhin angekündigte Abofrage. Hier gibt es nur ein Jahresabo für knapp 40 € ⓫, Sie können die App aber sieben Tage lang testen und jederzeit in diesem Zeitraum kündigen. Also – probieren wir es aus und tippen wir auf **Kostenlos testen und abonnieren** ⓬.

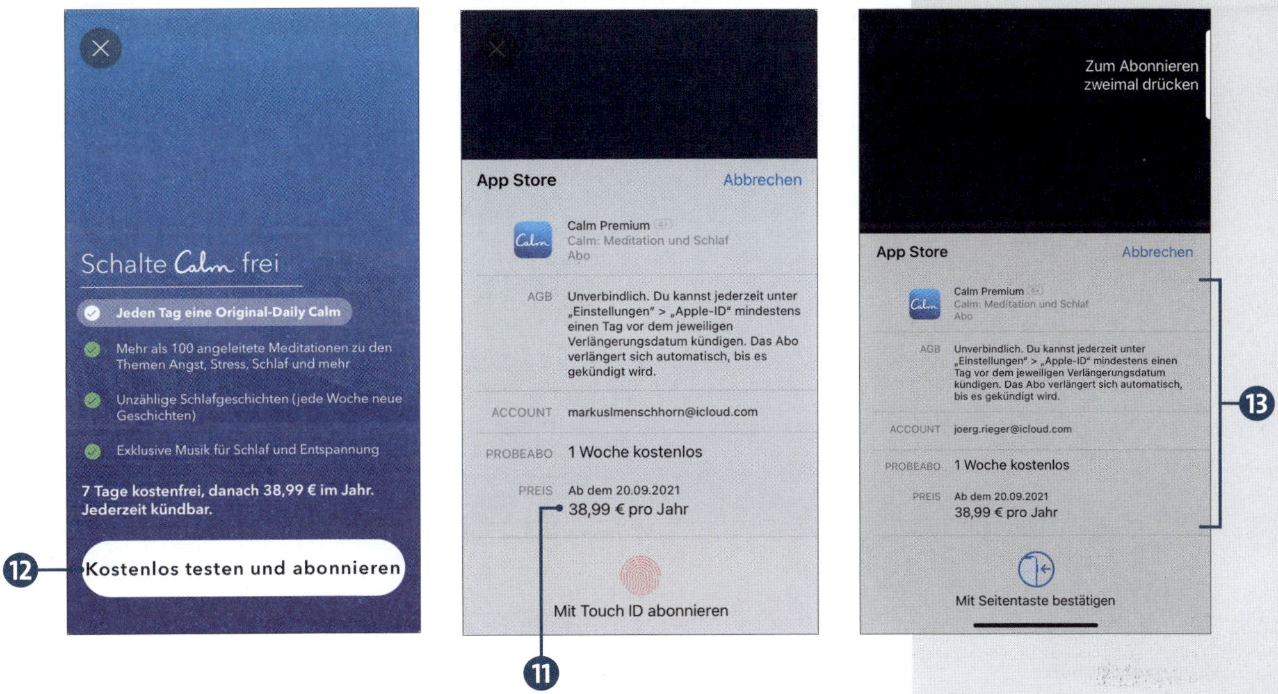

9. Nun müssen Sie, wie bei einer normalen App-Installation, nochmals bestätigen. Jetzt geht es aber um Geld ⓭ – Apple fasst hier alle Fakten nochmals zusammen.

Wenn Sie jetzt das Abo buchen (beim iPhone mit Face ID per doppeltem Druck auf die Standby-Taste rechts oben am iPhone, beim iPhone mit Fingerabdruck durch Auflegen des Fingers auf die Home-Taste), kann die App genutzt werden. Aber die Uhr tickt und es bleibt nur eine Woche, um das Abo ggf. zu kündigen. Apple schickt übrigens eine Bestätigung mit allen Informationen parallel an Ihre E-Mail-Adresse zum Nachlesen ⓮.

Doch wie kündigen Sie das Abo einer App? Das zeigen wir Ihnen im folgenden Abschnitt, denn die Möglichkeit dazu ist verdammt gut versteckt.

Einstellungen

↓

Apple-ID

↓

Abonnements

↓

Abo kündigen

Ein Abo sicher und rechtzeitig kündigen

Sie möchten das Abonnement einer App kündigen? Im vorangehenden Abschnitt haben wir Ihnen erklärt, dass sich manche zunächst kostenfreien Apps in ein Abo umwandeln, wenn man nicht rechtzeitig kündigt. Die Kündigung klappt allerdings weder im *App Store* noch in der jeweiligen App, sondern in den *Einstellungen*. Hier zeigen wir Ihnen den Weg, den Apple zugegebenermaßen als kleines Labyrinth angelegt hat:

1. Tippen Sie im Home-Bildschirm Ihres iPhones die *Einstellungen*-App an.

2. Ganz oben finden Sie die Angaben zu Ihrer *Apple-ID* ❶. Tippen Sie darauf.

3. Hier wird der Bereich mit zahlreichen Einstellungen rund um Ihre Apple-ID angezeigt. Uns interessiert aber nur der Punkt **Abonnements** ❷. Auch hier gilt: einmal antippen, bitte.

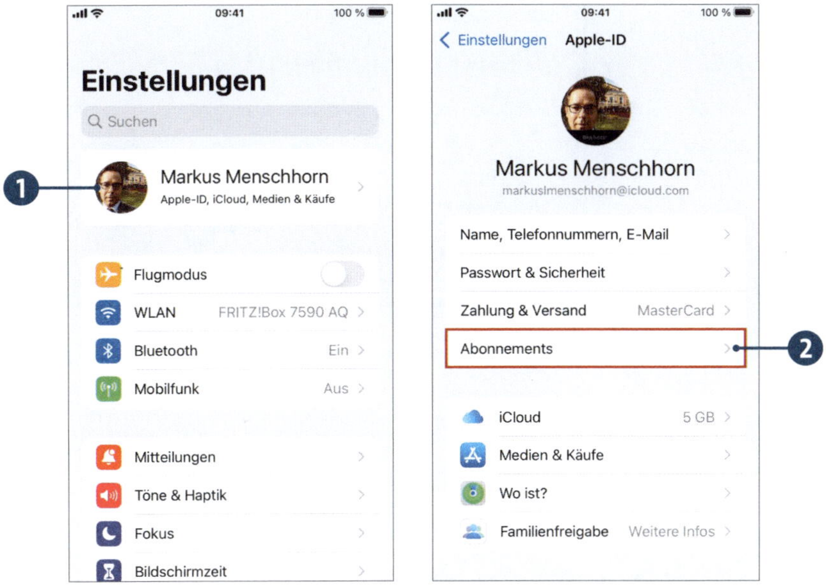

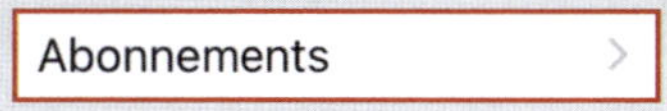

4. Und hier finden Sie dann auch schon alles aufgelistet, was Sie künftig oder auch schon aktuell Geld kostet. Im Beispiel von Markus Menschhorns iPhone sehen Sie die Testversion der vorangehend installierten *Calm*-App mit der Angabe des Datums, ab dem sie kostenpflichtig wird ❸.

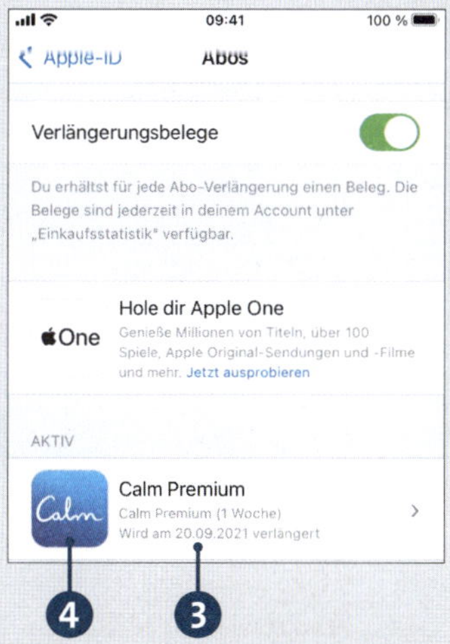

5. Tippen Sie nun die Calm-App an, um sie zu kündigen ❹.

6. Im Bildschirm, der nun erscheint, könnten Sie direkt zu einem kostenpflichtigen Abo wechseln und haben zudem plötzlich auch Monatsabos und viele andere Möglichkeiten parat ❺. Wir wollen es aber noch im Testzeitraum beenden, schieben mit dem Finger nach oben und tippen auf **Kostenloses Probeabo kündigen** 6.

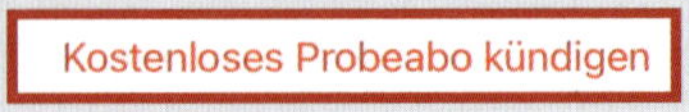

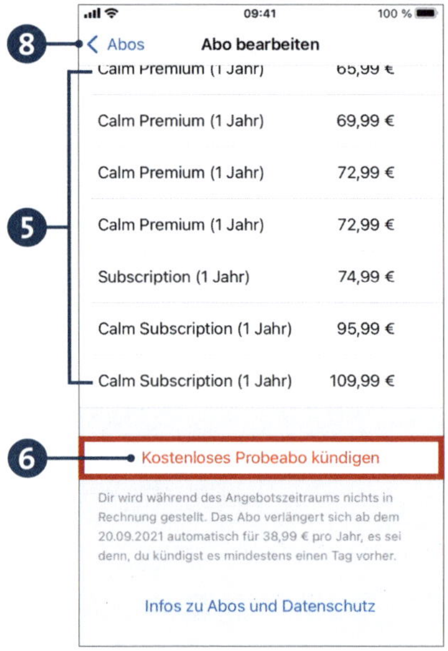

7. Natürlich müssen Sie die Kündigung nochmals **Bestätigen** 7.

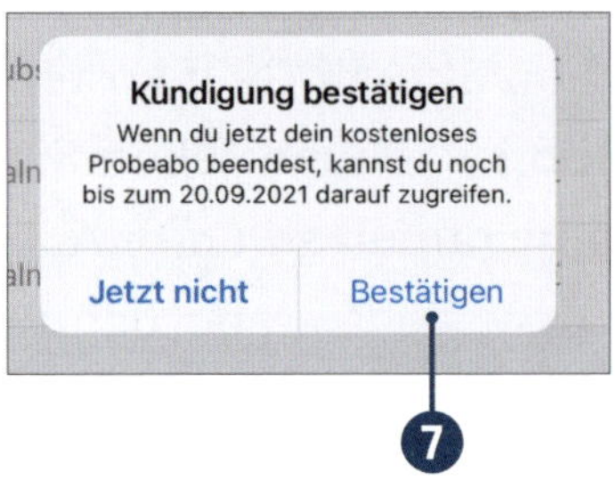

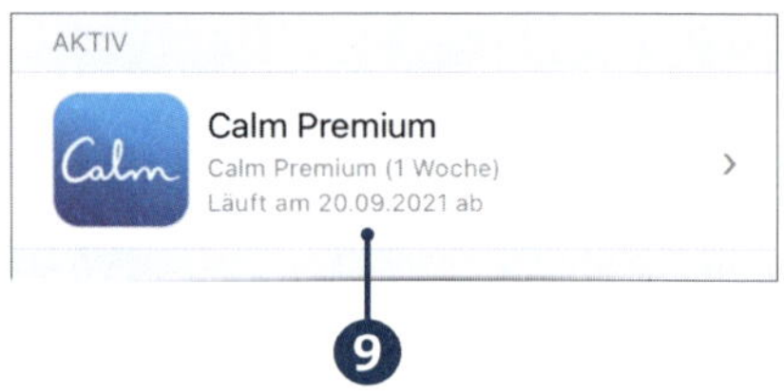

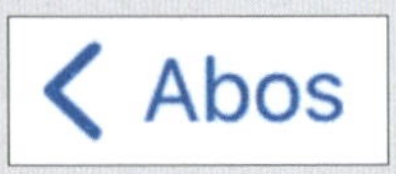

8. Im Abo-Bildschirm erscheint nun keine Testversion mehr. Um ganz sicher zu sein, tippen Sie links oben auf **Abos** 8, um die Gesamtübersicht wieder aufzurufen. Hier sehen Sie in der Liste noch einmal klar und deutlich, dass die *Calm*-App gekündigt wurde und Sie dennoch ein paar Tage Zeit haben, sie weiterhin zu testen 9.

KAPITEL 14

Mit WhatsApp den Kontakt mit Freunden und Familie pflegen

WhatsApp – Sie werden es lieben. *WhatsApp* ist eine Nachrichten-App, die der vorinstallierten App *Nachrichten* recht ähnlich ist, aber wesentlich mehr kann.

Beispielsweise können Sie mit dieser App nicht nur Nachrichten schreiben sowie Fotos und Daten teilen, sondern auch Telefonate und Videotelefonate führen, Gruppen einrichten und vieles mehr.

Zudem hat *WhatsApp* den Vorteil, dass es auch auf den Smartphones anderer Hersteller funktioniert, ganz im Gegensatz zur *Nachrichten*-App von Apple. Damit bleiben Sie auch mit Android-Benutzerinnen und -Benutzern problemlos in Kontakt.

WAS TUN?

Um die *WhatsApp*-Funktionen ganz ohne Druck auszuprobieren, empfehlen wir Ihnen, dass Sie sich im Freundeskreis jemanden als Testempfänger bzw. -empfängerin aussuchen und »vorwarnen«. Dann ist es auch nicht schlimm, wenn mal was nicht auf Anhieb klappt.

WhatsApp laden

↓

WhatsApp erstmalig einrichten

WhatsApp erstmalig einrichten

Bevor wir mit *WhatsApp* loslegen, müssen Sie diese kostenlose App aber zunächst aus dem *App Store* laden und einrichten:

1. Öffnen Sie dazu den *App Store*, und tippen Sie auf das Feld **Suchen**, wie wir es Ihnen im vorangehenden Kapitel auf Seite 256 gezeigt haben.

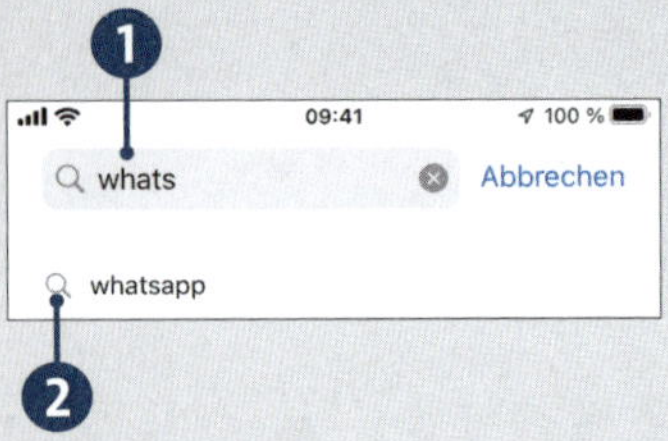

2. Im Suchfeld **1** geben Sie einfach »whatsapp« ein und wählen den Treffer *WhatsApp Messenger* in der Liste darunter **2** aus. Tippen Sie anschließend auf **LADEN** **3**, um die App auf Ihrem iPhone zu installieren. Nach dem Herunterladen finden Sie die App auf Ihrem Home-Bildschirm.

Jetzt geht es an die Einrichtung von *WhatsApp*:

1. Tippen Sie auf die App-Schaltfläche auf Ihrem Home-Bildschirm, um *WhatsApp* erstmalig zu öffnen.

2. Zunächst heißt *WhatsApp* Sie willkommen und fordert von Ihnen eine Zustimmung zur Datenschutzrichtlinie und zu den Nutzungsbedingungen. Wenn Sie damit einverstanden sind, tippen Sie auf das Feld **Zustimmen & fortfahren** **1** im unteren Bildschirmbereich.

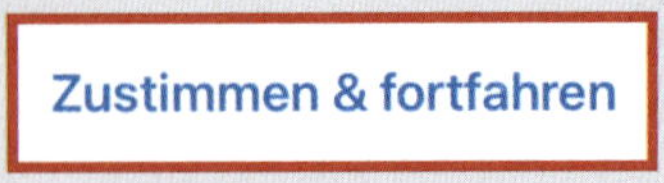

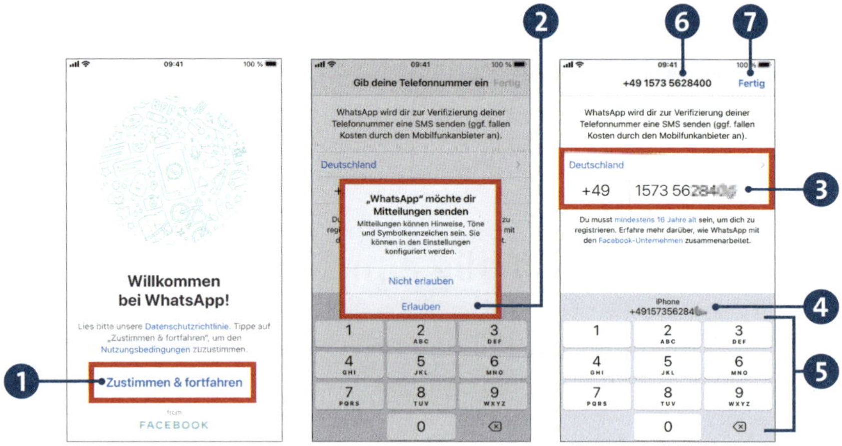

3. *WhatsApp* ist eine Nachrichten-App. Natürlich kommen über diese App Nachrichten herein, die mit Signalen und Tönen angekündigt werden bzw. auch in der Mitteilungszentrale auftauchen. Nun fragt *WhatsApp* Sie, ob Sie das erlauben. Tippen Sie also auf die Schaltfläche **Erlauben** 2.

4. Anschließend fordert die App Sie auf, Ihre Telefonnummer einzugeben. *WhatsApp* wird so mit Ihrem iPhone verbunden und weiß somit, wohin die Nachrichten gesendet werden. Der blaue Cursor blinkt schon im entsprechenden Feld 3. Praktisch – über der Tastatur blendet das iPhone normalerweise direkt Ihre Nummer ein 4. Tippen Sie diese einfach an und Sie sparen sich Tipparbeit.

Die Landesvorwahl, in unserem Fall +49 für Deutschland, ist bereits eingegeben. Bei einer Nutzerin bzw. einem Nutzer aus Österreich steht hier dann +43. Tippen Sie nun mithilfe des Zahlenfelds im unteren Bildschirmbereich 5 Ihre Handynummer ohne die führende Null ein. Sie sehen die Nummer parallel auch im oberen Bereich des Bildschirms 6 neben der Schaltfläche **Fertig**.

5. Tippen Sie auf **Fertig** 7. Die App überprüft nun, ob die eingegebene Nummer tatsächlich existiert.

6. Nun wird noch einmal nachgefragt, ob es sich tatsächlich um Ihre Nummer handelt. Tippen Sie auf **Ja** 8, wenn es Ihre Nummer ist.

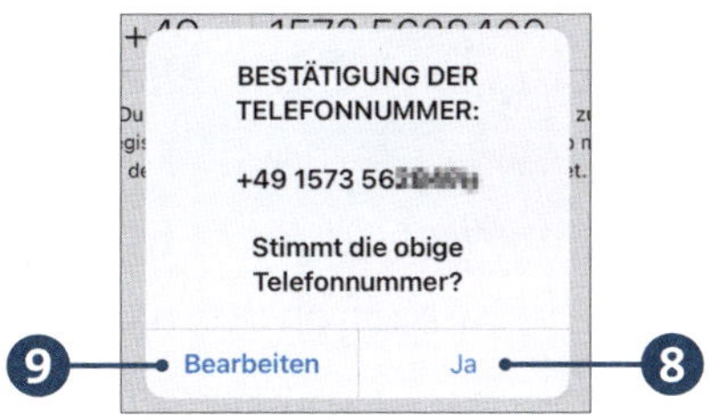

MERKE

Ganz interessant: *WhatsApp* ist erst ab 16 Jahren erlaubt. Die App weist Sie noch einmal darauf hin.

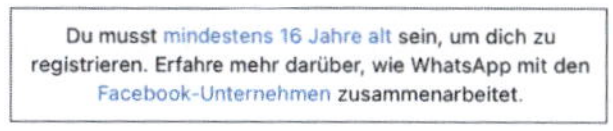

WAS TUN?

Wenn Sie einen Fehler gemacht haben, tippen Sie auf **Bearbeiten** 9, um ins Eingabefeld zurückzukommen und die Nummer zu korrigieren.

7. Nun wird Ihre Nummer verifiziert. Sie bekommen dazu einen Code über die *Nachrichten*-App auf Ihrem iPhone zugeschickt. Jetzt haben Sie eine Minute Zeit, um den Code einzugeben. Schließen Sie dazu *WhatsApp*, indem Sie zum Home-Bildschirm zurückkehren, und öffnen Sie die *Nachrichten*-App.

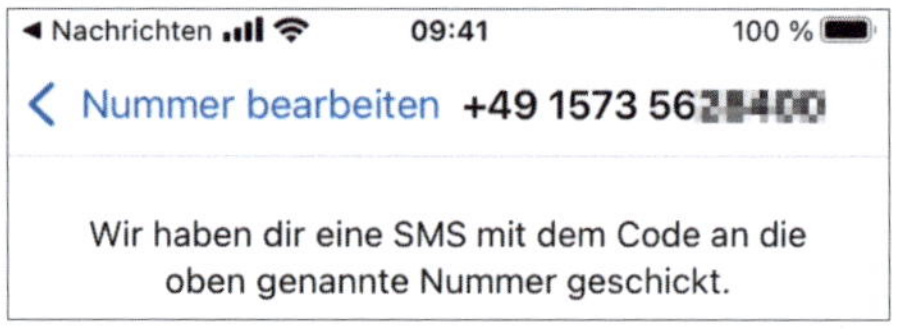

WAS TUN?

Sollte der Fingertipp auf den blauen Link nicht funktionieren, gehen Sie wie folgt vor: Notieren Sie den Code, wechseln Sie zurück zu WhatsApp, und tippen Sie exakt diese Ziffernfolge in das Feld ⓭ ein.

8. Tippen Sie die neue Nachricht ❿ an, damit diese vollständig erscheint. Hier sehen Sie den Code ⓫. Praktischerweise präsentiert Ihnen WhatsApp noch einen blau unterlegten Link ⓬. Tippen Sie ihn an, damit wird der Code direkt in WhatsApp übertragen und Sie sparen sich das Eintippen.

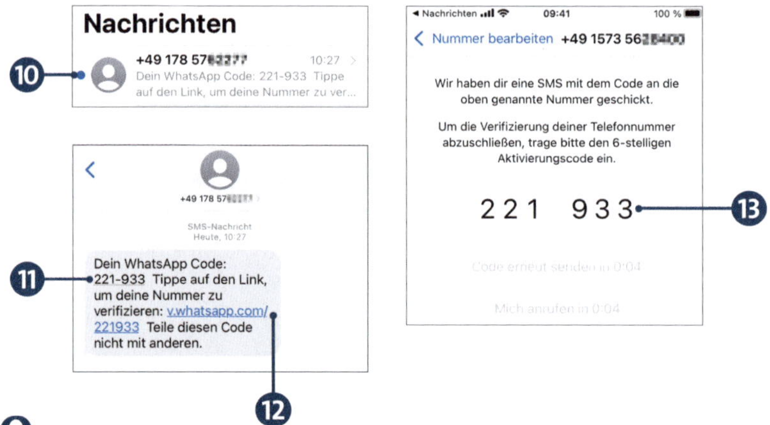

9. Sie gelangen automatisch in WhatsApp, der Code ist eingetragen und die App wird umgehend freigeschaltet.

10. Nun möchte *WhatsApp* auf Ihre Kontakte zugreifen. Das erlauben Sie natürlich – ansonsten können Sie mit Ihren Kontakten ja nicht in Kontakt treten. Tippen Sie daher auf **OK** ⓮.

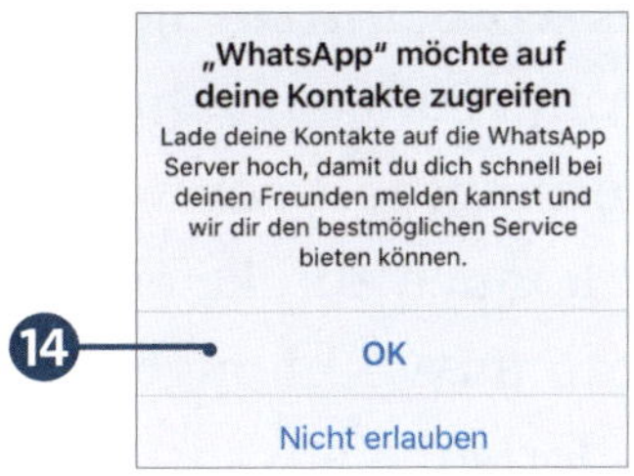

11. Als Nächstes möchte *WhatsApp* alte Gesprächsverläufe aus der Cloud wiederherstellen. Dies können Sie getrost per Fingertipp überspringen ⓯, da wir ja *WhatsApp* zum ersten Mal einrichten und es daher keine Gesprächsverläufe gibt.

Wiederherstellen überspringen

12. Danach möchte die App, dass Sie Ihr *WhatsApp-Profil* anlegen. Zunächst benötigen Sie dazu einen Namen, der Ihrem Gegenüber in *WhatsApp* später angezeigt wird. Tippen Sie in das Feld **Dein Name für Mitteilungen** ⓰. Sie können dabei auch einen Fantasienamen eintippen; maximal 25 Zeichen sind erlaubt.

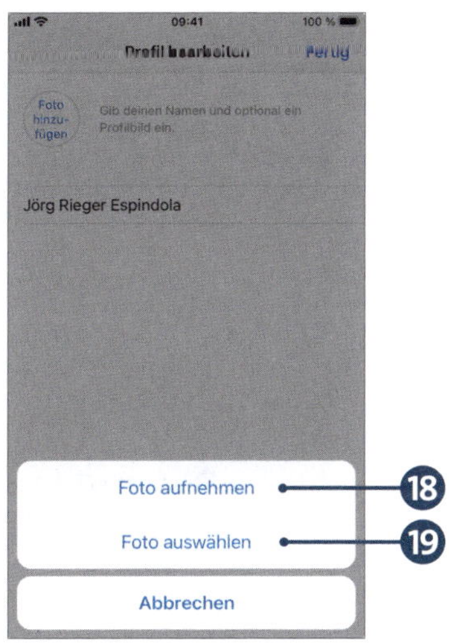

ACHTUNG!

Gegebenenfalls ist beim iPhone der Blitz aktiviert ㉒. Er kann unter Umständen beim Porträtbild einen unschönen Glanzeffekt auf der Haut verursachen. Mit einem Fingertipp auf das weiße Symbol deaktivieren Sie den Blitz.

Jetzt können Sie noch ein Profilbild hinzufügen:

1. Tippen Sie auf den Kreis **Foto hinzufügen** ⑰. *WhatsApp* stellt Sie jetzt vor die Wahl: **Foto aufnehmen** ⑱ oder **Foto auswählen** ⑲. Mit **Foto aufnehmen** wird die *Kamera*-App aktiviert, und Sie können direkt ein Foto von sich selbst schießen. Mit **Foto auswählen** gelangen Sie in die *Fotos*-App und können dort ein Foto auswählen. Wir entscheiden uns für **Foto aufnehmen** ⑱ und tippen darauf.

2. In diesem Fall werden Sie gefragt, ob *WhatsApp* auf die Kamera zugreifen darf ⑳. Um ein Foto aufnehmen zu können, tippen Sie auf **OK** ㉑.

3. Die Kamera wird aktiviert. Jetzt heißt es, ein freundliches Gesicht zu machen und kurz auf den Auslöser ㉓ zu tippen.

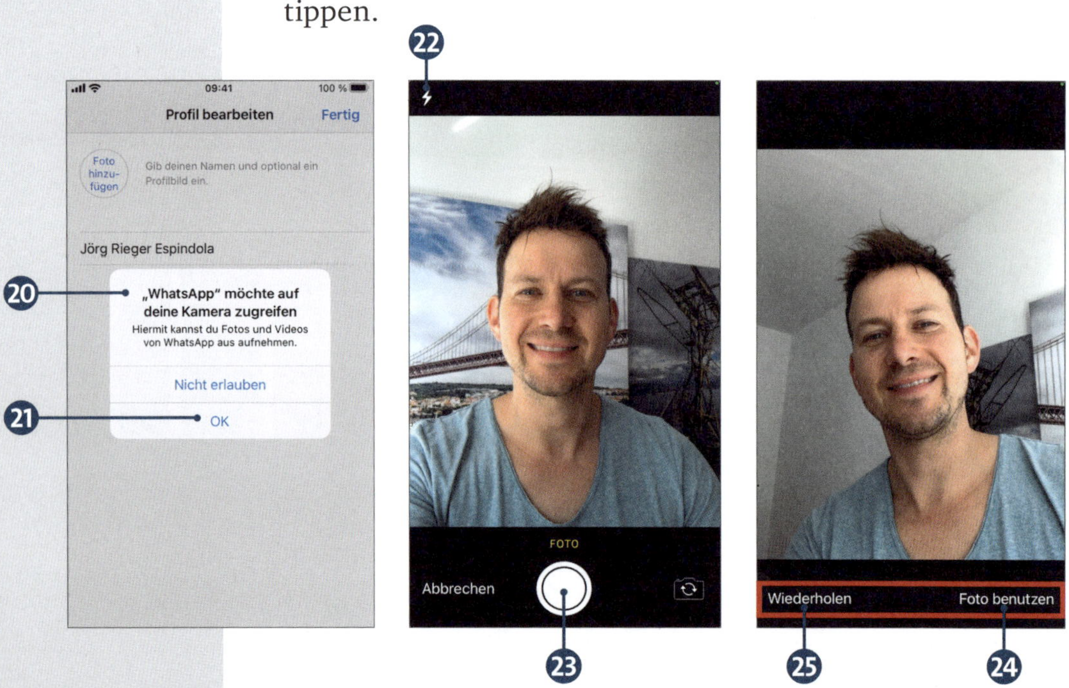

4. *WhatsApp* fragt Sie nun, ob Sie das Foto als Profilfoto verwenden möchten ㉔ oder ob Sie einen zweiten Versuch starten wollen ㉕. Wir sind mit dem Foto zufrieden und tippen daher auf **Foto benutzen**.

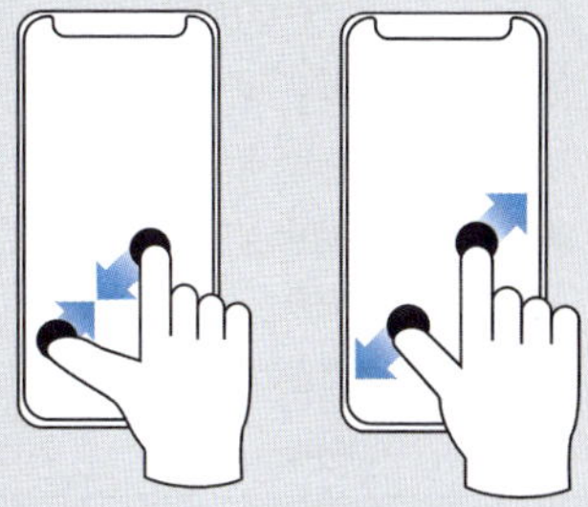

5. Jetzt geht es um die Feineinstellung. Ihr Foto soll in einem Kreis erscheinen. Sie haben nun die Möglichkeit, es optimal auszurichten. Legen Sie den Finger auf das Bild, und ziehen Sie es mit gedrücktem Finger so, dass ein geeigneter Bildausschnitt innerhalb des hellen Kreises platziert wird. Wenn Sie mit Ihrer Einstellung zufrieden sind, tippen Sie unten rechts auf **Fertig** ㉖. Damit gelangen Sie zurück in die Profileinstellungen, und Ihr Bild erscheint links oben im Kreis ㉗.

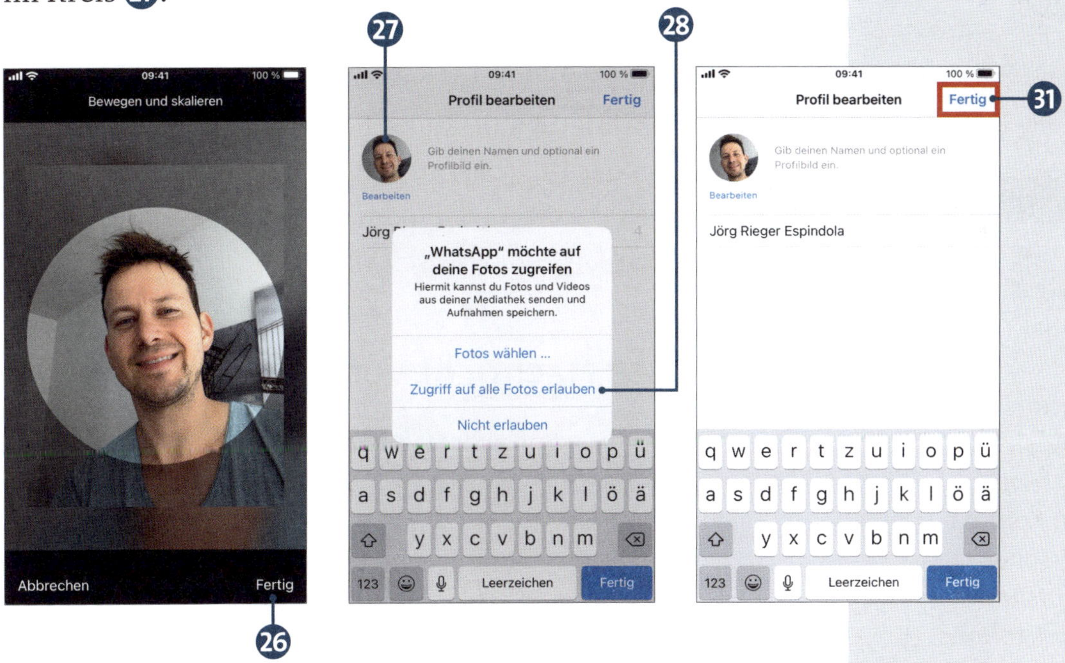

6. *WhatsApp* fragt Sie nun, ob es auf die *Mediathek* zugreifen und das Bild abspeichern darf. Selbstverständlich wollen wir das und tippen daher auf **Zugriff auf alle Fotos erlauben** ㉘.

7. Es folgen nun noch Abfragen zu den Datenschutzrichtlinien. Bestätigen Sie zunächst, dass Sie über 16 Jahre alt sind, indem Sie den Regler antippen **29**. Erst dann können Sie die Schaltfläche *Zustimmen* **30** antippen.

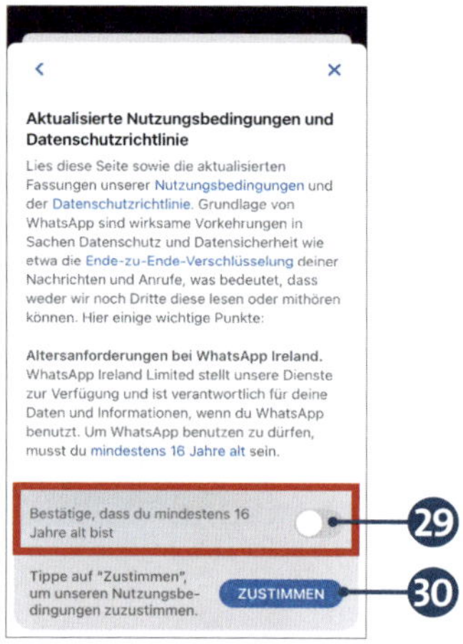

8. Damit ist *WhatsApp* fertig eingerichtet. Tippen Sie also auf die Schaltfläche **Fertig** **31** im rechten oberen Bereich des Bildschirms. Sie gelangen dadurch in den Startbereich der App (siehe dazu die linke Abbildung auf Seite 287 im folgenden Abschnitt).

Eine erste Nachricht verfassen

Wir wollen einem unserer Kontakte jetzt eine Textnachricht schreiben. Übrigens, man spricht bei dieser App eher nicht von »Nachricht«, sondern sagt: »Ich schicke dir eine WhatsApp.«

1. Wir gehen vom Startbereich der App *WhatsApp* aus, die wir im vorigen Abschnitt eingerichtet haben. Alternativ öffnen Sie die App über das Symbol auf dem Home-Bildschirm. Der Bereich **Chats** **1** im unteren Teil des Bildschirms ist bereits aktiviert. Tippen Sie nun auf das Quadrat mit dem Bleistiftsymbol **2** im rechten oberen Bereich

WAS TUN?

Sie haben sich in *WhatsApp* »verlaufen« und finden den Weg in die Chatübersicht nicht mehr? Hier hilft in *WhatsApp* immer der Fingertipp links oben auf das Pfeilsymbol <.
Tippen Sie so lange, bis Sie wieder am Anfang gelandet sind.

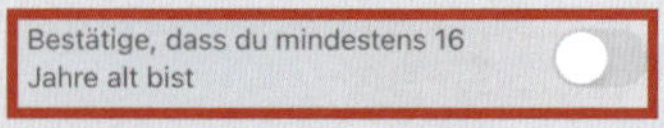

MERKE

WhatsApp hat kein separates Adressbuch, es greift auf das normale iPhone-Adressbuch (die *Kontakte* in der *Telefon*-App) zu. Aber in *WhatsApp* sehen Sie nur Kontaktdaten der Personen, die auch *WhatsApp* auf ihrem Smartphone installiert haben. Die Kontaktliste in *WhatsApp* zeigt also meist weniger Einträge an als Ihr iPhone-Adressbuch.

des Bildschirms. Damit gelangen Sie in die *WhatsApp*-Kontaktliste ❸.

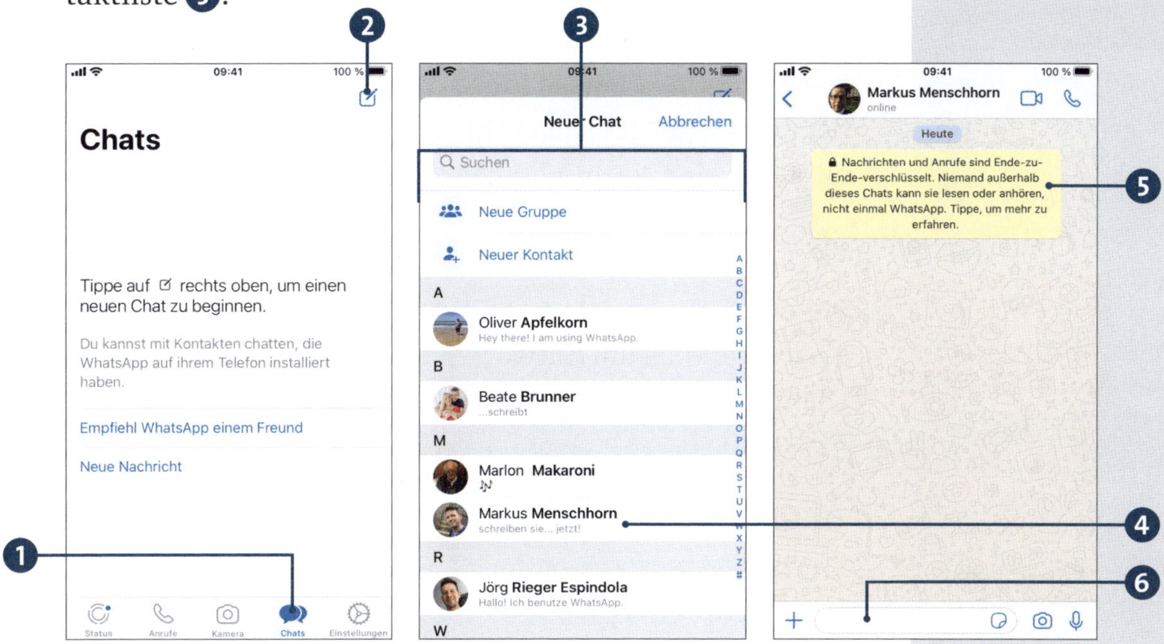

2. Tippen Sie auf den Kontakt, den Sie anschreiben möchten ❹. Damit wird auch schon ein *Chat* geöffnet ❺, und Sie können Ihre Nachricht mithilfe der Tastatur in das Chatfeld ❻ eingeben.

Tippen Sie den gewünschten Text ein, und tippen Sie dann auf den blauen Kreis mit dem weißen Pfeil ➤ ❼, um die Nachricht abzuschicken.

3. Sobald Sie die *WhatsApp*-Nachricht verschickt haben, erscheint sie im *Chatverlauf* (❽ auf Seite 288) zunächst mit einem grauen Häkchen ❾. Das bedeutet, dass die Nachricht verschickt wurde. Zwei graue Häkchen ❿ bedeuten, dass die Nachricht zugestellt wurde. Wenn die beiden Häkchen blau erscheinen ⓫, bedeutet das, dass die Nachricht vom Empfänger bzw. der Empfängerin gelesen wurde. Das ist Ihre Empfangsbestätigung.

Allerdings kann Ihr Gegenüber dies auch in den Einstellungen zu *WhatsApp* unterbinden. Dann werden nur zwei graue Häkchen angezeigt, auch wenn Ihre Nachricht gelesen wurde. Eine solche Einstellung ist aber nicht sinnvoll, denn umgekehrt erfährt Ihr Gegenüber dann auch nicht, dass Sie seine Nachrichten gelesen haben.

4. Unser Kontakt hat uns auch schon geantwortet ⑫. Bei den weiß unterlegten Feldern im *Chatverlauf* handelt es sich nämlich um Antworten. So behalten Sie immer den Überblick darüber, wer was geschrieben hat.

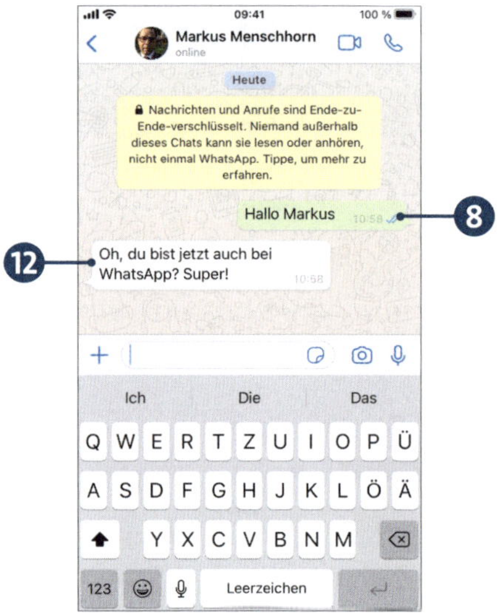

Die Statuszeile in WhatsApp

In der *Statuszeile* ⑬ sehen Sie, welche Aktivität Ihr Gesprächspartner gerade in *WhatsApp* ausführt: wann er zuletzt online war, ob er überhaupt online ist oder ob er gerade schreibt.

Eine versehentlich versendete Nachricht löschen

Es passiert so schnell: Sie verschicken versehentlich eine unfertige Nachricht oder eine Nachricht, die so besser nicht raus sollte. Auch ein Klassiker – Sie haben die falsche Empfängerin im Chat ausgewählt. In *WhatsApp* haben Sie noch eine Chance, den Versand der Textnachricht rückgängig zu machen. Je schneller Sie reagieren, desto höher ist die Chance, alles ungeschehen zu machen.

Wie erfolgreich eine Löschung ist, hängt vom Status der Nachricht ab:

- Ist der Status der Nachricht noch im Modus mit einem grauen Haken ❶, dann ist die Nachricht noch gar nicht zugestellt. Löschen Sie die Nachricht in diesem Status, merkt die Empfängerin überhaupt nichts.
- Sind bereits zwei Haken gesetzt ❷, dann wird die Nachricht gelöscht; der Empfänger sieht aber im Chat, dass etwas gelöscht wurde. Aber das ist im Zweifel immer noch besser als die Nachricht selbst. Allerdings kann es in diesem Stadium sein, dass der Empfänger die Nachricht bereits als Voransicht auf dem Sperrbildschirm teilweise gesehen hat.
- Wird der Status bereits mit zwei blauen Haken angezeigt ❸, dann hat die Empfängerin die Nachricht schon gelesen, und Sie können die Nachricht daher bei ihr auch nicht mehr löschen.

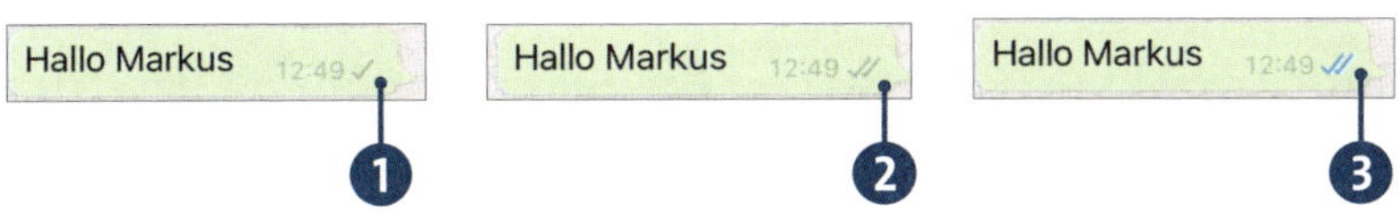

Nachricht länger antippen

↓

gewünschte Nachricht zum Löschen wählen

↓

Nachricht(en) löschen

So funktioniert das Löschen:

1. Tippen Sie die falsch versendete Nachricht ❶ im Chatverlauf länger an, bis ein Fenster mit mehreren Optionen erscheint. Hier tippen Sie auf **Löschen** ❷.

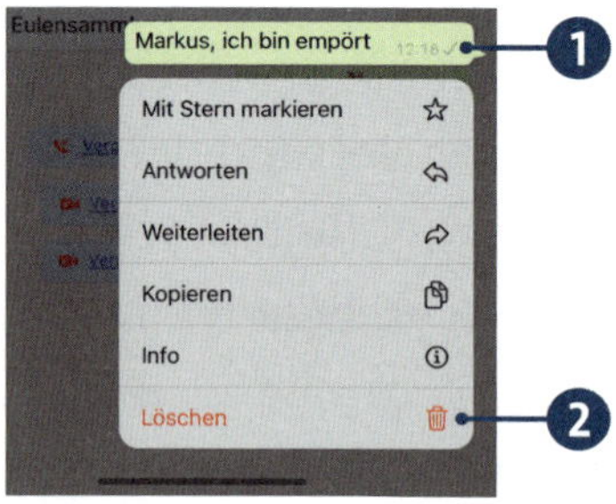

2. Nun erscheint das Chatfenster. Die aktuell gewählte Nachricht ist schon mit einem blauen Haken ✓ markiert ❸. Auf Wunsch können Sie per Fingertipp gleich noch weitere Nachrichten mit einem blauen Haken versehen und alles auf einen Schlag löschen. Sind Sie mit Ihrer Auswahl fertig, tippen Sie auf die kleine Mülltonne 🗑 ❹.

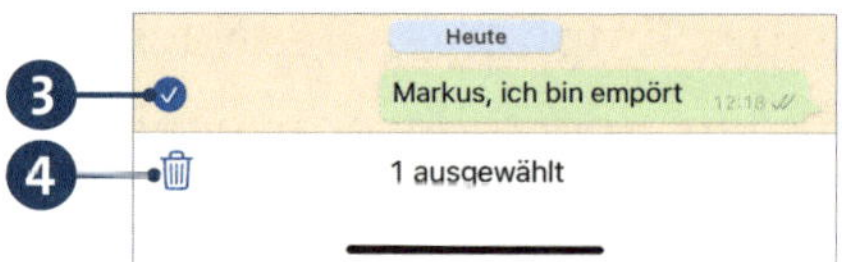

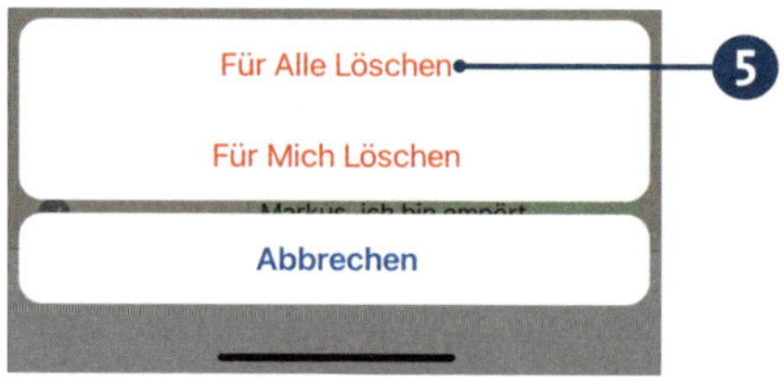

3. Nun kommt die ultimative Löschabfrage. Hier tippen Sie auf **Für Alle Löschen** ❺.

4. Damit ist es vollbracht. Sie sehen die »Vollzugsmeldung« direkt im Chatverlauf ❻. Beim Empfänger bzw. der Empfängerin sieht es dann übrigens ganz ähnlich aus ❼.

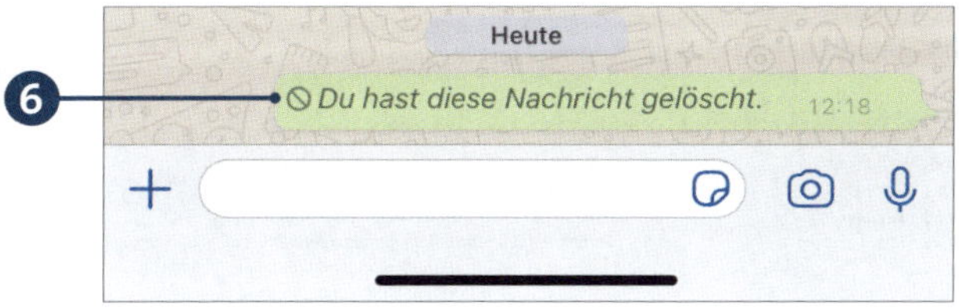

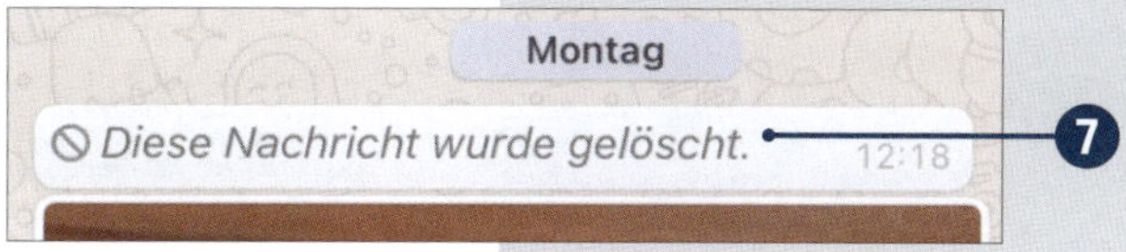

Sprachmitteilungen senden

Tippen ist out, telefonieren sowieso – Sprachmitteilungen sind in, und *WhatsApp* ist dafür wie geschaffen. Vereinfacht gesagt ist eine Sprachnachricht ein »Telefonat in Etappen« und ermöglicht es, zu antworten, wann immer man mag. Zudem spart man sich gerade bei längeren Sachverhalten eine Menge Tipparbeit. Und so funktioniert es:

1. Starten Sie *WhatsApp* per Fingertipp auf das App-Symbol im Home-Bildschirm Ihres iPhones. Tippen Sie in den **Chats**-Bereich ❶, und wählen Sie einen Empfänger oder eine Empfängerin aus, wie auf Seite 286 beschrieben.

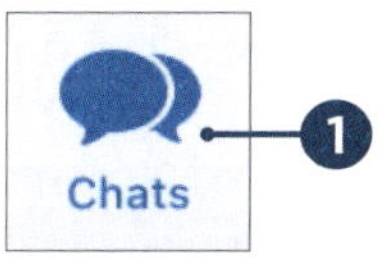

2. Für die Aufnahme einer Sprachnachricht tippen Sie auf das Mikrofonsymbol rechts unten im Chatfenster ❷.

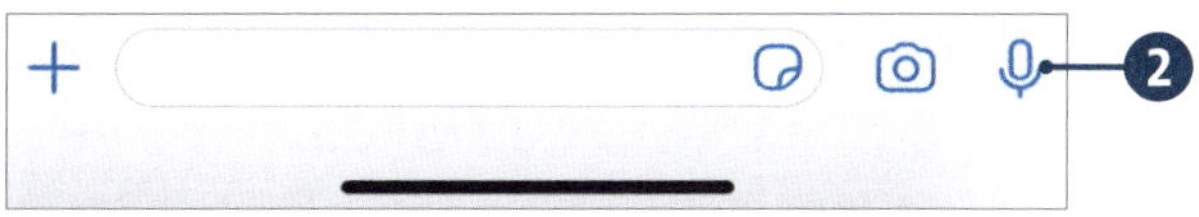

3. Bei der ersten Anwendung fragt *WhatsApp* Sie, ob die App auf das Mikrofon zugreifen darf. Das erlauben Sie mit einem Fingertipp auf **OK** ❸.

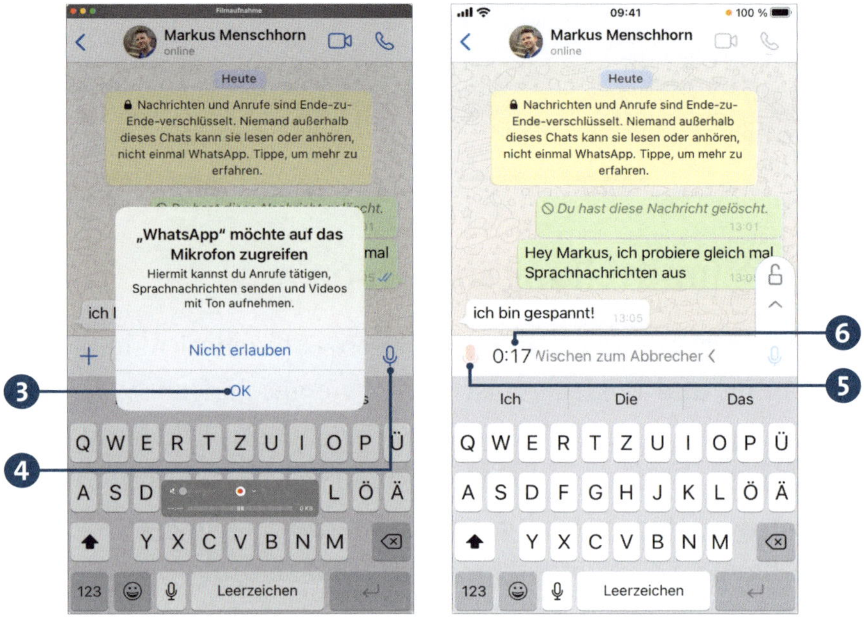

4. Nun geht's los: Tippen Sie auf das Mikrofonsymbol **4**, und halten Sie es gedrückt. Solange Sie es gedrückt halten, wird aufgenommen. Dies wird mit dem rot blinkenden Mikrofonsymbol **5** und der Aufnahmezeit **6** angezeigt. Sprechen Sie einfach los. Wenn Sie das Mikrofonsymbol loslassen, beenden Sie die Aufnahme, und die Sprachnachricht wird sofort gesendet. (Wie Sie die Aufnahme abbrechen, lesen Sie im Kasten auf Seite 293.)

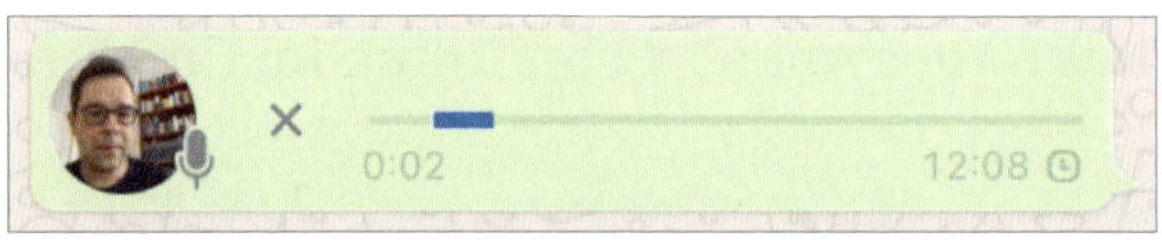

5. Tippen Sie auf die graue Play-Schaltfläche auf der linken Seite einer Sprachnachricht **7**, um sie abzuhören. Auch Sie selbst können Ihre gesendeten Sprachnachrichten im Chatverlauf abhören und mit der Pausetaste **8** jederzeit anhalten.

MERKE

Wie bei einer Textnachricht erfahren Sie auch bei einer Sprachnachricht, ob sie schon angekommen ist und abgehört wurde. Ein graues Mikrofon links und ein Uhrensymbol rechts bedeuten: noch nicht abgehört. Ein blaues Mikrofon links und zwei blaue Haken rechts bedeuten: bereits abgehört.

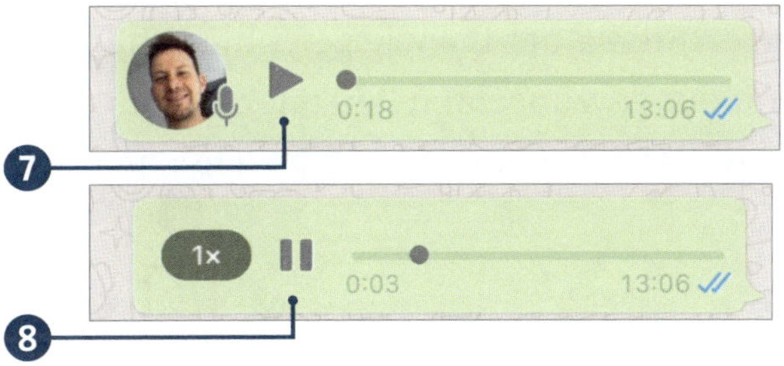

Sprachnachricht abbrechen oder löschen

Wollen Sie die Nachricht, die Sie gerade aufnehmen, doch nicht senden, wischen Sie, noch während Sie den Finger auf dem Mikrofonsymbol gedrückt halten, nach links. Dass die Aufnahme erfolgreich gelöscht wurde, erkennen Sie am roten Mikrofon (9), das im Papierkorb landet (10). Eine Sprachnachricht, die noch nicht abgehört wurde, können Sie auch nach dem Versand noch löschen.

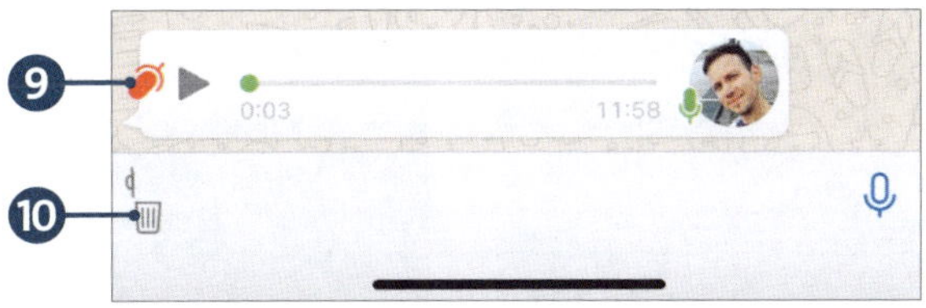

Fotos und Videos per WhatsApp verschicken

Nun wollen wir unserem Lieblingskontakt, hier ist das natürlich Markus, ein Foto zukommen lassen. Der Klassiker ist es natürlich, direkt aus dem Urlaub das Foto als Ersatz für eine Postkarte an den Freundes- und Bekanntenkreis zu versenden. Und natürlich klappt das mit *WhatsApp* wunderbar. Auch kleine Videos sind schnell verschickt.

Im ersten Schritt versenden Sie ein Bild aus Ihrem Bildarchiv, also eines, das sich bereits in Ihrer *Fotos*-App befindet.

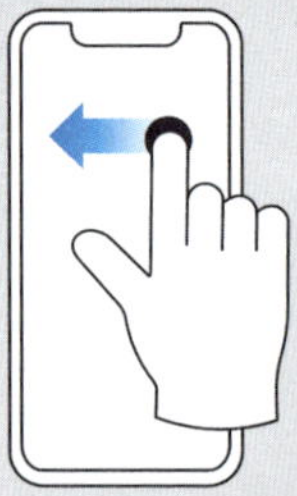

1. Starten Sie *WhatsApp* wie gewohnt, und öffnen Sie den Chat mit der gewünschten Person. Zum Bilderversand tippen Sie auf das Kamerasymbol ❶ rechts unten.

Damit aktivieren Sie zunächst die Livebild-Kamera ❷. Wir wollen nun aber ein Bild aus unserer Bildersammlung senden. Fahren Sie mit dem Finger auf die angezeigten Bilder ❸, und schieben Sie die Leiste nach links, bis Sie Ihr gewünschtes Bild gefunden haben.

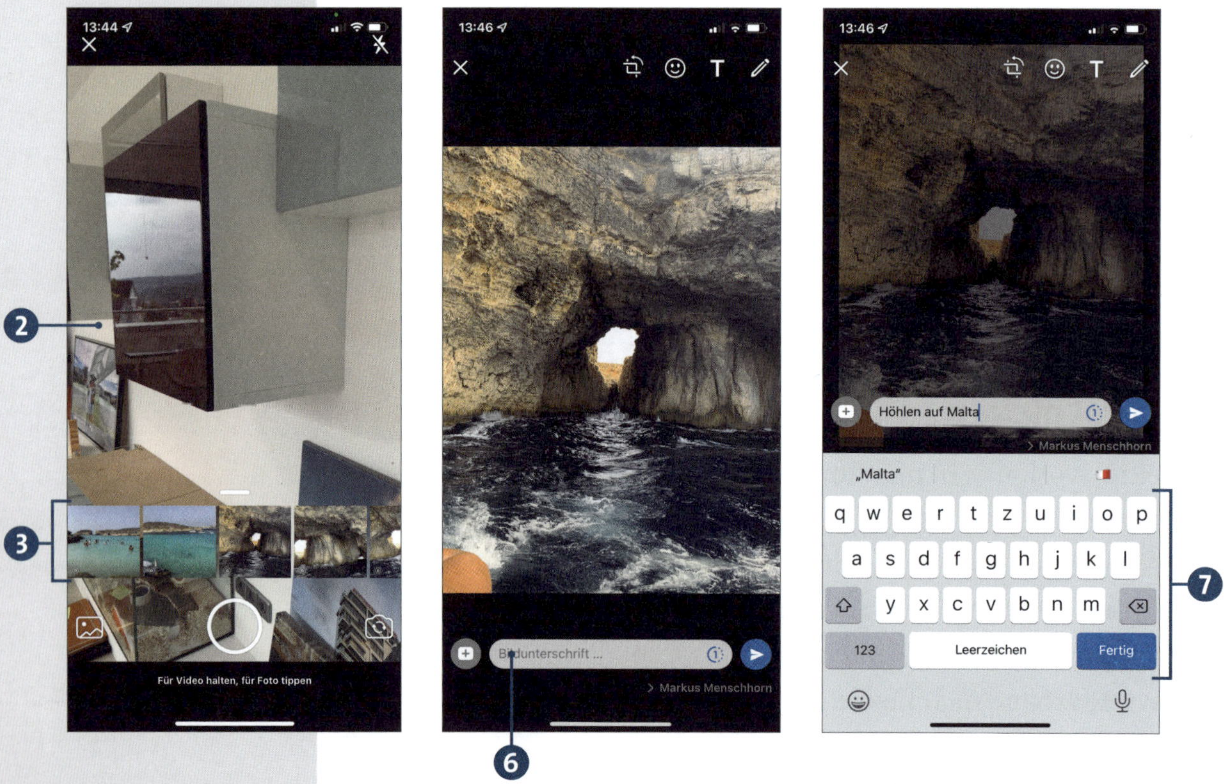

Bildleiste nicht vorhanden?

Es kann sein, dass das Bildarchiv mit der Bilderleiste nicht dargestellt wird, sondern zugeklappt ist. Das ist kein Problem. Fahren Sie mit dem Finger auf den Pfeil oberhalb des Auslösers ❹, und schieben Sie ihn nach oben. Schon ist Ihr Archiv wieder sichtbar. Wenn Sie den Pfeil weiter nach oben schieben ❺, werden auch die Vorschaubilder selbst vergrößert.

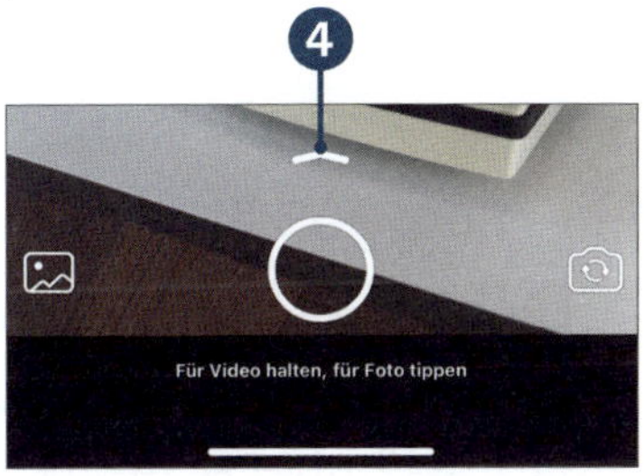

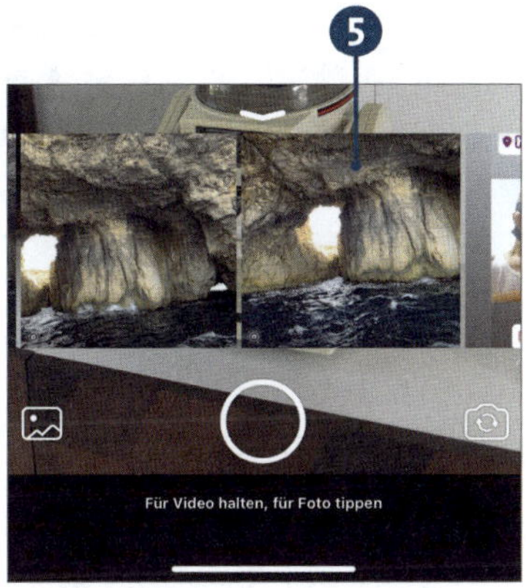

2. Tippen Sie nun auf das Bild, das Sie senden möchten. Es erscheint bildschirmfüllend. Abschließend können Sie dem Bild noch eine Bildunterschrift verpassen. Tippen Sie dazu in das Feld **Bildunterschrift** ❻. Auf der Tastatur, die nun erscheint ❼, können Sie den gewünschten Text eintippen ❽.

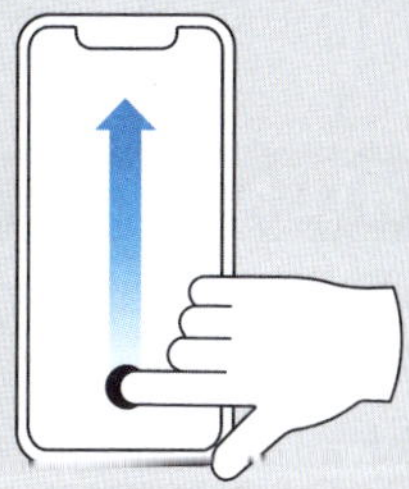

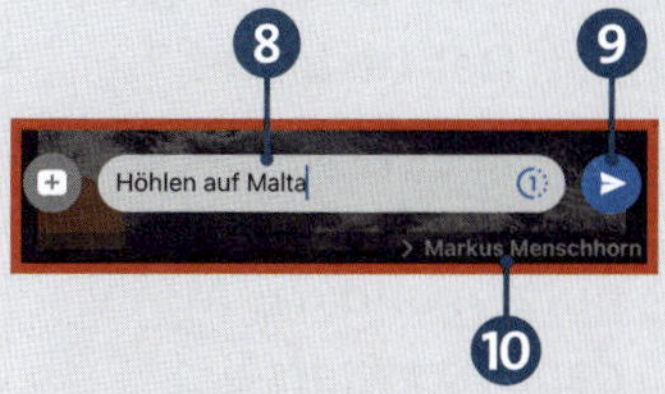

3. Tippen Sie anschließend auf den blauen Kreis mit dem Pfeil ➤ ❾. Damit versenden Sie das Bild samt Bildunterschrift an den gewählten Kontakt, der übrigens sicherheitshalber unterhalb des Senden-Pfeils zur Kontrolle eingeblendet ist ❿. Und so sieht das dann im Ergebnis aus:

Nun wollen wir einen Schnappschuss aufnehmen und direkt versenden.

1. Tippen Sie dazu auf das Kamerasymbol im unteren Bereich, wie vorhin beschrieben. Die Live-Kamera wird wieder aktiviert.

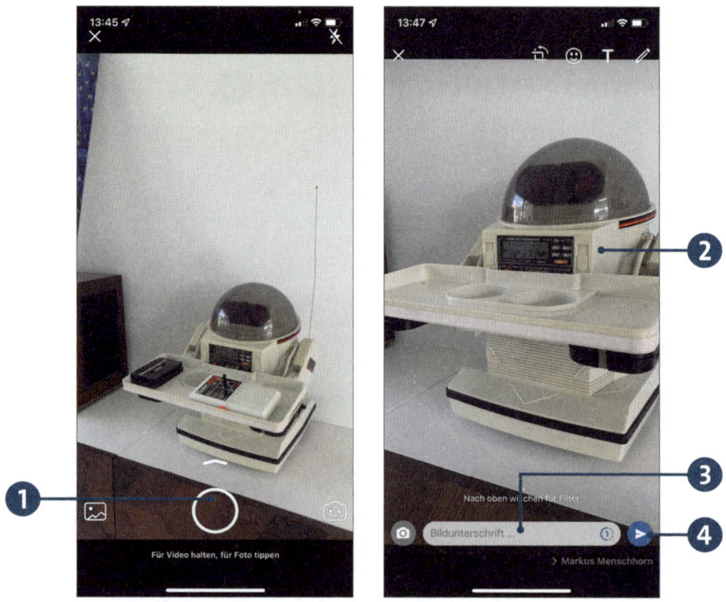

ACHTUNG!

Die Kamerafunktion in *WhatsApp* bietet nicht all das, was die *Kamera*-App zu bieten hat. Das bedeutet, für richtig tolle Bilder sollten Sie die *Kamera*-App nutzen und das Motiv dann in *WhatsApp* aus dem Fotoarchiv laden, wie weiter vorn beschrieben.

2. Wenn Sie mit dem Motiv zufrieden sind, tippen Sie auf den weißen Kreis ❶, den Auslöser, um den Schnappschuss zu machen.

Mit dem weißen Kreis nehmen Sie ein Bild in *WhatsApp* auf.

3. Danach erscheint das angefertigte Foto wieder bildschirmfüllend ❷. Auch hier können Sie eine Bildunterschrift hinzufügen ❸ und Ihr Bild versenden ❹. Sie sehen, es hat einwandfrei funktioniert:

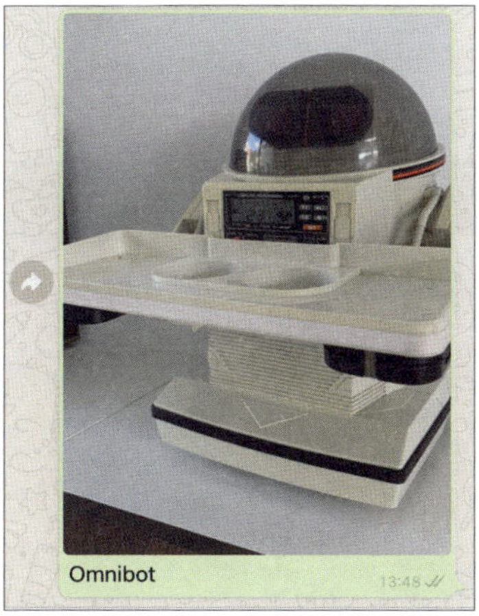

Im Alltag kann es praktisch sein, auch ein kleines Video zu versenden – sei es, um dem Enkelkind zu zeigen, wie es am besten den Reifen am Fahrrad flickt, oder um zum wiederholten Male zu erklären, wie man eine Tomate richtig würfelt. Und so einfach nehmen Sie per *WhatsApp* schnell ein Video auf:

1. Gehen Sie wieder in den Chatverlauf mit dem Kontakt Ihrer Wahl. Tippen Sie dort auf das Kamerasymbol ❺.

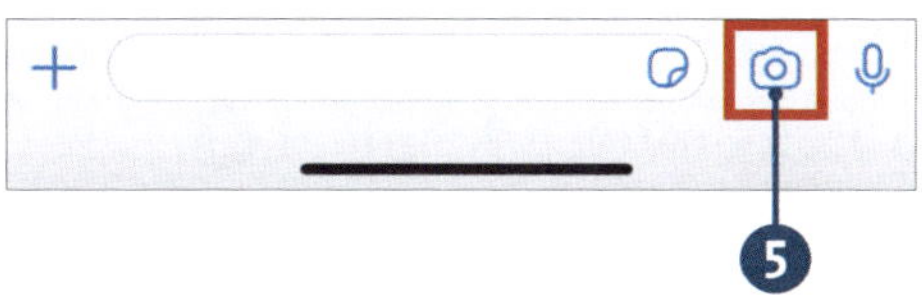

Mit diesem Symbol wechseln Sie vom Live-Bild zur Frontkamera.

2. Wieder erscheint das gewohnte Live-Bild. Suchen Sie sich das passende Motiv zur Aufnahme. Gegebenenfalls wechseln Sie mit einem Fingertipp auf das Kamerasymbol rechts unten **2** zur Frontkamera. Das ist die perfekte Perspektive für ein Erklärvideo, das Sie selbst zeigt. Wenn Sie allerdings beide Hände für Ihre Erklärung benötigen, dann behalten Sie die Kameraeinstellung bei und lassen sich besser von Ihrem Partner oder Ihrer Partnerin filmen. In unserem Fall ist es aber einfach, da wir nur ein flauschiges Katzenvideo erstellen.

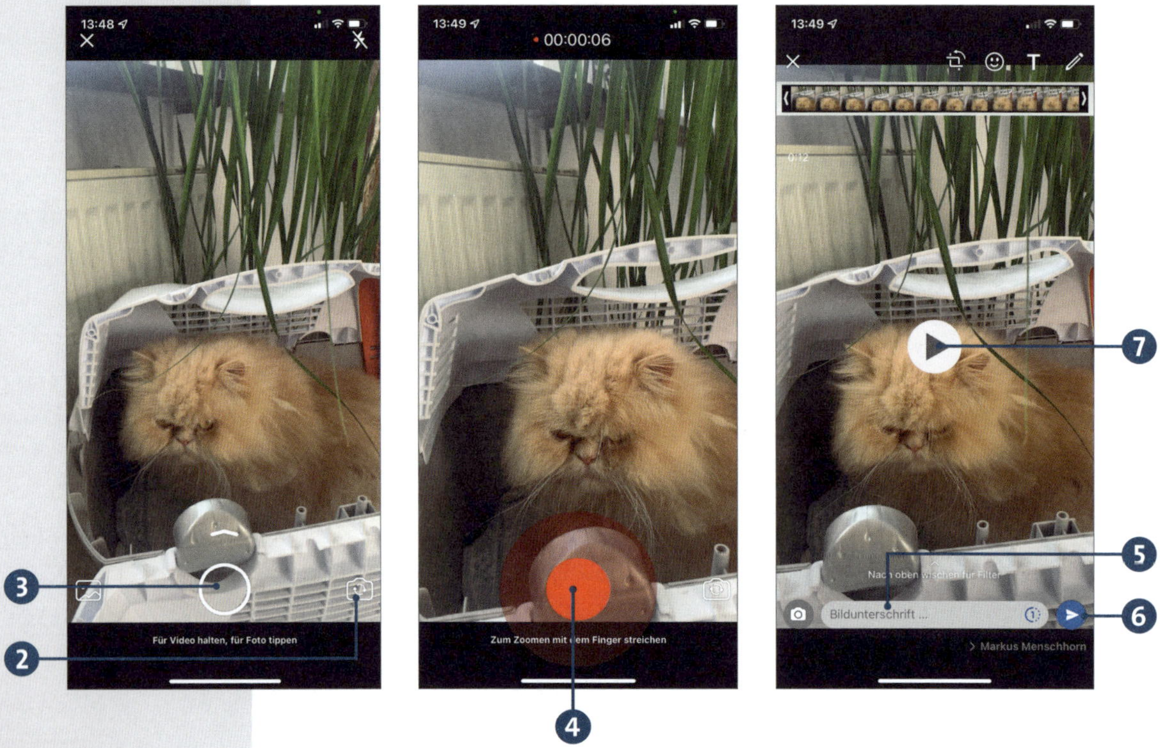

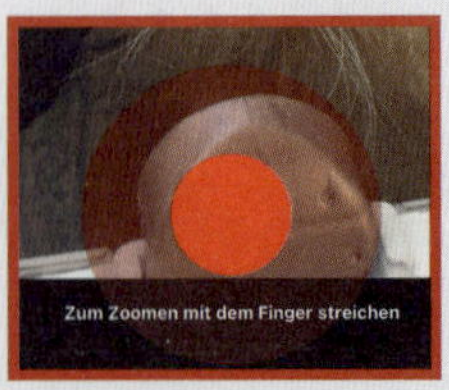

3. Nun drücken Sie oder die assistierende Person auf die weiße Aufnahme-Schaltfläche **3** und halten diese gedrückt. Die Videoaufnahme wird gestartet. Das ist an dem rot gefärbten Button erkennbar **4**. Erst wenn Sie den Finger anheben, wird die Aufnahme unterbrochen.

4. Das Video steht dann direkt zum Versand bereit. Auf Wunsch fügen Sie noch eine Bildunterschrift hinzu **5** und tippen dann auf die Versenden-Schaltfläche **6**. Ihr Film landet dann direkt beim gewählten Kontakt und kann von diesem angeschaut werden. Auch Sie können sich Ihr Video noch vor dem Versand **7** oder später im Chatverlauf **8** ansehen.

Sie können mit *WhatsApp* noch viel mehr machen: viele Fotos auf einmal senden, auf die Fotos malen, Videos direkt schneiden oder Markierungen setzen. Aber das dürfen Sie sich getrost für später vornehmen und einfach Schritt für Schritt ausprobieren.

Sprach- und Videotelefonate führen

Mit *WhatsApp* können Sie auch Sprach- und Videotelefonate führen. Das funktioniert außerhalb des Telefonnetzes über das Internet und ist ideal, um mit den Liebsten auch in fernen Ländern in Kontakt zu bleiben. *WhatsApp* kennt keine Landesgrenzen, und es fallen keine Kosten an, egal ob Sie mit Ihrem Nachbarn kommunizieren oder mit der entfernten Verwandtschaft in Thailand oder Peru. Es werden lediglich Daten verbraucht.

Zunächst sehen wir uns an, wie ein Sprachtelefonat geführt wird. In unserem Beispiel führen wir das übrigens mit unserer lieben Sarah, die sich all die schönen und lustigen Grafiken im Buch ausgedacht und gezeichnet hat.

1. Im rechten oberen Bereich des Chatverlaufs sehen Sie ein Telefonhörersymbol **1** sowie ein Videokamerasymbol **2**.

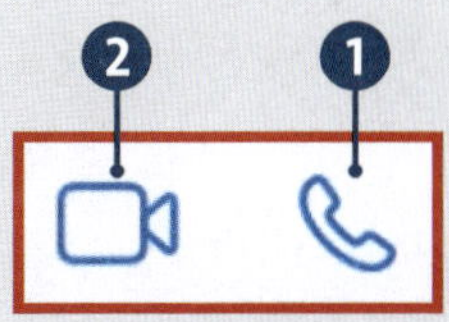

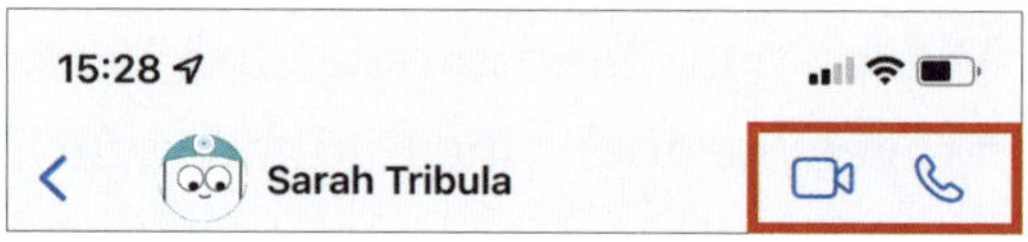

Um ein Sprachtelefonat zu führen, tippen Sie nun auf das Hörersymbol rechts oben ❶. Die Verbindung wird aufgebaut ❸, und sobald Ihr Gegenüber abhebt, können Sie wie gewohnt telefonieren. Dabei wird zusätzlich die Gesprächsdauer angezeigt ❹.

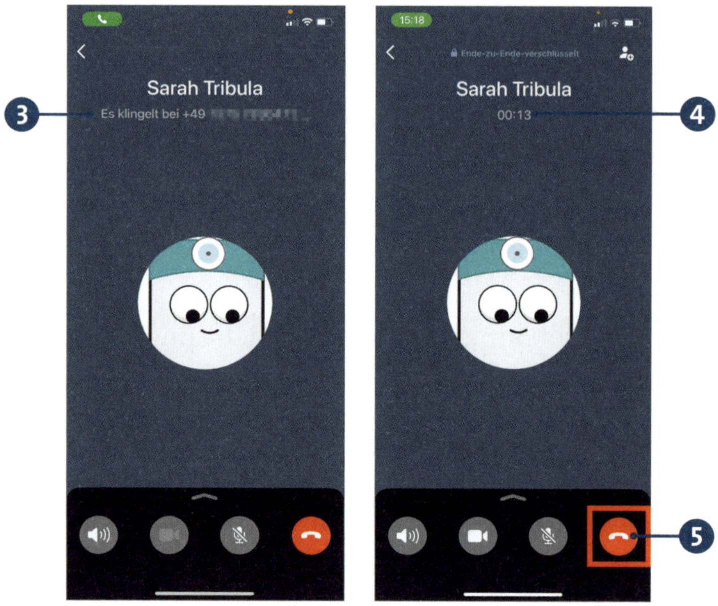

2. Um das Gespräch zu beenden, tippen Sie auf den roten Telefonhörer ❺.

Um ein Videotelefonat zu führen, gehen Sie wie folgt vor:

1. Tippen Sie in *WhatsApp* in einem Chat auf das Videokamerasymbol rechts oben (siehe ❷ auf Seite 299). Während die Verbindung aufgebaut wird und es bei Ihrem Gegenüber klingelt, sehen Sie sich selbst im Großformat ❶. Sobald die Videoverbindung steht, sehen Sie Ihren

Gesprächspartner oder Ihre Gesprächspartnerin im Großformat ❷ und sich selbst im kleinen Bild oben rechts ❸.

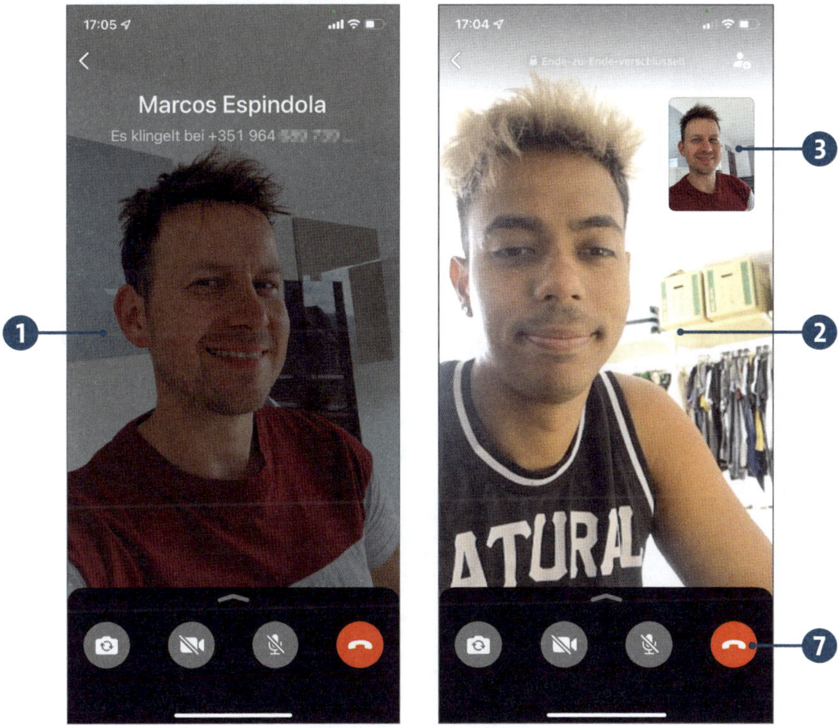

2. Während des Videotelefonats haben Sie folgende Möglichkeiten, die Sie alle mit einem Fingertipp aktivieren können:

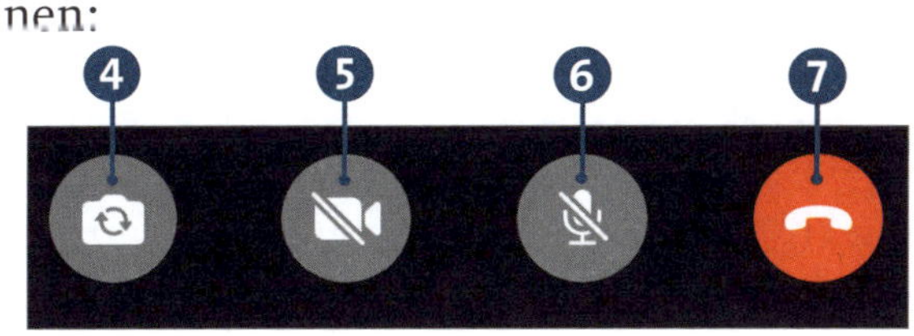

❹ Wechseln der Kamera: Damit wird von der Front- zur Rückkamera umgeschaltet und umgekehrt.

❺ Video aus: Damit schalten Sie das Video kurzfristig ab und telefonieren nur über Audio.

MERKE

WhatsApp blendet die Bedienelemente während eines Videotelefonats automatisch nach kurzer Zeit aus. Per Fingertipp auf das Display werden sie aber direkt wieder angezeigt.

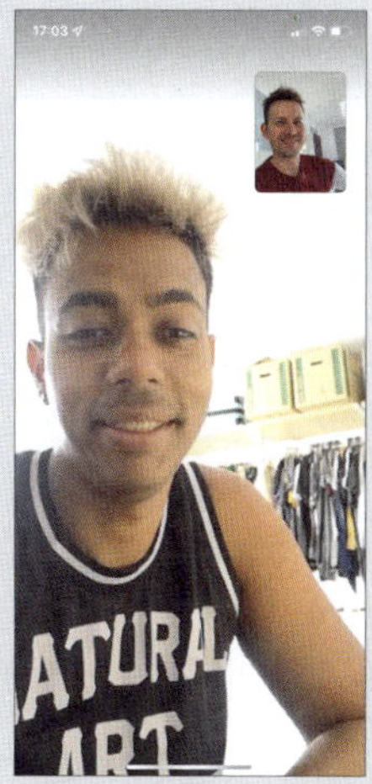

Der ganze Platz zum »Videofonieren« – WhatsApp blendet alle Bedienelemente nach kurzer Zeit aus.

❻ Stummschaltung: Tippen Sie darauf, wenn Ihr Gegenüber Sie nicht hören soll.

❼ Telefonat beenden: Hier wird schlichtweg »aufgelegt«.

3. Um das Videotelefonat zu beenden, tippen Sie wieder auf den roten Telefonhörer ❼.

Wenn Sie selbst einen Videoanruf über *WhatsApp* erhalten, sieht das wie folgt aus. Über einen Fingertipp auf die grüne Schaltfläche **Annehmen** mit der Videokamera ❽ verbinden Sie sich mit dem Anrufer oder der Anruferin.

Schneller abgestimmt – WhatsApp-Gruppen

Sie können in *WhatsApp* eine Gruppe mit ausgewählten Kontakten erstellen. Der Vorteil liegt auf der Hand: Wer in dieser Gruppe ist, kann allen Gruppenmitgliedern gleichzeitig eine Nachricht senden und sieht auch die Antworten – egal, ob Sie zum Geburtstag einladen, sich zum Kegeln verabreden oder eine Wanderung planen. Wie das funktioniert, sehen wir uns jetzt an:

WAS TUN?

Wenn Sie sich im Chatverlauf mit einer Person befinden, gelangen Sie mit dem kleinen blauen Pfeil oben links immer zur Übersicht mit all Ihren Chats zurück.

1. Starten Sie *WhatsApp*, und tippen Sie im unteren Bereich auf **Chats** ❶. Sollte sich die App mit dem Chatverlauf mit einem Kontakt öffnen, sehen Sie die untere Leiste und also auch die Schaltfläche **Chats** nicht. (Lesen Sie dazu bitte den Kasten auf Seite 302.) Tippen Sie auf die Schaltfläche **Neue Gruppe** ❷.

Neue Gruppe

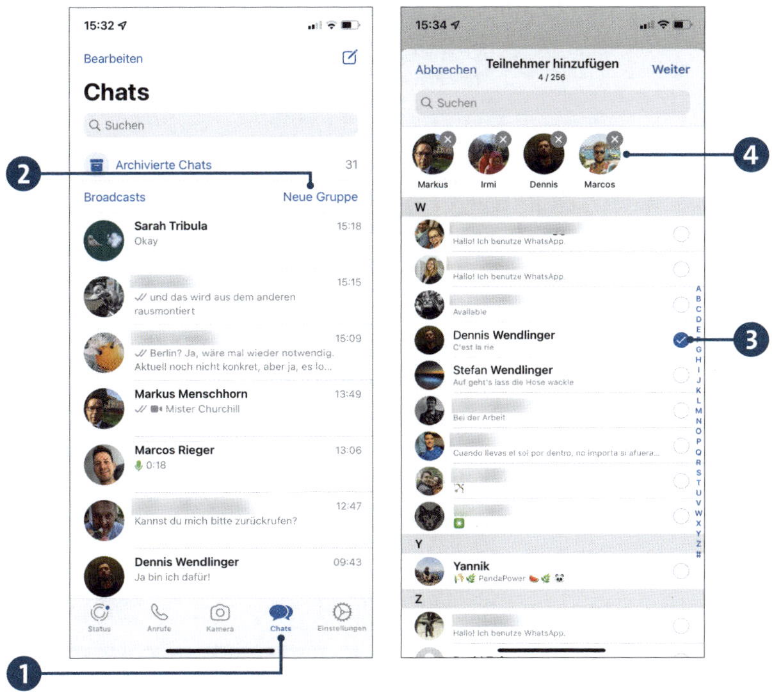

Damit gelangen Sie in Ihre Kontaktliste und können die Teilnehmerinnen und Teilnehmer aussuchen, die Sie in einer Gruppe zusammenführen möchten.

2. Tippen Sie dazu in die weißen Kreise, die sich jeweils rechts neben den Namen befinden. Wenn Sie auf einen Kreis getippt haben, wird er blau und zeigt ein Häkchen ✔ ❸. Gleichzeitig erscheinen die bereits ausgesuchten Kontakte unterhalb des **Suchen**-Felds ❹.

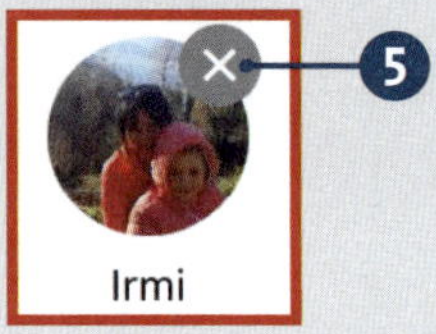

3. Legen Sie nun Ihren Finger auf den Bildschirm, und wischen Sie nach oben, um die Kontaktliste zu sichten und alle gewünschten Kontakte für Ihre *WhatsApp*-Gruppe auszuwählen. Möchten Sie einen Kontakt wieder entfernen, tippen Sie in der oberen Liste auf das kleine **x** ❺. Damit wird der zugeordnete Kontakt wieder entfernt.

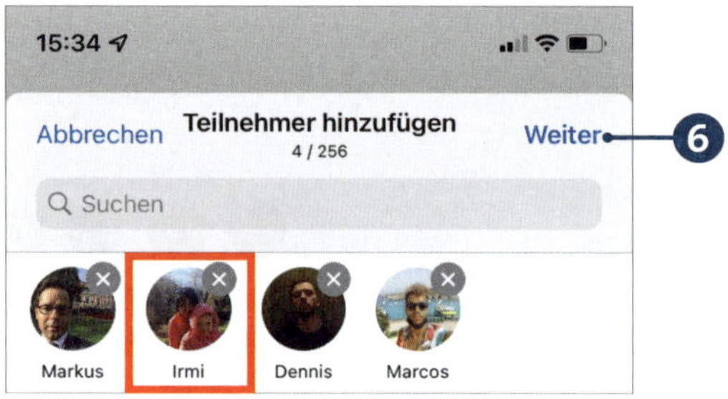

4. Haben Sie alle Gruppenmitglieder ausgewählt, tippen Sie rechts oben auf **Weiter** ❻.

5. Jetzt müssen Sie Ihrer Gruppe einen Namen geben. Die Tastatur ist bereits eingeblendet. Wir entscheiden uns für den Betreff *Die Testgruppe* ❼ – Ihrer Kreativität sind hier keine Grenzen gesetzt.

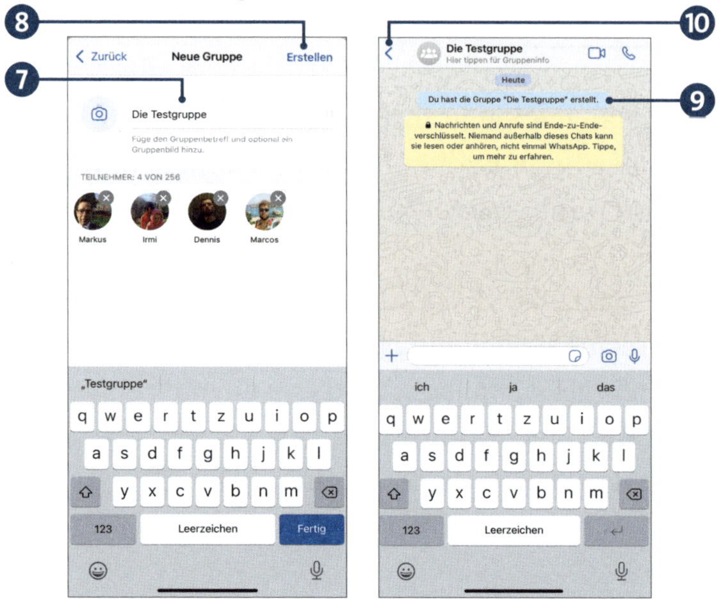

6. Nachdem Sie Ihre Gruppe benannt haben, tippen Sie auf die Schaltfläche **Erstellen** (8), und schon ist Ihre Gruppe startklar (9).

7. Alles, was Sie nun in diesem Gruppenchat schreiben, wird allen Gruppenmitgliedern zugestellt. Jeder Teilnehmer bzw. jede Teilnehmerin kann alle Nachrichten lesen und auch selbst Nachrichten schreiben. Ansonsten haben Sie in einem Gruppenchat dieselben Möglichkeiten wie in einem Einzelchat: Sie können also auch hier Sprachnachrichten, Bilder und Videos versenden.

MERKE

In einer WhatsApp-Gruppe können sämtliche Nachrichten von allen Gruppenmitgliedern gelesen werden.

8. Mit dem blauen Pfeil links oben (10) gelangen Sie wieder zurück in die Chatübersicht, in der Sie auch Ihre Gruppe unter dem Gruppennamen jederzeit wiederfinden.

WhatsApp-Gruppen verlassen

Sie wurden zu einer Gruppe eingeladen und merken bald, dass hier außer komischen Witzbildchen und Katzenvideos nichts ausgetauscht wird? Dann nix wie raus aus der Gruppe! Das klappt folgendermaßen: Tippen Sie zuerst den Gruppenchat an und dann im Chatverlauf oben den Gruppennamen (11).

Damit gelangen Sie in die *Gruppeninfo*. In diesem Fenster scrollen Sie ganz nach unten und wählen hier **Gruppe verlassen** (12) aus. Sie erhalten dann keine weiteren Nachrichten mehr in dem Gruppenchat. Allerdings werden alle anderen Teilnehmer über Ihren Ausstieg informiert, Sie können sich also nicht heimlich »davonstehlen«.

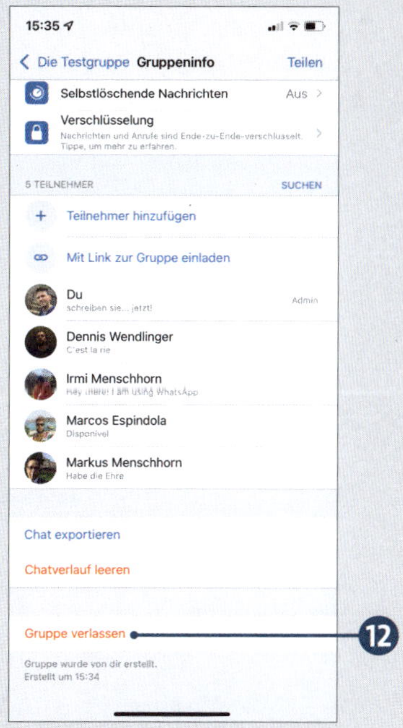

KAPITEL 15

So kommen die E-Mails auch aufs iPhone

E-Mails sind im Zeitalter von *WhatsApp* oder *iMessage* schon fast »antik«. Dennoch muss man von Zeit zu Zeit auf dieses Kommunikationsmittel zurückgreifen, und vielleicht haben Sie schon auf Ihrem Computer ein E-Mail-Konto. Dann können Sie es auch problemlos mit Ihrem iPhone verbinden. Der Vorteil: Sie müssen dann Ihren Computer nicht mehr extra starten, um Ihre E-Mails zu lesen. Und vor allem kürzere Mails können Sie gleich vom iPhone aus schreiben und versenden.

Nun gibt es zwei Möglichkeiten: Wenn Sie (wie in Kapitel 3, »Das iPhone zum ersten Mal in Betrieb nehmen«, ab Seite 48 beschrieben) erstmalig über Apple eine E-Mail-Adresse angelegt haben, dann ist diese auch schon in der *Mail*-App hinterlegt. Sie müssen sie dann nicht mehr einrichten, sondern können gleich ab Seite 312 weitermachen.

Wenn Sie bereits die E-Mail-Adresse eines anderen Anbieters nutzen, dann müssen Sie diese in der *Mail*-App noch einrichten. Aber keine Sorge, das klappt mit wenigen Fingertipps.

Die Mail-App einrichten

Die *Mail*-App muss, sofern Sie Ihre E-Mails nicht (ausschließlich) über eine iCloud-E-Mail-Adresse empfangen und senden, manuell eingerichtet werden.

Sie benötigen dazu

- Ihre E-Mail-Adresse, die Sie auch benutzen, wenn Sie Ihre E-Mails im Internet am Computer abrufen,
- das dazugehörige Kennwort und
- ggf. auch die Zugangsdaten für den *Mailserver*. Diese erhalten Sie bei Ihrem jeweiligen E-Mail-Anbieter.

Und so funktioniert es:

1. Starten Sie die *Mail*-App mit einem Fingertipp auf das Symbol auf Ihrem Home-Bildschirm. Im Startbildschirm werden Sie schon mit einigen Logos bekannter E-Mail-Anbieter begrüßt. Falls Sie eine E-Mail-Adresse von einem dieser Anbieter besitzen, tippen Sie darauf, und die folgende Einrichtung ist in aller Regel ein Kinderspiel. Wir zeigen Ihnen nun aber den etwas aufwendigeren Weg, den Sie einschlagen müssen, wenn Ihr Anbieter nicht dabei ist. In diesem Fall werden einige Angaben von Ihnen benötigt. Tippen Sie also auf **Andere** ❶.

2. Nun öffnet sich das Fenster **Neuer Account**. Tippen Sie in die einzelnen Zeilen, und füllen Sie mithilfe der Bildschirmtastatur die Felder hinter **Name**, **E-Mail** und **Passwort** ❷ aus. Die **Beschreibung** ❸ füllt das iPhone automatisch für Sie aus. Tippen Sie dann auf **Weiter** ❹.

MERKE

Das hier geforderte Passwort ist Ihr E-Mail-Passwort, das Sie bereits zum Abrufen Ihrer E-Mails am Computer bzw. im Internet verwenden.

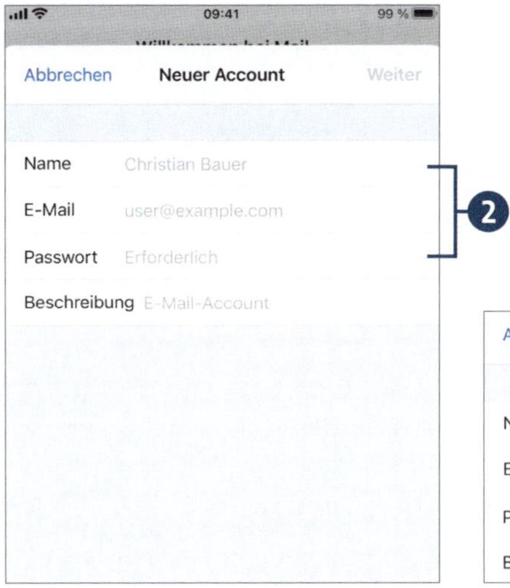

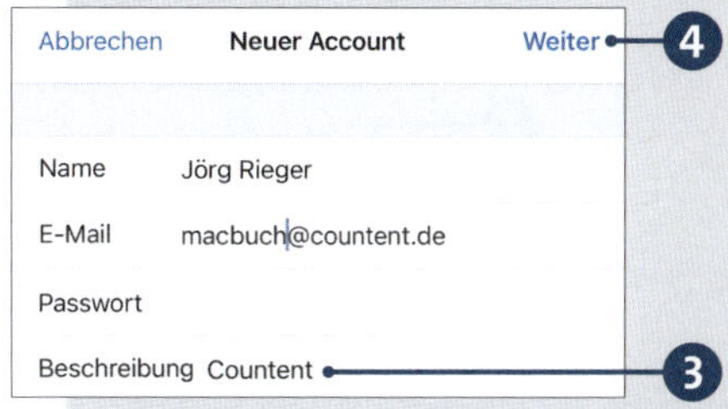

3. Nun gibt es zwei Möglichkeiten: Mit etwas Glück erkennt die *Mail*-App auch schon alle weiteren Einstellungen und Sie müssen die folgenden Schritte gar nicht mehr ausführen. Im anderen Fall müssen Sie nun die Mail-Server-Daten Ihres Anbieters selbst eintippen. Nur mit diesen Daten können die E-Mails auch in die *Mail*-App Ihres iPhones gelenkt werden.

4. **IMAP** 5 sollte ausgewählt sein. Das ist die richtige Wahl, denn damit bleiben Ihre E-Mails auch nach dem Abrufen immer auf Ihrem Mail-Server erhalten und Sie haben sowohl auf dem Computer als auch auf dem iPhone Zugriff auf alle E-Mails.

5. Unter **Server für eintreffende E-Mails** 6 müssen Sie bei **Hostname** 7 den sog. *Posteingangsserver* eintragen, den Sie über Ihren Anbieter erfahren. Bei **Benutzername** 8 und **Passwort** 9 tragen Sie wieder Ihre E-Mail-Adresse und das Passwort ein.

WAS TUN?

Auch wenn hier leider etwas Fachchinesisch folgt – Sie müssen diese Begriffe nicht verstehen, da sie nur einmal benötigt werden. Füllen Sie die geforderten Angaben einfach aus.

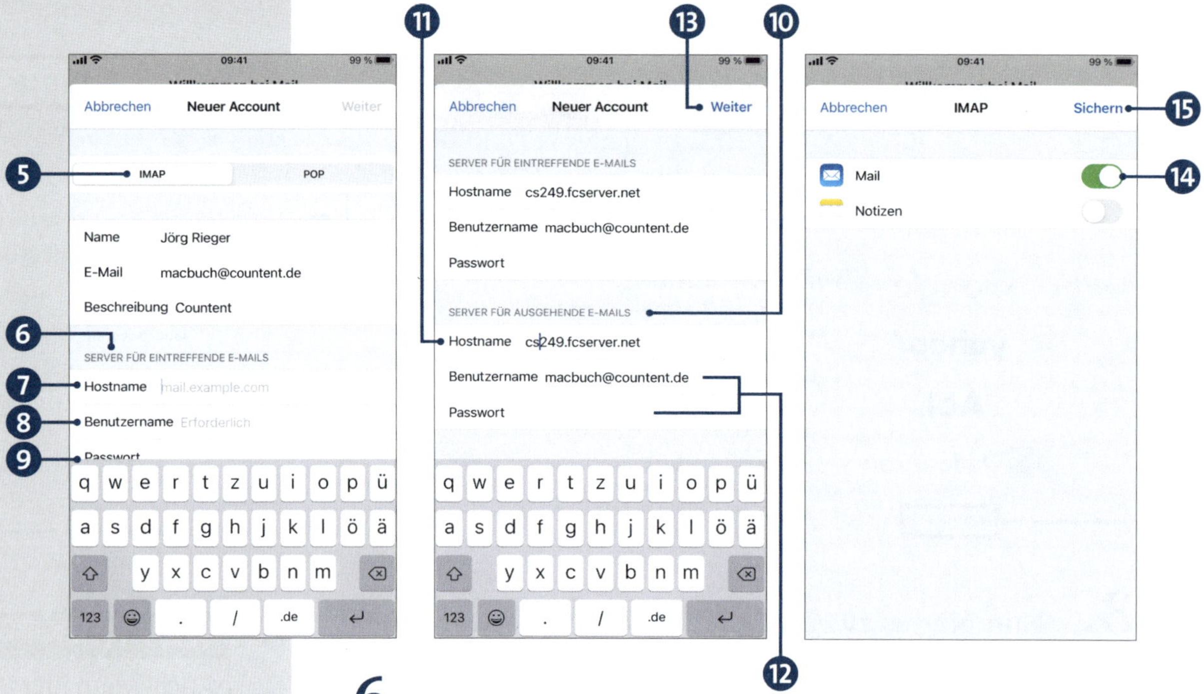

6. Legen Sie nun den Finger auf das Display, und fahren Sie nach oben. Tragen Sie dann die Daten unter **Server für ausgehende E-Mails** (10) ein. Der **Hostname** (11) steht hier für den sogenannten *Postausgangsserver*; **Benutzername** und **Passwort** (12) sollten Sie ebenfalls ausfüllen. Diese sind identisch mit den Daten, die Sie in Schritt 5 eingegeben haben.

Weiter

7. Tippen Sie anschließend auf **Weiter** (13). Die *Mail*-App prüft nun, ob alles korrekt eingegeben wurde. Falls nicht, werden Sie aufgefordert, die Daten nochmals einzutragen.

Sichern

8. Ist alles korrekt, sehen Sie den Bildschirm mit dem *Mail*-Symbol und dem eingeschalteten Schieberegler (14). Hier tippen Sie auf **Sichern** (15).

9. Nun folgt eine Information zum Datenschutz. Apple bietet Ihnen an, Ihre Identität zu schützen. Potenziellen

Missetäterinnen oder neugierigen Online-Händlern, die mit Newslettern werben wollen, soll es damit schwerer gemacht werden. Mailaktivitäten, z. B. ob Sie eine E-Mail gelesen haben oder darin etwas angeklickt haben, werden nämlich nicht angezeigt. Damit wird es potenziellen Missetätern oder ganz einfach der zu neugierigen Online-Händlerin mit ihrem Newsletter schwerer gemacht, Informationen über Sie zu erhalten – also ob Sie beispielsweise die E-Mail gelesen haben, ob Sie darin etwas angeklickt haben und so weiter. Unsere Empfehlung – tippen Sie in den Kringel bei **Mail-Aktivität schützen** ❶, um das Angebot von Apple zu nutzen. Tippen Sie dann auf **Fortfahren** ❷.

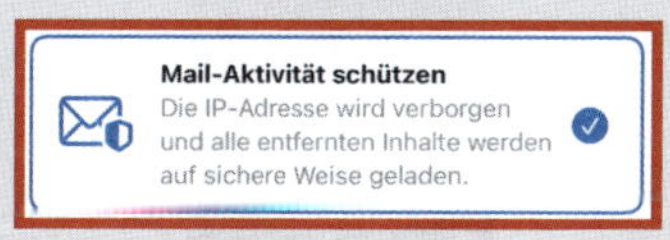

Damit gelangen Sie in den *Posteingang* Ihres E-Mail-Accounts – die Einrichtung hat funktioniert! Haben Sie eine E-Mail-Adresse eingerichtet, die Sie schon länger verwenden, werden hier alle verfügbaren E-Mails dargestellt. Anderenfalls ist der Posteingang leer.

Im folgenden Abschnitt schauen wir uns an, wie man mit dem iPhone E-Mails abruft und liest.

E-Mails abrufen und lesen

Ist Ihre alte E-Mail-Adresse eingerichtet oder verfügen Sie neu über eine iCloud-E-Mail-Adresse auf Ihrem iPhone, dann geht es jetzt ans Schreiben und Abrufen von E-Mails. Zu Beginn werfen wir noch einen Blick auf die *Mail*-App selbst. Starten Sie also die *Mail*-App über das Symbol auf dem Home-Bildschirm.

Je nach Einstellung landen Sie bei **Postfächer**, das ist sozusagen die Hauptebene der *Mail*-App. Alternativ kann es sein, dass das iPhone Sie auch direkt in den **Eingang** navigiert. Um auch hier zu den Postfächern zu gelangen, tippen Sie einfach links oben auf **Postfächer** ❶. Umgekehrt tippen Sie unter **Postfächer** auf **Eingang** ❷, um diesen aufzurufen. Damit haben wir die zwei grundsätzlichen Ebenen in dieser App kennengelernt. Der Eingang ist aber nur einer von mehreren Ordnern. Darunter befinden sich weitere Verzeichnisse, die Sie ebenfalls mit einem Fingertipp aufrufen können.

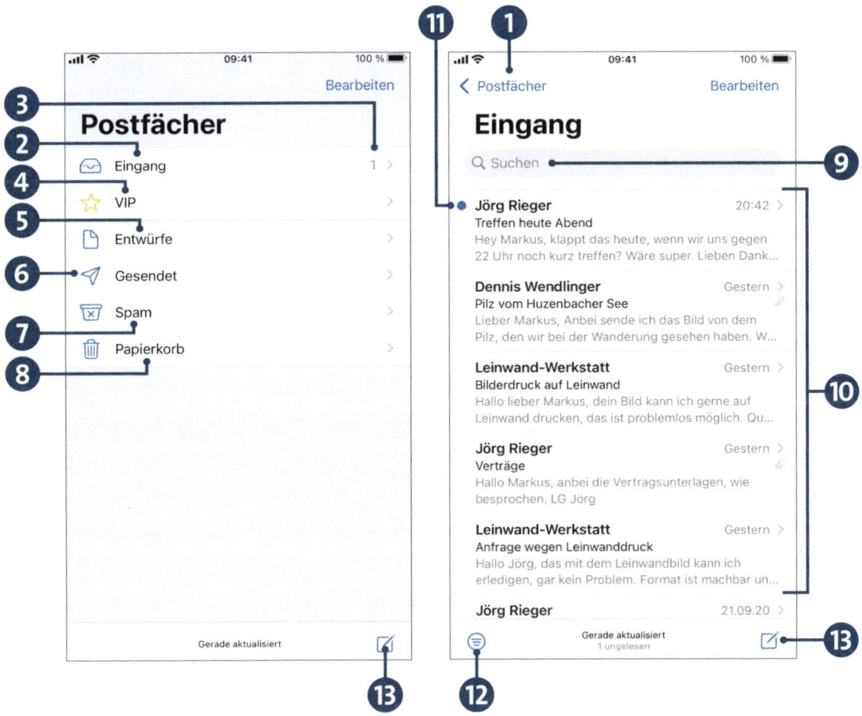

Die Elemente bzw. Ordner unter **Postfächer**:

2 **Eingang**: Hier werden alle hereinkommenden Mails gesammelt. Eine Zahl hinter diesem Element 3 zeigt, wie viele ungelesene Mails sich im Eingang befinden.

4 **VIP**: Hier finden Sie E-Mails, die als besonders wichtig markiert wurden. Das benötigen Sie im Alltag aber sicher nicht.

5 In **Entwürfe** werden alle E-Mails automatisch gesichert, die Sie geschrieben, aber noch nicht verschickt haben.

6 In **Gesendet** befinden sich sämtliche E-Mails, die bereits gesendet wurden.

Auch das App-Symbol zeigt eine Zahl an, an der Sie ablesen können, wie viele ungelesene E-Mails auf Sie warten.

7 Der Ordner **Spam** ist ein Auffangbecken für Werbemails. Es schadet nichts, ab und zu hineinzuschauen, ob nicht versehentlich zu viel aussortiert wurde. Die Einordnung nimmt die *Mail*-App nämlich automatisch vor.

8 Gelöschte Elemente bleiben zur Sicherheit noch 30 Tage lang im **Papierkorb** gespeichert. Innerhalb dieses Zeitraums können Sie gelöschte E-Mails wieder in den Eingang zurückbefördern.

Im **Eingang** erwarten Sie folgende Elemente:

9 Ganz oben befindet sich ein Suchfeld, in das Sie alle möglichen Suchbegriffe eingeben können, um Ihre Mails danach zu durchsuchen.

10 In der Liste mit der Vorschau auf alle E-Mails scrollen Sie wie üblich per Fingerwisch.

11 Eine ungelesene Nachricht erkennen Sie am blauen Punkt davor.

12 Möchten Sie im Eingang nur die noch ungelesenen Nachrichten sehen, tippen Sie auf das Filter-Symbol. Um wieder alle Mails zu sehen, tippen Sie erneut darauf.

13 Eine neue Nachricht erstellen Sie über das Symbol für Stift und Papier.

Starten wir nun mit dem Lesen einer Nachricht. Sollten Sie aktuell keine ungelesene Nachricht in Ihrem Posteingang haben, bitten Sie jemanden aus Ihrem Bekanntenkreis, Ihnen eine E-Mail zu schreiben. Hat das geklappt, weist das *Mail*-Symbol auf Ihrem Home-Bildschirm eine rote Markierung mit einer **1** auf (1).

1. Starten Sie nun die *Mail*-App per Fingertipp auf das Symbol.

2. Wechseln Sie, wenn nötig, in den **Eingang**. In unserem Beispiel sehen Sie schon zwei ungelesene E-Mail-Nachrichten ❷, da beim Öffnen gleich eine weitere E-Mail eingegangen ist. Hier sehen Sie aber lediglich eine Vorschau auf die jeweilige Mail, den Absender, den Betreff und den Beginn der Mail.

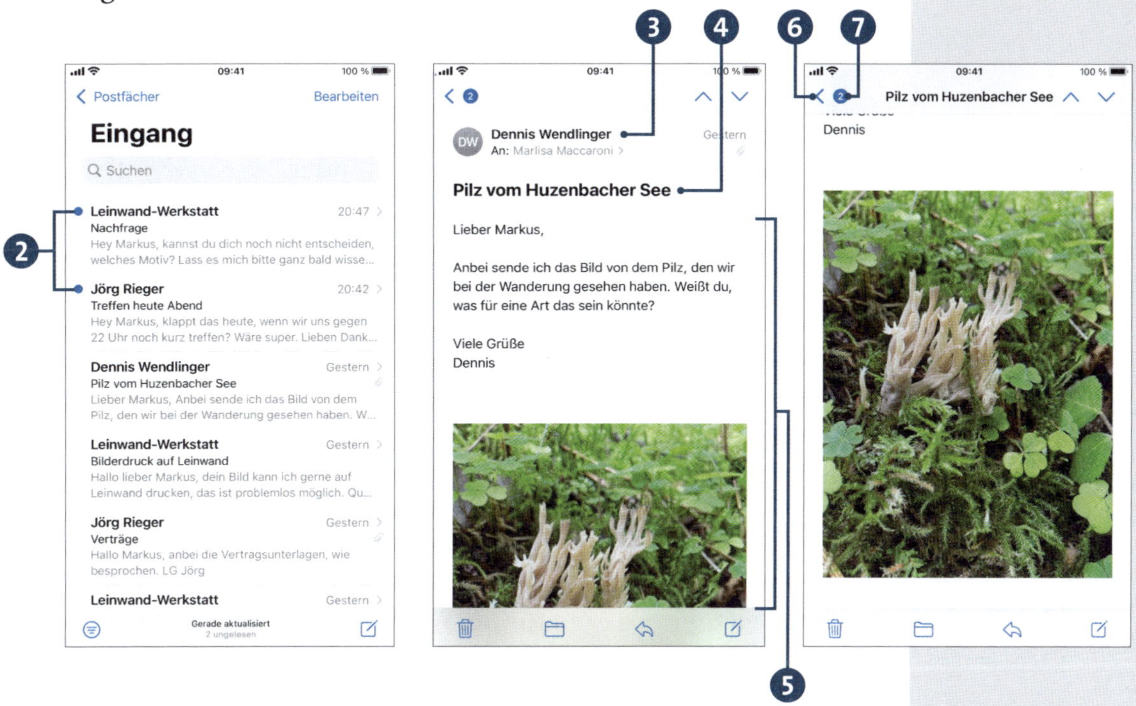

3. Tippen Sie eine beliebige Nachricht an – ob neu eingetroffen oder schon älter, spielt keine Rolle. Diese wird sofort bildschirmfüllend angezeigt. Im oberen Bereich sehen Sie den Absender ❸ der Nachricht. Dann folgen der Betreff ❹ und schließlich der Inhalt der Mail ❺. In unserem Beispiel ist sogar noch ein Bild beigefügt. Um die gesamte Mail zu erkunden, legen Sie den Finger auf

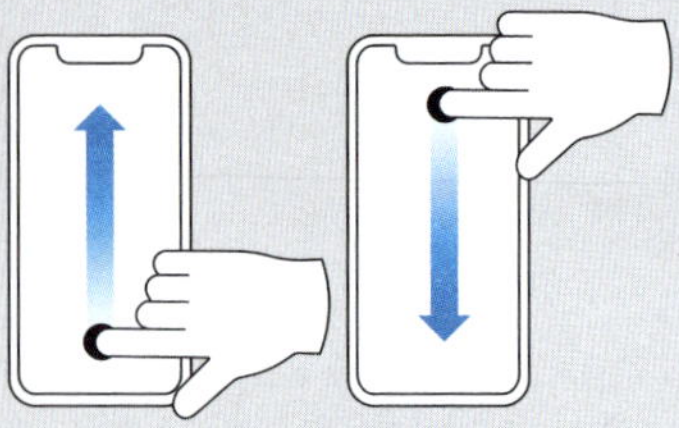

das Display und fahren nach oben, sodass in unserem Fall auch das komplette Bild angezeigt wird. Um wieder zum Anfang der Mail zu kommen, fahren Sie mit einem Finger nach unten.

4. Zurück zum Eingang mit der Übersicht über alle Mails geht es mit einem Fingertipp auf den Pfeil links oben ❻. Wenn noch ungelesene Nachrichten vorliegen, zeigt der Pfeil zusätzlich eine Nummer ❼ mit der Anzahl der noch zu lesenden Mails.

Wenn Sie schon am Computer gemailt haben, dürfte Ihnen das alles sehr gewohnt vorkommen, oder?

Eine E-Mail beantworten

Haben Sie eine E-Mail erhalten, werden Sie meist auch etwas antworten wollen oder müssen. Erfreulicherweise klappt das in der *Mail*-App ganz einfach und stellt mit Ihrem Wissen aus dem Kapitel zur *Nachrichten*-App (siehe ab Seite 153) sicher keine Hürde mehr dar. Auf geht's!

Der Pfeil in der Mail-App steht für *Antworten* und *Weiterleiten* einer Mail gleichermaßen.

1. Öffnen Sie eine E-Mail, auf die Sie antworten möchten, sodass sie groß angezeigt wird ❶.

2. Tippen Sie nun unten auf den nach links zeigenden Pfeil ❷. Es öffnen sich mehrere Optionen ❸.

3. Uns interessiert hier **Antworten** ❹. Wenn Sie darauf tippen, wird ein neues Nachrichtenfenster geladen. Die Empfängerin oder der Empfänger ❺ ist im Fall einer Antwort bereits eingetragen, und auch beim **Betreff** ❻ ist ein Eintrag mit **Re:** zu sehen.

Zudem ist im Nachrichtenfeld selbst eine Kopie der ursprünglichen E-Mail beigefügt 7, quasi als Erinnerung. Mit dem üblichen Fingerwisch nach oben oder unten auf dem Display können Sie diese Infos vollständig lesen.

4. Nach dem Antippen von **Antworten** 4 blinkt oberhalb der automatischen *Signatur* (siehe den Kasten links) auch schon die Schreibmarke, und unten ist die Bildschirmtastatur bereits eingeblendet. Tippen Sie nun Ihren Antworttext 9 ein.

WAS TUN?

Oberhalb des Nachrichtentextes hat die *Mail*-App auch schon die *Signatur* **Von meinem iPhone gesendet** 8 für Sie eingefügt. Wenn Sie diese nicht beibehalten möchten, können Sie sie natürlich auch löschen (siehe dazu den Kasten auf Seite 319).

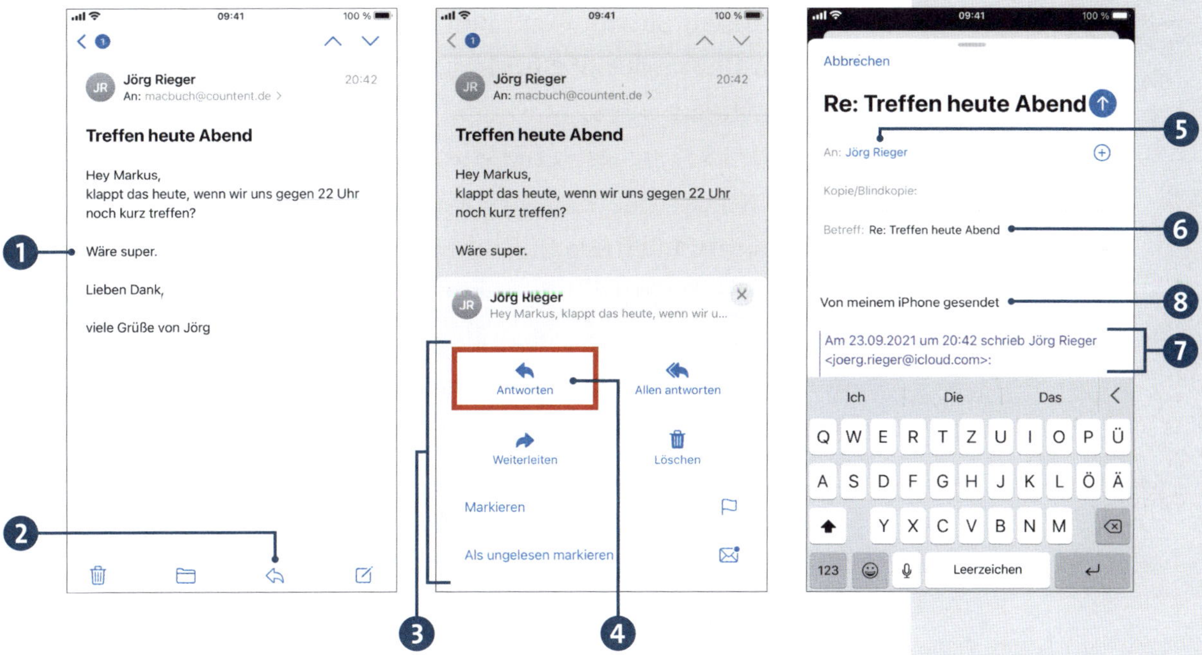

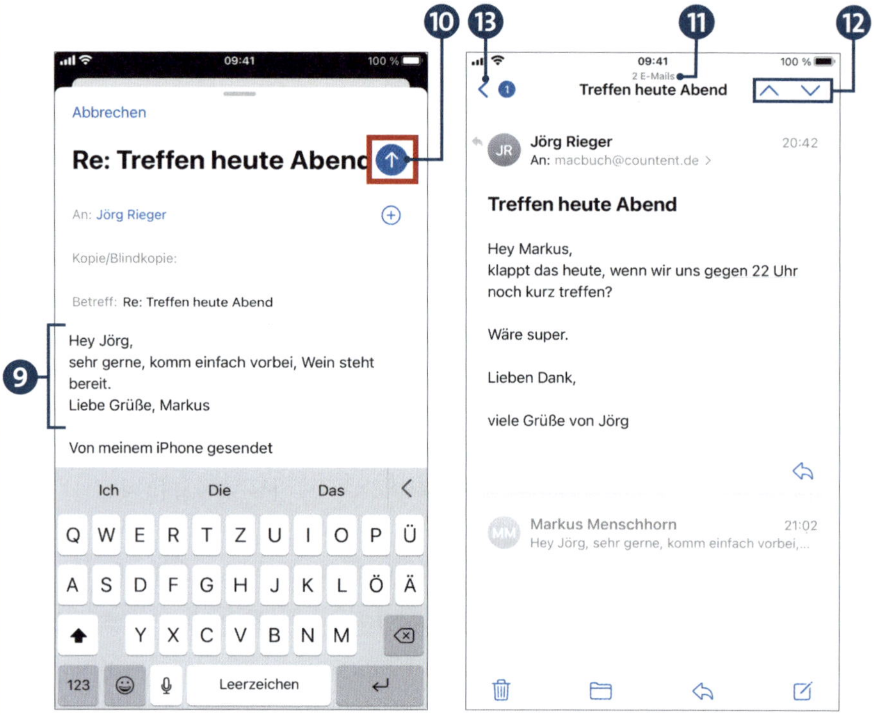

5. Alles klar? Dann kann die Mail verschickt werden. Dazu tippen Sie auf den blauen Pfeil-Button ⑩ bzw. (bei älteren iPhones) auf **Senden**, und schon geht die E-Mail auf die Reise.

6. Nun werden die ursprüngliche Mail und Ihre Antwort darauf in einem Bildschirm als Konversation mit dieser Person zusammengefasst. Hier wird auch angezeigt, wie viele E-Mails zwischen Ihnen bisher ausgetauscht wurden ⑪. Mit den Pfeilen rechts oben ⑫ können Sie in dieser Konversation vor- und zurückblättern.

Mit einem Fingertipp auf den Pfeil nach links ⑬ gelangen Sie zurück zur Übersicht über Ihre empfangenen E-Mails.

So korrigieren und löschen Sie Schreibfehler und Co.

Sie haben sich vertippt oder möchten in Ihrem Text noch etwas ergänzen oder löschen? Dafür benötigen Sie ein klein wenig Fingerspitzengefühl. Natürlich können Sie den blauen Texteingabecursor auch mit einem einfachen Fingertipp an der gewünschten Stelle platzieren. Diese Stelle genau zu treffen, gelingt aber nicht immer auf Anhieb. Einfacher geht es, wenn Sie im Text den Finger auf das Display drücken und mit gedrücktem Finger an die entsprechende Stelle fahren. Dabei wird die Positionierung mit einer kleinen Lupe angezeigt. An der gewünschten Stelle können Sie nun Text einfügen oder mit der Taste ⌫ auf der Bildschirmtastatur rückwärts einzelne Zeichen löschen, z. B. die automatische Signatur.

ACHTUNG!

Am iPhone haben Sie nur eine Löschen-Taste, die rückwärts funktioniert. Die vom Computer bekannte Entfernen-Taste gibt es nicht. Das bedeutet, Sie müssen den Cursor immer hinter den zu löschenden Buchstaben bzw. das Wort setzen und dann auf ⌫ tippen.

Eine E-Mail schreiben

Jetzt nehmen wir uns das Schreiben einer ganz neuen E-Mail-Nachricht vor. Unsere Empfehlung: Schreiben Sie Ihre ersten Mails an Bekannte, Freundinnen oder Freunde, dann können Sie alles ohne Druck nach Herzenslust ausprobieren. Die Auserwählten benötigen kein iPhone, es ist nur eine E-Mail-Adresse notwendig.

1. Starten Sie die *Mail*-App. Auf jeder Ebene der App haben Sie die Möglichkeit, per Fingertipp auf das Symbol für Stift und Papier eine neue Nachricht zu erstellen. Es befindet sich immer unten rechts auf dem Bildschirm.

2. Im Feld **An:** ❶ tippen Sie die E-Mail-Adresse über die Bildschirmtastatur ein, oder Sie tippen auf das Plus-Symbol ⊕ ❷, um auf Ihr Adressbuch zuzugreifen und einen Kontakt per Fingertipp zu wählen. Das funktioniert aber nur, wenn Sie dort auch eine E-Mail-Adresse hinterlegt haben. Wir tippen hier nun die Adresse auf der Bildschirmtastatur ein.

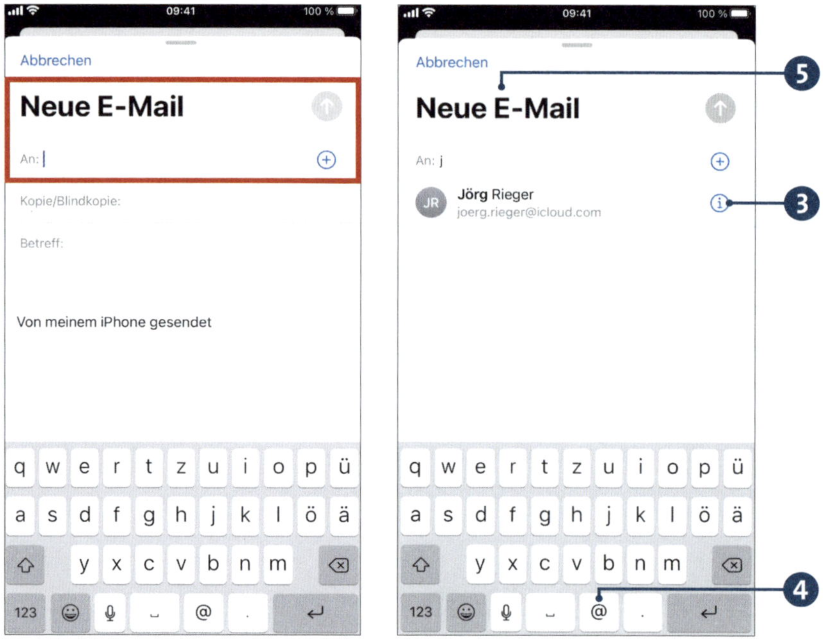

3. Ihr iPhone ist intelligent und zeigt unter Umständen nach Eingabe der ersten Buchstaben Vorschläge für die E-Mail-Adresse an. Dazu bedient sich die App der Informationen Ihres Posteingangs ❸, Ihres Adressbuchs (sofern dort die Adresse doch gespeichert ist). Ist der passende Empfänger dabei, können Sie einen Eintrag antippen und sparen sich weitere Tipparbeit. Ansonsten vervollständigen Sie die E-Mail-Adresse im **An:**-Feld einfach selbst.

MERKE

Praktischerweise wird in der *Mail*-App (anders als in der *Nachrichten*-App) das für die E-Mail-Adresse nötige Zeichen @ auch gleich auf der Tastatur mit angezeigt ❹, sodass Sie es hier ganz komfortabel antippen können.

4. Jetzt tippen Sie hinter **Betreff:** und geben eine knackige Überschrift ein. Was Sie hier schreiben, sieht der Empfänger zuerst. Mit der Eingabe des Betreffs steht nun auch nicht mehr **Neue E-Mail** ❺ über Ihrer Mail, sondern Ihr eigener Text ❻.

5. Tippen Sie nun in das eigentliche Nachrichtenfeld, und schreiben Sie Ihren Text. Das klappt ganz genauso wie das Schreiben von Text in der *Nachrichten*-App.

6. Versenden Sie schließlich Ihre E-Mail mit einem Fingertipp auf den blauen Pfeil ↑ ❼. Nach dem Versand landen Sie wieder in Ihrem Posteingang.

WAS TUN?

Sind Sie schreibfaul? Ab Seite 165 erklären wir Ihnen, wie Sie Ihren Text mit dem Mikrofonsymbol 🎙 auf der Bildschirmtastatur ganz einfach diktieren.

ACHTUNG!

Sobald Sie mit der Texteingabe beginnen, »rutscht« die Bildschirmanzeige nach oben und Empfänger und ggf. auch der Betreff sind nicht mehr sichtbar. Mit dem üblichen Fingerwisch nach unten oder oben können Sie aber jederzeit alle Inhalte einblenden.

Einen Anhang per E-Mail versenden

Vom E-Mail-Programm am Computer kennen Sie die Möglichkeit, zusätzlich zum Text noch Dokumente oder Fotos an eine E-Mail anzufügen. Man zieht dazu die Daten einfach aus dem Dateimanager auf die E-Mail oder fügt sie über das Büroklammersymbol an. Am iPhone können Sie ebenfalls Anhänge per E-Mail versenden, allerdings »tickt« die *Mail*-App da anders, als Sie es vielleicht gewohnt sind. Im Nachrichtenfenster gibt es keinerlei Möglichkeiten, einen Anhang hinzuzufügen. Die Logik von Apple ist nämlich: Sie gehen in jene App, in der das gewünschte Bild oder Dokument erstellt wurde, und fügen es von dort in eine neue E-Mail ein.

Im Abschnitt »Fotos und Videos an Familie und Freunde weitergeben« ab Seite 248 haben wir Ihnen beispielhaft gezeigt, wie Sie Fotos in der *Fotos*-App auswählen und dann mit der *Nachrichten*-App versenden. Dieses Prinzip gilt 1:1 auch für E-Mails, Sie wählen dann nur die *Mail*-App **1** als Ziel aus.

Für alle anderen Apps gilt: Halten Sie nach der Teilen-Schaltfläche ⍐ Ausschau! Mit ihr können Sie Dokumente oder Fotos auf verschiedenen Wegen versenden – und die *Mail*-App ist in der Auswahl immer enthalten.

Haben Sie eine Datei auf diesem Weg gewählt, öffnet sich die *Mail*-App mit einer neuen Nachricht inklusive des gewählten Anhangs **2**. Ergänzen Sie die Nachricht durch Eingabe des Empfängers bzw. der Empfängerin, des Betreffs und ggf. noch eines Textes und schicken Sie sie ab.

KAPITEL 16

Musik mit dem iPhone – Mitsingen geht überall

Egal ob unter der Dusche, im Auto oder auf dem Sofa – Musik ist Leben und allgegenwärtig. Und natürlich steht Ihnen Ihr iPhone auch musikalisch hilfreich zur Seite. Es ersetzt gleich mehrere Geräte: den MP3-Player, den mobilen CD-Player, die vollausgestattete Stereoanlage und ein Diktiergerät – all das ist von Beginn an in Ihrem iPhone integriert. In diesem Kapitel erfahren Sie, wie Sie Zugriff auf Millionen Musiktitel erhalten, Ihre Lieblingslieder finden und Kopfhörer oder externe Lautsprecher ganz kabellos mit dem iPhone verbinden.

Wie kommt Musik aufs iPhone?

Apple möchte Geld verdienen, und daher kostet die Musik am iPhone Geld. Unterm Strich ist das Angebot aber gar nicht teuer. Es gibt zwei Optionen:

- Beim Musik-Abo von Apple, *Apple Music*, zahlen Sie monatlich knapp 10 € und können Millionen von Musiktiteln so oft hören, wie Sie möchten. Es entstehen keine weiteren Kosten. Das Abo kann innerhalb von 30 Tagen jederzeit beendet werden. Dann allerdings ist auch Ihre Musiksammlung nicht mehr verfügbar. Haben Sie sich

ACHTUNG!

Mit der *Musik*-App auf dem iPhone können Sie nur Musik hören, die Sie dort gekauft oder abonniert haben. Ihre MP3-Sammlung vom Computer können Sie hier nur über die Software *iTunes* auf dem PC importieren.

bisher ein bis zwei CDs im Monat gekauft, ist das Abo die richtige Wahl und auf Dauer deutlich günstiger und vielseitiger. Man muss sich nur an den Gedanken gewöhnen, dass man die Musik nicht wirklich »besitzt«.

- Sie können Musiktitel auch kaufen. Apple hat vor vielen Jahren mit *iTunes* erstmalig weltweit digitale Musik legal zum Kauf angeboten. Auch heute noch können Sie über die App *iTunes Store* Musiktitel oder ganze Alben kaufen. Einzelne Titel erhalten Sie für wenige Cent bis zu rund 1,30 €, komplette Alben für knapp 10 €. Diese Titel gehören Ihnen, ganz so, als hätten Sie eine CD gekauft. Wenn Sie dann irgendwann ein neues iPhone haben, landen die gekauften Titel ganz automatisch wieder auf dem Gerät und sind zusätzlich auch auf Ihrem Computer verfügbar. Diese Art des Musikkaufs ist für Gelegenheitshörerinnen und -hörer durchaus interessant.

Musik-App und iTunes Store – das sollte man zum Zusammenspiel wissen

Die *Musik*-App von Apple ist zum einen Ihre digitale Stereoanlage, zum anderen aber auch der Dreh- und Angelpunkt für das Musik-Abonnement von Apple. Sie kaufen die Musik im *iTunes-Store* – abgespielt wird sie aber wie gesagt in der *Musik*-App.

ACHTUNG!

Sie benötigen zum Kauf von Musiktiteln eine Kreditkarte oder iTunes-Guthabenkarten. Diese bekommen Sie in fast jedem Supermarkt. Mit dem aufgedruckten Code laden Sie Guthaben und können für diesen Betrag dann im *iTunes Store* einkaufen.

Musik kaufen im iTunes Store

Beginnen wir damit, einzelne Musiktitel im *iTunes Store* von Apple zu kaufen. Dabei schauen wir uns die gleichnamige App an. Außerdem lernen Sie, wie man die Anmeldeprozedur gekonnt meistert, um eine Zahlungsoption hinzuzufügen.

1. Tippen Sie auf das Symbol der App *iTunes Store* ❶ auf Ihrem Home-Bildschirm. Es befindet sich meist auf der zweiten Seite. Dorthin gelangen Sie, indem Sie nach links wischen.

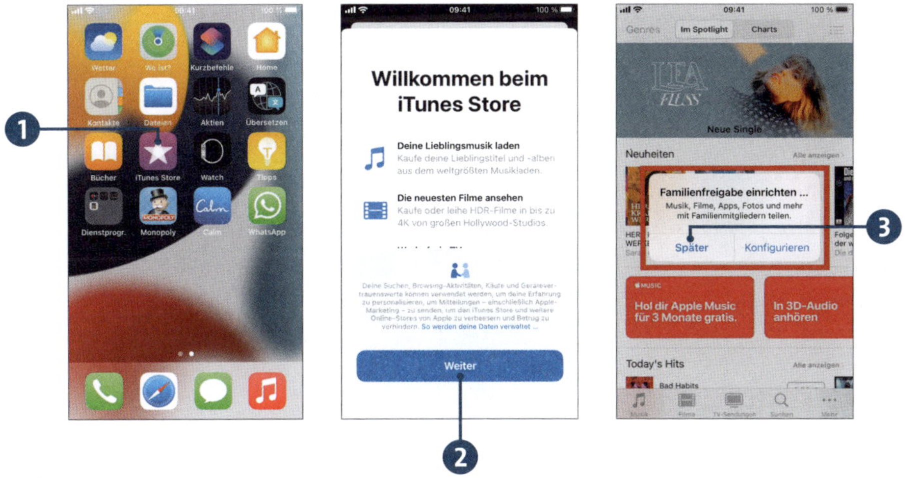

2. Beim ersten Start der App werden Sie begrüßt und über das Angebot von iTunes informiert. Hier tippen Sie einfach auf **Weiter** ❷.

3. Nun folgt eine Abfrage zur *Familienfreigabe* – das ist dann relevant, wenn andere Familienmitglieder ebenfalls ein iPhone besitzen. Denn dann können Sie Ihre Musik mit ihnen teilen. Wir tippen hier auf **Später** ❸.

4. Der *iTunes Store* ist nun startklar und zeigt sein vielfältiges Musikangebot. Sie können hier nach Herzenslust stöbern. Praktisch: Tippen Sie wie hier in der Liste zu **Today's Music** auf einen Titel ❹, wird sofort eine kostenlose Hörprobe abgespielt. Ist die Hörprobe beendet, wird wieder das Cover des Titels eingeblendet.

iTunes starten

↓

Musik erkunden

↓

Zahlungsdaten eingeben

↓

Musik kaufen

MERKE

Die Abfragen in Schritt 2 und 3 erscheinen nur beim allerersten Start der App.

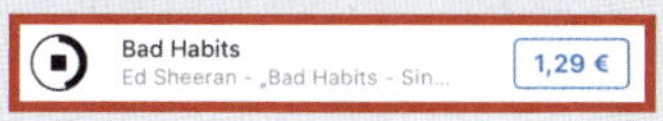

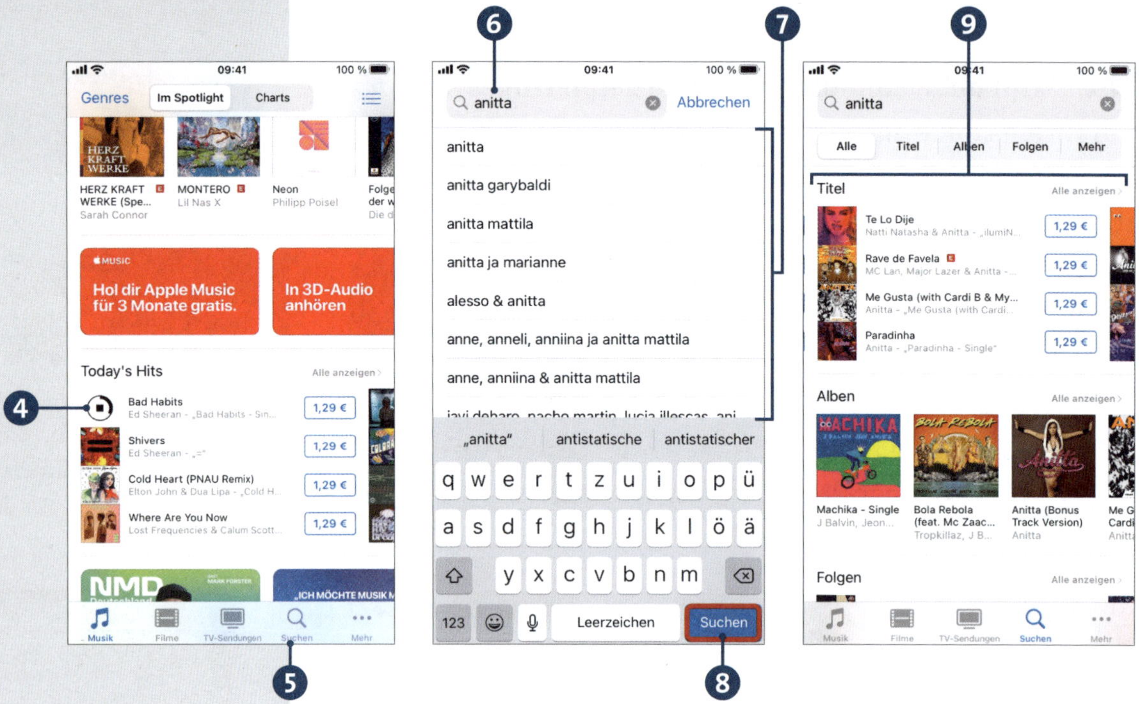

5. Ihren Lieblingssong können Sie über **Suchen** in der unteren Leiste **5** finden. Tippen Sie einmal darauf, und schon öffnet sich ein Suchfeld **6**, das Sie bereits von anderen Apps kennen. Tippen Sie hinein, und geben Sie auf der Bildschirmtastatur einen Titel oder Sänger ein. Sofort werden Ihnen einige Vorschläge angezeigt **7**. Sind Sie sich nicht sicher, ob der richtige dabei ist, tippen Sie unten auf der Tastatur auf **Suchen** **8**. Dann lädt iTunes eine neue Seite und präsentiert die Suchergebnisse mit Cover-Bildern **9**. So fällt die Auswahl leichter.

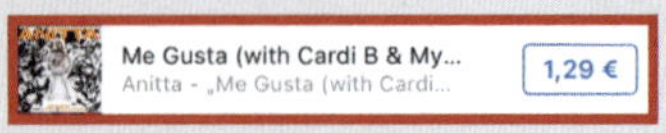

6. Wir haben hier einen Titel der brasilianischen Sängerin Anitta im Visier. Bei Ihrer Suche werden Sie feststellen, dass der *iTunes Store* ein breit gefächertes, internationales Musikprogramm bietet. Helene Fischer ist ebenso vertreten wie ABBA, die Rolling Stones oder die Wiener Philharmoniker.

7. Nun tippen Sie den gewünschten Titel an ⑩ – er wird direkt wiedergegeben, allerdings nur 30 Sekunden lang.

8. Möchten Sie den Titel kaufen, dann tippen Sie auf den Preis ⑪.

9. Im nächsten Fenster werden die Einzelheiten zum Kauf noch einmal zusammengefasst und es wird der Gesamtbetrag aufgelistet. Bei einem iPhone mit Touch-ID zahlen Sie direkt per Fingerabdruck, mit Face-ID ist ein doppelter Druck auf die Standby-Taste notwendig.

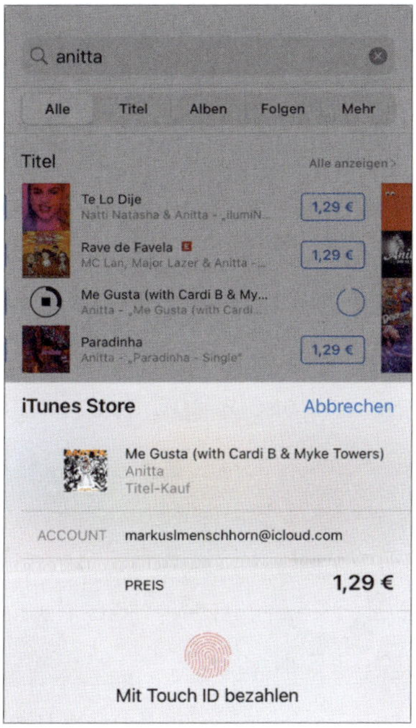

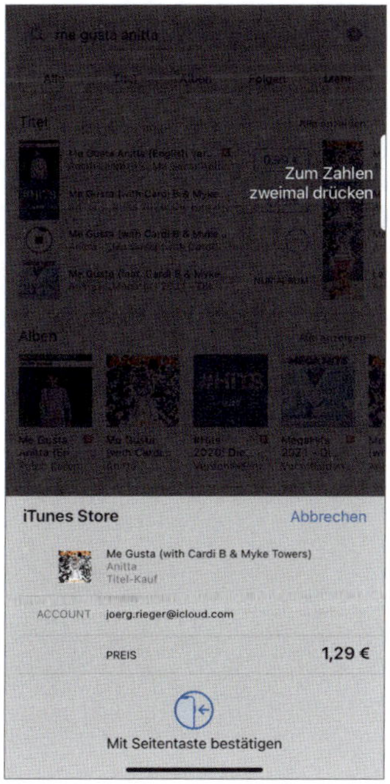

10. Jetzt wird der Musiktitel aber tatsächlich gekauft und umgehend auf Ihr iPhone geladen. Praktischerweise wird beim gekauften Musikstück der Preis entfernt, Sie können es also nicht noch einmal versehentlich bezahlen.

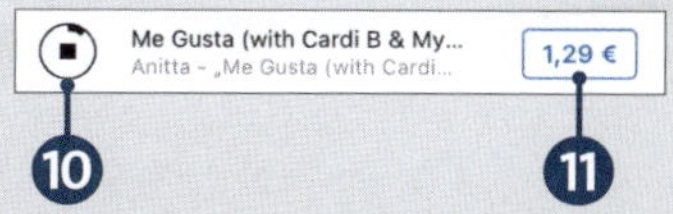

ACHTUNG!

Wir gehen davon aus, dass Sie Ihre Zahlungsdaten schon eingerichtet haben. Falls nicht, müssen Sie das hier erledigen. Auf Seite 259 zeigen wir, wie einfach das funktioniert. Schlagen Sie kurz nach und machen dann hier weiter.

MERKE

In unregelmäßigen Abständen verlangt Ihr iPhone aus Sicherheitsgründen die Eingabe Ihres Apple-ID-Passworts statt Fingerabdruck oder »Doppeldrücker«.

Der Musiktitel wird nun mit einem Fingertipp auf die Schaltfläche **Wiedergabe** gestartet. Es fehlen aber sämtliche Bedienelemente, die man sonst kennt. Sie können das Abspielen lediglich mit einem erneuten Fingertipp auf **Wiedergabe** anhalten. Mehr ist nicht möglich. Denn tatsächlich ist der *iTunes Store* keine digitale Jukebox. Ihre Musik wird in der *Musik*-App verwaltet. Und dorthin wechseln wir jetzt. Beenden Sie die App *iTunes Store* über den App-Wechsler, oder wechseln Sie zum Home-Bildschirm.

Musik anhören in der Musik-App

Die *Musik*-App ist auf dem iPhone standardmäßig im Dock platziert. Starten Sie sie per Fingertipp ❶. In dieser App verwalten Sie Ihre im *iTunes Store* (siehe den vorangehenden Abschnitt) gekauften Musiktitel oder genießen unbegrenzten Musikgenuss über das Musik-Abonnement von Apple. Beides zeigen wir Ihnen in diesem und dem folgenden Abschnitt.

Ist die *Musik*-App geöffnet, werden Sie zunächst mit einer Werbeaktion begrüßt. Sie ist unübersehbar. Dieses Angebot ignorieren wir aber, denn das Abonnement kann später jederzeit abgeschlossen werden. Tippen Sie hier nun auf die **Mediathek** ❷ in der unteren Leiste.

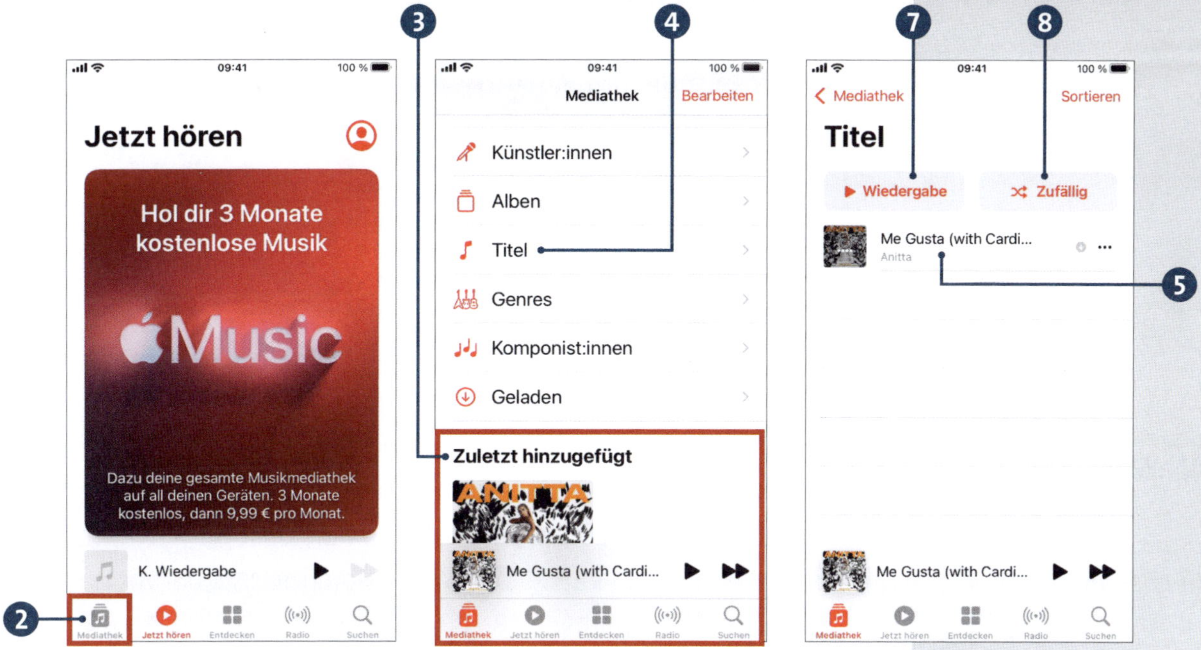

Die *Mediathek* ist Ihre digitale »Plattensammlung«. Alle Musiktitel, egal ob aus Kauf oder Abo stammend, werden hier einsortiert und können nach Kriterien wie Alben, Künstler oder Genres durchforstet werden. Wir gehen davon aus, dass Sie in unserem vorangehenden Abschnitt einen Musiktitel im *iTunes Store* gekauft haben. In der Mediathek der *Musik*-App sehen Sie nun ganz unten bei **Zuletzt hinzugefügt** 3, welcher das war.

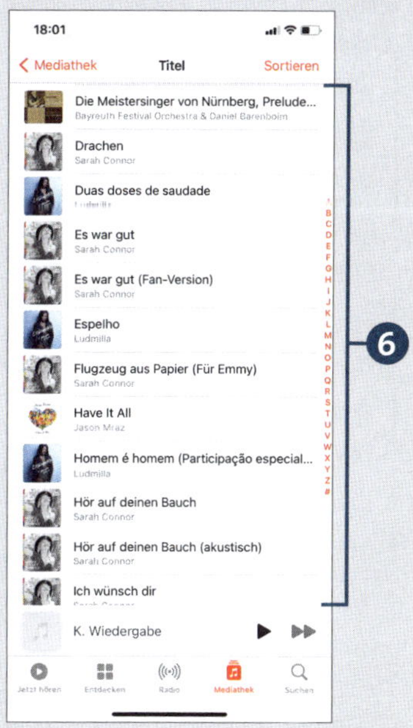

1. Tippen Sie auf **Titel** 4. Ein Fenster mit all Ihren Musikstücken erscheint. In unserem Beispiel wird hier aktuell nur einer angeführt 5. Haben Sie bislang gar keine Musik gekauft, dann ist die Liste sogar ganz leer. Rechts zeigen wir Ihnen zum Vergleich die schon etwas üppiger gefüllte Liste auf einem unserer iPhones 6.

2. Doch wie hören Sie nun einen Titel an? Möchten Sie alle Titel der Liste abspielen, tippen Sie oben auf **Wiedergabe** 7. Dann hören Sie die Titel in Ihrer Liste der Reihe

nach. Wenn Sie auf **Zufällig** 8 tippen, wird die Wiedergabe der Titel bunt gemischt.

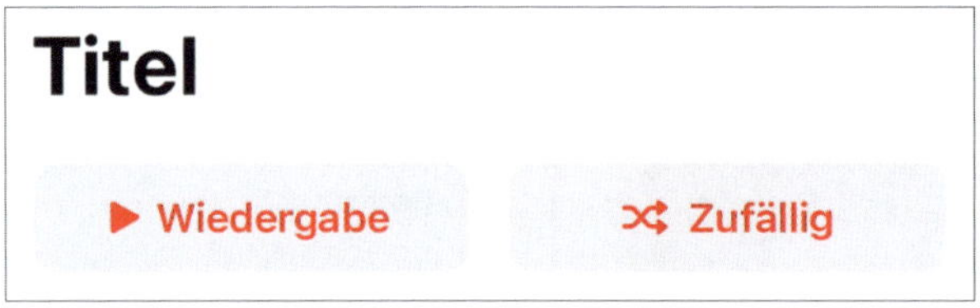

3. Die Musik wird über die Lautsprecher Ihres iPhones abgespielt. Zusätzlich sehen Sie im unteren Bereich der *Musik*-App, dass ein Titel gerade wiedergegeben wird. Ein Fingertipp auf die Pause-Taste 9 stoppt die Musik. Mit der Taste daneben wechseln Sie zum folgenden Titel 10.

Wichtig: Sie müssen natürlich nicht in der *Musik*-App bleiben, um Musik zu hören. Die Musik wird auch wiedergegeben, wenn Sie etwas ganz anderes am iPhone machen. Wechseln Sie zur Übung einfach auf den Home-Bildschirm Ihres iPhones zurück. Sie wissen schon – nach oben streichen oder auf die Home-Taste drücken. Sie werden sehen, dass die Musikwiedergabe nicht stoppt. Auch der Start einer anderen App ändert das nicht.

Auch wenn das Display ausgeschaltet ist, wird Musik wiedergegeben, und trotzdem lassen sich Ihre Lieblingshits steuern.

WAS TUN?

Wie Sie Musik über Kopfhörer oder externe Lautsprecher anhören können, erfahren Sie im Abschnitt »Das iPhone als Stereoanlage – mit oder ohne Kopfhörer« ab Seite 335.

WAS TUN?

Wenn Sie die Wiedergabe schon jetzt beenden möchten, dann müssen Sie die *Musik*-App über den App-Wechsler richtig beenden. Um die folgenden Übungen weiter nachzuverfolgen, starten Sie sie dann erneut.

Tippen Sie rechts außen kurz auf die Standby-Taste, um den Sperrbildschirm zu laden. Hier erscheint bei aktiver *Musik*-App ein Bedienelement für die Musikwiedergabe.

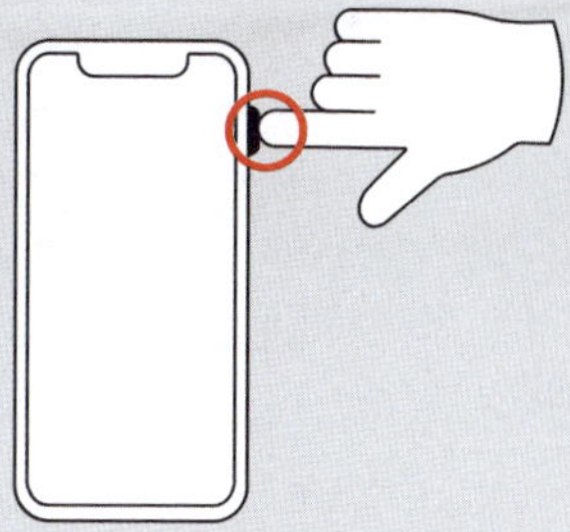

1. Ein Tipp auf die Pause-Taste stoppt die Wiedergabe sofort.
2. Ein Tipp auf eine der Pfeiltasten führt zum vorangehenden bzw. nächsten Lied.
3. Sie sehen hier das Album und den Titel, der abgespielt wird.
4. Das Symbol für das Wiedergabegerät ist blau, wenn die Wiedergabe über einen externen Lautsprecher oder Kopfhörer erfolgt. Bei der Wiedergabe über den internen Lautsprecher ist dieses Symbol schwarz.
5. Mit dem Lautstärkeregler auf dem Bildschirm können Sie die Musik mit einem Fingerwisch leiser oder lauter einstellen. Alternativ klappt das aber auch mit den Tasten links außen an Ihrem Telefon 6.

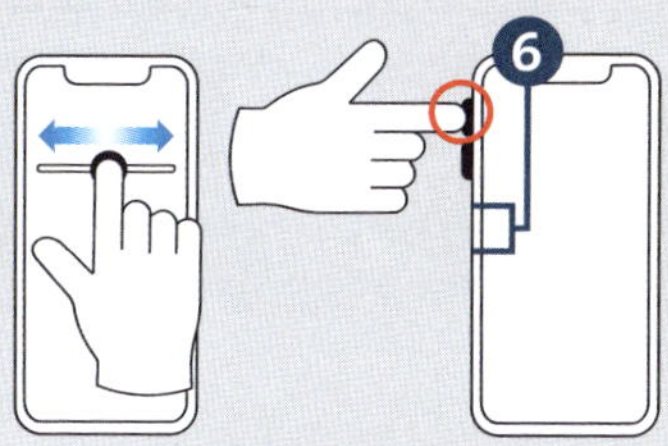

Für weitere Aktivitäten wie beispielsweise den Wechsel zu einem anderen Album müssen Sie die *Musik*-App wieder aufrufen. Das geht auch vom Sperrbildschirm aus: Tippen Sie auf das graue Feld mit den Bedienelementen, und entsperren Sie anschließend Ihr iPhone per Face ID oder durch Auflegen des Fingers auf die Home-Taste. Schon haben Sie die *Musik*-App wieder vor Augen.

Mehr mit der Musik-App

Die *Musik*-App beinhaltet noch zahlreiche weitere Möglichkeiten. Diese können wir in diesem Buch leider nicht alle darstellen. Probieren Sie daher einfach die verschiedenen Wiedergabemöglichkeiten aus. Vieles wird sich Ihnen von selbst erschließen. Und ganz wichtig: Sie können nichts falsch machen oder gar Ihre Musik löschen – es bleibt immer alles verfügbar.

MERKE

Statt über *Apple Music* können Sie alternativ auch beispielsweise mit *Spotify* Musik streamen und abonnieren. Das ist eine separate App, die ganz ähnlich funktioniert wie *Apple Music* und die Sie im *App Store* herunterladen können.

Das Musik-Abo – Millionen Titel jederzeit

Sie lieben Musik? Dann ist vielleicht das Musik-Abo von Apple genau richtig für Sie. Sowohl im *iTunes Store* als auch in der *Musik*-App wird immer wieder darauf hingewiesen. Mit knapp 10 € ist das Abonnement preislich auch durchaus im Rahmen. Andere Anbieter wie z. B. *Spotify* verlangen identische Beträge pro Monat. Das sog. *Musik-Streaming* hat den Vorteil, dass Sie über das Internet und zu einem festen Monatsbeitrag auf Millionen von Titeln unbegrenzt Zugriff erhalten.

Wir gehen in dieser Anleitung davon aus, dass Sie bereits Zahlungsdaten bei Apple hinterlegt haben. Falls nicht, finden Sie die Prozedur im Abschnitt »Musik kaufen im iTunes Store« ab Seite 324 beschrieben.

1. Tippen Sie in der *Musik*-App auf **Jetzt hören** ❶. Sind Sie noch nicht zum Abonnement *Apple Music* angemeldet, erscheint die entsprechende Werbung. Tippen Sie darauf ❷.

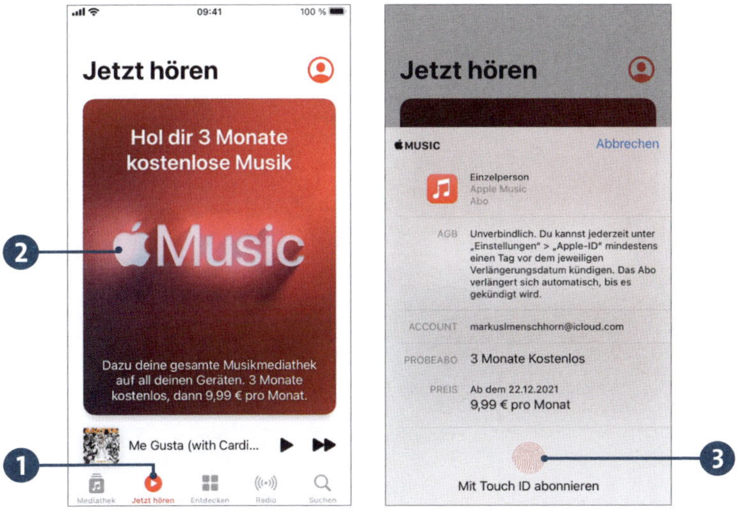

2. Sofort kommt die Aufforderung zum Abonnieren. Aktuell bietet Apple Ihnen drei Monate lang gratis Musik. Das variiert aber; es kann auch sein, dass Sie, wenn Sie dieses Buch lesen, nur einen Monat kostenlos erhalten. Trotzdem müssen die Zahlungsdaten hinterlegt sein. Denn ohne Kündigung wird das Abo automatisch kostenpflichtig. Bestätigen Sie das Abo je nach iPhone mit Touch ID ❸ oder Face ID.

3. Nach der Buchung werden Sie direkt nach Ihrem persönlichen Musikgeschmack gefragt. Tippen Sie einfach jene Musikrichtungen und Künstler an, die Ihnen gefallen ❹, und tippen Sie dann jeweils auf **Weiter** ❺. Tipp: Wenn Ihnen eine Künstlerin der Auswahl gar nicht zusagt, drücken Sie etwas länger auf die entsprechende Schaltfläche, dann wird die Künstlerin entfernt. Nach einigen

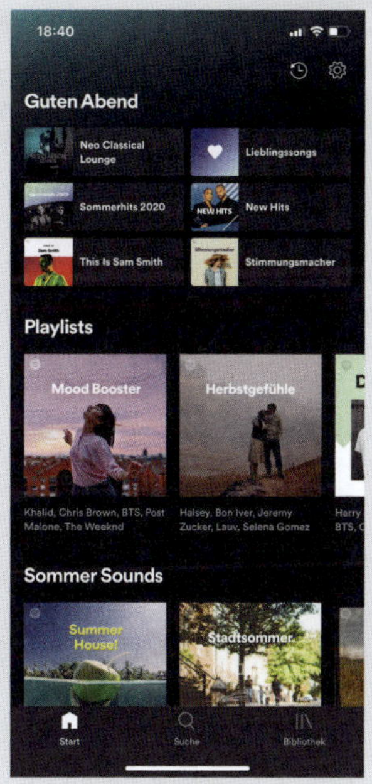

Spotify bietet ähnliche Angebote wie *Apple Music*, ist aber etwas mehr auf den hiesigen Geschmack zugeschnitten.

Kostenlos testen

ACHTUNG!

Sie können das Abo im Testzeitraum jederzeit kündigen und trotzdem die Restlaufzeit nutzen. Im kostenpflichtigen Modus ist eine monatliche Kündigung möglich, es gibt also keine Abo-Falle. Zur Kündigung siehe den Kasten auf Seite 335.

Abfragebildschirmen gelangen Sie mit einem Fingertipp auf **Fertig** wieder zur regulären Ansicht der *Musik*-App zurück und können loslegen.

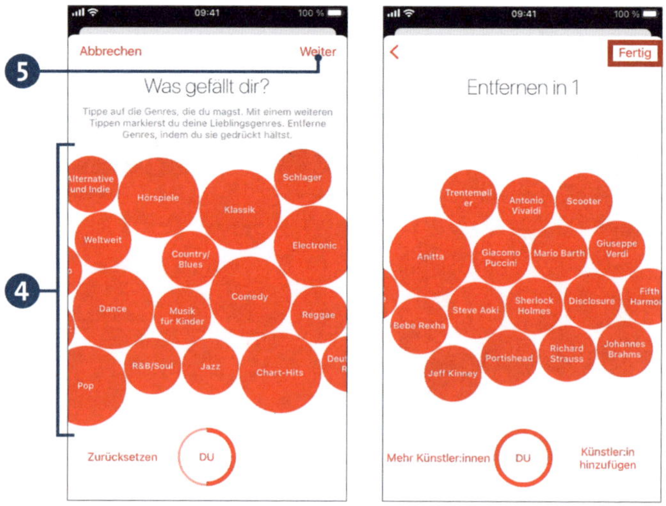

4. Tippen Sie in der unteren Leiste auf **Entdecken** ❻, um Zugriff auf Millionen von Musiktiteln zu bekommen. Nun öffnet sich ein Fenster mit vielen Alben, die Sie per Fingertipp anwählen und direkt anhören können. Machen Sie dies testweise bei einem beliebigen Album.

MERKE

Mit aktiviertem *Apple Music*-Abo weitet sich die Suche über den **Suchen**-Button auf die gesamte bei Apple verfügbare Musikpalette aus. Finden Sie hier Ihre Lieblingsmusik.

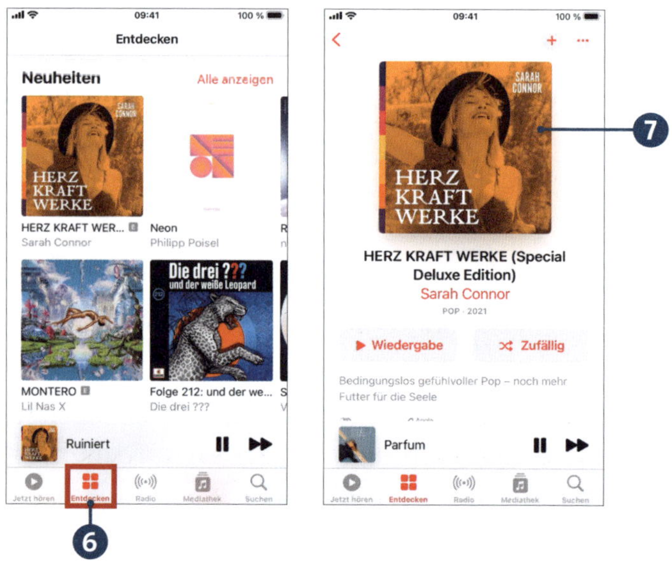

5. Das Album wird geöffnet. Sie sehen das große Cover **7** und darunter alle enthaltenen Titel. Wiedergabe, Pausieren und der Sprung zum vorangehenden bzw. nächsten Titel funktionieren exakt so, wie oben gezeigt.

Sie sehen: Musik-Streaming ist einfacher als gedacht, und es macht Spaß, neue Musik zu entdecken. Denn es kostet ja im Abo nichts extra, auch mal etwas ganz anderes auszuprobieren.

Keine Lust mehr auf das Abo? Die Kündigung

Wie die Kündigung von *Apple Music* funktioniert, zeigen wir Ihnen an einem Beispiel in Kapitel 13, »Neue Apps auf dem iPhone installieren«, ab Seite 276. Die Funktion ist nämlich gut versteckt und man benötigt fast detektivischen Spürsinn. Aber wichtig zu wissen: Bevor das Abo Geld kostet, erhalten Sie rechtzeitig eine E-Mail zugesandt, die darauf hinweist.

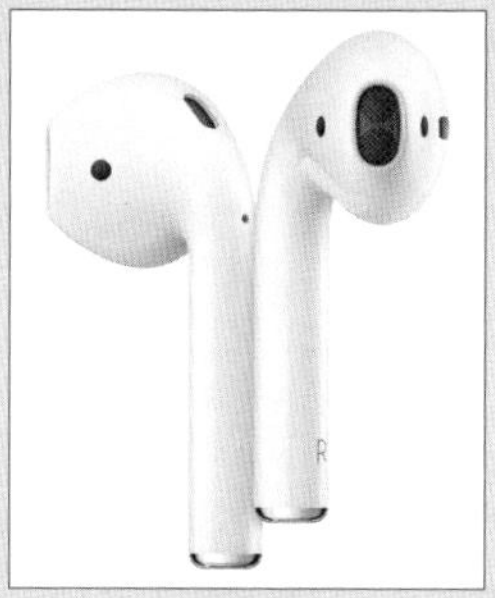

Die AirPods von Apple sind drahtlose Kopfhörer, die perfekt mit Ihrem iPhone zusammenarbeiten. (Foto: Apple)

Das iPhone als Stereoanlage – mit oder ohne Kopfhörer

Ihr iPhone kann sich drahtlos mit *Bluetooth*-Geräten verbinden. Für Audiofreunde gibt es hier zum einen Kopfhörer, zum anderen externe Lautsprecher jeder Preisklasse. Damit ersetzen Sie jede Stereoanlage und haben den Bedienkomfort des iPhones inklusive. Wir zeigen hier beispielhaft, wie Sie das iPhone mit einer externen Lautsprecherbox verbinden. Bei drahtlosen Kopfhörern ist die Vorgehensweise identisch. Das heißt, Sie benötigen für diesen kleinen Ausflug entweder drahtlose Kopfhörer oder eine externe Musikbox, die mittels Bluetooth verbunden werden kann.

ACHTUNG!

Das iPhone hat keinen klassischen Klinkenanschluss für normale Kopfhörer. Per Kabel geht es nur mit Kopfhörern mit Lightning-Anschluss oder eben drahtlos, wie hier gezeigt.

Diese Musikbox passt in eine Hand, liefert aber raumfüllenden Klang. (Foto: Bose)

1. Starten Sie die *Einstellungen* ❶ vom Home-Bildschirm Ihres iPhones mit einem Fingertipp. Dort wählen Sie **Bluetooth** ❷ aus.

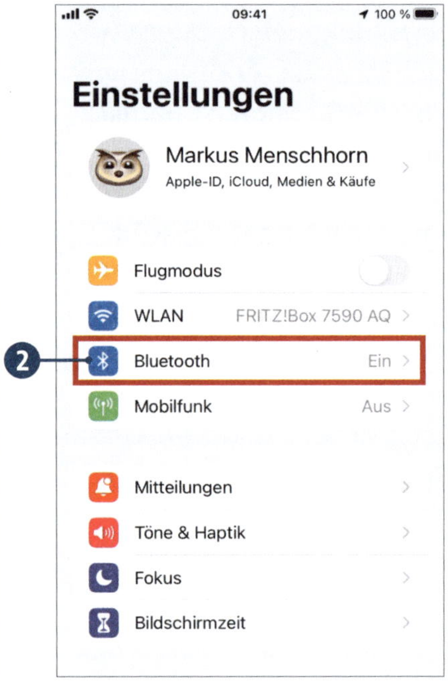

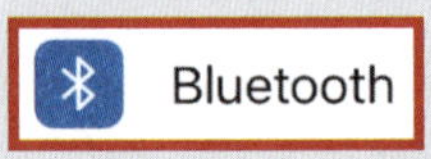

Ihr iPhone sucht nun nach Bluetooth-Geräten in der Umgebung, die für eine Verbindung zur Verfügung stehen ❸. Damit Ihr Lautsprecher erkannt wird, müssen Sie ihn in den *Kopplungsmodus* versetzen. Meist muss man dazu einen Knopf an dem Gerät länger drücken. Schlagen Sie ggf. in der Bedienungsanleitung nach.

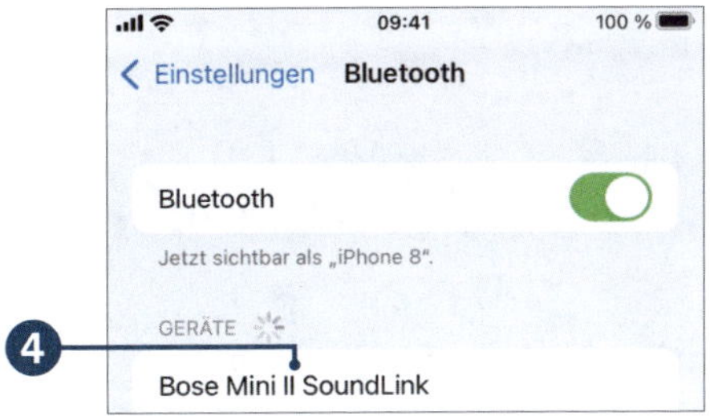

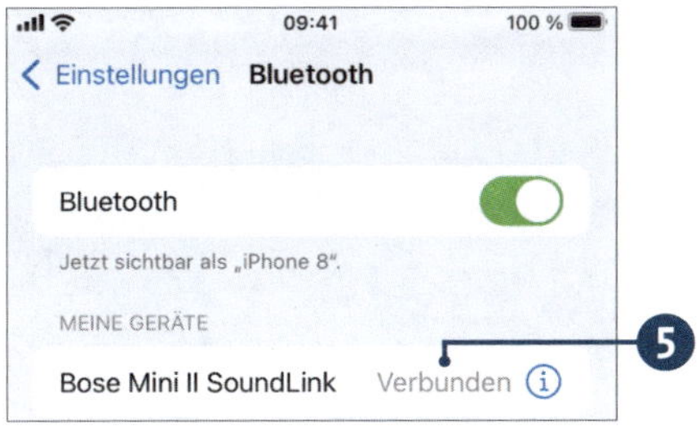

2. Erscheint Ihr Gerät ❹, tippen Sie es an. Die erfolgreiche Verbindung ❺ wird direkt angezeigt.

3. Nun können Sie die *Einstellungen* verlassen und die *Musik*-App starten.

4. Tippen Sie auf die Play-Schaltfläche. In der Regel ist der externe Lautsprecher schon verbunden und die Musik ertönt aus diesem Gerät. Bei Kopfhörern hören Sie die Musik natürlich erst, wenn Sie diese in Ihre Ohren gesteckt haben.

Sie können nun künftig mit einem Fingertipp auf den aktuell wiedergegebenen Titel ❻ zwischen Ihrem iPhone und dem externen Wiedergabegerät wechseln:

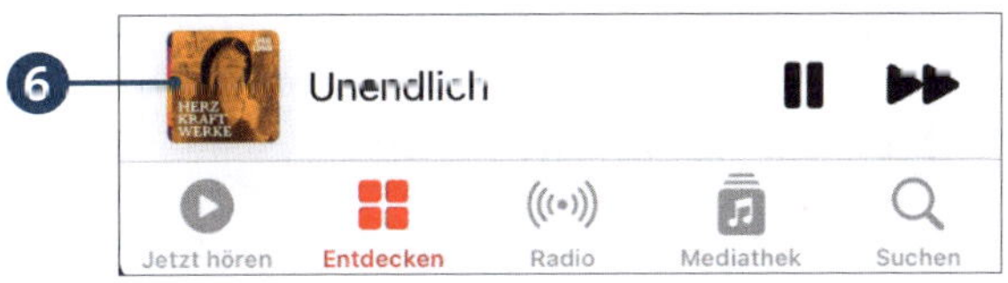

5. Jetzt öffnet sich ein größeres Fenster mit mehr Informationen zum Titel. Hier wird sogar der Songtext angezeigt. Uns interessiert die Info ganz unten: Dort steht die Lautsprecherbox, die wir gerade per Bluetooth verbunden haben, schon als Wiedergabegerät bereit ❼. Tippen Sie einmal darauf.

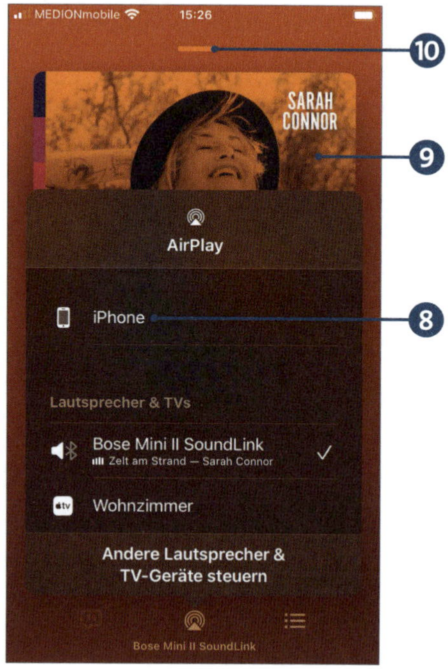

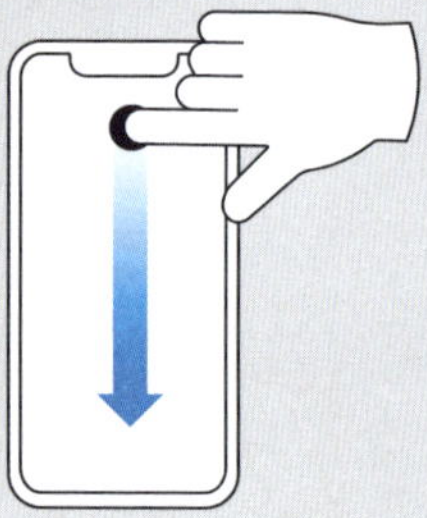

6. Ein Fenster mit allen verfügbaren Geräten öffnet sich. Ein Fingertipp auf **iPhone** 8 verlegt die Wiedergabe wieder zurück auf die internen Lautsprecher Ihres Handys. Beenden Sie dieses Dialogfeld anschließend mit einem Fingertipp auf den Hintergrund 9.

7. Um wieder zur gewohnten Oberfläche der *Musik*-App zu gelangen, legen Sie einen Finger auf den kleinen Balken oben 10 und ziehen ihn nach unten.

Sie merken sicherlich: Das iPhone ist mit einem zusätzlichen Bluetooth-Lautsprecher ein perfekter Ersatz für die Stereoanlage.

KAPITEL 17

Fit und gesund mit der Health-App

Gesundheit ist ein hohes Gut, und auch das iPhone leistet seinen Beitrag, damit Sie Ihre Gesundheit stets im Blick haben. Dafür sorgt die App mit dem Namen *Health*. Die wichtigsten Funktionen zeigen wir Ihnen in diesem Kapitel: vom *Schrittzähler* bis hin zu einem *Notfallpass*, in dem Sie wichtige Informationen für mögliche Ersthelfer hinterlegen können.

Die Health-App zum ersten Mal starten

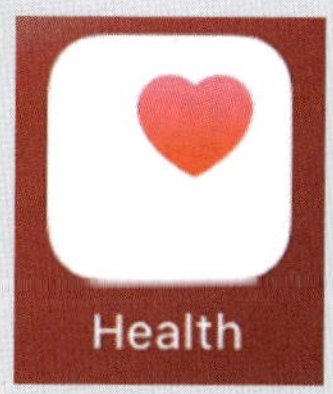

Sie starten die App *Health* mit einem Fingertipp auf das Symbol auf Ihrem Home-Bildschirm. Beim ersten Öffnen werden Sie zunächst freundlich begrüßt – mit einem Fingertipp auf **Fortfahren** geht es direkt weiter.

Damit die App funktioniert, werden einige Daten abgefragt. Die Abfrage der **Gesundheitsdetails** erscheint automatisch. Tatsächlich ist alles, außer Ihrem Namen **1** und Vornamen **2**, optional. Allerdings empfehlen wir, alles auszufüllen. Das spart uns später Zeit – und keine Sorge, diese Daten sind sicher und werden nicht weitergegeben oder von Apple verwendet.

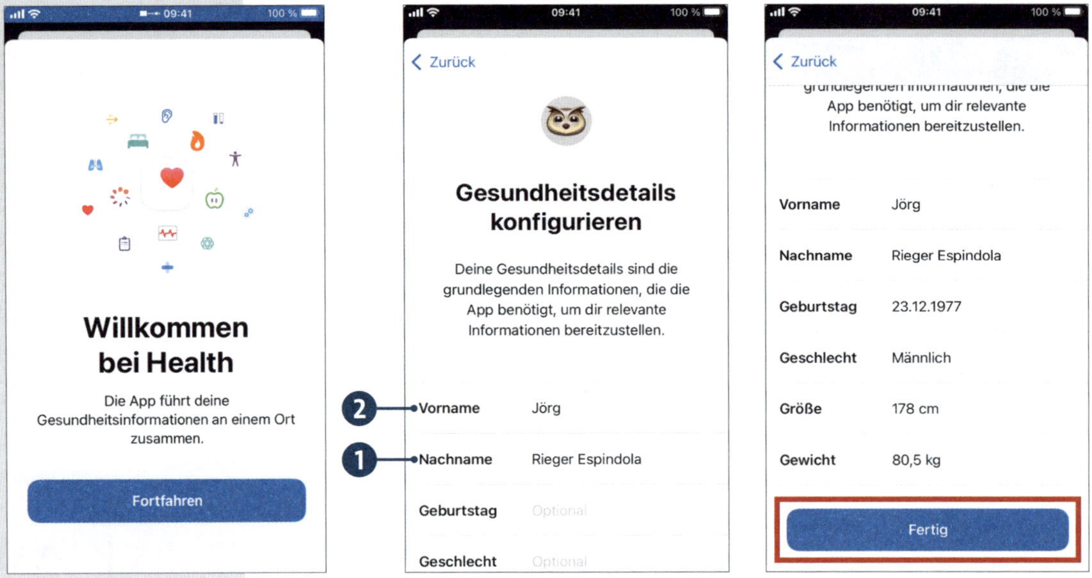

Tippen Sie die einzelnen Felder an und geben Sie die notwendigen Informationen ein. Danach beenden Sie alle Eingaben mit einem Fingertipp auf **Fertig**.

Und damit landen Sie direkt auf der Startseite der Health-App, der sogenannten **Übersicht**.

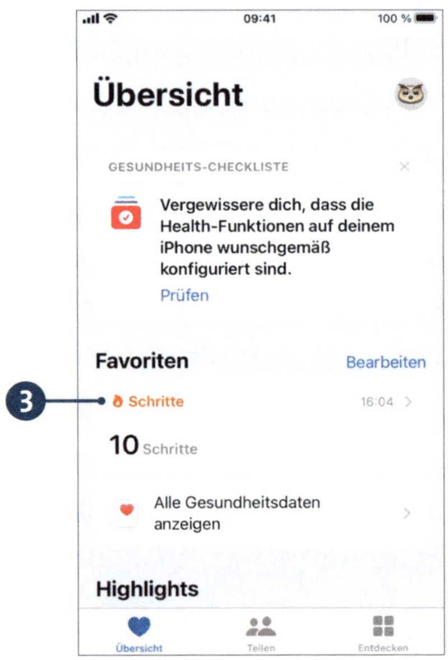

Dort nehmen Sie die wichtigsten Einstellungen vor, die Sie anschließend in den **Favoriten** im Überblick sehen. Voreingestellt ist die Funktion **Schritte** ❸. Mit diesem Schrittzähler werden alle Schritte gezählt, die Sie während des Tages machen – vorausgesetzt, Sie haben Ihr iPhone immer dabei. Und hier waren wir nicht wirklich sportlich unterwegs, 10 Schritte sind ausbaufähig.

Doch werfen wir noch einen Blick auf die **Gesundheits-Checkliste**. Hier ist alles aufgeführt, wobei Ihnen das iPhone im Notfall Hilfestellung anbietet. Und das schauen wir uns konkret an.

MERKE

Bei Ihnen wird das Feld Gesundheits-Checkliste nicht angezeigt? Dann tippen Sie in der Health-App rechts oben auf Ihr Profilsymbol. Es öffnet sich ein neuer Bildschirm. Hier finden Sie etwas weiter unten die Gesundheits-Checkliste als separaten Menüpunkt, den Sie per Fingertipp aufrufen.

1. Tippen Sie auf das Feld **Gesundheits-Checkliste** in der geöffneten Health-App.

2. Sie gelangen direkt in einen neuen Bereich. Schieben Sie mit Ihrem Finger nach oben auf dem Display, um sämtliche Menüpunkte zu sehen. Konkret sind folgende Möglichkeiten gelistet.

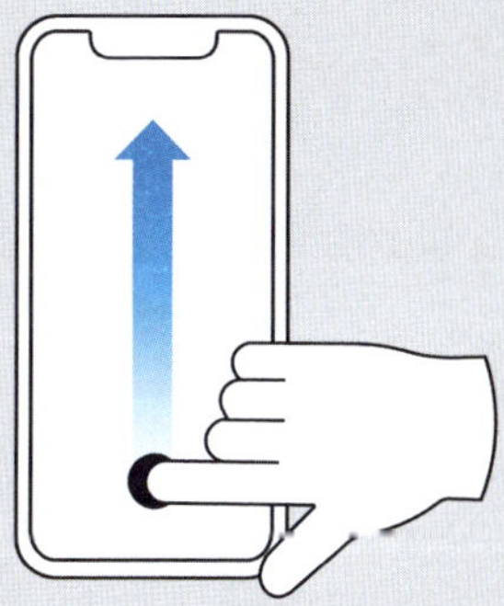

- Im **Notfallpass** hinterlegen Sie wesentliche Gesundheitsinformationen für den Fall, dass Ihnen etwas geschehen sollte. Diese Informationen sind für Helfer über den Sperrbildschirm ohne Eingabe eines Passwortes bzw. ohne Face ID oder Touch ID abrufbar und ermöglichen damit eine effiziente Unterstützung.

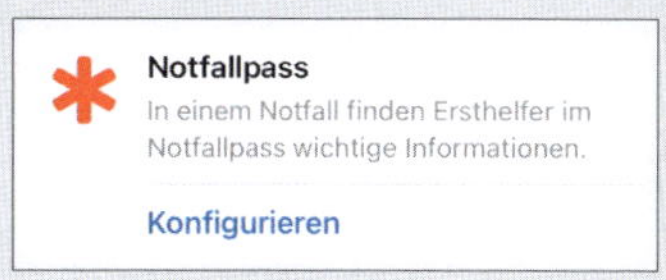

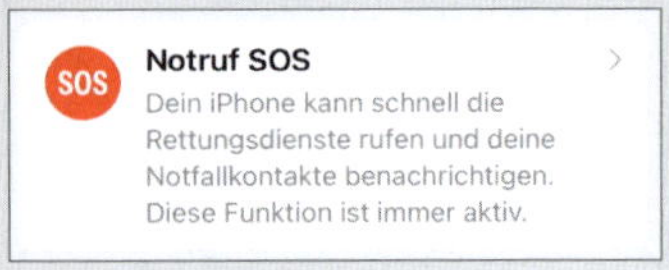

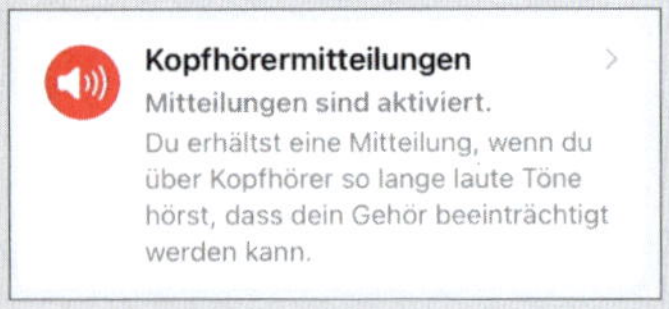

- Die **Gehstabilitätsmitteilungen** achten darauf, wie gut Sie zu Fuß sind. Konkret kann das iPhone dann im Falle eines Falles sogar Hilfe anfordern, wenn Sie stürzen.
- Der **Notruf SOS** ist grundsätzlich aktiviert und ermöglicht es Ihnen, Feuerwehr oder Polizei jederzeit – auch bei gesperrtem iPhone und ohne Telefonguthaben – zu erreichen. Hier müssen Sie nichts unternehmen, dies funktioniert immer (siehe auch Seite 412).
- Die **Kopfhörermitteilungen** warnen, wenn Sie es mit der Nutzung dieser kleinen Dinger übertreiben und zu lange und zu laut Ihre Lieblingshits hören. Auch hier sind die Warnungen automatisch aktiv, es sind keine Einstellungen notwendig.

Selbst Hand anlegen müssen Sie nur beim **Notfallpass** und den **Gehstabilitätsmitteilungen**. Dazu gleich mehr.

Notfallpass anlegen

↓

wichtige Daten eingeben

↓

Notfallpass aufrufen

1. Um den **Notfallpass** ❶ einzurichten, tippen Sie im entsprechenden Bereich auf **Konfigurieren** ❷.

2. Praktischerweise sind **Name**, **Vorname** ❸ und **Geburtstag** ❹ bereits hinterlegt. Sie erinnern sich, dass dies zu Beginn schon in der Health-App abgefragt wurde.

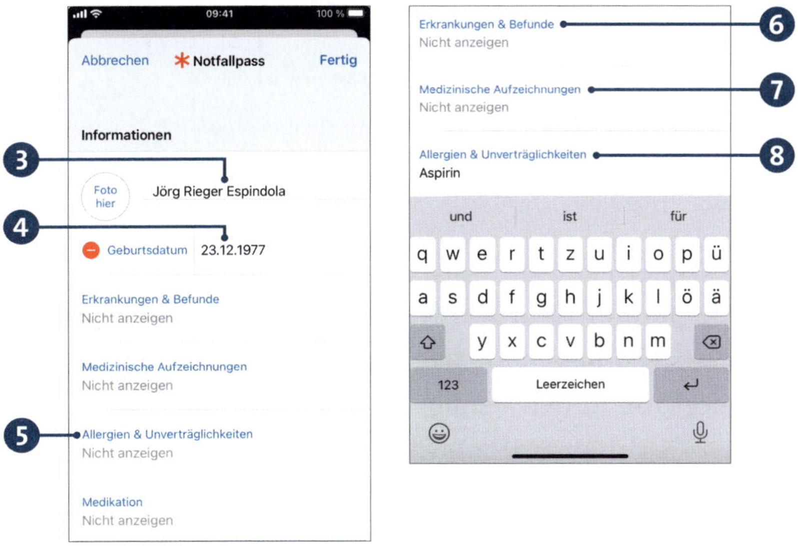

3. Es gibt hier jede Menge zum Ausfüllen. Alles kann, nichts muss. Wir wollen nur bei **Allergien & Unverträglichkeiten** ❺ etwas ergänzen. Tippen Sie das Feld an, und geben Sie über die Bildschirmtastatur Ihre Unverträglichkeiten ein, z B., wenn Sie allergisch auf Aspirin reagieren.

4. Füllen Sie bei Bedarf auch die Felder **Erkrankungen & Befunde** ❻ sowie **Medizinische Aufzeichnungen** ❼ und **Allergien & Unverträglichkeiten** ❽ aus, und tippen Sie anschließend einmal auf den Bildschirm, damit die Tastatur wieder verschwindet.

5. Nun folgen Angaben zur **Blutgruppe** ❾. Wenn Sie auf das grüne Plus-Symbol ⊕ ❿ tippen, erscheint unten eine Auswahlmöglichkeit. Bewegen Sie die »Walze« mit Ihrem Finger, bis die richtige Option eingegeben ist.

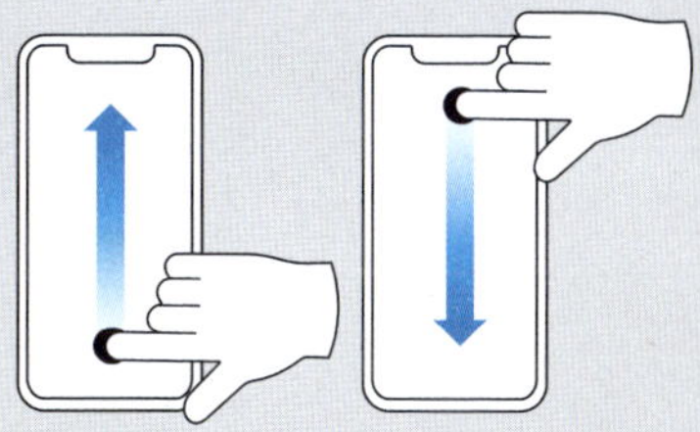

MERKE

Schieben Sie mit dem Finger auf dem Display nach oben und nach unten, um in der Liste zu navigieren.

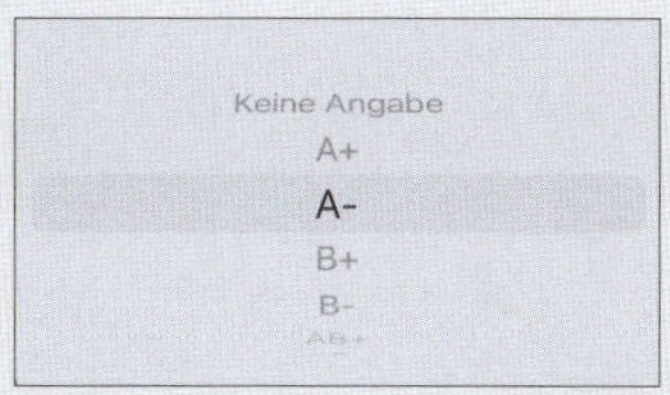

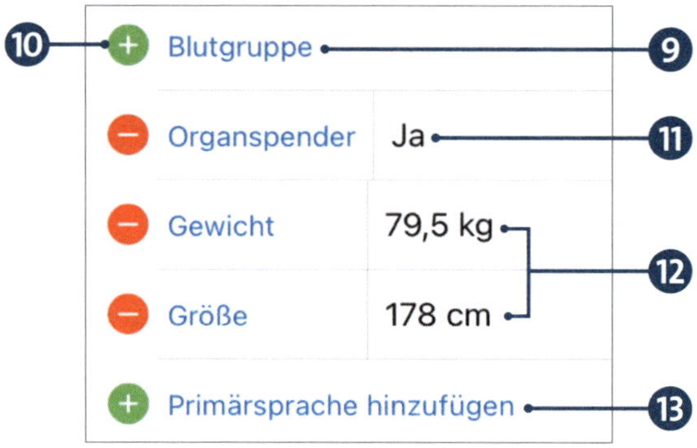

6. Tippen Sie nun auf das grüne Plus im Feld vor **Organspender**, und wählen Sie **Keine Angabe**, **Ja** bzw. **Nein** aus ⓫. Geben Sie auch noch Ihr **Gewicht** und Ihre Körpergröße in den beiden Feldern ⓬ preis – haben Sie das der Health-App schon vorhin verraten, steht das schon automatisch drin.

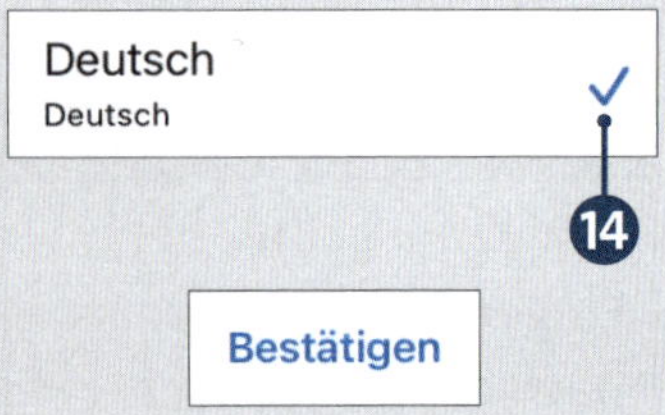

7. Danach tippen Sie auf das grüne Plus-Symbol bei **Primärsprache hinzufügen** ⓭. **Deutsch** steht hier an erster Stelle. Tippen Sie in das Feld, in dem Ihre Muttersprache steht, sodass sie mit einem blauen Haken versehen ist ⓮. Tippen Sie jetzt **Bestätigen** im rechten oberen Bereich an.

8. Fast haben Sie es geschafft. Wichtig ist noch der Notfallkontakt: Wer soll verständigt werden, wenn Sie selbst dazu nicht mehr in der Lage sein sollten? Tippen Sie auf das grüne Plus neben **Notfallkontakt** ⑮.

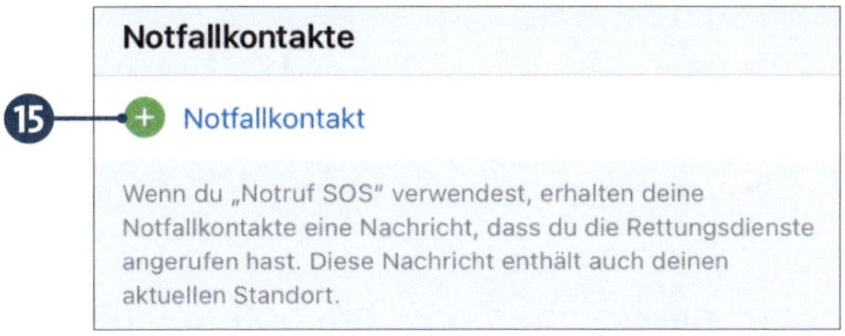

9. Damit werden Ihre **Kontakte** ⑯ geöffnet, und Sie können mit einem Fingertipp Ihren gewünschten Notfallkontakt auswählen. In einem weiteren Bildschirm geben Sie nun noch das (verwandtschaftliche) Verhältnis des Kontakts zu Ihnen mit einem Fingertipp an.

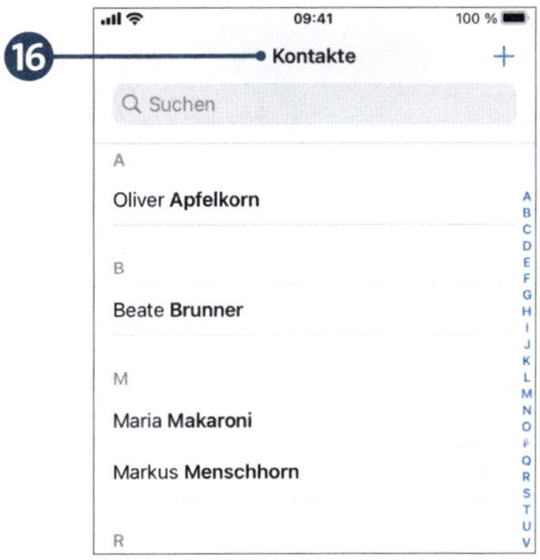

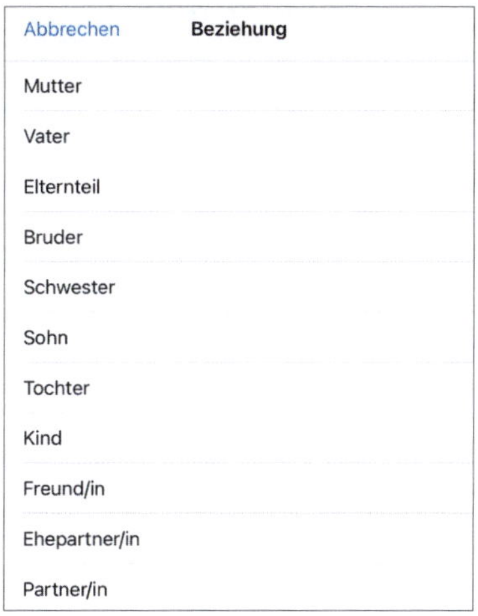

10. Anschließend gelangen Sie zurück zu den Einstellungen für den Notfallpass. Hier erscheinen nun der Name sowie die Beziehung, in der Sie zu der angegebenen Person stehen ⑰. In der eben beschriebenen Weise können Sie noch weitere Notfallkontakte hinzufügen ⑱.

> **MERKE**
>
> Sollten Sie einen Kontakt oder eine andere Ihrer Angaben wieder löschen wollen, tippen Sie einfach auf das rote Minussymbol (19). Die Eingabe verschiebt sich nach links und es erscheint ein rotes Feld **Löschen**. Wenn Sie darauf tippen, ist die Eingabe gelöscht.

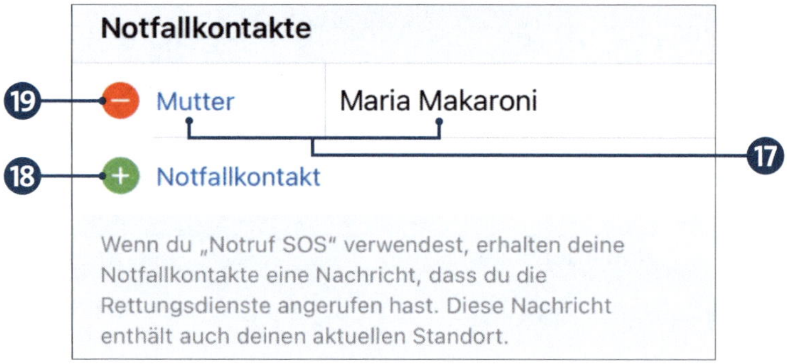

Nun stellen wir noch sicher, dass ein potenzieller Ersthelfer Zugriff auf Ihre Daten hat. Dafür ist es notwendig, dass diese im Sperrbildschirm zugänglich sind.

1. Lassen Sie daher bitte die Einstellung **Im Sperrbildschirm zeigen** unbedingt auf Grün stehen (1).

> **MERKE**
>
> Wenn Sie den Schieberegler antippen, können Sie die Anzeige des Notfallpasses auch vorübergehend ausschalten. Mit einem Fingertipp auf die Schaltfläche **Notfallpass löschen** ganz unten auf dem Bildschirm können Sie Ihren Notfallpass auch komplett löschen.
>
> 
>

2. Um Ihren Notfallpass nun noch zu speichern, tippen Sie rechts oben auf **Fertig** (2). Sie gelangen direkt zurück in die Übersicht der Gesundheits-Checkliste. Nun ist der Notfallpass aber in der Rubrik **Aktiv** (3) eingeordnet und damit verfügbar.

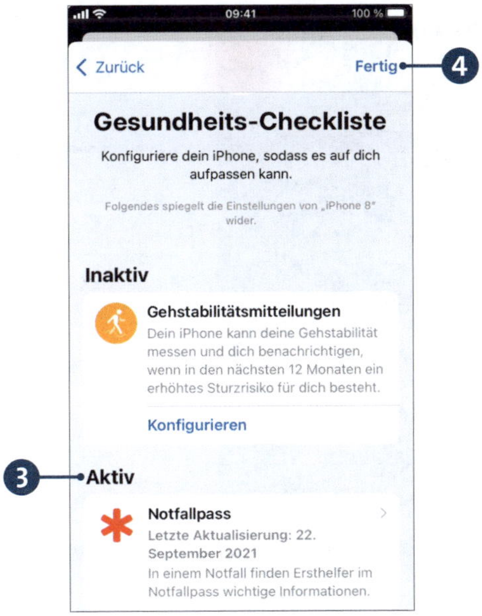

3. Mit einem Tipp auf **Fertig** 4 gelangen Sie wiederum in die Übersicht der App *Health*.

Jetzt wollen wir ausprobieren, wie und ob der Notfallpass funktioniert. Sprich, wir rufen die Daten ab, wie es jemand in einem Notfall tun könnte.

1. Tippen Sie auf die Standby-Taste auf der rechten Seite Ihres iPhones, um es in den Ruhemodus zu versetzen. Der Bildschirm wird schwarz. Legen Sie Ihr iPhone nun auf den Tisch.

Tippen Sie mit einem Finger auf das Display. Achtung bei iPhones mit Face-ID: Blicken Sie dabei nicht direkt auf das Display, sodass Ihr iPhone Sie *nicht* erkennen kann. Jetzt sehen Sie den ganz normalen Sperrbildschirm 1. Im Notfall kann man bei jedem iPhone nun mit einem gleichzeitigen, längeren Druck der Standby- und der Laut-Taste den Notfallbereich aktivieren:

MERKE

Möchten Sie den Notfallpass später ändern, dann öffnen Sie ihn in der *Health*-App mit einem Fingertipp auf Ihr Profil rechts oben. Suchen sie ihn in der angezeigten Liste und tippen Sie ihn an. Mit einem Fingertipp auf **Bearbeiten** im Bereich **Notfallpass** können Sie Ihre Daten direkt ergänzen.

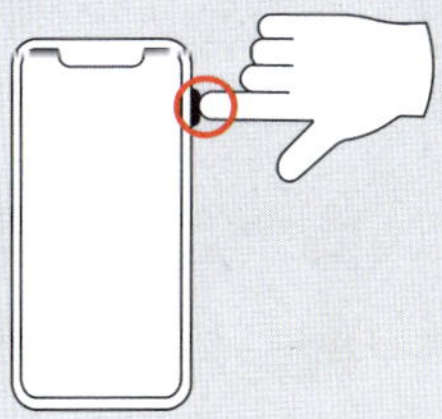

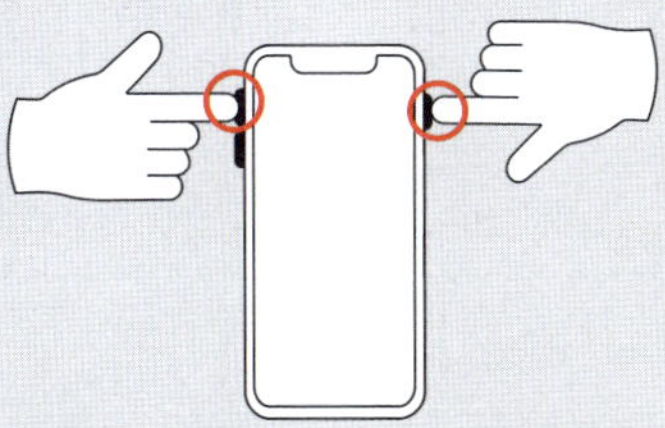

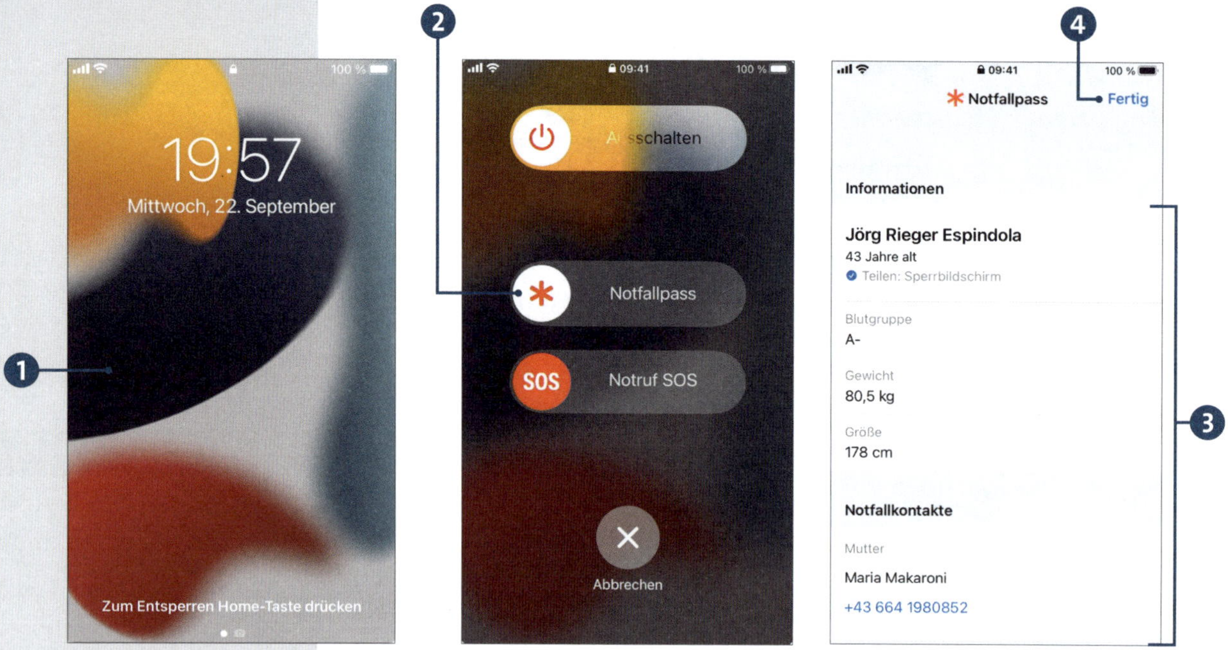

MERKE

Sie können bei jedem iPhone den Notfallmodus wie hier gezeigt aktivieren. Sprich, so können Sie auch bei anderen Personen schnell Hilfe organisieren, wenn es notwendig ist.

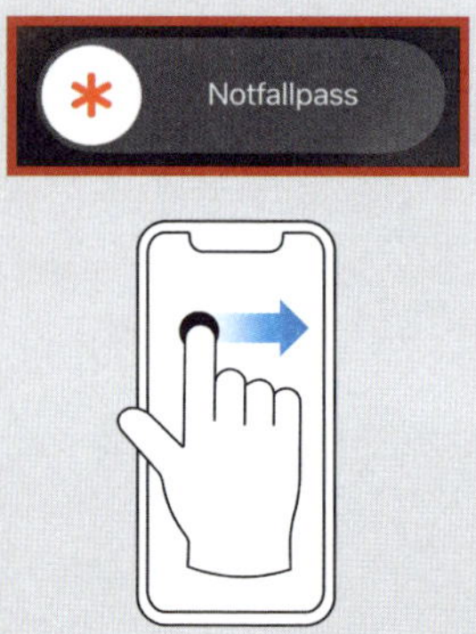

2. Schieben Sie die Schaltfläche **Notfallpass** 2 nach rechts und alle Angaben werden eingeblendet 3.

3. Mit einem Tipp auf **Fertig** 4 gelangen Sie wieder aus dem Notfallpass heraus. Drücken Sie an Ihrem iPhone die Standby-Taste, um den normalen Sperrbildschirm einzublenden.

Wir sind mit unserer Gesundheits-Checkliste aber noch nicht ganz fertig. Denn wir können noch die Gehstabilitätsmitteilungen aktivieren. Was ist das konkret? Das iPhone kann mit seinen Sensoren und anderen Daten erkennen, wie sicher man läuft. Erkennt das iPhone hier Probleme, wird es eine Nachricht anzeigen und darauf hinweisen – perfekt zur Selbstkontrolle also. Wichtig: Diese Funktion ist kein Sturzsensor – diese Funktionalität können Sie aber mit einer Apple Watch, die perfekt mit dem iPhone zusammenarbeitet, erreichen.

Doch nun konzentrieren wir uns erst einmal auf die Gehstabilität, die mit jedem iPhone funktioniert.

1. Starten Sie, falls noch nicht geschehen, die *Health*-App. Tippen Sie im unteren Bereich auf das **Übersicht**-Symbol ❶.

2. Tippen Sie hier auf das Feld **Gesundheits-Checkliste**. Sie sehen, dass die Gehstabilitätsmitteilungen ❷ noch im Bereich **Inaktiv** ❸ stehen.

MERKE

Bei Ihnen wird das Feld **Gesundheits-Checkliste** nicht angezeigt? Dann tippen Sie in der Health-App rechts oben auf Ihr Profilsymbol. Es öffnet sich ein neuer Bildschirm. Hier finden Sie etwas weiter unten die Gesundheits-Checkliste als separaten Menüpunkt, den Sie per Fingertipp aufrufen.

3. Tippen Sie auf **Konfigurieren** ❹, um die Einrichtung zu starten.

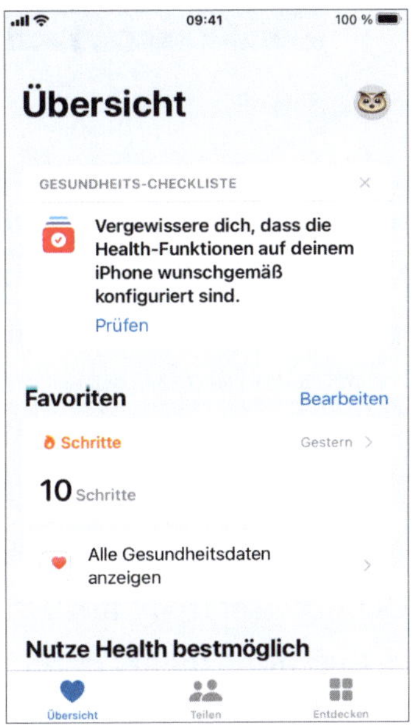

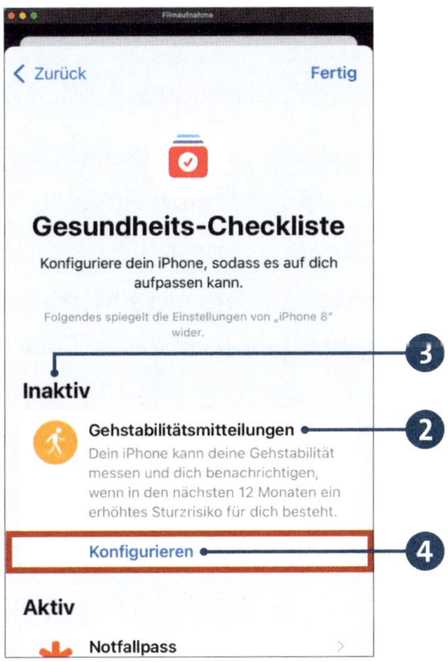

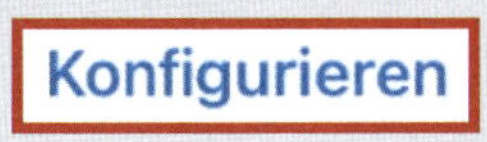

4. Sie werden nun in mehreren Schritten durch die Einrichtung geleitet. Diese ist tatsächlich selbsterklärend:

Mit Fingertipps auf **Weiter** kommen Sie hier voran. Lediglich im zweiten Bildschirm ❺ müssen Sie Ihre Daten zu Alter und Gewicht bestätigen. Ansonsten werden Sie hier nur informiert, wie die Gehstabilitätsmitteilungen funktionieren.

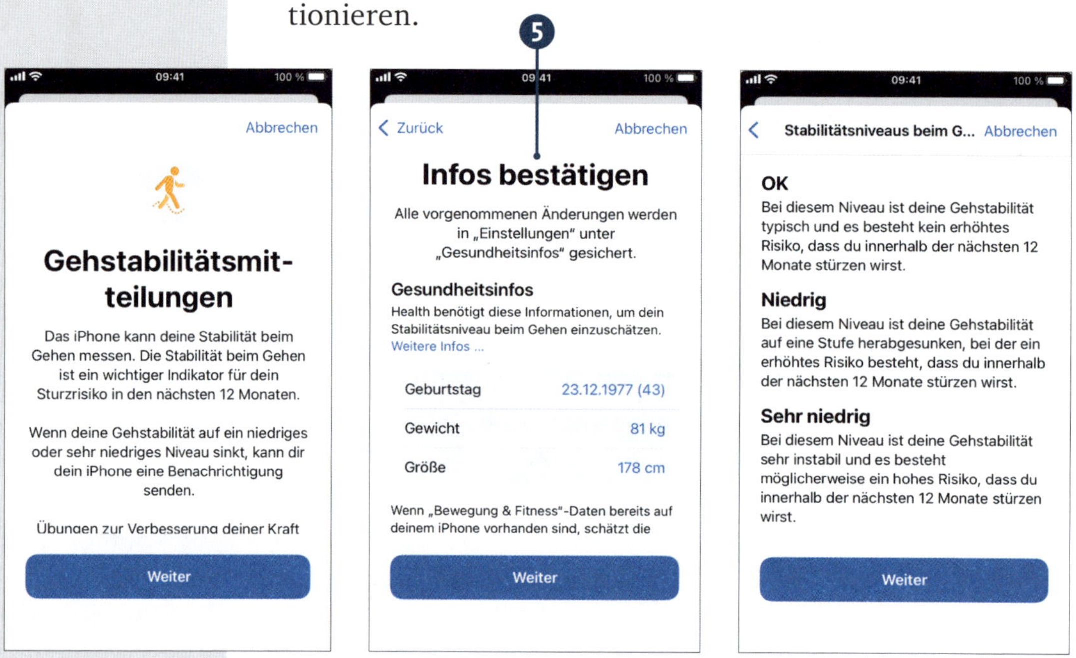

5. Sind Sie im Bereich **Mitteilungen aktivieren** angekommen, tippen Sie bitte auf **Aktivieren** ❻. Denn natürlich wollen Sie eine Mitteilung erhalten, wenn etwas nicht in Ordnung ist.

6. Und dann ist auch schon alles eingerichtet. Ein letzter Tipp auf die Schaltfläche **Fertig** ❼ bringt Sie zurück zur *Gesundheits-Checkliste*. Diese verlassen Sie mit einem weiteren Tipp auf **Fertig**, dieses Mal aber rechts oben. Sie gelangen dann in die *Übersicht*, die Startseite der *Health*-App.

7. Da wir die Checkliste nun abgearbeitet haben, entfernen wir sie aus der Übersicht. Tippen Sie einfach das kleine **X** **8** an, und schon verschwindet sie. Sie erreichen sie auf Wunsch aber jederzeit wieder über Ihr Profil rechts oben.

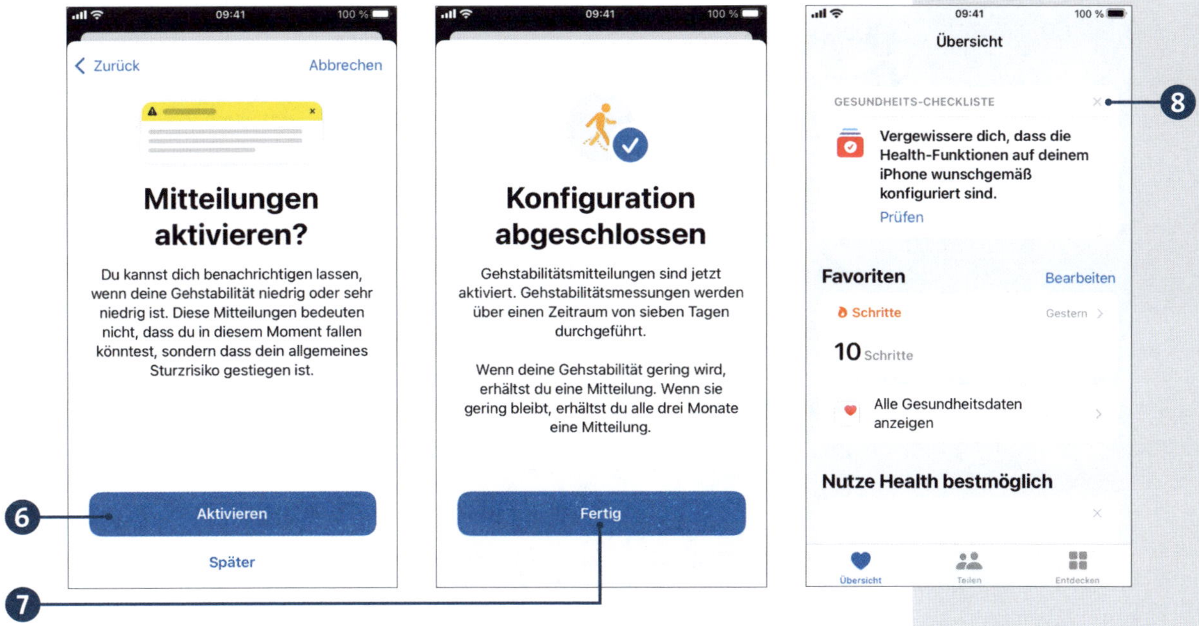

8. Wenn Sie die App nun ganz verlassen möchten, dann klappt das wie immer mit einem Fingerdruck auf die Home-Taste beim iPhone mit Touch-ID oder per Fingerwisch von unten nach oben beim iPhone mit Face-ID.

Die Übersicht der Health-App einrichten

Die Übersicht, also die Startseite der Health-App, präsentiert sich doch sehr überschaubar mit Informationen. Machen wir es uns gemütlich, und ergänzen wir die Daten im Bereich **Favoriten**. Sie sollten dazu wie immer die Health-App gestartet haben und sich im Bereich Übersicht befinden.

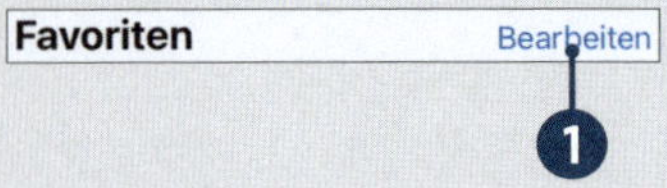

1. Tippen Sie dazu einmal auf die Schaltfläche **Bearbeiten** ❶ neben **Favoriten**. Sie gelangen zur Seite **Favoriten bearbeiten**.

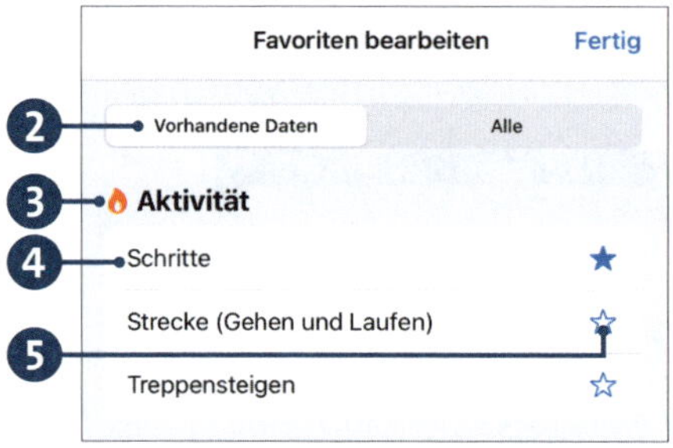

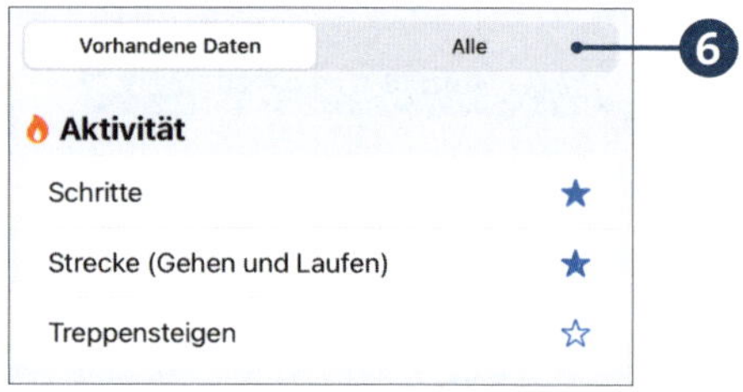

2. Hier erscheint nach dem ersten Öffnen unter dem Register **Vorhandene Daten** ❷ vorerst nur der Bereich **Aktivität** ❸ – allerdings auch nur dann, wenn Sie Ihr iPhone schon in Betrieb hatten und damit Gehstrecken zurückgelegt haben. Das Feld **Schritte** ❹ ist bereits aktiviert.

3. Nun wollen wir die zurückgelegte **Strecke** ebenfalls aktivieren und tippen dazu einmal auf den Stern ☆ rechts daneben ❺. Damit ist diese Option aktiv: Der Stern ist nun blau ★ .

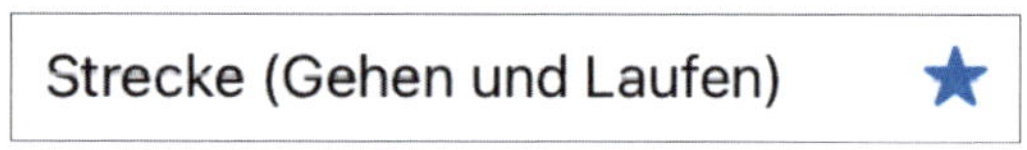

4. Jetzt möchten wir noch weitere Bereiche in unsere Favoriten aufnehmen. Dafür tippen Sie im oberen Bereich auf das Register **Alle** ❻. Hier erscheinen nun alle Bereiche, die die App anbietet.

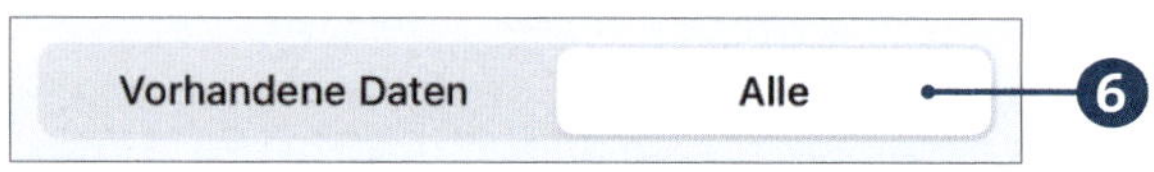

5. Wir entscheiden uns für **Strecke (Fahrrad)** 7 und markieren den Stern dahinter mit einem Fingertipp.

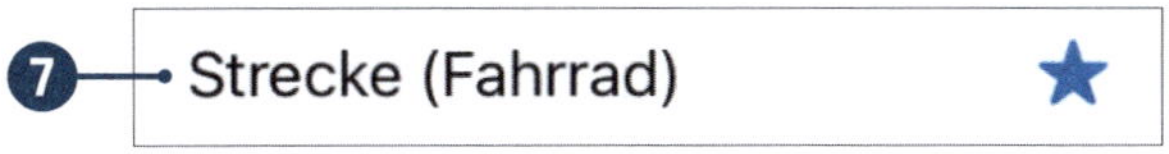

Legen Sie einen Finger auf den Bildschirm, und fahren Sie damit nach oben, um sich weitere Möglichkeiten anzeigen zu lassen. Wir entscheiden uns hier noch für **Blutzucker** und schließlich für **Blutdruck** 8 im Bereich unterhalb von **Herz**.

6. Wenn Sie Ihre Auswahl getroffen haben, tippen Sie rechts oben auf **Fertig** 9. Sie gelangen damit zurück in die **Übersicht** und sehen alle Ihre gewählten Favoriten 10.

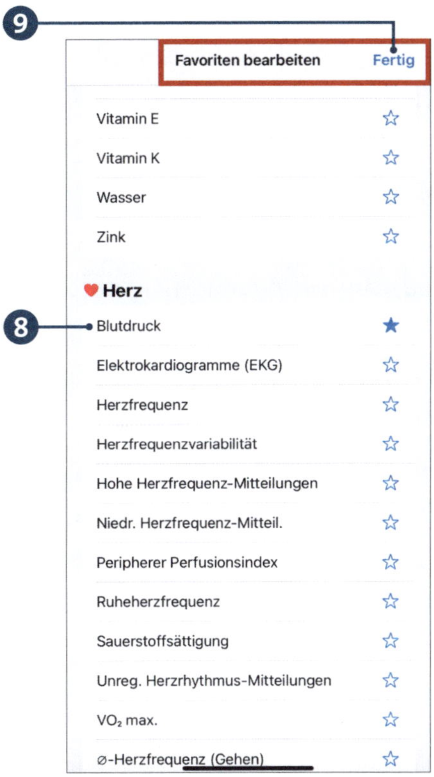

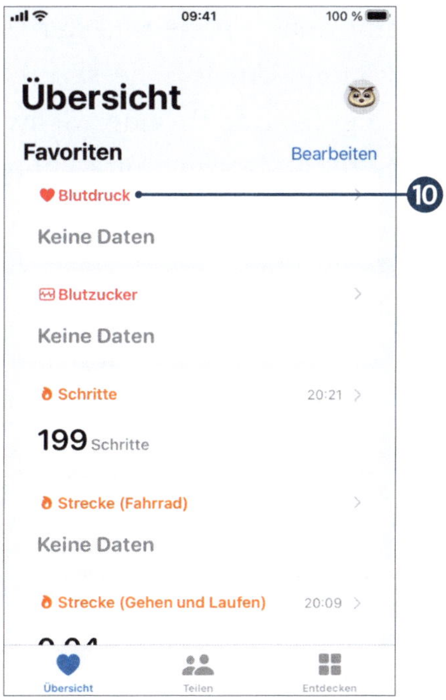

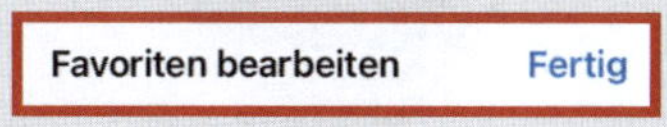

In den Favoriten können Sie nun alle Ihre Gesundheitsdaten verwalten und einsehen. Im Bereich **Schritte** bzw. **Strecke** erfasst das iPhone jetzt automatisch Ihren zurückgelegten Weg bzw. die Anzahl Ihrer Schritte. Für andere Messungen sind Zusatzgeräte oder eine manuelle Eingabe erforderlich. Diese zeigen wir Ihnen anschließend.

Blutdruck und mehr mit dem iPhone messen

Die *Apple Watch* zeichnet selbst Gesundheitsdaten und Fitnesstrainings auf und überträgt sie an *Health* auf dem iPhone.

Wenn Sie wichtige Gesundheitsdaten, wie etwa Ihren Blutdruck und Blutzucker, regelmäßig mit entsprechenden Messgeräten erfassen, können Sie diese Daten in der *Health*-App eintragen und dort verwalten. Es gibt sogar Blutdruck- und Blutzucker-Messgeräte sowie Waagen, die mit dem iPhone und der *Health*-App verbunden werden können. Auch Fitnessarmbänder, die Ihre Aktivität beim Kegeln, Radeln oder Schwimmen aufzeichnen, gibt es. Sollten Sie sich zum Kauf eines solchen Geräts entschließen, achten Sie bitte darauf, dass es mit dem iPhone zusammenarbeiten kann. Die Armbanduhr von Apple, die *Apple Watch*, zeichnet weitere Daten (Ihren Puls, Ihren Schlafrhythmus und Ihre Aktivität bei verschiedenen Sportarten) auf. Man spricht daher von einer *Smartwatch*. Die Daten stehen dann automatisch auch in *Health* auf Ihrem iPhone zur Verfügung. Die Apple Watch ist zudem die perfekte Notrufzentrale, denn ein integrierter Sturzsensor kann im Notfall sogar automatisch Hilfe anfordern.

In diesem Abschnitt zeigen wir Ihnen aber, wie Sie Ihre Gesundheitsdaten manuell in *Health* eingeben. Dafür nehmen wir als Beispiel die Blutdruckwerte:

1. Tippen Sie in Ihrer **Übersicht** auf die Schaltfläche **Blutdruck** ❶. Wenn Sie das zum ersten Mal machen, sind hier natürlich noch keine Daten hinterlegt. Im unteren Bereich der App finden Sie eine Erklärung, was es mit dem Blutdruck auf sich hat. Sollten Sie den gesamten Text nicht erkennen, scrollen Sie wie üblich mit einem Finger auf dem Bildschirm nach oben, bis der gesamte Text zu sehen ist.

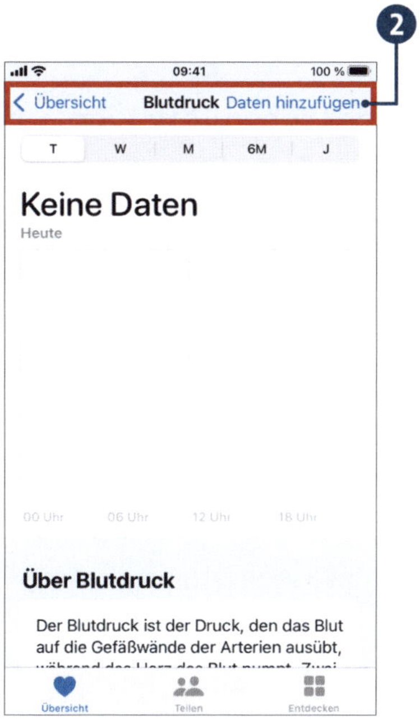

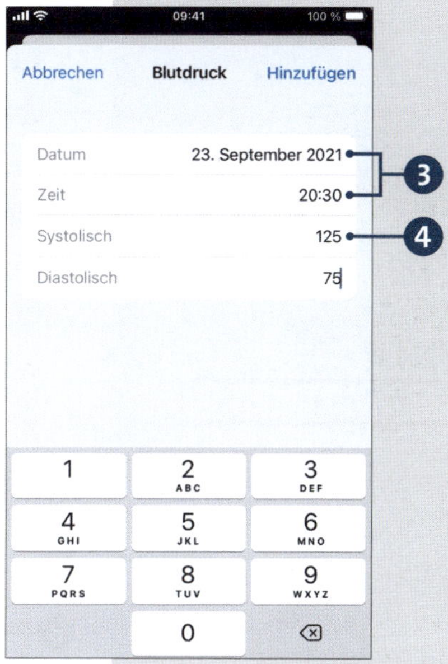

2. Tippen Sie nun auf das Feld **Daten hinzufügen** ❷. Damit öffnen Sie ein Fenster zur Dateneingabe. **Datum** und **Zeit** ❸ sind bereits eingetragen, und der Cursor blinkt im Feld **Systolisch** ❹.

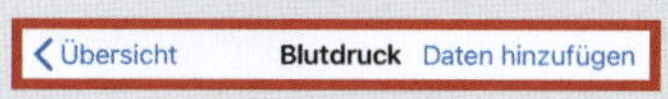

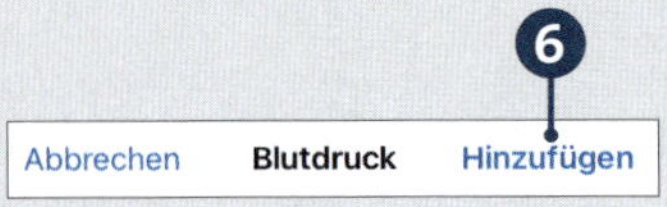

3. Tippen Sie jetzt den systolischen Wert mithilfe der Bildschirmtastatur ein, und geben Sie nach einem Fingertipp in das Feld **Diastolisch** ❺ auch dort den entsprechenden Messwert ein.

4. Sobald der zweite Wert eingegeben wird, erscheint die Schaltfläche **Hinzufügen** ❻ rechts oben in Blau. Tippen Sie darauf, um Ihre Werte in der App zu speichern.

5. Sie sehen Ihre Werte in der Übersicht. Der systolische Wert ist mit einem roten Punkt ❼ gekennzeichnet, der diastolische Wert mit einem schwarzen Karo ❽. Wenn Sie nach einigen Minuten weitere Daten eingeben, werden Ihnen die Unterschiede als Bandbreite angezeigt ❾.

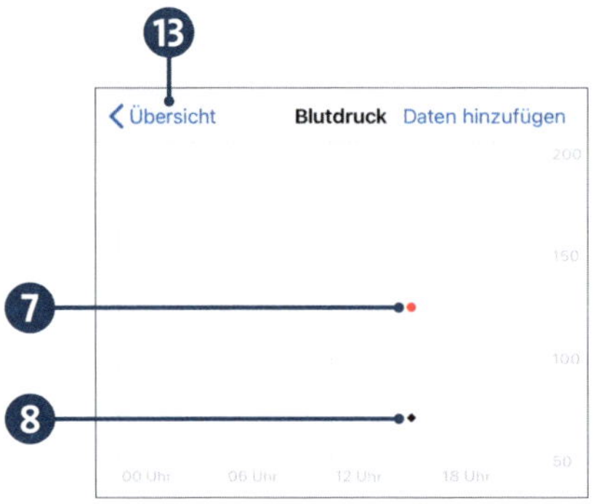

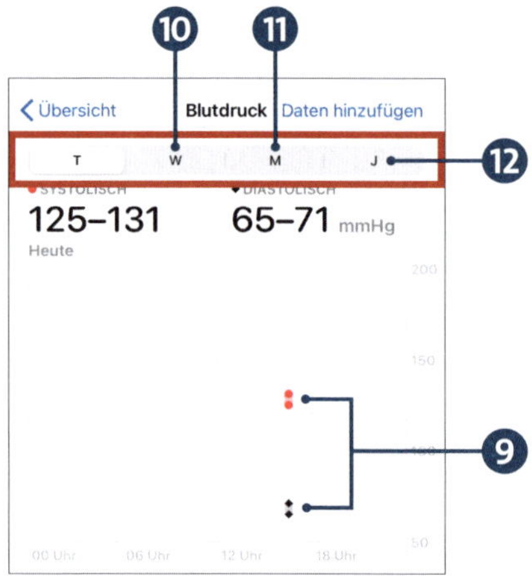

6. Bei regelmäßiger Dateneingabe können Sie die Veränderung Ihres Blutdrucks über eine Woche, einen Monat sowie ein Jahr anzeigen lassen. Tippen Sie dazu im oberen Bereich des Bildschirms auf **W** für Woche ❿, **M** für Monat ⓫ und **J** für Jahr ⓬.

7. Mit einem Fingertipp auf **Übersicht** ⓭ gelangen Sie wieder zurück in die **Favoriten**, wo nun der zuletzt eingegebene Wert angezeigt wird.

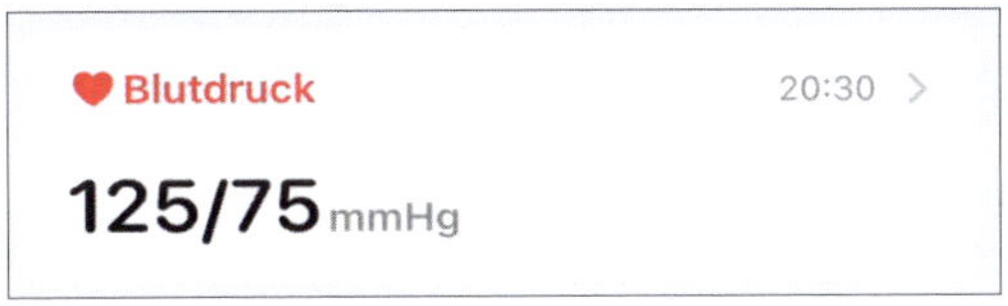

Auf diese Weise können Sie alle möglichen Gesundheitsdaten bzw. Körpermesswerte wie Ihren Blutzucker oder Ihr Gewicht in der App verwalten.

Eine Radtour mit dem iPhone und der Health-App

Mit Zusatz-Apps gelangen auch Fahrradtouren in die *Health*-App.

Wir haben Ihnen eingangs gezeigt, wie Sie auch eine Strecke, die Sie mit dem Fahrrad zurücklegen, automatisch in *Health* erfassen können (siehe Schritt 5 auf Seite 353). Das funktioniert tatsächlich mit dem iPhone ganz ohne Zusatzgerät. Sie benötigen allerdings eine zusätzliche App, die Ihre Fahrradtour aufzeichnet und die Werte an *Health* weitergibt. Hierfür empfehlen wir Ihnen zwei Fahrrad-Apps. Mit Ihrem Wissen aus den vorangehenden Kapiteln können Sie diese aus dem *App Store* herunterladen und starten. Beide Apps sind in der Basis-Version gratis.

Die App *Komoot* ist ideal, um neue Fahrradtouren und Wanderwege zu erkunden. Neben der Erfassung Ihrer zurückgelegten Fahrradstrecke macht die App Tourenvorschläge und dient sogar als Navigationssystem.

Strava ist die App für Sportler und erfasst ebenfalls Ihre Fahrradtouren. Sind Sie mit Freundinnen oder Freunden unterwegs, können Sie sogar in Wettbewerb miteinander treten. Schön ist die abschließende Statistik mit der Wegstrecke auf der Karte und anderen Werten ❶.

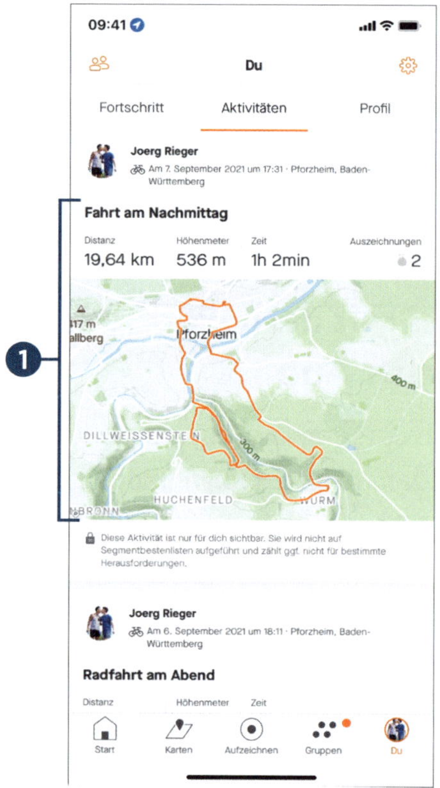

KAPITEL 18

Die Bring!-App – der nützliche Einkaufshelfer

Einkaufen leicht gemacht – so könnte man die App *Bring!* kurz zusammenfassen. Diese aus der Schweiz stammende App ist recht einfach zu bedienen, und Sie werden dieses Programm sicher bald nicht mehr missen wollen. Der Einkaufszettel auf Papier hat definitiv ausgedient, und Sie organisieren, wenn Sie mögen, Einkäufe künftig sogar mit anderen Personen oder Ihrem Partner bzw. Ihrer Partnerin gemeinsam.

Die Bring!-App installieren und einrichten

Die App ist auf Ihrem iPhone nicht vorinstalliert. Sie müssen sie also zunächst im *App Store* herunterladen. Die Installation zeigen wir Ihnen hier gewissermaßen im »Schweinsgalopp«. Ausführlich beschreiben wir die grundsätzliche Vorgehensweise in Kapitel 13, »Neue Apps auf dem iPhone installieren«, ab Seite 253.

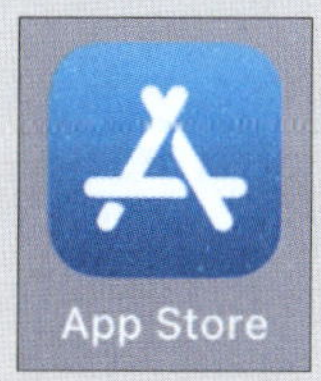

1. Starten Sie den *App Store* mit einem Fingertipp auf das Symbol auf Ihrem Home-Bildschirm.

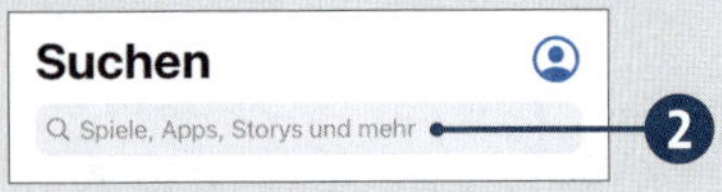

2. Tippen Sie im Store unten rechts auf **Suchen** ❶, um die Suchfunktion zu starten. Dann tippen Sie in die Suchzeile ❷ im oberen Bereich des Bildschirms.

3. Geben Sie mithilfe der eingeblendeten Tastatur »bring« ein, und tippen Sie anschließend auf die blaue Schaltfläche **Suchen** ❸ rechts unten auf der Bildschirmtastatur.

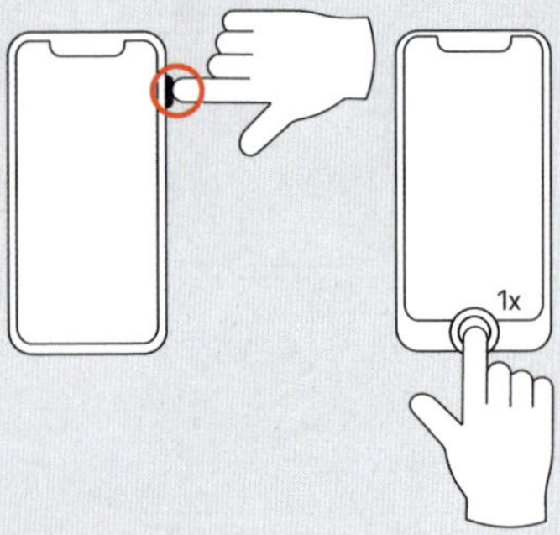

4. Wählen Sie die App **Bring! Einkaufsliste & Rezepte** ❹ mit einem Fingertipp in den Ergebnissen aus, und tippen Sie dann auf **LADEN** ❺. Bestätigen Sie die Installation bei einem iPhone mit Face ID durch zweimaliges Drücken der Standby-Taste, und schauen Sie dabei auf das Display. Bei einem iPhone mit Touch ID legen Sie Ihren Finger auf die Home-Taste, sodass er erkannt wird.

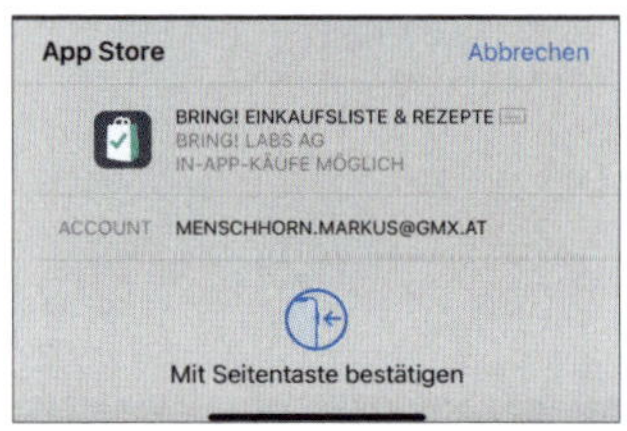

Sobald *Bring!* auf Ihrem Telefon bereitsteht, können Sie die App auch schon starten.

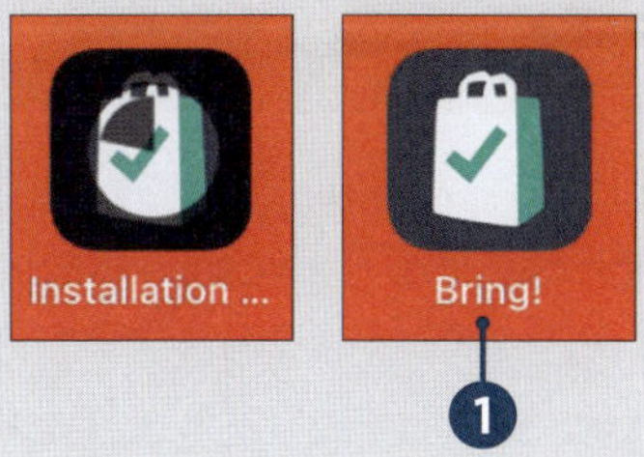

1. Tippen Sie auf das App-Symbol auf dem Home-Bildschirm, um die App zu öffnen ❶. Wie üblich ordnet das iPhone die App ganz am Ende Ihrer App-Sammlung an. Sie müssen ggf. nach links zu einem weiteren Bildschirm wischen, um die App zu sehen.

2. Beim ersten Start der App werden einige Besonderheiten vorgestellt. Schauen Sie sich die Informationen an, wenn Sie möchten, und klicken Sie hier jeweils unten auf die Schaltfläche **Weiter** ❷.

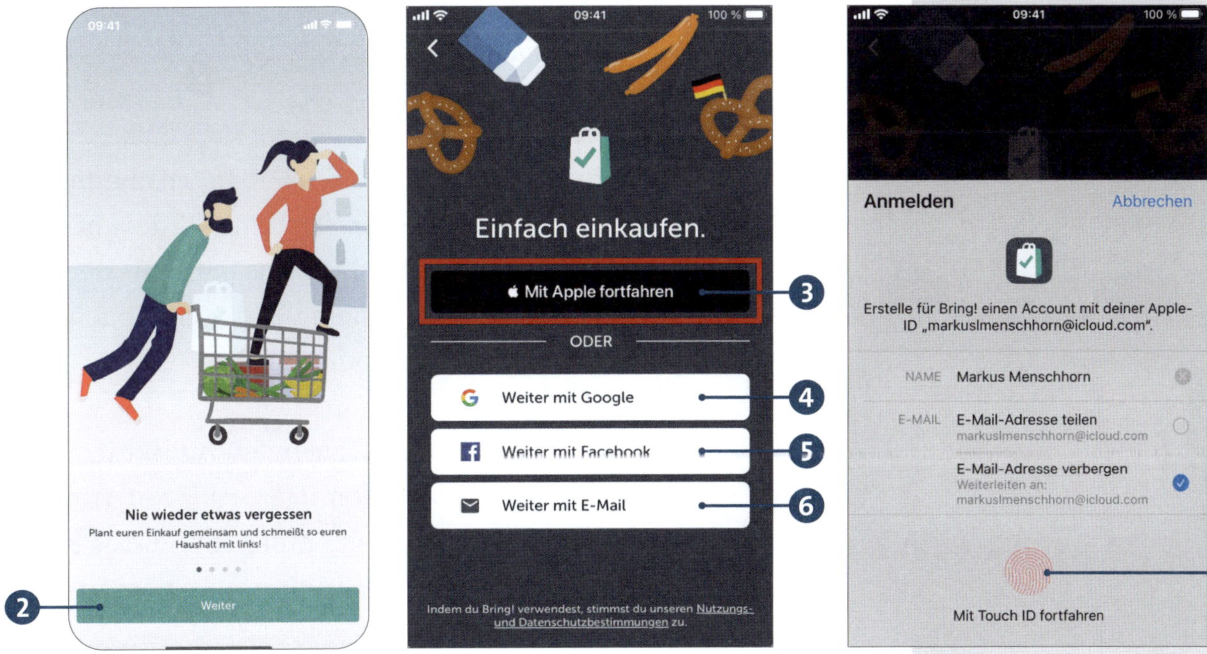

3. Jetzt müssen Sie entscheiden, wie Sie die *Bring!*-App nutzen möchten: mit Ihrer Apple-ID ❸, mit Google ❹, mit Facebook ❺ oder per E-Mail ❻.

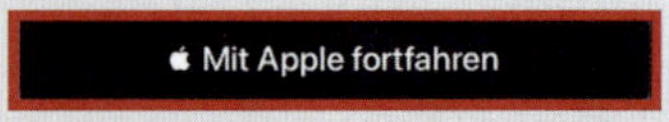

Wir entscheiden uns für die erste Auswahl und tippen also auf **Mit Apple fortfahren**.

4. Im nächsten Bildschirm werden, sollten Sie diese Funktion erstmalig verwenden, die Vorteile der Apple-ID aufgelistet. Tippen Sie dann einfach auf **Fortfahren** (7).

5. Im nächsten Fenster wählen Sie nun aus, ob Sie Ihre E-Mail verbergen oder teilen möchten. Die Entscheidung liegt bei Ihnen. Wir wollen unsere Privatsphäre schützen und wählen **E-Mail-Adresse verbergen** (8) aus.

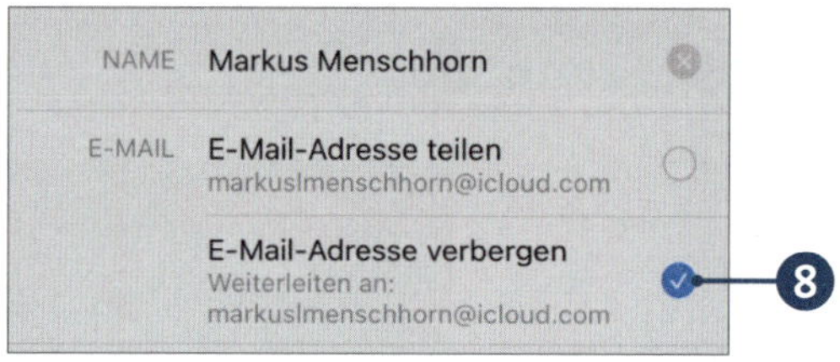

6. Sobald Sie Ihre Auswahl getroffen haben, erscheint eine blaue Schaltfläche mit **Weiter**. Tippen Sie darauf. Bei einem iPhone mit Face ID wird Ihre Auswahl mit der Gesichtserkennung bestätigt, bei einem iPhone mit Touch ID mittels Fingerabdruck auf der Home-Taste.

7. Nun sind wir fast am Ziel. Im folgenden Bildschirm könnten Sie Ihre Einkaufsliste teilen. Das erklären wir Ihnen aber später noch. Tippen Sie hier nun auf **Weiter** (9) und im folgenden Fenster auf **Keine Einladungen versenden** (10).

8. Im nächsten Fenster können Sie noch ein Profil einrichten. Tippen Sie in die Zeile **Wie nennen dich deine Freunde?** (11), und schreiben Sie mithilfe der Bildschirmtastatur Ihren Namen. Die kryptische E-Mail-Adresse dar-

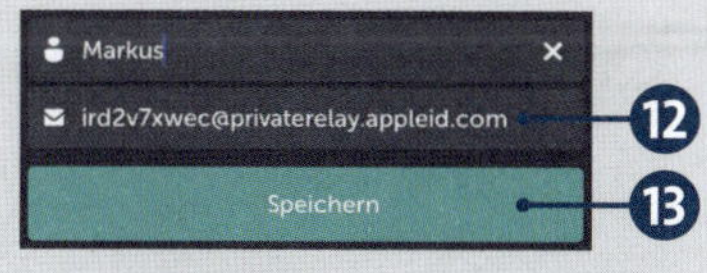

unter 12 ist ein Schutzmechanismus von Apple, damit Sie garantiert keine Werbemails erhalten. Anschließend tippen Sie auf **Speichern** 13. Damit ist die Einkaufs-App *Bring!* einsatzbereit.

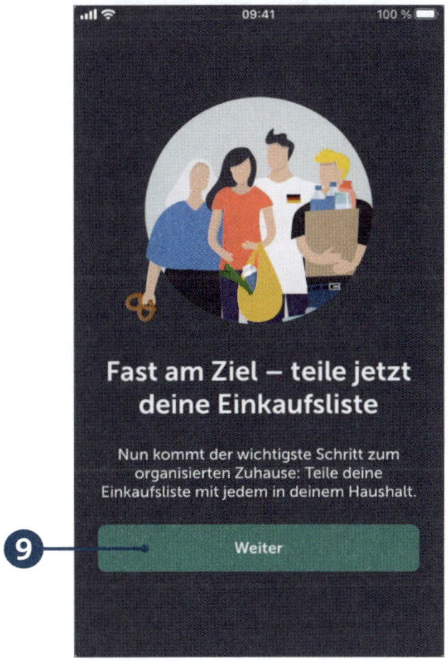

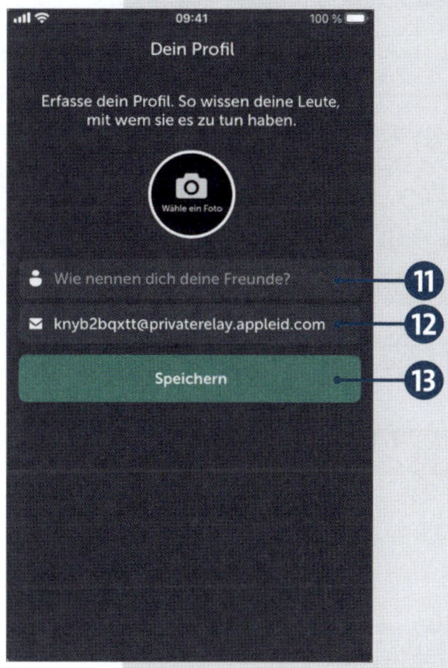

Eine Einkaufsliste erstellen

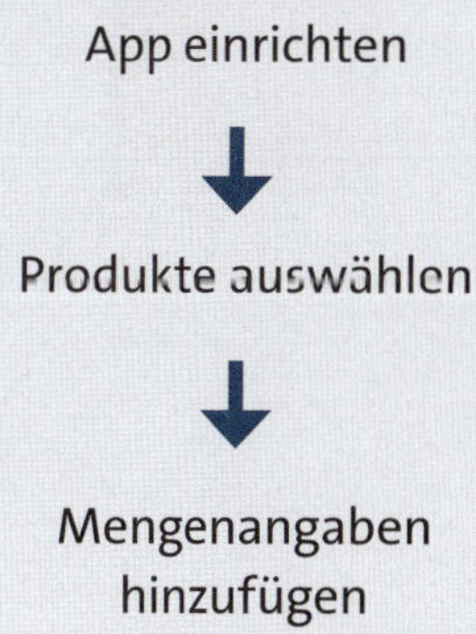

Bevor Sie die ersten Produkte auswählen können, die auf die Einkaufsliste kommen, zeigt Ihnen die App ihre Funktionen. Tippen Sie einfach mehrmals auf den Bildschirm, bis die App tatsächlich für Eingaben bereit ist.

Natürlich möchte auch diese App wissen, ob Sie Ihnen Mitteilungen senden darf. Damit Sie später informiert werden, wenn Sie ggf. Einkaufslisten mit anderen teilen möchten, tippen Sie auf **Erlauben** 1.

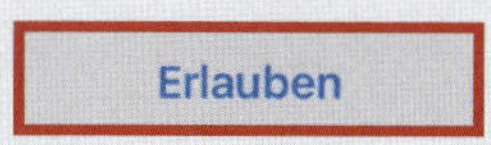

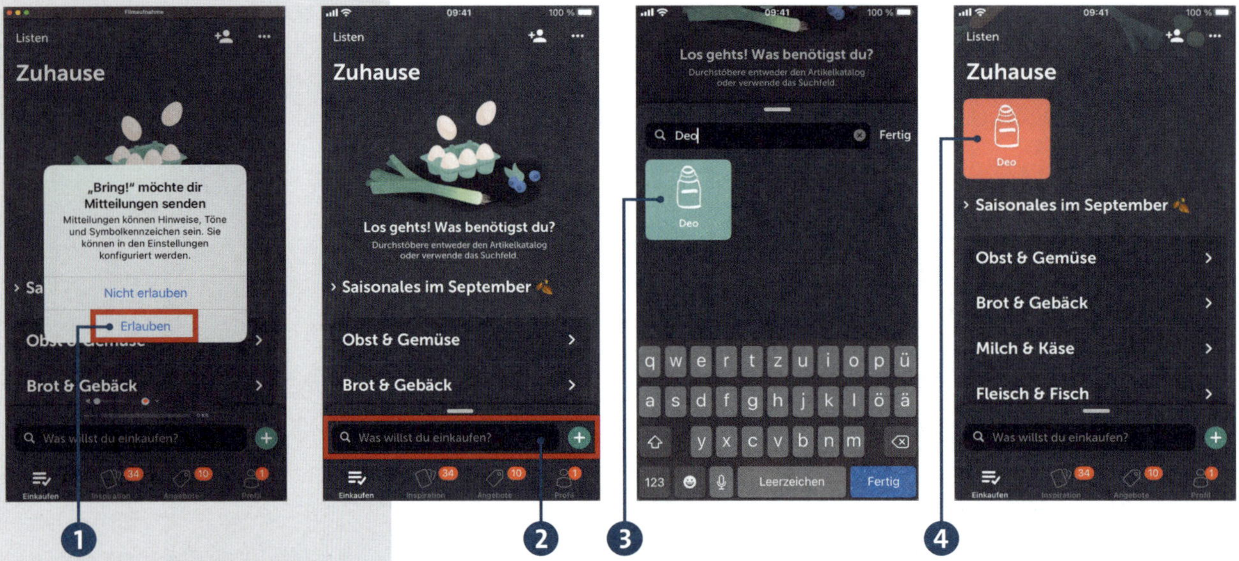

1. Zum Start ist unsere Einkaufsliste leer. Das ändern Sie aber direkt: Tippen Sie in die Zeile **Was willst du einkaufen?** ❷, und geben Sie mit der eingeblendeten Tastatur den gewünschten Artikel ein. Wir tragen hier im Beispiel »Deo« ein.

2. Damit erscheint ein grünes Rechteck mit dem gewünschten Artikel ❸. Tippen Sie einmal darauf, um es in die Einkaufsliste zu übertragen. Es wechselt dadurch seine Farbe auf Rot ❹. Das bedeutet für Sie so viel wie: »Muss ich noch einkaufen.«

3. Die nächsten gewünschten Artikel geben Sie auf die gleiche Weise ein. Wir benötigen noch Milch. Selbst wenn der Begriff im Suchfeld noch nicht zu Ende geschrieben ist, macht die *Bring!*-App Ihnen bereits Vorschläge ❺. Diese wählen Sie mit einem Fingertipp aus. Sollte Ihr Produkt noch nicht aufgeführt sein, tippen Sie den Begriff zu Ende und wählen ihn dann aus.

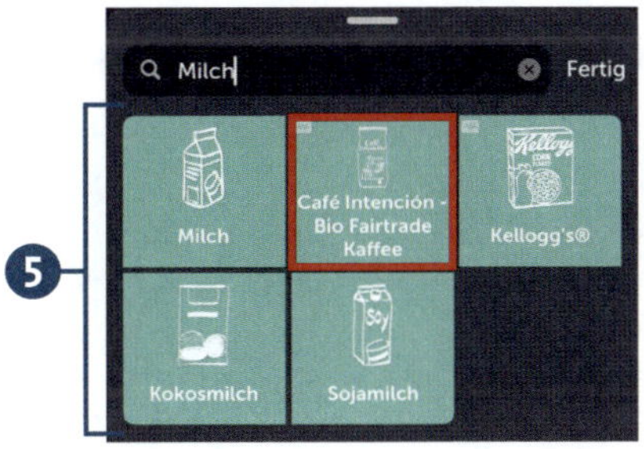

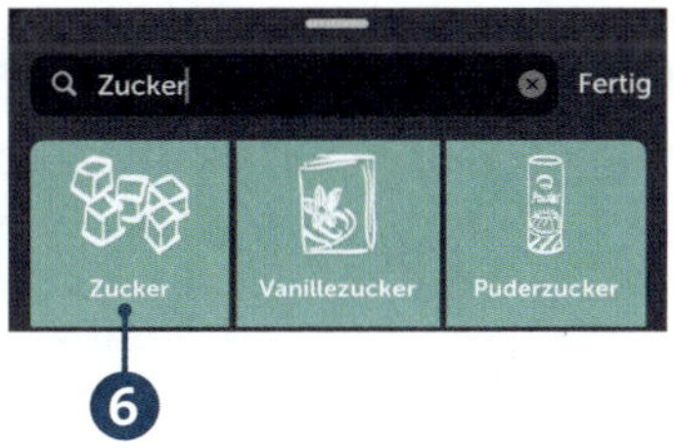

4. Als Nächstes benötigen wir Zucker und tippen den Begriff wieder in **Was willst du einkaufen?** ein. Sofort erscheinen wieder einige Auswahlmöglichkeiten. Tippen Sie **Zucker** ❻ an – und hier können Sie nun im Bereich **Verfeinere** ❼ sogar noch eine Menge auswählen. Auch hier gilt: Einfach antippen und die Mengenangabe erscheint beim gewünschten Produkt ❽.

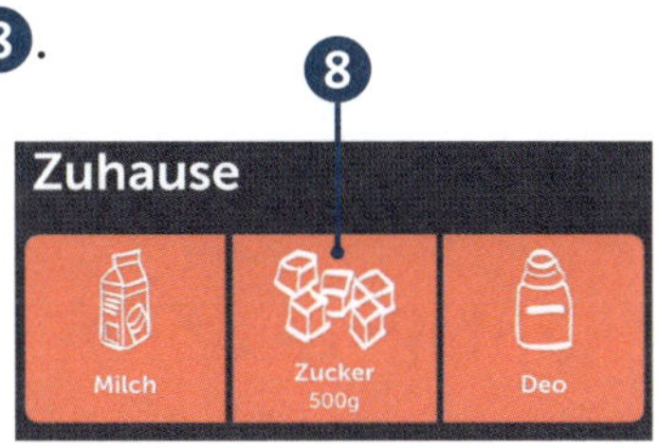

So füllen Sie Ihre Einkaufsliste nach und nach. Wenn Sie allerdings alkoholische Getränke auswählen, fragt die App nach, ob Sie schon über 18 Jahre alt sind. Tippen Sie hier einfach auf **Ja, bin ich** ❾.

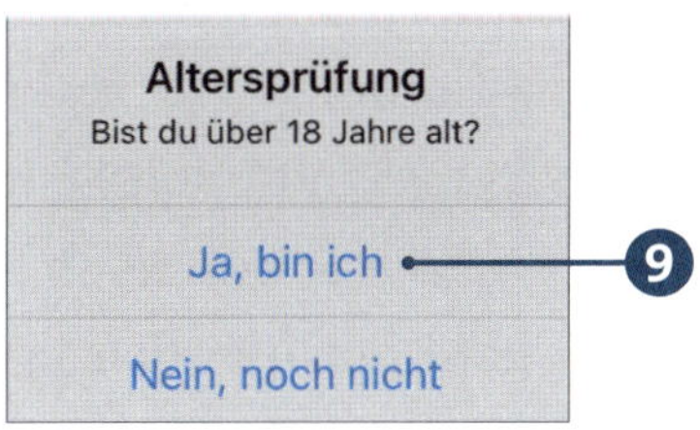

Mit unserer Einkaufsliste und natürlich dem iPhone können wir nun zum Supermarkt gehen. Wenn Sie dann im Supermarkt Ihre Produkte gefunden und in den Einkaufswagen gelegt haben, tippen Sie einfach auf die Schaltflä-

Wie kommt der Kaffee zur Milch? Tatsächlich blendet die Bring!-App ab und zu Werbung ein, erkennbar an dem kleinen W-Symbol. Sprich, hier wird gedacht: »Wenn Sie Milch brauchen, brauchen Sie vielleicht auch Kaffee.« Und Firmen zahlen Geld dafür, dass ihr Produkt hier vorgeschlagen wird.

MERKE

Je nach Produkt erscheinen Stückzahlen für Packungen, Gramm- oder Literangaben zur Auswahl.

che des bereits in den Einkaufskorb gelegten Produkts, und es verschwindet im Bereich **Zuletzt verwendet**. Somit »haken« Sie Ihre Einkäufe Stück für Stück ab und vergessen oder übersehen garantiert nichts mehr.

Verschiedene Listen erstellen

Falls Nachbarn oder Freunde Sie bitten, ihnen Artikel aus einem Geschäft mitzubringen, ist das kein Problem. Sie können mehrere Listen gleichzeitig führen. Tippen Sie dafür in der *Bring!*-App auf die Schaltfläche **Listen** ❷ und im nächsten Fenster auf **+ Neue Liste** ❸. Geben Sie der Liste einen Namen, und wählen Sie ein Symbol dafür aus. Tippen Sie auf **Weiter**, dann auf **Keine Einladungen versenden** und abschließend auf **Fertig**. Wechseln Sie über **Listen** zu Ihrer neuen Einkaufsliste, und tragen Sie dort die Artikel ein.

Einkaufsliste teilen

Jetzt kommt eine weitere Funktion hinzu, die ein handschriftlicher Einkaufszettel niemals bietet: das gemeinsame Einkaufen, ohne dass Sie tatsächlich zu zweit oder zu mehreren im selben Geschäft unterwegs sein müssen.

Sie können Ihre Einkaufsliste nämlich mit beliebig vielen Personen aus Ihrem Freundes- oder Bekanntenkreis teilen. Der Vorteil: Diese können jederzeit Produkte hinzufügen, aber auch bereits gekaufte Produkte aus der Liste löschen. Damit wird das nächste Garagenfest ganz einfach organisiert.

In einem gemeinsamen Haushalt ist das aber genauso praktisch: Jeder notiert über sein Smartphone in einer Liste,

MERKE

Produkte, die Sie häufig verwenden, müssen Sie künftig nicht mehr eintippen. Sie holen sie einfach mit einem Fingertipp aus dem Bereich **Zuletzt verwendet** ❶ wieder in Ihre Einkaufsliste.

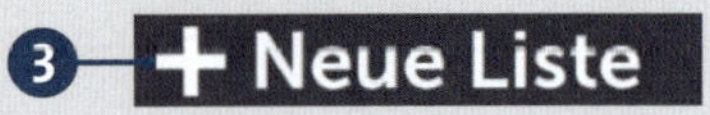

MERKE

Die *Bring!*-App gibt es auch für Android-Handys. Daher können Sie auch mit Freunden, die kein iPhone besitzen, auf Shoppingtour gehen.

was benötigt wird, und *Bring!* sammelt alles. So können Sie auch einmal andere zum Einkaufen schicken.

Und so einfach klappt das:

1. Öffnen Sie die *Bring!*-App und diejenige Einkaufsliste, die Sie teilen möchten. Tippen Sie dann auf die drei kleinen Punkte ··· rechts oben in der App.

2. Den folgenden Bildschirm haben wir die letzten Male erfolgreich ignoriert. Nun wollen wir aber wirklich unseren Einkauf teilen. Entscheiden Sie daher hier, ob Sie den Kontakt über **WhatsApp** ❶ oder **SMS** ❷ einladen wollen. Alternativ geben Sie eine E-Mail-Adresse in das entsprechende Feld ❸ ein.

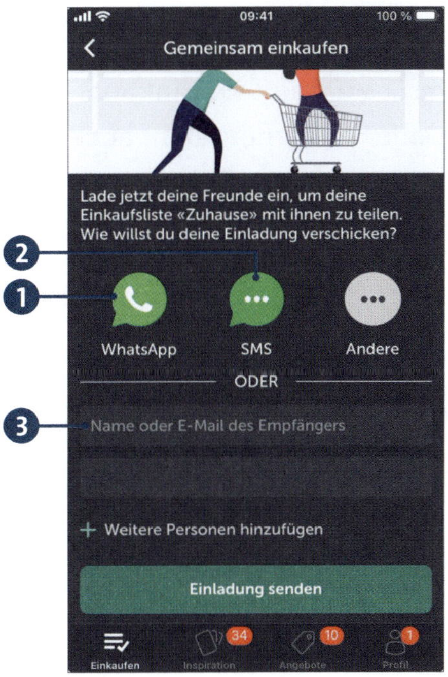

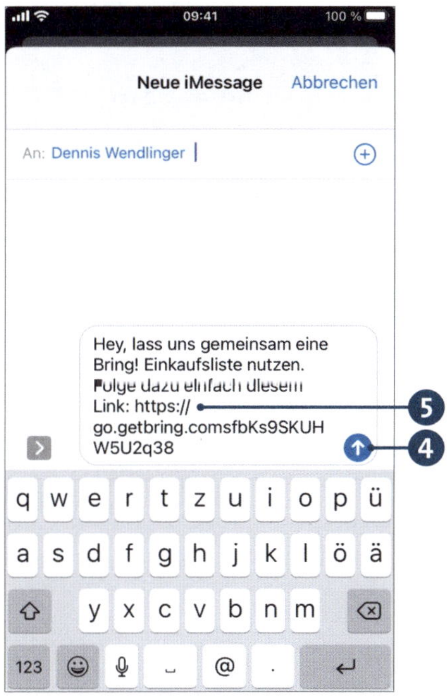

MERKE

Egal, auf welche Weise Sie einen Kontakt einladen – das hier gezeigte Vorgehen ist dabei identisch.

ACHTUNG!

Ihr Kontakt muss natürlich auch die *Bring!*-App installiert haben, um eine Einladung annehmen zu können.

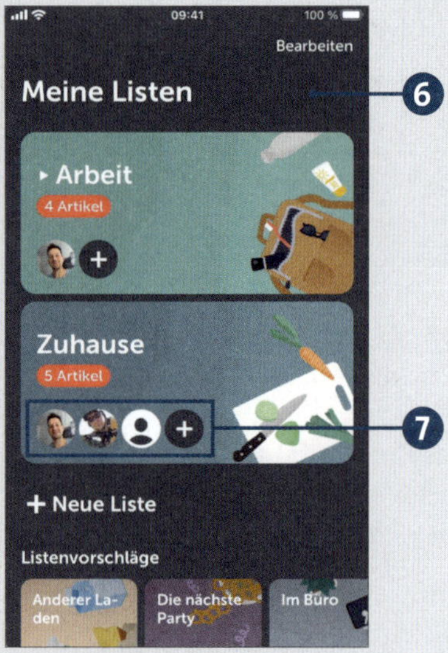

3. Wir entscheiden uns hier für **SMS**, geben den gewünschten Kontakt ein und drücken auf die Senden-Schaltfläche ⬆ ❹.

4. Nun wird automatisch eine SMS-Nachricht mit einem Teilnahmelink ❺ verschickt. Sie gelangen direkt zurück zu Ihrer geteilten Einkaufsliste.

5. Um zu prüfen, ob Ihr Kontakt der Liste beigetreten ist, tippen Sie links oben auf **Listen**. In diesem Fenster ❻ sehen Sie bei den entsprechenden Listen dann auch die jeweiligen Teilnehmer als kleine Symbole ❼.

Ab sofort haben Sie gemeinsam Zugriff auf die Einkaufsliste. Alles, was Sie hinzufügen oder entfernen, sieht auch der andere Teilnehmer und umgekehrt.

KAPITEL 19

Das iPhone auf Reisen

In der Welt unterwegs zu sein, ist grandios. Land und Leute kennenzulernen, macht einfach Spaß. Und ob das nun Italien, die Copacabana oder Castrop-Rauxel ist, das ist wirklich jedem selbst überlassen. Fakt ist: Verlässt man das Zuhause, gilt es einiges zu regeln, und dabei stellt das iPhone eine echte Unterstützung dar. Sie können damit

- Ihr Heim per Kamera und iPhone-App von unterwegs überwachen,
- Tickets digital im iPhone ablegen,
- mit der *Karten*-App und *Google Maps* vor Ort navigieren,
- mit einer Übersetzungs-App dem Teppichhändler Paroli bieten.

Damit das iPhone auch außerhalb Deutschlands funktioniert, müssen Sie einige Dinge beachten. Doch dazu gleich mehr, damit Ihrem nächsten Trip zusammen mit Ihrem iPhone nichts im Wege steht.

Ganz wichtig: Sollten Sie hier reingeblättert haben – in diesem Kapitel setzen wir schon einige Bedienkenntnisse voraus. Wenn Sie sich bei dem einen oder anderen Schritt nicht ganz sicher sind, empfehlen wir, dass Sie sich vorab vor allem Kapitel 4 und Kapitel 5 ab Seite 65 anschauen.

Einstellungen

↓

Mobiles Netz

↓

Mobile Daten

↓

Datenoptionen

↓

Roaming ein/aus

ACHTUNG!

Die Roaming-Regelung gilt für alle EU-Staaten und auch für Norwegen und Liechtenstein. Die Schweiz ist davon aber ausgenommen, und auch in Großbritannien kassieren mittlerweile viele Mobilfunkanbieter richtig ab. Informieren Sie sich vor Ihrer Reise, ob Sie in Ihrem Vertrag gegebenenfalls eine Sonderregelung inklusive haben. Wie Sie der Kostenfalle generell aus dem Weg gehen, zeigen wir ab Seite 372.

Sorglos im Ausland telefonieren und surfen

Wir erinnern uns noch genau an die Anfangszeit der Smartphones: Gegenseitige Besuche zwischen Deutschland und Österreich wurden noch bis vor wenigen Jahren im Anschluss meist mit gesalzenen Handyrechnungen quittiert. Doch dank eines EU-Gesetzes ist das Geschichte. Fakt ist, dass im EU-Ausland Ihr gebuchter Tarif gültig ist.

Haben Sie eine Daten- und Telefonflatrate, dann gilt diese auch im Ausland. Es fallen also keine zusätzlichen Kosten an. Aber aufgepasst: Sind Sie in Spanien und rufen dort Ihre Lieblings-Tapasbar für eine Reservierung an, dann kostet das allerdings jenen Preis, den ein Telefonat von Deutschland nach Spanien kosten würde. Die Kinder in Deutschland aus Spanien anzurufen, ist dann aber wieder im Tarif inklusive. Das Surfen im Internet ist immer nach dem gewählten Tarif inklusive und kostenfrei, bis Ihr Datenlimit erreicht ist.

Übrigens spricht man beim Telefonieren und Surfen im Ausland auch von *Roaming*.

Damit Sie im Ausland mobil sind, müssen Sie dies ggf. an Ihrem iPhone erst zulassen. Und so funktioniert das:

1. Starten Sie auf dem Home-Bildschirm Ihres iPhones per Fingertipp die *Einstellungen*.

2. Dort tippen Sie auf den Menüpunkt **Mobilfunk**.

3. Im entsprechenden Fenster ❶ sollte der Punkt **Mobile Daten** ❷ aktiviert, sprich grün dargestellt sein ❸. Damit erlauben Sie dem iPhone, außerhalb eines WiFi-Netzes mobil ins Internet zu gehen. Diese Einstellung gilt zunächst nur für Ihr Heimatland bzw. jenes Land, in dem Sie den Mobilfunkvertrag abgeschlossen haben.

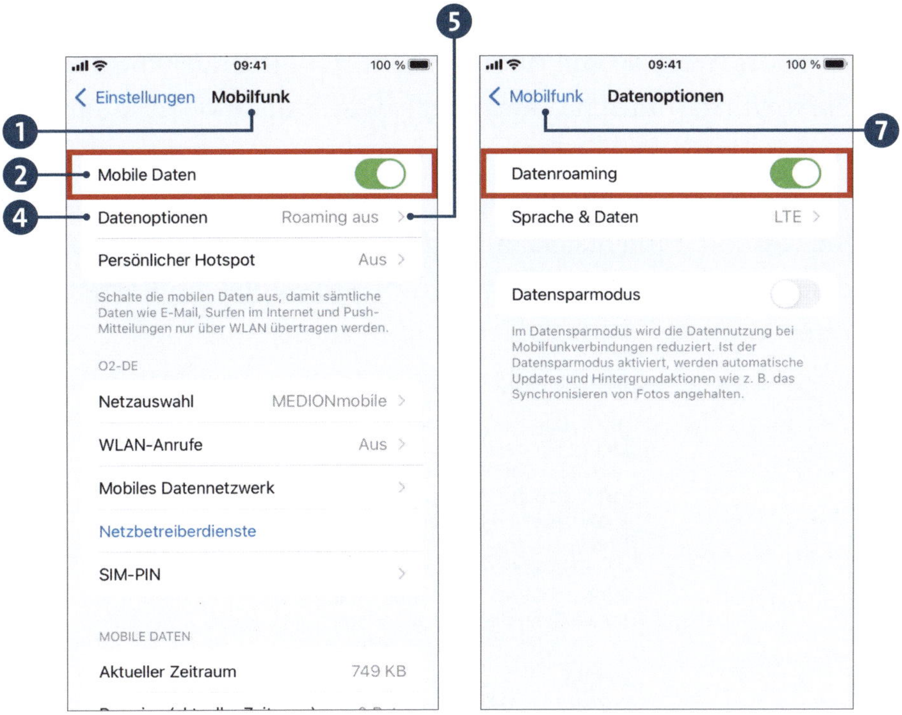

4. Die **Datenoptionen** ❹ sind nun für das Internet und Telefonieren im EU-Ausland zuständig. In den Werkseinstellungen steht hier meistens **Roaming aus** ❺. Damit sind alle Datenverbindungen über das Handynetz im Ausland unterbunden. Um das zu ändern, tippen Sie darauf und anschließend auf den Schieberegler hinter **Datenroaming**, sodass er grün und damit aktiv ist ❻.

MERKE

Das Datenroaming ist nur für die Internetverbindung über das Handynetz von Bedeutung. Surfen Sie über einen *WLAN-Hotspot*, beispielsweise in einem Café oder Restaurant, funktioniert das völlig unabhängig davon, ob das Roaming aktiv oder inaktiv ist.

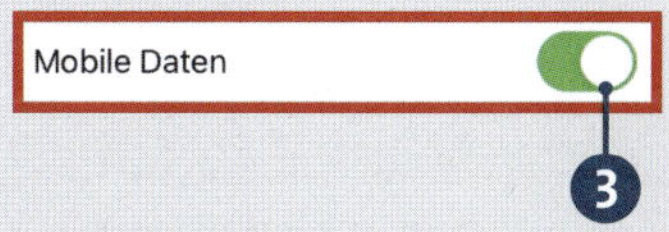

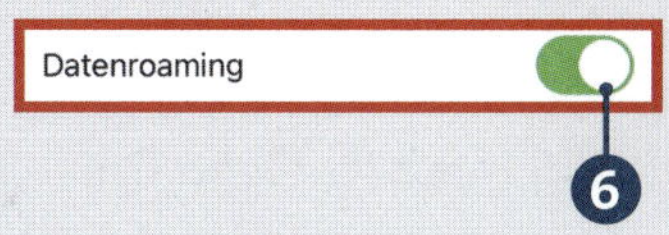

ACHTUNG!

Wenn Sie unterwegs nicht ins Internet können, ist die Ursache meistens das deaktivierte mobile Netz. Schauen Sie immer erst hier nach, ob der Schalter bei **Mobile Daten** wirklich auf Grün steht.

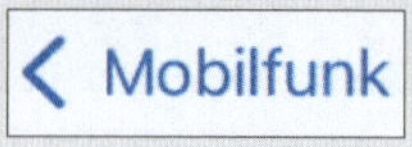

5. Mit einem Fingertipp auf den Pfeil links oben ❼ gelangen Sie zurück in die Übersicht **Mobilfunk**. Hier sehen Sie nun, dass das Roaming eingeschaltet ist ❽.

6. Damit sind Sie fit für Ihren Auslandsurlaub und können dort wie gewohnt im Internet surfen. Beenden Sie die *Einstellungen* durch einen Fingerwisch nach oben, oder indem Sie die Home-Taste drücken.

Sie werden übrigens, sobald sich Ihr iPhone in ein ausländisches Netz einwählt, immer per SMS über die Kosten informiert:

Vorsicht ist geboten, wenn Sie sich in die Schweiz oder nach Großbritannien begeben. Denn dieses beliebte Reiseland wird von den meisten Mobilfunkanbietern in der EU ausgeklammert. Und auch in jedem Land außerhalb der EU müssen Sie aufpassen. Denn sobald Sie die Grenze überqueren, kassieren die Anbieter ordentlich ab, und Sie zahlen für Daten und Telefonate einen extrem hohen Preis.

MERKE

Normale Telefonate sind vom Roaming nicht betroffen, Sie können jederzeit telefonieren oder angerufen werden. Aber auch hier gilt: Außerhalb der EU gilt Ihr normaler Tarif nicht. Erfragen Sie daher bei Ihrem Anbieter die Konditionen.

Selbst wenn Sie nur die *Karten*-App zum Navigieren verwenden, werden Daten verbraucht und diese sehr teuer abgerechnet. Sie sollten im nichteuropäischen Ausland deshalb das Roaming unbedingt deaktivieren, indem Sie den Schieberegler hinter **Datenroaming** (siehe Seite 371) ausschalten.

MERKE

Wir empfehlen zur Navigation ohne Internet grundsätzlich *Google Maps*. Dieses kostenlose Navigationswerkzeug kann im Unterschied zu Apples *Karten*-App auch Offline-Karten abspeichern, die ganz ohne Internetverbindung funktionieren.

Sicheres Gefühl – Wohnungsüberwachung per Kamera

Sie wollen verreisen, aber doch ab und zu einen Blick in die Wohnung werfen? Auch das klappt mit dem iPhone und entsprechendem Zubehör ganz hervorragend. Sie können mit einer Überwachungskamera von unterwegs jederzeit in Ihre Räumlichkeiten schauen oder sich sogar ein Foto aufs iPhone schicken lassen, wenn die Kamera eine Bewegung registriert.

ACHTUNG!

Das Einrichten der Überwachungskamera ist schon recht komplex. Lassen Sie sich dabei ggf. helfen.

Apple hat mit der *Home*-App eine passende App auf Ihrem iPhone hinterlegt. Zur Nutzung der Überwachungsfunktion benötigt man als »Steuerungszentrale« allerdings noch ein iPad oder ein *Apple TV*.

Einfacher geht es mit sog. *IP-Kameras*. Diese Geräte sind nicht teuer und können recht einfach in Ihr WLAN-Netz zu Hause integriert werden. Auch bieten diese Hersteller die passende iPhone-App an, um mit Ihrem Telefon alles steuern und überwachen zu können.

Überwachungskamera von 7links (Foto: Pearl.de)

Lassen Sie sich gegebenenfalls im Fachmarkt beraten, welches Gerät für Ihre Zwecke das beste ist.

Achten Sie beim Kauf einer Kamera darauf, zusätzlich eine passende SD-Karte mit ausreichendem Speicher zu erwerben.

Einzige Voraussetzung zum Betrieb einer solchen Sicherheitseinrichtung ist, dass Sie bei sich zu Hause über einen eigenen Internetzugang (WLAN) mit einem Router verfügen. Das ist derselbe Router, über den Sie ggf. schon mit Ihrem Computer und auch Ihrem iPhone online gehen, wenn Sie zu Hause sind.

Auf die Einrichtung im Detail können wir hier leider nicht eingehen, wollten Ihnen aber aufzeigen, dass man das iPhone auch wunderbar zur Überwachung des Hauses verwenden kann.

Vor der Reise – Tickets digital auf dem iPhone ablegen

Wallet-Ticket suchen

↓

Ticket in Wallet ablegen

↓

Ticket bei Kontrolle vorzeigen

Geht es Ihnen auch so? Kontrollieren Sie auf dem Weg zum Bahnhof oder Flughafen auch mehrfach, ob das Ticket wirklich in der Jackentasche oder doch im Rucksack ist? Hier bietet Ihnen das iPhone eine digitale Aufbewahrungsmöglichkeit, die Sie von all dem Zettelkram entlastet. Sämtliche Fluggesellschaften, die Bahnunternehmen und viele Event-Veranstalter senden nämlich in der Bestell-Mail das Ticket nicht nur als PDF, sondern auch als kleine Datei für das iPhone mit. Und damit wandert die Eintrittskarte oder das Flugticket direkt in *Apple Wallet*, die Brieftasche für Ihr mobiles Leben. Wir zeigen Ihnen an zwei Beispielen, wie das funktioniert.

Szenario 1: Gebuchter Flug

Sie haben einen Flug gebucht und schon von zu Hause eingecheckt. Die Fluggesellschaft schickt Ihnen dann das Ticket bzw. Ihre Bordkarte digital per E-Mail in verschiedenen Varianten zu.

1. Öffnen Sie die *Mail*-App, und halten Sie nach der Möglichkeit Ausschau, das Ticket zu *Apple Wallet* hinzuzufügen. Das kann entweder ein Textfeld **1** oder auch das *Wallet*-Symbol **2** sein. Wir haben hier als Beispiele entsprechende E-Mails der Fluggesellschaften Lufthansa und Eurowings dargestellt:

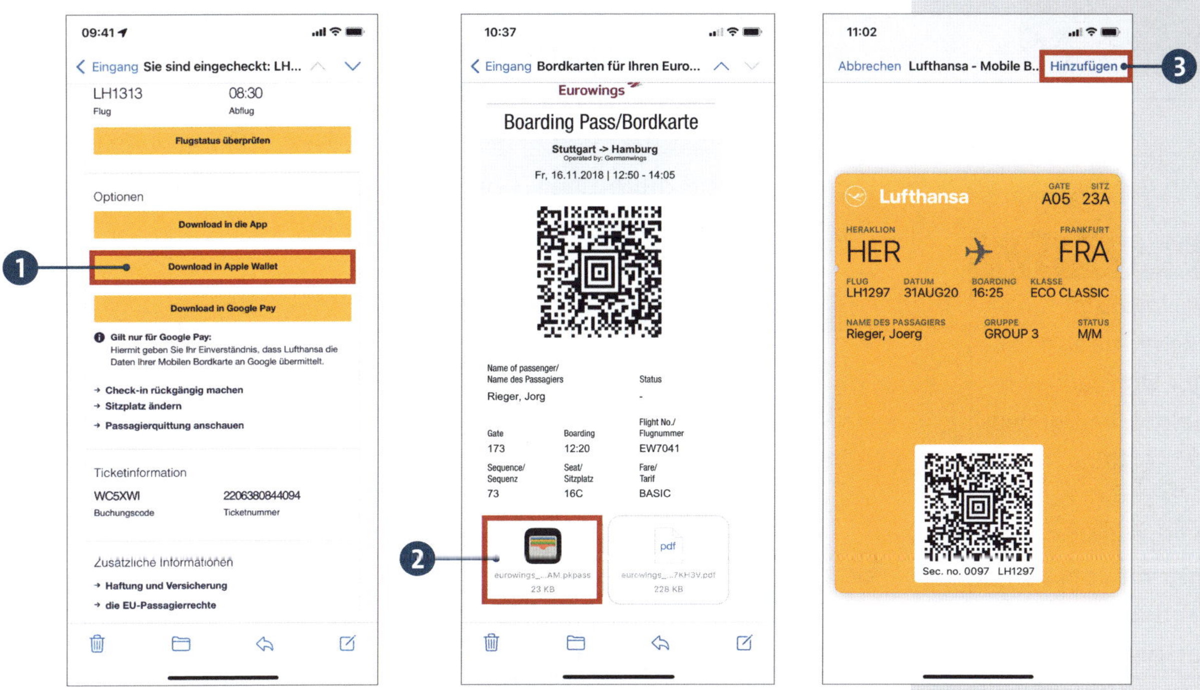

2. Mit einem Fingertipp auf den Wallet-Hinweis wird ein neues Fenster mit der Bordkarte und sämtlichen Details geladen. Mit einem simplen Fingertipp auf **Hinzufügen** **3** wird die Bordkarte in der App *Wallet* abgelegt. Die *Wallet*-App wird allerdings nicht automatisch gestartet.

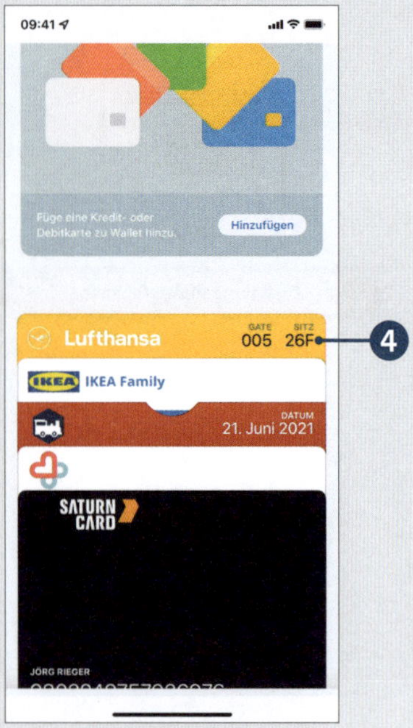

Szenario 2: Bahnticket

WAS TUN?

Den *DB Navigator* laden Sie gratis aus dem *App Store*. Einmal angemeldet, kaufen Sie dort komfortabel Ihre Bahntickets und haben zudem eine Fahrplanauskunft mit dem (leider ja immer notwendigen) Verspätungsalarm.

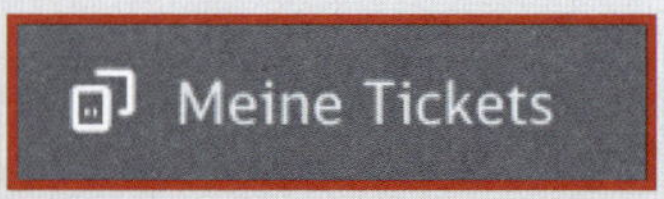

3. Kehren Sie zum Home-Bildschirm zurück, und starten Sie mit einem Fingertipp *Wallet*, um zu prüfen, ob Ihre Bordkarte dort auch wirklich abgespeichert wurde. Wenn Sie dort schon mehrere Tickets hinzugefügt haben, erhalten Sie eine Liste mit allen Tickets. Ganz oben sehen wir, dass unser zuletzt hinzugefügtes Ticket **4** tatsächlich dort abgelegt wurde. Schließen Sie die App über den App-Wechsler.

Bei der Deutschen Bahn ist das Ganze etwas komplizierter. Denn um Ihr Bahn-Ticket auch in *Wallet* zu erhalten, benötigen Sie zwingend die App *DB Navigator*. Wenn Sie öfter mit dem Zug unterwegs sind, lohnt sich die Installation dieser Gratis-App auf jeden Fall, da in ihr auch eine Fahrplanauskunft und vieles mehr integriert ist. Wir gehen an dieser Stelle davon aus, dass Sie diese App bereits nutzen und ein Ticket erworben haben.

1. Starten Sie die App *DB Navigator* per Fingertipp auf Ihrem Home-Bildschirm. Nach einem weiteren Fingertipp auf das Menü mit den drei Strichen ≡ **1** wechseln Sie in den Bereich **Meine Tickets** **2**.

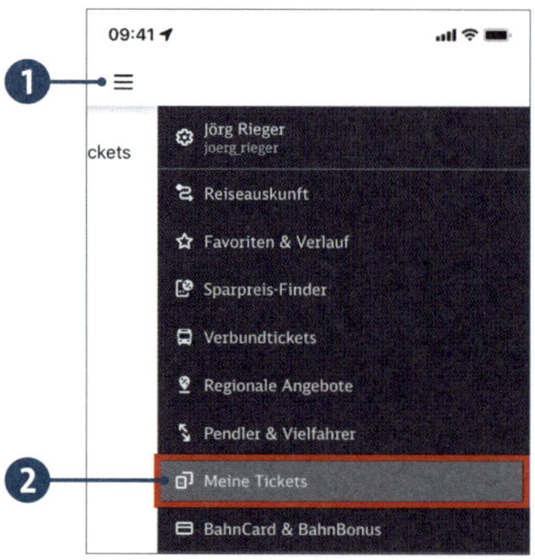

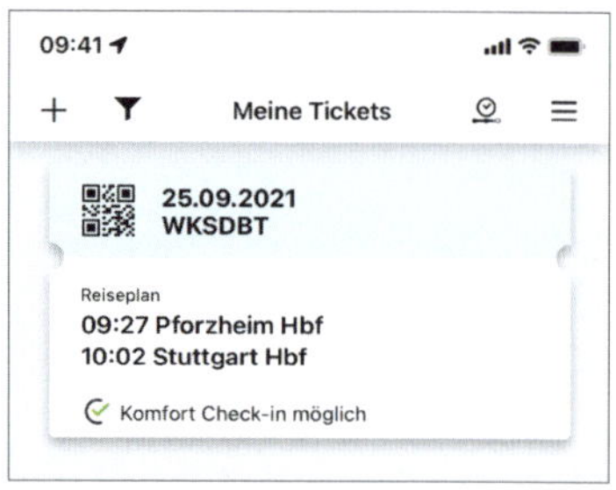

2. Es werden nun alle relevanten und noch nicht verwendeten Tickets aufgelistet. Tippen Sie das Ticket an, das Sie in *Wallet* abspeichern wollen. Es erscheint nun in voller Größe auf dem Display Ihres iPhones.

3. Tippen Sie auf die drei kleinen Punkte rechts unten **3**. Im angezeigten Auswahlfeld haben Sie die Möglichkeit, die Option **Zu Wallet hinzufügen** auszuwählen.

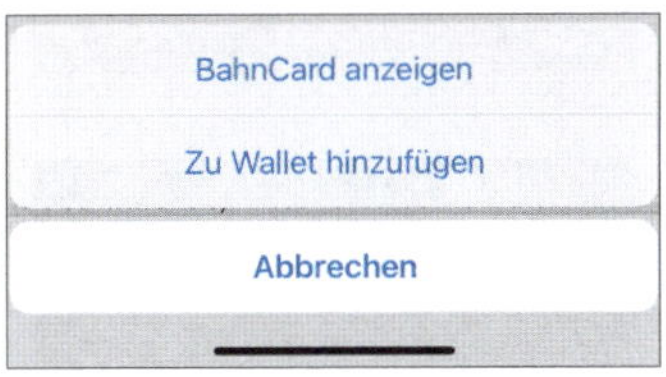

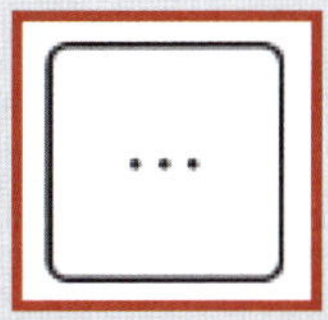

4. Das Ticket erscheint im Großformat und mit einem Tipp auf **Hinzufügen** **4** landet es endgültig in *Wallet*.

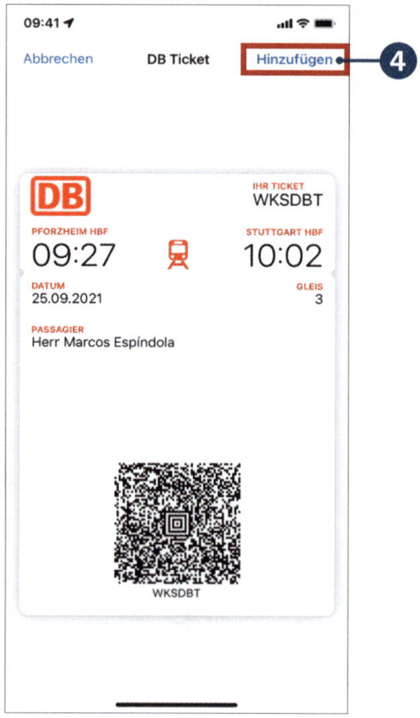

Hinzufügen

5. Kehren Sie zum Home-Bildschirm zurück, und starten Sie ggf. die *Wallet*-App, um zu prüfen, ob das Ticket dort auch wirklich abgespeichert wurde. Anschließend können Sie *Wallet* und auch den *DB Navigator* über den App-Wechsler schließen.

ACHTUNG!

Sie müssen unbedingt ihr Ticket mit dem QR-Code eingeblendet haben – sind Sie im Tab **Reiseplan**, haben Sie zwar auch die drei Punkte zur Auswahl, **Wallet** fehlt aber als Möglichkeit.

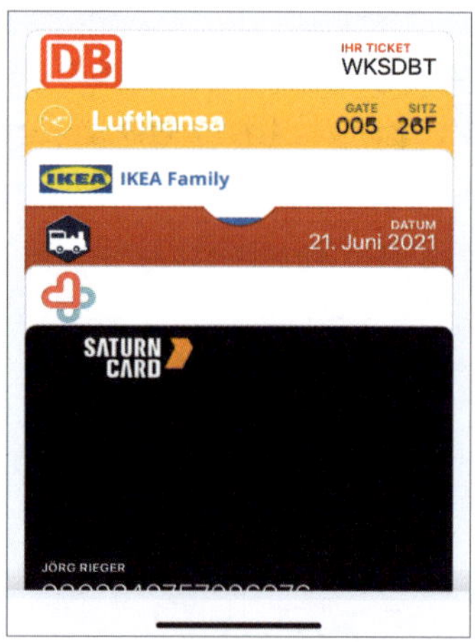

Und so funktioniert das Vorzeigen eines Tickets:

1. Am Check-in bzw. beim Gate am Flughafen, beim Einlass zu einer Veranstaltung oder bei der Kontrolle im Zug starten Sie per Fingertipp die *Wallet*-App.

2. Suchen Sie aus der Liste das gewünschte Ticket ❶ (in unserem Beispiel das der Lufthansa), und tippen Sie es einmal an.

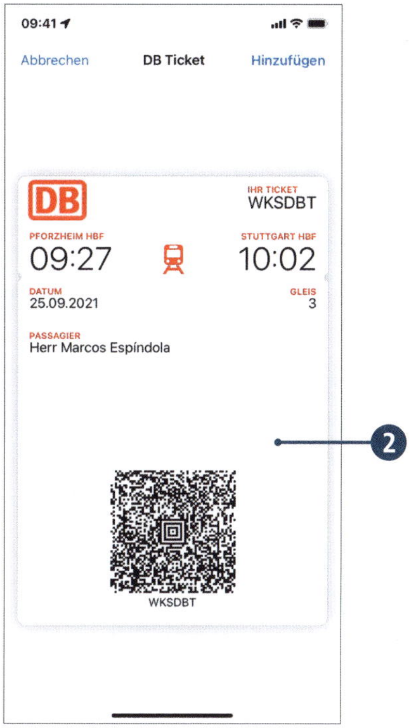

3. Es erscheint groß auf dem Display ❷ und kann am Check-in oder bei der Sicherheitskontrolle eingescannt werden.

4. Kehren Sie anschließend ganz entspannt wieder auf den Home-Bildschirm zurück.

MERKE

Ganz schön praktisch: Die *Wallet*-App denkt mit und zeigt Ihnen bei Tickets mit Zeitangabe das Ticket rechtzeitig automatisch auch schon auf dem Sperrbildschirm an. Von dort können Sie es dann per Fingertipp direkt aufrufen.

Ticketkontrolle ganz komfortabel am Sperrbildschirm

Ihr iPhone ist intelligent – rückt der Reisetermin näher, dann erhalten Sie das Ticket automatisch auf dem Sperrbildschirm eingeblendet ❶. Per Fingerwisch wird es aufgerufen und Sie sparen sich den Umweg über die Wallet-App.

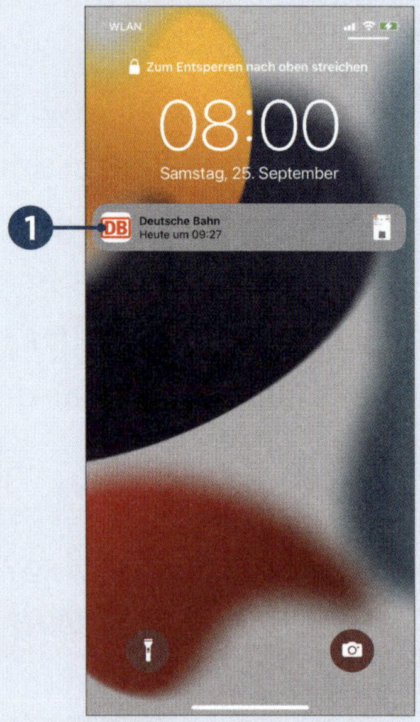

Mit dem iPhone im Flugzeug

Geht es etwas weiter weg, wird das meist mit dem Flugzeug bewerkstelligt. Natürlich darf Ihr iPhone problemlos in der Kabine mitfliegen. Und das Boarding ist supereinfach erledigt, wenn Sie Ihre Bordkarte, wie im vorangehenden Abschnitt beschrieben, in der *Wallet*-App gespeichert haben.

Zur iPhone-Nutzung während des Fluges sollten Sie Folgendes wissen:

- Bei Kurzstreckenflügen innerhalb Europas gibt es in der Regel kein Internet per WLAN an Bord. Nur ausgewählte Flugzeuge und Fluglinien bieten das mittlerweile an.
- Bei Langstreckenflügen ist je nach Airline ein rudimentäres Internet per WLAN verfügbar und dann entweder kostenlos oder kostenpflichtig.

- Normale Telefonate über das Handynetz sind an Bord nicht möglich und nicht erlaubt.
- Anrufe über *FaceTime* oder *WhatsApp* funktionieren auch bei vorhandener WLAN-Verbindung im Flugzeug aufgrund der langsamen Datenverbindung meist nicht.
- Videostreaming oder Musikstreaming funktioniert aufgrund der nicht vorhandenen oder langsamen Datenverbindung ebenfalls nicht. Laden Sie Ihre Lieblingsfilme oder Musik in der jeweiligen App vorher auf Ihr iPhone herunter. Das klappt bei fast jedem Anbieter, beispielsweise bei *Netflix* oder auch der *ZDF Mediathek* sowie bei *Spotify* und *Apple Music*.

Grundsätzlich gilt: An Bord des Flugzeugs muss Ihr iPhone aus Sicherheitsgründen in den *Flugmodus* geschaltet werden. Wie das funktioniert, haben wir Ihnen ab Seite 81 erklärt.

Vergessen Sie nicht, nach der Landung am Reiseziel den Flugmodus wieder zu deaktivieren. Dass er noch eingeschaltet ist, erkennen Sie am Flugzeug-Symbol in der Statusleiste Ihres iPhones ❶.

Kontrollzentrum aufrufen

↓

Flugmodus aktivieren/ deaktivieren

❶

❷

WLAN-Verbindung im Flugmodus?

Können Sie im Flugzeug per WLAN surfen, weil die Airline das ermöglicht? Dann müssen Sie trotzdem den Flugmodus aktiviert haben. Dieser schaltet aber zunächst standardmäßig auch alle WLAN-Verbindungen ab. Um diese nachträglich wieder zu aktivieren, rufen Sie das *Kontrollzentrum* (siehe Seite 77) an Ihrem iPhone auf und tippen auf das durchgestrichene WLAN-Symbol ❷. Anschließend können Sie sich mit der an Bord verfügbaren Internetverbindung koppeln. Wie das funktioniert, haben wir ab Seite 38 am Beispiel einer Heim-WLAN-Verbindung beschrieben.

Mit der Karten-App ganz schnell ans Ziel

Auch die Reise mit dem Fahrrad oder Auto macht Spaß. Noch schöner ist sie, wenn man stets den richtigen Weg gewiesen bekommt. Vergessen Sie künftig die Karte aus Papier oder das meist eher unzulängliche Navigationssystem im Auto. Mit dem iPhone haben Sie den deutlich besseren Beifahrer dabei. Zudem weist Ihnen das iPhone auch dann den richtigen Weg, wenn Sie als Fußgänger in der Stadt unterwegs sind. Mit der standardmäßig integrierten *Karten*-App von Apple klappt das wirklich gut. Alternativ gibt es die App *Google Maps*, die Sie kostenlos im *App Store* herunterladen können. Teilweise ist diese App etwas zuverlässiger und funktionaler. Da beide Werkzeuge im Prinzip recht ähnlich funktionieren, zeigen wir Ihnen hier mit der auf Ihrem iPhone vorinstallierten *Karten*-App, wie Sie souverän ans Ziel kommen. Das Wissen können Sie dann auch bei allen anderen Navigations-Apps anwenden.

Und so starten Sie Ihr erstes Navigationsprojekt:

1. Öffnen Sie die *Karten*-App ❶ mit einem Fingertipp. Beim ersten Öffnen müssen Sie, wie bei vielen anderen Apps, der Karten-App erlauben, auf Ihren Standort zuzugreifen. Tippen Sie unbedingt **Beim Verwenden der App erlauben** ❷ an, sonst funktioniert sie nur unzulänglich. Im folgenden Bildschirm wird um eine weitere Erlaubnis gebeten – hier geht es darum, ob Apple Ihre Navigationsdaten verwenden darf. Auch hier lohnt ein Tipp auf **Erlauben** ❸. Denn nur wenn viele Anwender mitmachen, kann die Karten-App vor Staus oder anderen Hindernissen warnen.

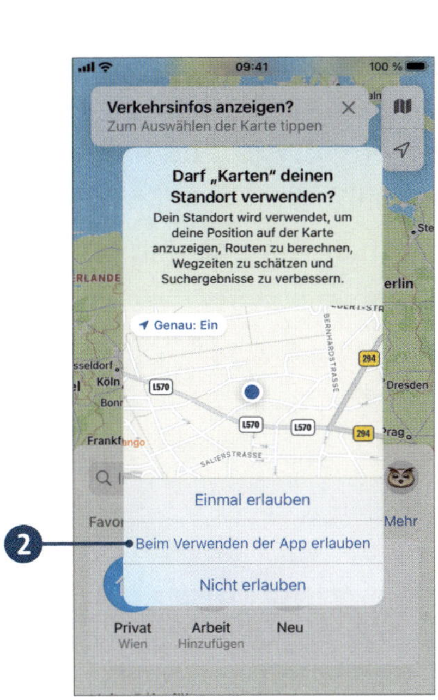

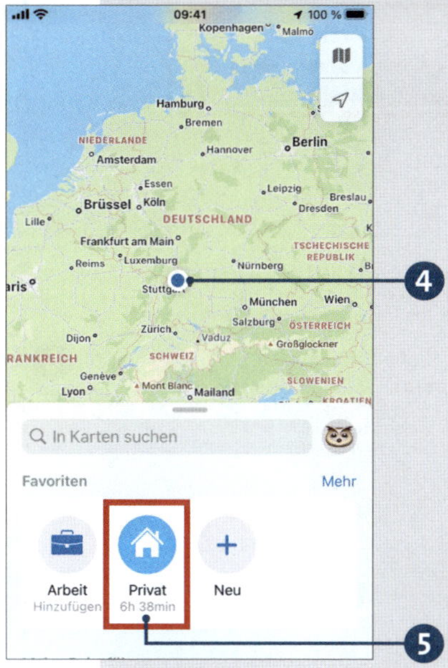

2. Jetzt gelangen wir zum Home-Bildschirm. Die geöffnete App zeigt sofort einen Kartenausschnitt mit Ihrer aktuellen Position an **4**. Haben Sie zudem beim Einrichten Ihres iPhones Ihre Adresse eingetippt, sehen Sie direkt, wie lange Sie dorthin mit dem Auto benötigen **5**.

3. Tippen Sie nun einmal in das Suchfeld **6**, und geben Sie auf der Bildschirmtastatur das gewünschte Ziel ein. Wir entscheiden uns hier für Wien. Die *Karten*-App macht auch direkt Vorschläge, die Sie mit einem Fingertipp auswählen können. Alternativ tippen Sie unten rechts auf der Tastatur auf **Suchen** **7**.

4. Anschließend zeigt die *Karten*-App Ihr eingegebenes Ziel auf der Karte. Sie sehen hier zudem nützliche Informationen wie die Entfernung von Ihrem Ort **8** und die Reisedauer per Auto **9**.

WAS TUN?

Zeigt die *Karten*-App Ihren Standort nicht an, ist diese Funktion deaktiviert. Im Abschnitt »Die Standortfreigabe regeln« ab Seite 390 zeigen wir Ihnen, wie Sie das ganz schnell ändern können.

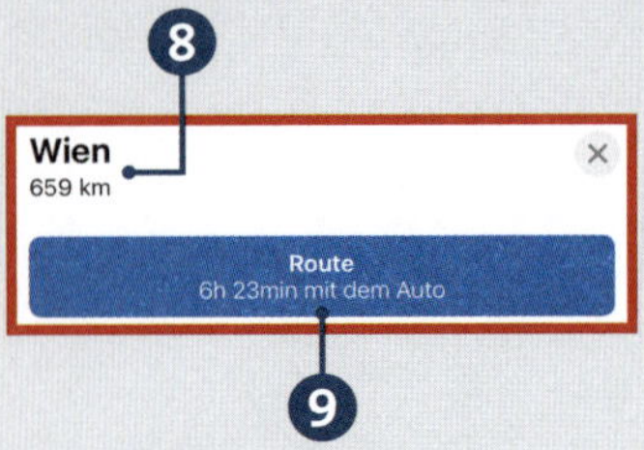

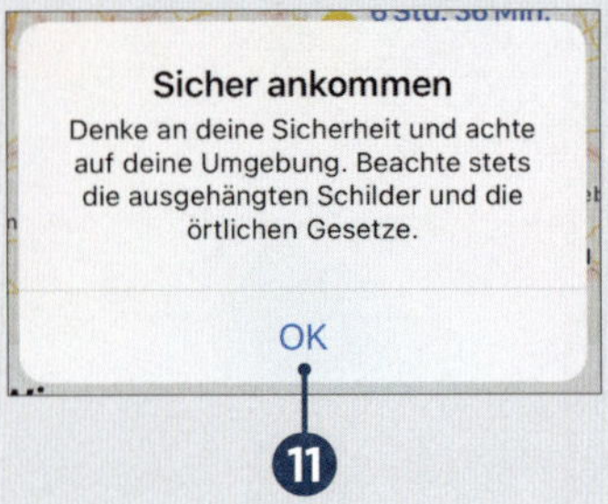

5. Tippen Sie nun einmal auf die blaue Schaltfläche **Route** ⑩. Zunächst wird ein Hinweis eingeblendet, dass man sich über geltende Verkehrsregeln im Ausland informieren sollte. Das bestätigen Sie mit einem Fingertipp auf **OK** ⑪. Anschließend wird die eigentliche Routenplanung angezeigt:

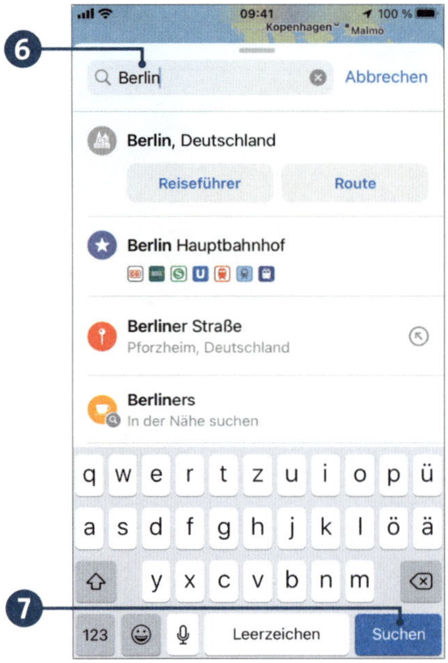

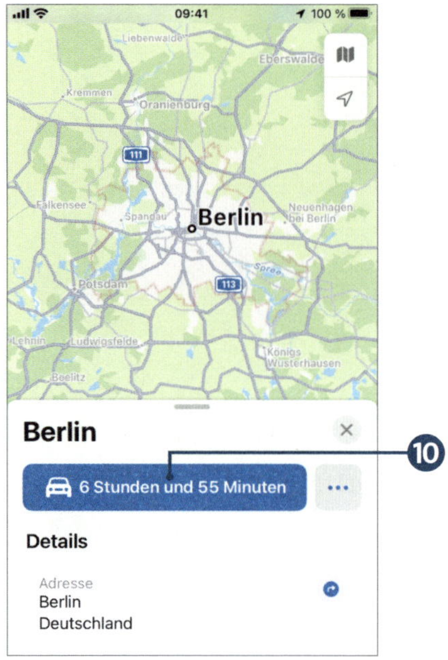

Standardmäßig zeigt die *Karten*-App die Route für das Auto ⑫ an. Durch Antippen der Symbole daneben können Sie (bei anderer Gelegenheit und kürzerer Entfernung) die Route auch für einen Fußweg ⑬, bei Nutzung öffentlicher Verkehrsmittel ⑭ oder für eine Radtour ⑮ anzeigen lassen. Darunter sehen Sie noch einmal, wie lange Sie für den Weg mit dem gewählten Verkehrsmittel benötigen ⑯. In unserem Fall wird eine Route favorisiert, die dunkelblau in der Karte dargestellt ist ⑰. Es gibt aber auch noch zwei alternative Routen in Hellblau. Per Fingertipp auf eine dieser Routen ⑱ lassen Sie sich deren Beschreibung anzeigen.

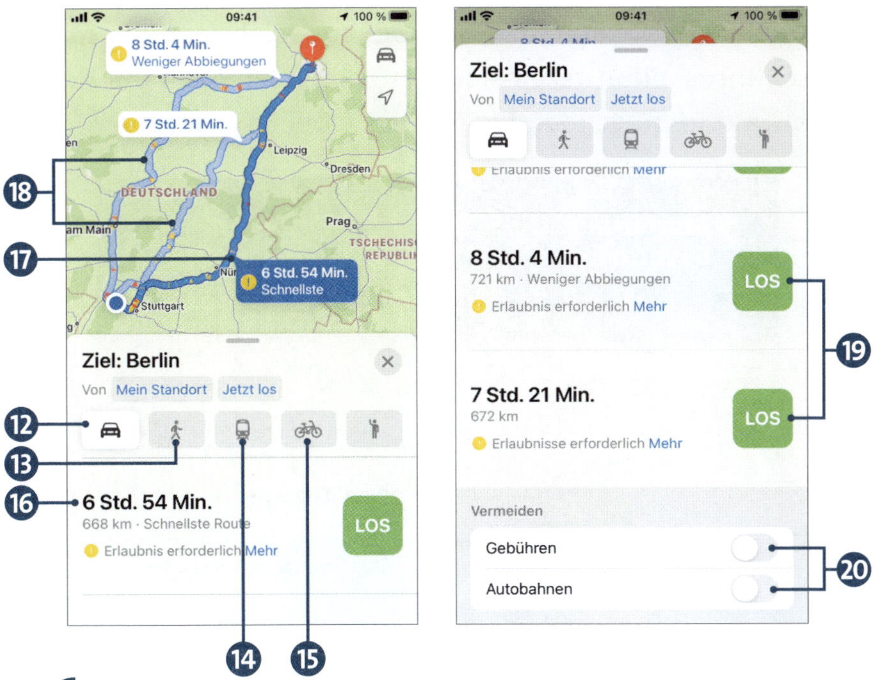

6. Legen Sie den Finger auf einen Bereich der Routenplanung, und schieben Sie nach oben. Hier sehen Sie nun Informationen zu den alternativen Routen 19. Zudem können Sie Mautgebühren und Autobahnen vermeiden 20.

7. Mit einem Fingertipp auf **Los** 21 hinter der gewünschten Route startet die Navigation.

Eine Bitte: Befestigen Sie das iPhone im Auto mit einer ordentlichen Halterung, und legen Sie es nicht auf den Beifahrersitz oder das Armaturenbrett.

Im Auto ist die Navigation dann ganz einfach. Bei geöffneter App sehen Sie immer den aktuellen Kartenausschnitt 1, Ihre Position 2, die Wegstrecke 3 und zusätzlich eine eindeutige Beschreibung 4, wie es weitergeht. Spannend: Mit einem Fingertipp auf **Ankunftszeit teilen** 5 können

MERKE

Die *Karten*-App von Apple reagiert interaktiv auf Staus und Sperrungen und schlägt automatisch Alternativrouten vor – oder empfiehlt auch einfach, sich in den Stau zu stellen und zu warten, wenn die Umfahrung länger dauern würde.

Sie jemandem, den Sie besuchen, per Nachricht automatisch Ihre Ankunftszeit senden. Sie müssen dazu nur den **Kontakt** im folgenden Fenster auswählen.

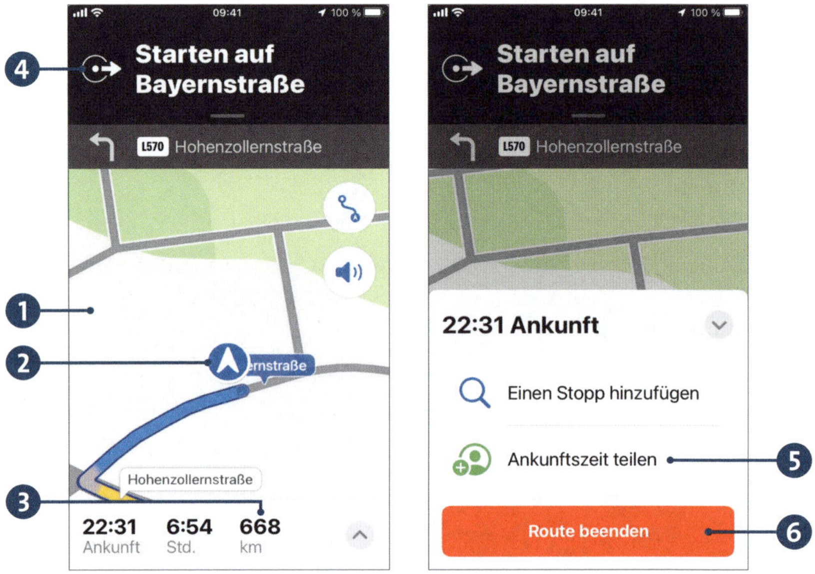

MERKE

Mit einem Fingertipp auf **Route beenden** 6 können Sie die Navigation jederzeit abbrechen.

Auch wenn Sie die *Karten*-App geschlossen haben, lässt der digitale Beifahrer Sie nicht allein: Wichtige Navigationshinweise werden auch dann eingeblendet, wenn Sie am iPhone etwas ganz anderes machen. Ein Fingertipp auf diesen Hinweis bringt die *Karten*-App auch wieder bildschirmfüllend auf das iPhone.

Zusätzlich wird die Karten-App als kleines Fenster auf Ihrem iPhone immer angezeigt 1 – hierfür bittet Sie die App beim ersten Start ebenfalls um Erlaubnis.

Die *Karten*-App bietet noch viele weitere Möglichkeiten. Bitte haben Sie Verständnis, dass wir hier nicht weiter darauf eingehen können. Gehen Sie einfach selbst auf Entdeckungstour. Als kleiner Tipp: Statt nach einer Adresse können Sie auch nach Sehenswürdigkeiten, Restaurants oder z. B. ganz allgemein einfach nach »Tankstelle« als Navigationsziel suchen. Sie werden begeistert sein, wie sicher die App Sie zum Ziel führt.

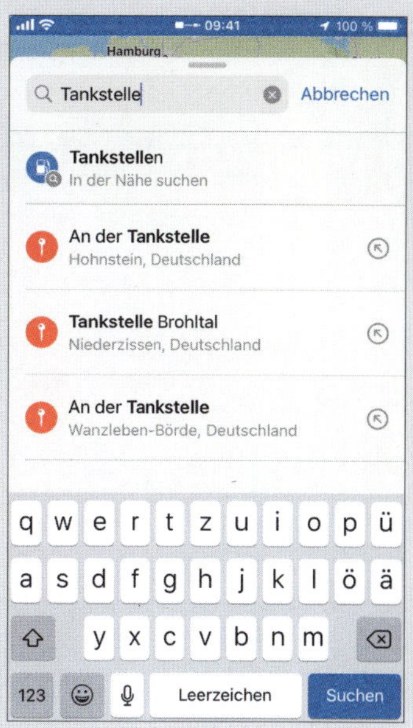

Sollten Sie tatsächlich eine Reise nach Wien unternehmen wollen, können Sie, um sich vor Ort mit öffentlichen Verkehrsmitteln zu bewegen, die App der *Wiener Linien* nutzen, die wir als Beispiel für die Installation einer App aus dem *App Store* ab Seite 254 heruntergeladen haben.

KAPITEL 20

Sicherheit, Datenschutz und Privatsphäre

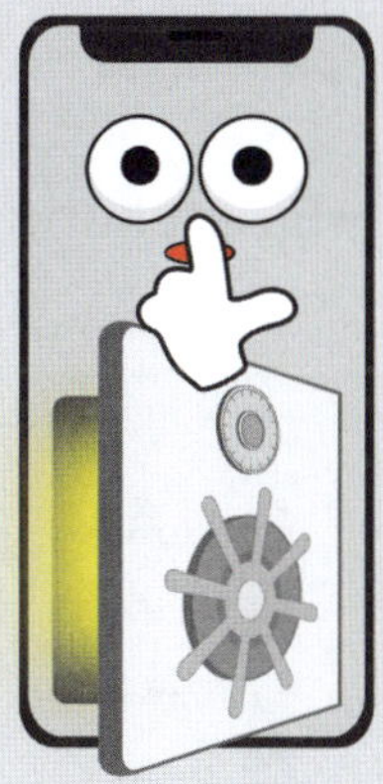

Sie haben nun schon viele Apps kennengelernt. Und häufig haben wir Sie aufgefordert, einer Datenübertragung oder Ähnlichem zuzustimmen. Tatsächlich benötigen viele Apps Zugriff auf das iPhone – beispielsweise, um Ihren Standort festzustellen oder zu erkennen, ob und wie Sie sich bewegen. Ohne diese Daten kann keine Navigation oder Fitness-App funktionieren. Viele Apps sind zudem sehr mitteilungsbedürftig, und wenn Sie dies erlaubt haben, kann es ganz schnell nervig werden mit Meldungen auf dem Bildschirm. Fragen Sie nicht, wie Jörg, einer der Buchautoren, jedes Mal zusammengezuckt ist, wenn die Fitness-App Punkt 18 Uhr mit Trillerpfeife zum Training aufgerufen hat, sollte er sich zu wenig bewegt haben.

Sie können aber für jede App individuell regeln, welche persönlichen Daten sie abruft, welche Arten von Mitteilungen angezeigt werden und anderes mehr. Und Sie können einen schon gewährten Zugriff auch wieder ganz schnell untersagen. Das funktioniert immer nach dem gleichen Prinzip. Schauen wir uns das daher beispielhaft anhand der *Karten*-App an.

MERKE

Kaum eine App bietet solche Einstellungsmöglichkeiten direkt in der App. Das erledigen Sie in der zentralen App *Einstellungen*.

Die Standortfreigabe regeln

Um in der *Karten*-App, die Sie im vorangehenden Kapitel kennengelernt haben, festzulegen, ob sie auf Ihren Standort zugreifen kann oder nicht, gehen Sie wie folgt vor:

1. Tippen Sie auf dem Home-Bildschirm auf die App *Einstellungen*. Der Ihnen sicher schon bekannte Bildschirm wird angezeigt ❶.

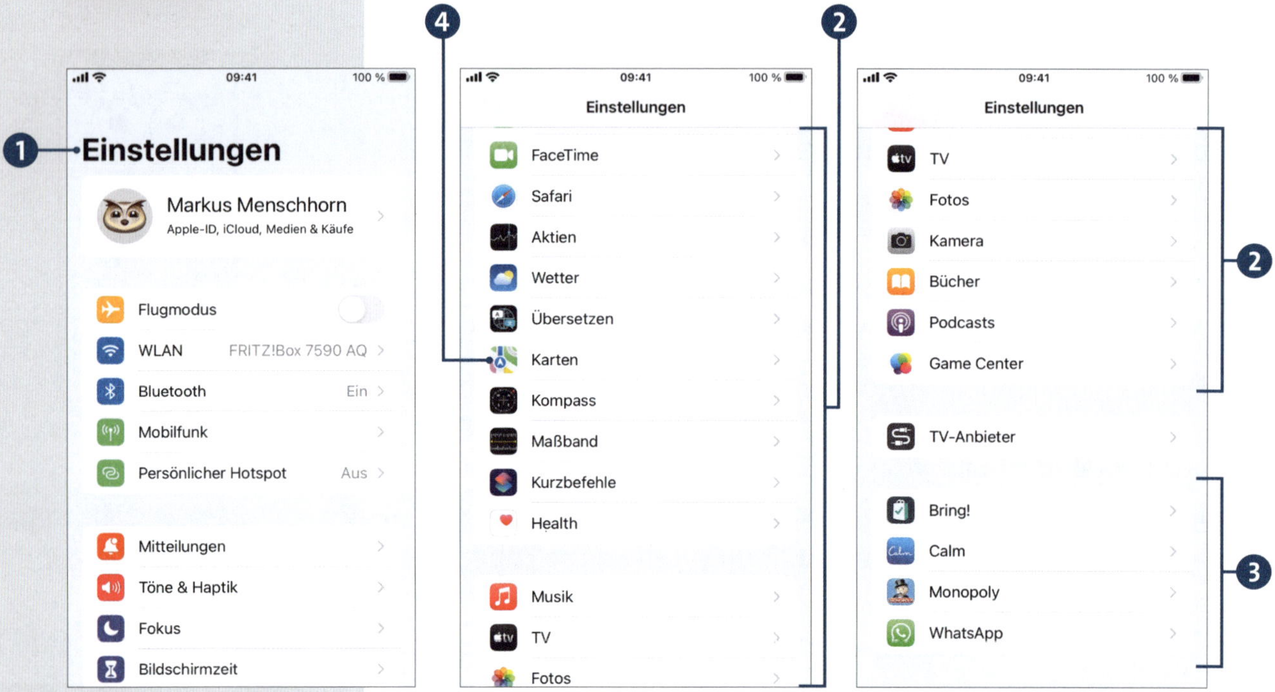

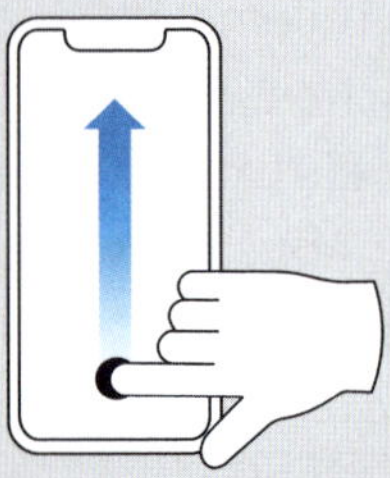

2. Legen Sie einen Finger auf das Display, und streichen Sie nach oben. Nach und nach sehen Sie alle Apps, die Ihr iPhone schon beim ersten Start mitgebracht hat ❷. Danach folgen die Apps, die Sie im Laufe der Zeit selbst installiert haben ❸.

3. Halten Sie in der Liste nach der *Karten*-App Ausschau, und tippen Sie darauf 4.

4. Jetzt werden die Grundeinstellungen für die *Karten*-App geladen.

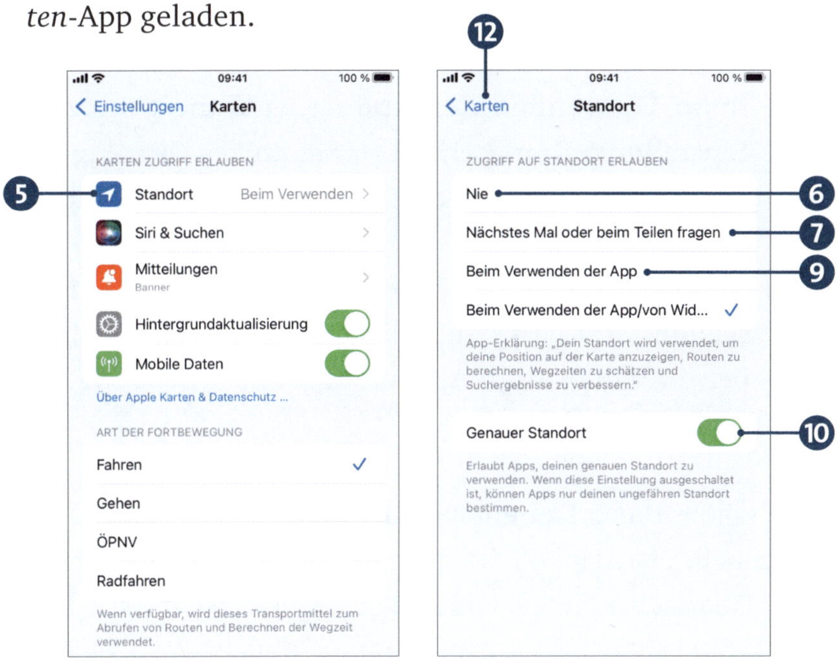

5. Gleich beim ersten Punkt geht es um Ihre Privatsphäre. Haben Sie wie wir bei **Standort** 5 die Option **Beim Verwenden der App** aktiviert, bedeutet das: Sobald Sie die App laden, d. h. öffnen, darf diese per GPS feststellen, wo Sie sich gerade befinden. Das macht natürlich Sinn, denn andernfalls tappt die *Karten*-App im Dunkeln und kann Ihnen nicht den Weg weisen. Tippen wir diesen Punkt 5 trotzdem an. Dann sehen Sie die folgenden Optionen für die Standortfreigabe:

Diesen Gesellen kennen Sie ja schon aus dem vorangehenden Kapitel.

❻ **Nie**: Die *Karten*-App darf niemals auf Ihren Standort zugreifen. Wie gesagt: Dann kann die App allerdings auch nicht zur Navigation verwendet werden.

❼ **Nächstes Mal oder beim Teilen fragen**: Bei dieser Einstellung wird die *Karten*-App Sie beim nächsten Start fragen, ob Sie Ihre Standortdaten teilen wollen. Dann können Sie auf **Einmal erlauben** ❽ tippen, und die App wird Sie beim nächsten Start erneut fragen, wie Sie sich entscheiden möchten.

❾ **Beim Verwenden der App** ist wohl die gängigste Einstellung. Damit erlauben Sie *Karten* den Zugriff auf Ihren Standort, wenn Sie die App auch wirklich nutzen.

❿ **Genauer Standort**: Diese Option ist bereits eingeschaltet. Wenn Sie den Schieberegler nach links schieben, darf die Karten-App nur ungefähr wissen, wo Sie sich befinden.

Sie können also frei entscheiden, was Ihnen persönlich angenehm ist. Tippen Sie die gewünschte Option einfach an. Dennoch können wir Ihnen versichern, dass Apple den Datenschutz sehr ernst nimmt, und zwar nicht nur bei den eigenen Apps. Auch alle anderen Anbieter, die auf das iPhone wollen, müssen sich harten Richtlinien unterwerfen.

6. Haben Sie die gewünschte Option angetippt, steht ein Haken dahinter ⓫. Sie ist damit sofort wirksam.

7. Verlassen Sie die *Einstellungen* über einen Fingertipp auf **Karten** ⓬ links oben. Sie gelangen dann wieder zur Startseite der *Einstellungen* zurück.

8. An dieser Stelle können Sie die *Einstellungen* über den App-Wechsler schließen.

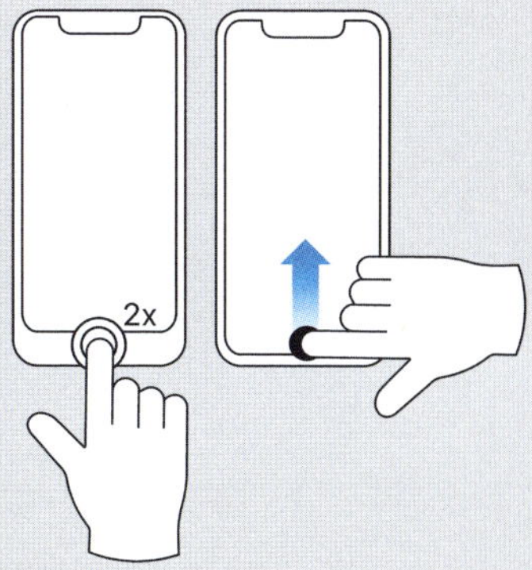

Sie sehen, es ist ganz einfach, Ihre Apps im Griff zu haben. Sie können alle vorgenommenen Einstellungen jederzeit wieder ändern. Und wenn beispielsweise eine App nicht mehr richtig funktioniert, weil Sie die Rechte zu stark eingeschränkt haben, ändern Sie das einfach wieder in der App *Einstellungen* für die betreffende App.

Detaillierte Einstellungen für jede App

Schauen wir uns zur Übung auch noch einmal an, was die *Safari*-App, Ihr Internetbrowser, so alles an Einstellungen bietet. Nach diesem Prinzip können Sie jede App nach Wunsch einstellen, auch wenn sich die jeweils verfügbaren Einstellungsmöglichkeiten natürlich je nach Anwendung etwas unterscheiden.

1. Starten Sie wieder die *Einstellungen*, und schieben Sie den Bildschirm so weit nach oben, bis Sie das *Safari*-Symbol erkennen ❶. Tippen Sie darauf.

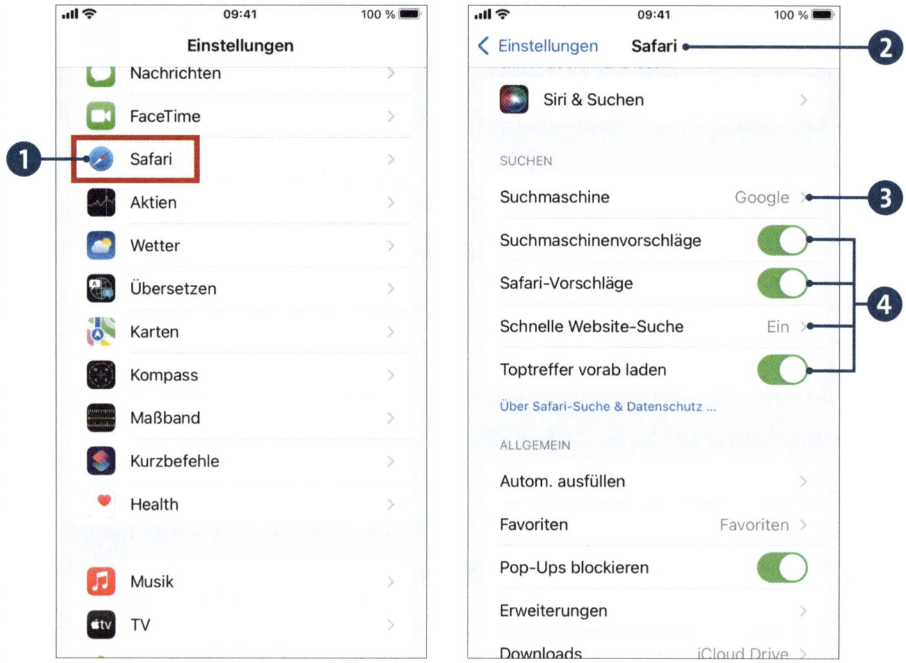

2. Jetzt werden alle Optionen für die *Safari*-App aufgelistet ❷, und das sind eine ganze Menge. Schauen wir uns einige davon an:

❸ **Suchmaschine**: Die Suchmaschine *Google* und Apple bilden hier seit Jahren ein unzertrennliches Paar. Per Fingertipp können Sie aber auch zu den Suchmaschinen *Bing*, *Yahoo* oder *DuckDuckGo* wechseln und mit diesen das Internet durchsuchen.

❹ **Suchmaschinenvorschläge**, **Safari-Vorschläge**, **Schnelle Website-Suche**, **Toptreffer vorab laden**: Dabei handelt es sich um all jene Komfortfunktionen, die Ihnen schon beim Eintippen weniger Buchstaben in *Safari* Vorschläge zu Webseiten liefern. Wenn Sie das nicht möchten, dann stellen Sie die Regler alle mit einem Fingertipp auf **Aus**.

3. Wenn Sie den Bildschirm mit den Einstellungen weiter nach oben schieben, folgen noch ein paar interessante Optionen zum Datenschutz. Die hier schon aktivierten Einstellungen sind sinnvoll. Mit **Cross-Sitetracking verhindern** 5 können Webseiten Ihr Surfverhalten nicht aufzeichnen; die **Betrugswarnung** 6 schlägt Alarm, wenn eine offensichtlich auf Datenklau ausgelegte Seite nach Ihren persönlichen Infos verlangt. **Datenschutzwahrende Werbungsmessung** 7 klingt kompliziert – ist dies aktiviert, ist die Werbung, die auf vielen Webseiten erscheint, auf Ihrem Surfverhalten basierend, Apple blockiert aber jedwede mögliche Weitergabe persönlicher Daten im Hintergrund. Mit **Apple Pay prüfen** 8 ermöglichen Sie die Bezahlung mit Apples Bezahldienst. Dass **Alle Cookies blockieren** 9 ausgeschaltet ist, macht Sinn, denn ohne die sogenannten *Cookies* funktionieren viele Internetseiten gar nicht.

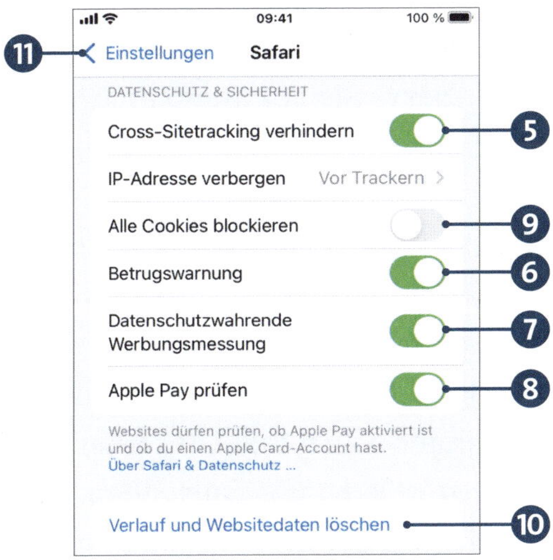

Aktiv werden können Sie allerdings bei **Verlauf und Websitedaten löschen** 10. Damit werden all Ihre »Spuren« im Internet verwischt. Sprich, in der *Safari*-App werden

MERKE

Ganz schön sicher: Der *Safari*-Browser sorgt sich um Ihre Sicherheit und Privatsphäre und ist damit gleichzeitig das Schreckgespenst der Internetwerbung. Lästige Werbung wird automatisch blockiert, genauso wie das Abgreifen gar nicht notwendiger Daten.

sowohl automatische Ergänzungen als auch sämtliche Fenster »geleert«, und auch im *Verlauf* gibt es dann keine Einträge mehr (siehe dazu auch Seite 114).

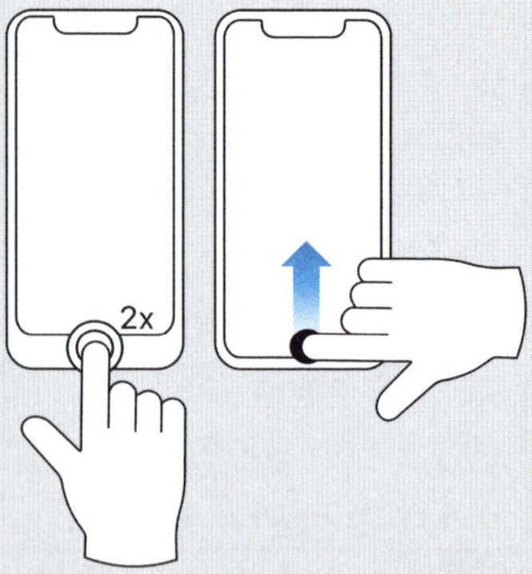

4. Mit einem Fingertipp auf **Einstellungen** ⓫ gelangen Sie zurück zur Übersicht. Alternativ können Sie auch schon auf diesem Bildschirm die *Einstellungen*-App komplett beenden.

Wenn Apps zu »laut« werden

Und täglich grüßt die Fitness-App und breitet sich in der *Mitteilungszentrale* aus. Möchten Sie das schlechte Gewissen ausblenden, ist das kein Problem.

Wir haben zu Kapitelbeginn erwähnt, dass manche Apps extrem mitteilungsbedürftig sind. Natürlich könnten Sie Ihrem iPhone komplett untersagen, Mitteilungen zu schicken. Aber das ist ja eher nicht gewünscht: Man will schließlich schon wissen, wenn Nachrichten oder Mails hereinkommen. Nervt Sie vor allem eine bestimmte App, dann können Sie diese ganz einfach stumm schalten:

1. Starten Sie die *Einstellungen* vom Home-Bildschirm Ihres iPhones per Fingertipp.

2. Suchen Sie in der Liste die betreffende App aus, die zu viele Mitteilungen schickt. Bei uns ist es als Beispiel die Fitness-App *Seven*. (Sie ist übrigens ein prima »Hometrainer«, der richtig Spaß macht.) Trotzdem wollen wir wirklich nicht jeden Abend daran erinnert werden, dass wir eigentlich noch trainieren sollten. Tippen Sie die App an.

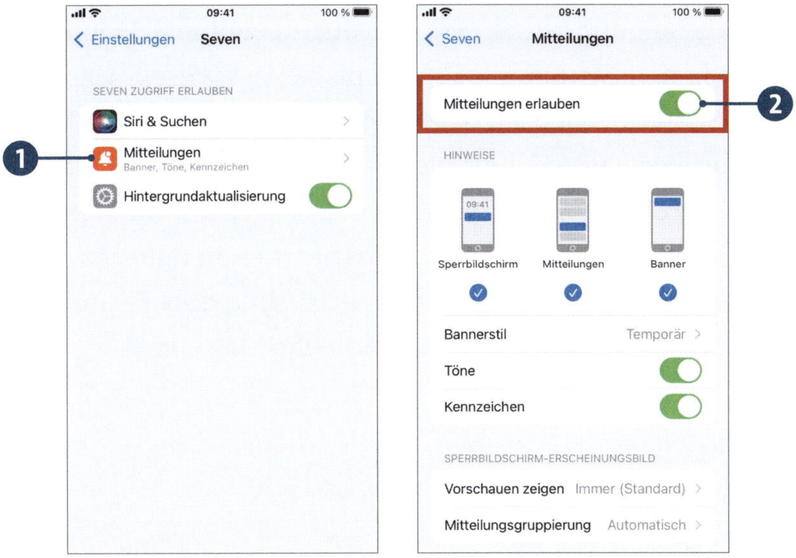

3. In den App-Einstellungen tippen Sie nun auf **Mitteilungen** ❶.

4. Im folgenden Bildschirm finden Sie die detaillierten Einstellungen der App. Möchten Sie gar keine Mitteilungen, dann schieben Sie den Regler bei **Mitteilungen erlauben** ❷ einfach nach links.

5. Möchten Sie beispielsweise nur Mitteilungen im **Sperrbildschirm** verhindern, dann lassen Sie den Schieberegler eingeschaltet und deaktivieren im Feld darunter einfach diese Option, indem Sie auf den Kreis tippen, sodass der Haken und die blaue Markierung verschwinden ❸.

MERKE

Die *Seven*-App können Sie im *App Store* laden. Sie ist für das Training zu Hause ideal, da alle Übungen ohne Geräte durchgeführt werden können. Den Schwierigkeitsgrad können Sie individuell an Ihre Beweglichkeit anpassen.

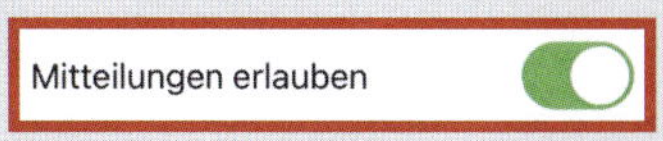

MERKE

Im Abschnitt »Optische Mitteilungen anpassen« ab Seite 190 haben wir Ihnen die verschiedenen Arten der Hinweise ausführlich erklärt.

Es ist also ganz unkompliziert, auch bei einem Mobiltelefon wie dem iPhone die Privatsphäre zu wahren. Und wie immer ganz wichtig: Bei den gezeigten Einstellungen können Sie keine Fehler machen, Sie können jederzeit die Schieberegler wieder auf die Ursprungsposition bringen. Zudem »meckert« jede App beim Start recht deutlich, sollten Sie ihre Rechte zu stark eingeschränkt haben, und gibt Ihnen so die Möglichkeit, diese Rechte anzupassen.

KAPITEL 21

Datensicherung leicht gemacht

Ihr iPhone speichert im Laufe der Zeit ein »halbes Leben«: Fotos, Kontakte, Nachrichten, Ihre Fitnessdaten und vieles mehr. Doch was passiert, wenn das Gerät defekt ist, verloren geht oder gestohlen wird? Keine Sorge, mit ein paar Handgriffen werden Ihre Daten vom iPhone vollautomatisch und tagtäglich bei Apple online, also im Internet, und natürlich passwortgeschützt als sogenanntes *Backup* in der *iCloud* gespeichert.

Die Vorteile dieser iCloud-Sicherung:

- Sie müssen sich um die Datensicherung keine Gedanken machen. Sobald das iPhone mit einem WLAN verbunden ist, werden die Daten regelmäßig in die iCloud geladen.
- Im Gegensatz zu einer Datensicherung auf einer externen Festplatte oder einem USB-Stick ist die iPhone-Sicherung vor Naturgewalten, Einbruch oder defekten Geräten geschützt, da die Sicherung in einem Rechenzentrum von Apple erfolgt.
- Egal ob Verlust oder Defekt – kaufen Sie sich ein neues iPhone und melden Sie sich bei der Installation mit Ihrer *Apple-ID* an, dann wird automatisch das komplette Backup auf Ihr neues Mobiltelefon überspielt, und es ist alles so, wie Sie es vom bisherigen Gerät kennen.

ACHTUNG!

Im nächsten Kapitel zeigen wir Ihnen ab Seite 414, wie Sie im Internet nach Ihrem iPhone suchen und es im Falle eines Diebstahls sogar aus der Ferne löschen und den Langfinger mit einem nervtötenden Alarm stören können.

- Datensicherheit ist gewährleistet. Apple rühmt sich als Datenschützer, und tatsächlich hat sich der Konzern in seiner Geschichte noch keinen groben Patzer geleistet. Sie können sicher sein, dass Ihre Daten in der iCloud deutlich besser aufgehoben sind als auf einer externen Festplatte zu Hause in der Schublade.

Der Nachteil der iCloud-Sicherung:

- Apple speichert Ihre Daten online in der iCloud. Hier stehen Ihnen 5 Gigabyte Speicherplatz gratis zur Verfügung. Dieser Speicher wird aber, wenn Sie fleißig fotografieren, filmen und Nachrichten schreiben, irgendwann knapp. Dann müssen Sie Speicherplatz dazukaufen. Allerdings sind die Kosten mit rund 1 € pro Monat für 50 Gigabyte wirklich überschaubar. Wie Sie diesen Speicherplatz erweitern können, erklären wir Ihnen ab Seite 403.

Sollte Ihr iPhone gestohlen werden, kann übrigens niemand auf Ihre Daten zugreifen, das ist völlig unmöglich. Auch ein Weiterverkauf ist ohne Ihre Zustimmung, sprich Fingerabdruck oder Gesichtserkennung, nicht machbar, da das iPhone sich sonst selbst sperrt und keine Neuinstallation zulässt.

Datensicherung einrichten

Die automatische Datensicherung wird am iPhone wie gesagt *Backup* genannt. Praktischerweise ist diese Funktion auch schon ohne Ihr Zutun aktiv. Aber prüfen wir das sicherheitshalber nach:

1. Tippen Sie auf dem Home-Bildschirm auf die *Einstellungen*. Wählen Sie dort ganz oben mit einem erneuten Fingertipp Ihre Profileinstellungen aus ❶.

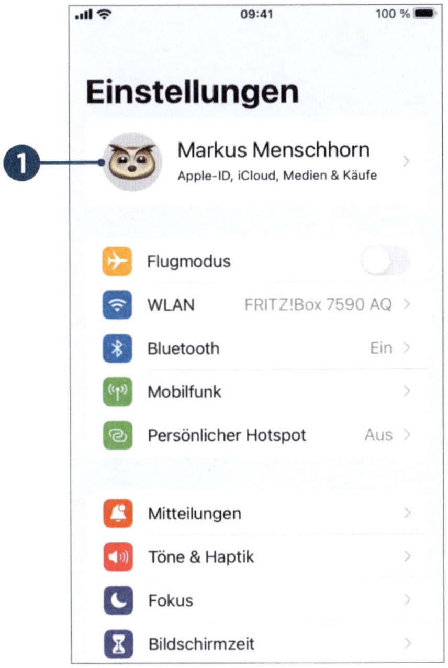

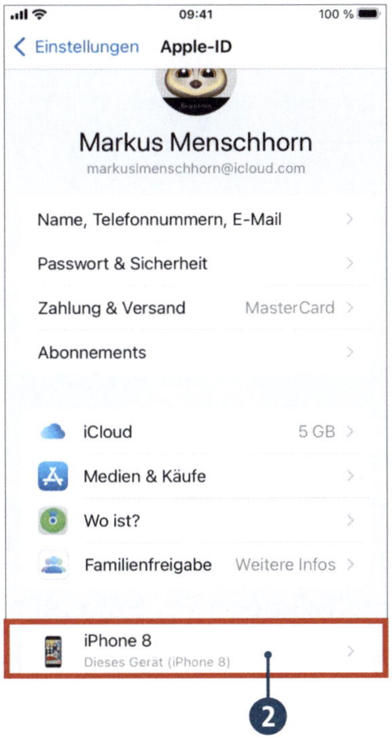

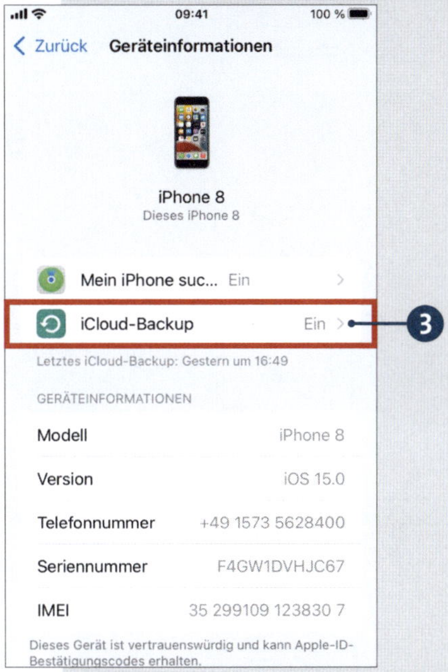

2. In der folgenden Übersicht finden Sie am unteren Ende der Liste die Infos zu Ihrem iPhone ❷. Bitte einmal antippen.

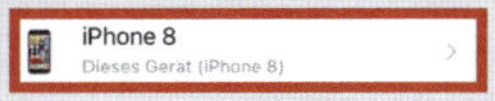

3. Ein Blick auf **iCloud-Backup** ❸ zeigt: Es ist aktiviert! In der Zeile darunter sehen Sie als zusätzliche Information, wann Ihr Gerät zum letzten Mal gesichert wurde ❹. Damit ist alles in Ordnung. Sollte das Backup hier aber auf **Aus** ❺ stehen, dann sollten Sie es einmal antippen.

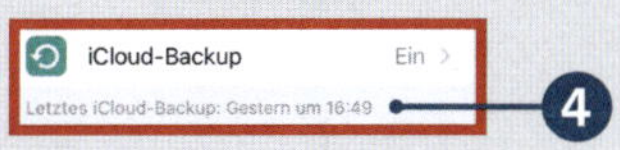

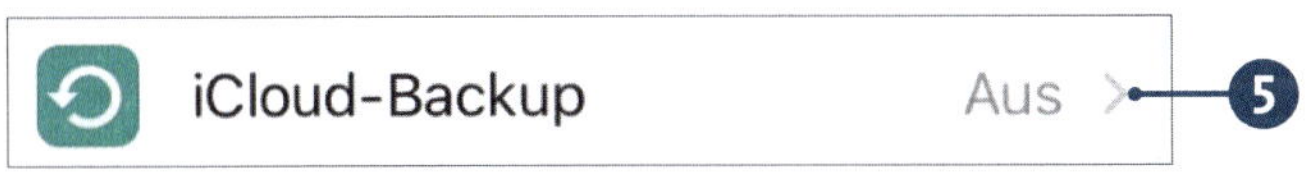

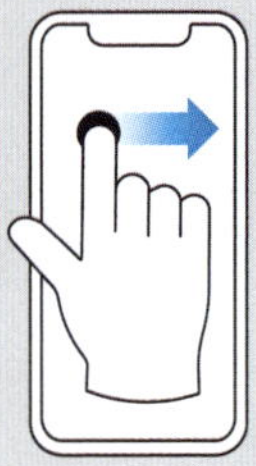

4. Auf dem nächsten Bildschirm finden Sie einen Schieberegler ❻. Schalten Sie ihn mit einem Fingertipp ein, sodass er auf Grün steht ❼. Mit einem Fingertipp auf **Geräteinformationen** ❽ gelangen Sie zur vorhergehenden Ansicht zurück.

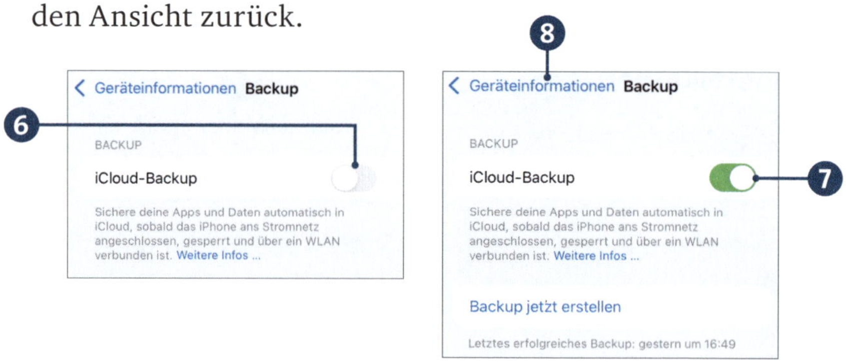

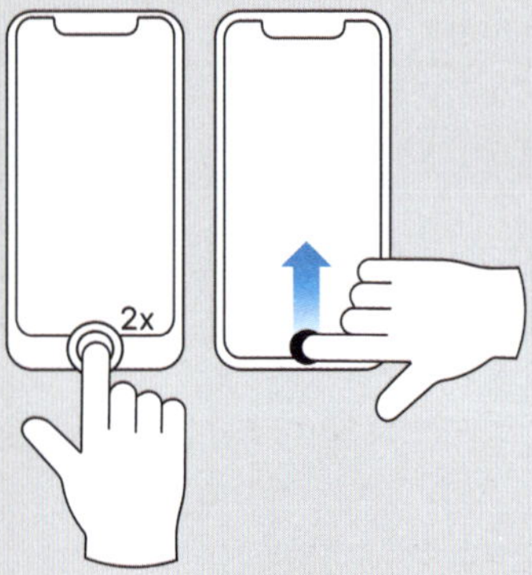

5. Sie können die *Einstellungen* nun komplett beenden: Rufen Sie dazu den *App-Wechsler* auf ❾, und schieben Sie die *Einstellungen*-App nach oben ❿, bis sie vom Bildschirm verschwunden ist. Mit einem weiteren Fingertipp auf den unscharfen Hintergrund ⓫ landen Sie wieder auf Ihrem Home-Bildschirm.

Den Speicherplatz von iCloud erweitern

Die automatische Sicherung von Apple ist praktisch. Allerdings kann mit vielen Videos, Fotos und Nachrichten der Platz in der iCloud irgendwann knapp werden. Denn die 5 Gigabyte, die Apple gratis spendiert, sind dann in der Tat nicht viel. Die gute Nachricht: Für knapp 12 € pro Jahr können Sie diesen Platz auf beachtliche 50 Gigabyte verzehnfachen. Sie können diese Erweiterung des Speicherplatzes monatlich kündigen. Anschließend stehen Ihnen dann wieder nur 5 Gigabyte zur Verfügung.

Wenn der Platz knapp wird und Ihr iPhone daher keine vollständige Sicherung mehr erstellen kann, erhalten Sie eine entsprechende Warnung und können dann direkt mehr Platz buchen. Hier zeigen wir Ihnen allerdings den Weg, wie Sie den Speicher selbst prüfen und, bevor es zu einer Warnung kommt, auf eigene Initiative mehr Platz hinzufügen.

MERKE

Die *iCloud* ist ein Datenspeicher, der bei Apple auf einem Server bereitgestellt wird – quasi wie ein USB-Stick, nur eben online, mehrfach gesichert und gegen Diebstahl und Datenverlust geschützt.

1. Öffnen Sie wieder die *Einstellungen* Ihres iPhones. Tippen Sie auf Ihren Namen ❶, um Ihre Profileinstellungen zu sehen.

2. Mit einem weiteren Fingertipp auf **iCloud** ❷ öffnen sich nun alle Details zum »Wolken-Speicher« von Apple. Ganz oben sehen Sie gleich, wie viele Daten belegt sind und was noch frei ist. Bei einem unserer Test-iPhones für dieses Buch ist das alles noch sehr überschaubar ❸. Bei einem iPhone, das wir auch im Alltag nutzen, sieht es schon anders aus ❹. Außerdem ist hier aufgelistet, wie viel Speicher die einzelnen Bereiche (Dokumente, Fotos, Backups etc.) aktuell belegen ❺.

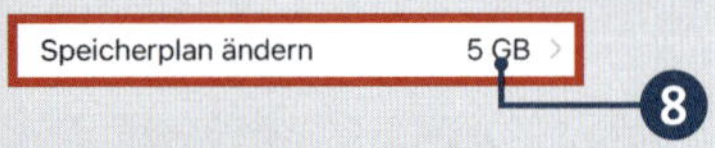

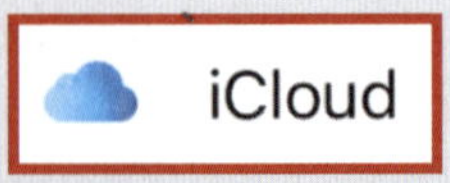

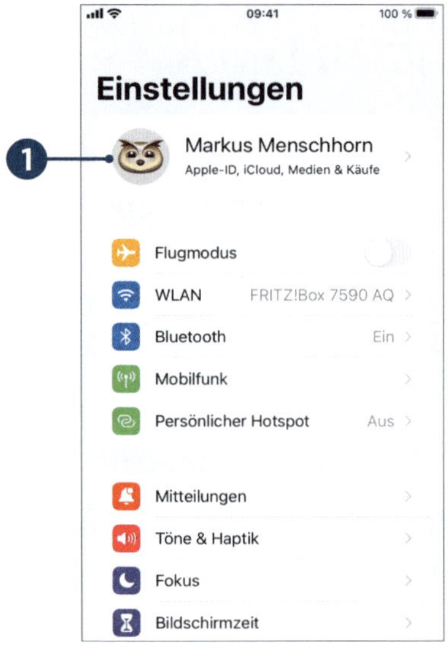

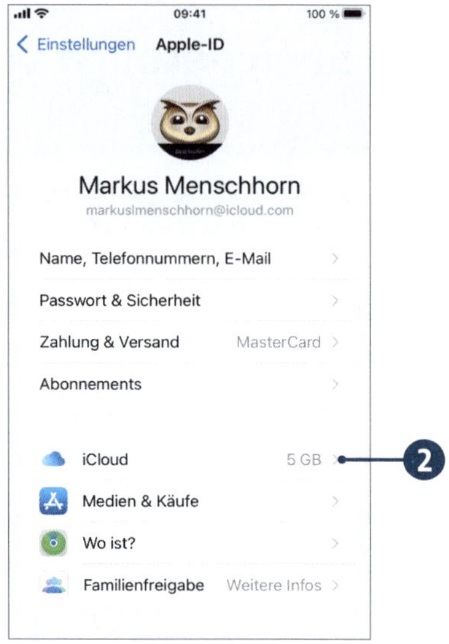

3. Um mehr Speicher zu buchen, tippen Sie auf **Speicher verwalten** ❻. Ein neuer Bildschirm öffnet sich. Auf den ersten Blick sieht er genauso aus wie der vorige. Allerdings können Sie hier nun **Speicherplan ändern** ❼ antippen. In unserem Beispiel wollen wir die 5 Gigabyte, die Apple gratis zur Verfügung stellt ❽, erweitern.

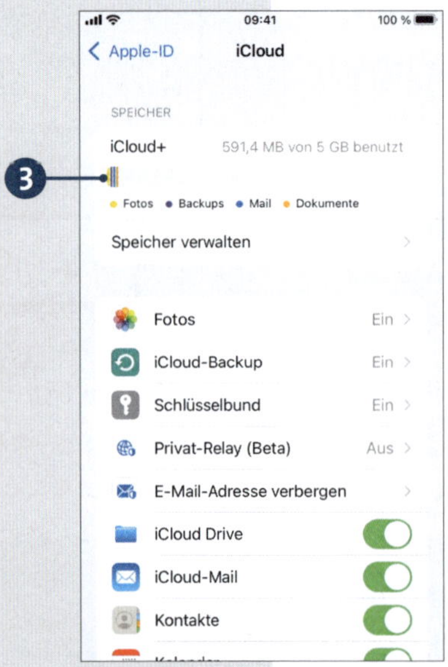

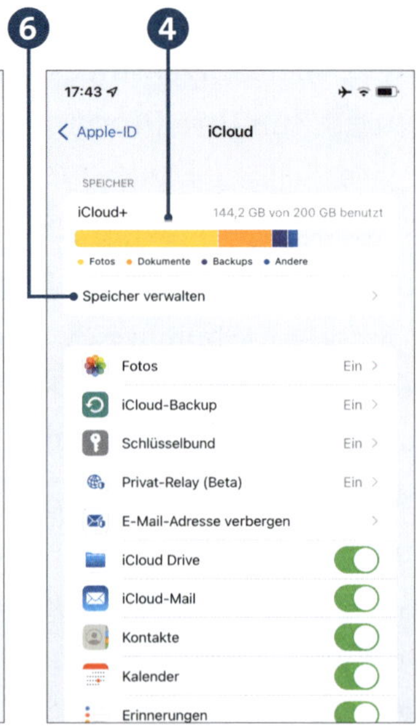

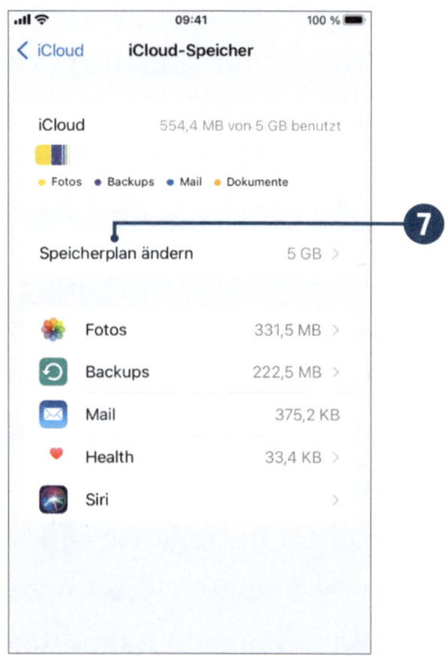

4. **50 GB** ist bereits gewählt **9** und sollte Ihnen in der Regel ausreichen. Tippen Sie nun auf **Auf iCloud+ upgraden** **10**.

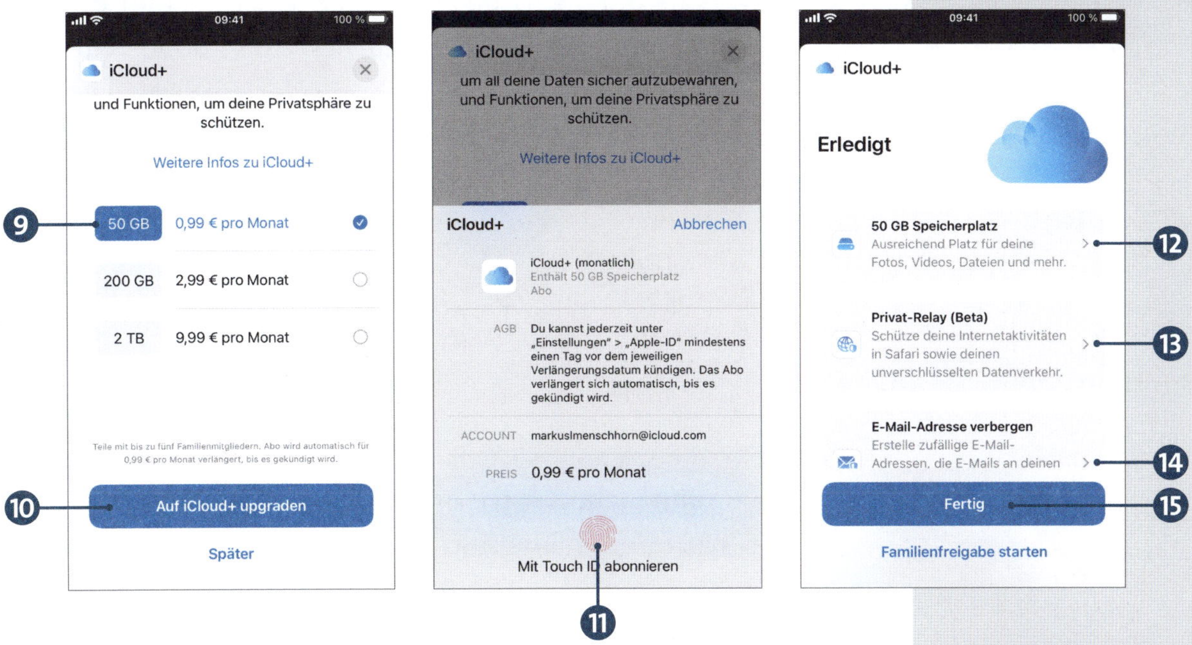

5. Wenn Sie bereits Ihre Zahlungsdaten hinterlegt haben, müssen Sie das Abonnement nur noch kurz mit Ihrer Face ID bzw. mit Touch ID **11** bestätigen. Sie gelangen nun zu einer Zusammenfassung Ihrer gebuchten Leistung.

- **12** **50 GB Speicherplatz** – das ist die Erweiterung Ihres iCloud-Speichers, wie gebucht.
- **13** **Privat-Relay** ist eine feine Leistung. Hier verschlüsselt Apple, wenn Sie im Internet sind, alle Ihre Daten automatisch. Damit wird es Hackern und Kriminellen deutlich erschwert, Ihre Daten abzugreifen. Dieser Service ist in iCloud inklusive und immer aktiviert.
- **14** **E-Mail-Adresse verbergen** – das hatten wir in Kapitel 18 gezeigt. Wenn Sie sich über Apple bei einem Dienst oder einem Programm anmelden, wird auf Wunsch eine zufällige Mail-Adresse erstellt. Damit

WAS TUN?

Haben Sie bislang noch nichts über Ihr iPhone gekauft, müssen Sie nun Zahlungsdaten hinterlegen. Die Aufforderung erfolgt automatisch. In Kapitel 16, »Musik mit dem iPhone – Mitsingen geht überall«, haben wir Ihnen ab Seite 324 gezeigt, wie das Schritt für Schritt funktioniert.

bekommt der Anbieter nicht Ihre privaten Maildaten. Auch diese Auswahlmöglichkeit steht immer parat.

6. Mit einem Fingertipp auf **Fertig** 15 ist die Einrichtung beendet, und Sie gelangen zurück zum iCloud-Bildschirm. Bei **Speicher** 16 ist nun bereits der größere Platz eingerichtet und wird angezeigt.

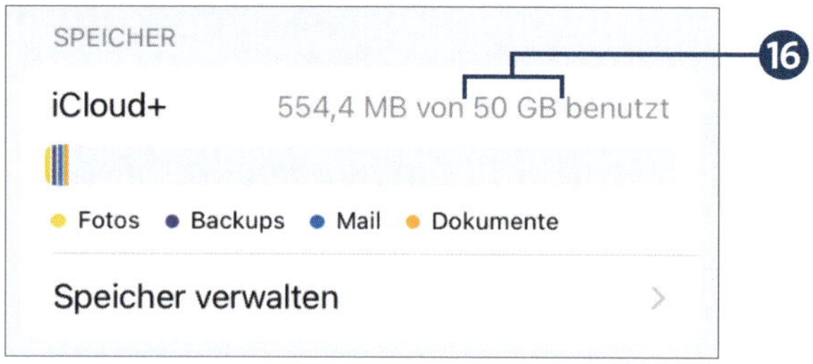

7. Sie können die *Einstellungen* an dieser Stelle mithilfe des App-Wechslers schließen.

iCloud-Speicher kündigen

Sie haben keinen Bedarf mehr an zusätzlichem Speicher? Man könnte annehmen, dass man dieses Abonnement genauso einfach kündigen kann wie das Abo von Apple Music oder einer anderen App. So einfach ist es aber nicht. Wollen Sie weniger Speicher nutzen, gehen Sie zunächst so vor, als würden Sie mehr Platz benötigen. Sprich, folgen Sie den vorangehenden Schritten bis 5. Hier schieben Sie mit dem Finger nach oben, um ganz unten auf dem Bildschirm den Bereich **Downgrade-Optionen** 1 zu finden. Diesen tippen Sie an und gehen dort auf die ursprünglichen, kostenlosen 5 Gigabyte zurück. Im Anschluss folgt noch eine Warnung 2, dass logischerweise das Datenvolumen reduziert wird und gegebenenfalls Daten gelöscht werden. Ein finaler Fingertipp auf **Downgrade** 3 beendet dann das Abo für den erweiterten Speicher.

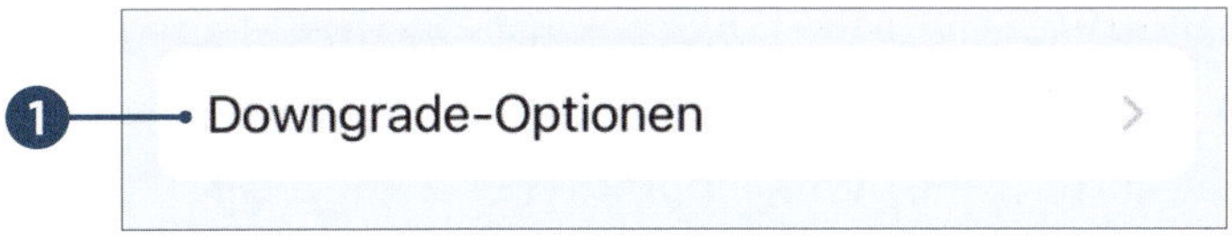

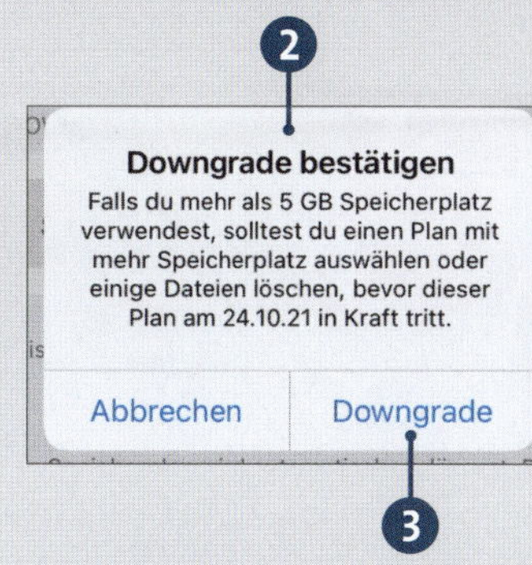

Datensicherung manuell am Computer

Wer der iCloud nicht so recht traut, kann die iPhone-Daten auch manuell am Computer sichern. Dann müssen Sie allerdings selbst daran denken, die Sicherung in regelmäßigen Abständen vorzunehmen. Wir empfehlen diese Methode für eine regelmäßige Sicherung ausdrücklich nicht.

Ziehen Sie von einem alten auf ein neues iPhone um, dann haben Sie allerdings bei dieser Methode einen Geschwindigkeitsvorteil, denn statt aus dem Internet werden die Daten vom Computer auf das neue iPhone überspielt, und das geht schneller. Von daher schauen wir uns diese Option ebenfalls kurz an.

Voraussetzung ist, dass Sie auf Ihrem PC bereits *iTunes*, die kostenlose Musik-Software von Apple, installiert haben. Diese dient nämlich nicht nur zum Abspielen von Musik, sondern übernimmt am PC auch die Verwaltung Ihres iPhones. iTunes können Sie hier gratis herunterladen: *www.apple.com/de/itunes/*.

Und so funktioniert das Backup am PC:

1. Schließen Sie Ihr iPhone mithilfe eines USB-Kabels, das bei allen iPhones bis Version 12 mitgeliefert wird, an Ihren Computer an, und starten Sie die *iTunes*-Software.

ACHTUNG!

Wir raten Ihnen letztlich davon ab, die Datensicherung auf dem PC als Alternative zum automatischen Backup (siehe den Abschnitt zu Kapitelbeginn) zu verwenden. Zu schnell vergisst man, diese Sicherung selbst vorzunehmen, und hat dann im Falle eines Falles ein altes Backup, bei dem wichtige Daten fehlen.

ACHTUNG!

Lassen Sie sich bitte helfen, wenn Sie *iTunes* noch nicht auf dem Windows-PC installiert haben. Am Apple-Computer, einem Mac, erfolgt die Datensicherung mittlerweile gar nicht mehr über *iTunes*, sondern automatisch über die *iCloud*.

2. Beim ersten Mal fragt *iTunes* Sie direkt auf Ihrem iPhone, ob Sie dem Computer vertrauen wollen. Das bestätigen Sie bitte mit einem Tipp auf **Vertrauen** ❶.

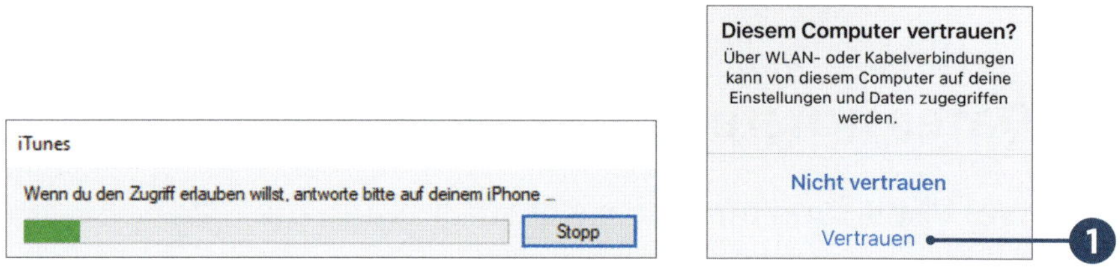

3. Am PC sehen Sie in *iTunes* nun ein iPhone-Symbol ❷. Klicken Sie es einmal an.

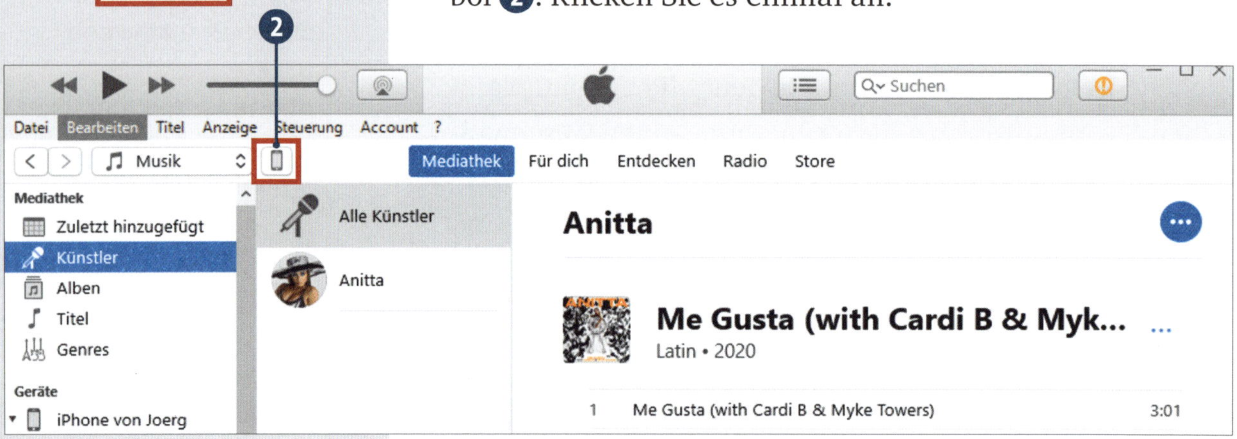

4. Dann öffnet sich ein kleines Fenster, das Ihr angeschlossenes iPhone zeigt. Klicken Sie darauf ❸.

5. Als Nächstes wird ein Fenster mit allen Informationen zu Ihrem Handy geladen. Hier sehen Sie im oberen Bereich die Basisdaten **4** und weiter unten den für uns interessanten Bereich **Backups** **5**.

6. Haben Sie aktuell das **iCloud**-Backup an Ihrem iPhone eingeschaltet, dann ist das hier auch aktiviert **6**. Um nun die Daten auf Ihrem Computer zu sichern, klicken Sie auf **Dieser Computer** **7**. Nun genügt ein Klick auf **Backup jetzt erstellen** **8**, und schon wird alles von Ihrem iPhone auf der Festplatte Ihres PCs abgelegt. Der Fortschritt der Datenübertragung wird im oberen Bereich angezeigt **9**.

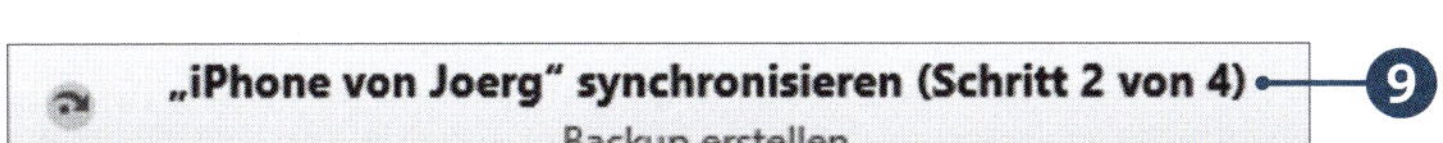

MERKE

Mails, Nachrichten, Bilder etc., die Sie nach dieser Sicherung auf dem iPhone empfangen, austauschen bzw. aufnehmen, sind in der Sicherung nicht enthalten.

WAS TUN?

Lassen Sie sich von Bekannten oder Personen aus Ihrem Freundeskreis helfen, wenn Sie das auf dem Computer gesicherte Backup auf ein neues iPhone überspielen wollen und sich nicht ganz sicher fühlen.

7. Damit haben Sie die Daten von Ihrem iPhone zum aktuellen Zeitpunkt als Sicherungskopie abgelegt.

8. Möchten Sie dieses Backup auf ein neues iPhone überspielen, weil Sie Ihr altes Gerät verkauft oder verloren haben oder weil es defekt ist, dann verbinden Sie Ihr neues Gerät wieder mit *iTunes*. Richten Sie es aber zunächst mit Ihrer *Apple-ID* ein, die Sie ab Seite 46 angelegt haben. Im gerade gezeigten iPhone-Bereich am PC klicken Sie dann auf **Backup wiederherstellen** ⑩. Damit wird Ihr neues iPhone so eingerichtet, wie Sie es am PC zuletzt gesichert haben.

KAPITEL 22

Wenn es mal hakt oder das iPhone unauffindbar ist

Das iPhone ist auch nur ein elektronisches Gerät, und folglich kann es mit ihm mal Probleme geben. In diesem Kapitel zeigen wir Ihnen, wie Sie die gängigsten Fehlerchen selbst beheben und Ihren unentbehrlichen Begleiter schnell wieder startklar machen. Außerdem erfahren Sie, wie Sie Ihr iPhone wiederfinden, sollten Sie es verlegt haben, oder wie Sie einem Dieb bzw. einer Diebin schnell den Spaß am »Neuerwerb« verderben.

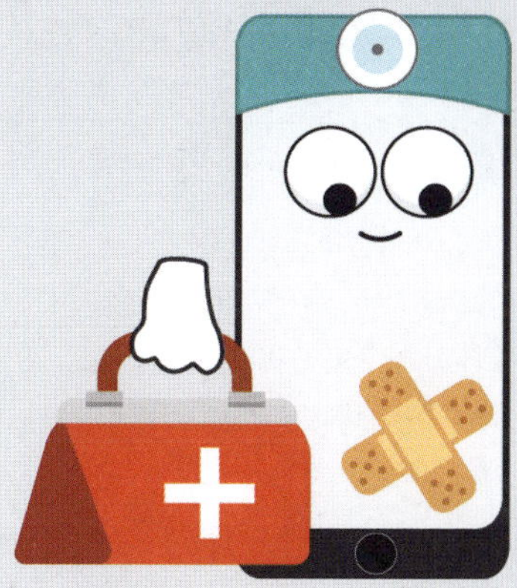

Das iPhone neu starten

Wie beim Windows-PC hilft auch beim iPhone ein Neustart des Geräts bei vielen Problemen. Sollte beispielsweise die Telefonverbindung schlecht sein, keine Internetverbindung hergestellt werden können oder sollten Apps langsamer als gewöhnlich starten, besteht die erste Hilfe darin, das iPhone neu zu starten. Dabei gehen keine Daten oder Apps verloren.

iPhone ausschalten

↓

iPhone neu starten

↓

mit Codes entsperren und wieder nutzen

Sie benötigen in jedem Fall:

- Die 4-stellige PIN Ihrer Telefonnummer
- Ihren Zahlencode zur Entsperrung des iPhones

MERKE

Die PIN finden Sie auf Ihrer SIM-Karte. Den Zahlencode haben Sie bei der Einrichtung Ihres iPhones selbst festgelegt (siehe dazu ab Seite 46).

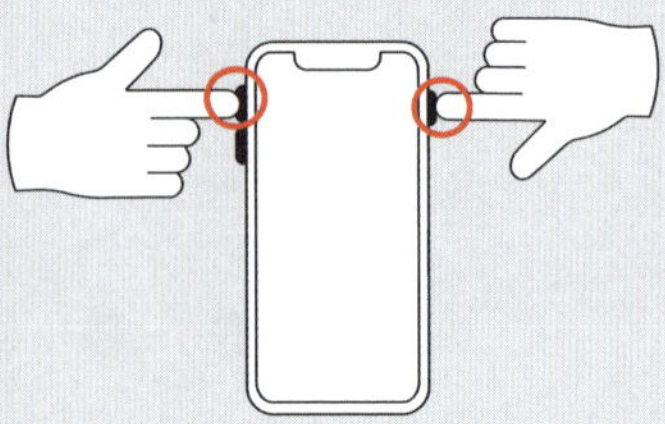

Bitte sorgen Sie dafür, dass beide Nummern vor dieser Übung bereitliegen.

Bei allen iPhones funktioniert das Ausschalten identisch:

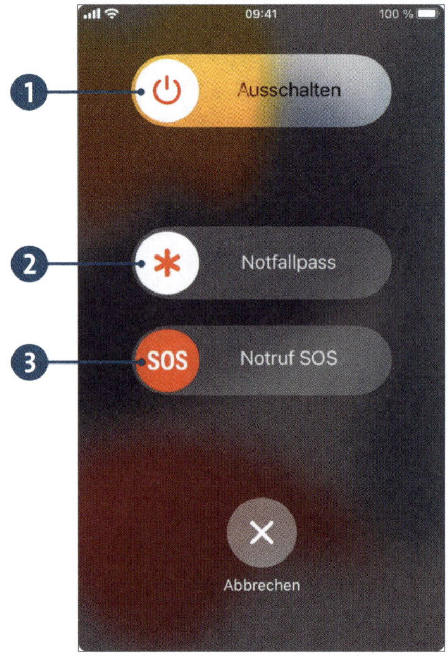

1. Halten Sie die Lauter-Taste links und die Standby-Taste rechts am Gehäuserand zusammen gedrückt, bis der **Ausschalten**-Bildschirm erscheint ❶.

Notruf bzw. Notfallpass?

Auf dem Bildschirm sind hier der **Notfallpass** ❷ und **Notruf SOS** ❸ sichtbar. Den Notfallpass haben wir in Kapitel 17, »Fit und gesund mit der Health-App«, ab Seite 342 eingerichtet. Noch mal zur Erinnerung – auf diesem Weg können Sie jederzeit einen Notruf absetzen, mit jedem iPhone. Und der Notfallpass kann Leben retten – kommen Sie zu einem Notfall, können Sie damit ohne Passwort oder Zahlencode die wichtigsten Angaben der betroffenen Person abrufen.

2. Ziehen Sie das Symbol (1) nach rechts – Ihr iPhone fährt herunter und wird abgeschaltet.

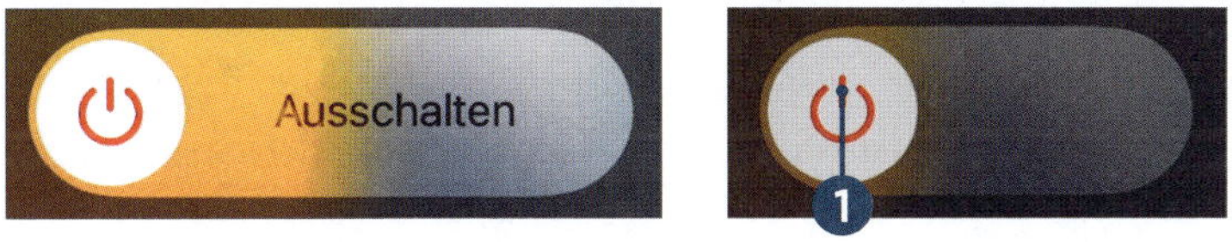

3. Warten Sie ein paar Sekunden. Drücken Sie erneut die Standby-Taste oben rechts am Gerät. Jetzt erscheint das Apple-Logo, und das iPhone fährt wieder hoch.

4. Sie müssen nun Ihren iPhone-Code eingeben (2). Das ist eine sechsstellige Nummer. Tippen Sie sie mithilfe der Bildschirmtastatur ein.

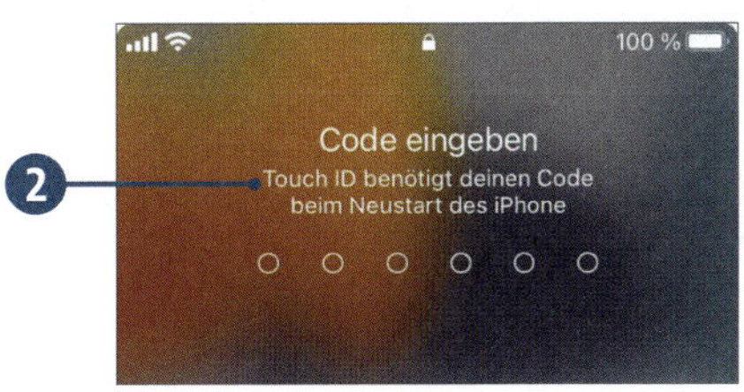

5. Direkt im Anschluss folgt die Abfrage der PIN-Nummer für Ihre SIM-Karte (3). Tippen Sie auch diese auf der Bildschirmtastatur ein.

6. Danach steht Ihr iPhone wie gewohnt zur Verfügung.

Sie werden sehen, dass nach so einem Neustart viele kleinere Probleme wie weggefegt sind.

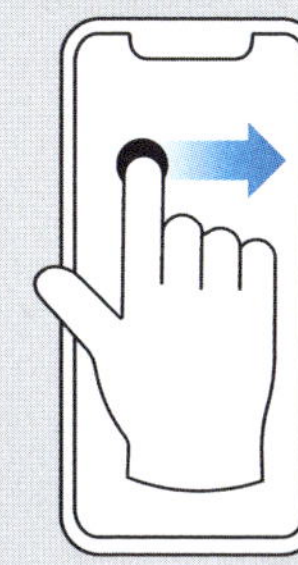

ACHTUNG!

Achten Sie unbedingt darauf, dass Sie den Code Ihres iPhones (siehe dazu Seite 46) und die PIN für Ihre SIM-Karte (siehe dazu Seite 32) nicht verwechseln. Schauen Sie ganz genau hin, welchen Code das iPhone verlangt.

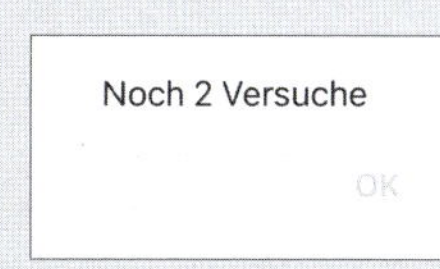

Aufgepasst! Bei der SIM-PIN dürfen Sie sich nur zweimal vertippen, da Sie insgesamt nur drei Versuche haben.

Das iPhone wiederfinden

Sie finden Ihr iPhone nicht mehr? Das kommt in den besten Familien vor, denn offensichtlich können sich diese handlichen Geräte öfter einmal »unsichtbar« machen. Aber keine Sorge – Apple hat mit einer Suchfunktion für solche Fälle vorgesorgt. Um diese zu nutzen, benötigen Sie einen Internetzugang. Ob am PC oder einem anderen Smartphone oder Tablet, ist dabei egal. Grundvoraussetzung ist allerdings, dass Sie die Ortung vorher erlaubt haben. Sie prüfen das folgendermaßen:

1. Tippen Sie auf die *Einstellungen* auf dem Home-Bildschirm Ihres iPhones und dann oben auf das Feld mit Ihrem Namen ❶.

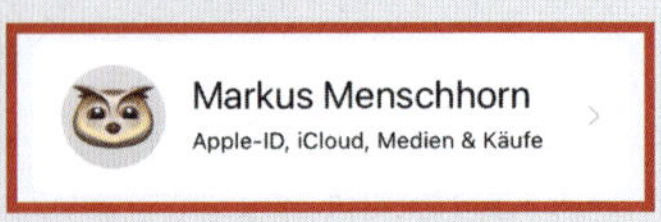

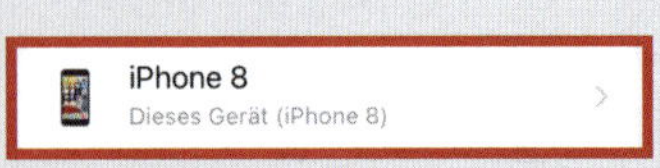

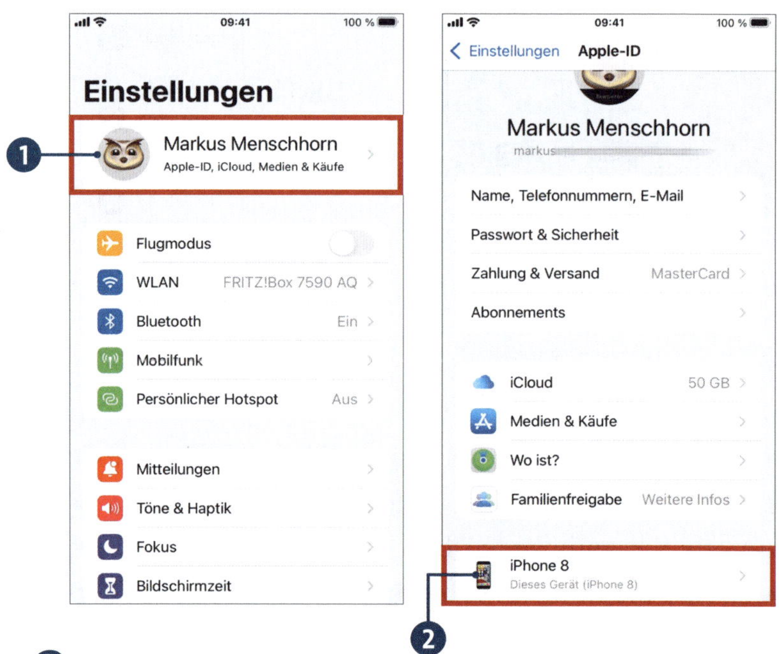

2. Scrollen Sie im Bildschirm **Apple-ID** nach unten, und tippen Sie auf Ihr iPhone ❷. Sie sehen im folgenden Bildschirm, dass **Mein iPhone suchen** auf **Aus** ❸ steht. In diesem Zustand können Sie Ihr iPhone weder bei Diebstahl noch dann finden, wenn Sie es verlegen.

3. Tippen Sie daher auf **Aus** 3, und schalten Sie im nächsten Bildschirm durch Antippen alle Schieberegler auf Grün 4. Damit kann Ihr iPhone nun problemlos gefunden werden. Tippen Sie auf zurück, um sich nochmals zu vergewissern, dass Sie die Funktion eingeschaltet haben 5. Sie können die *Einstellungen* jetzt verlassen, am besten über den App-Wechsler (siehe dazu ab Seite 108).

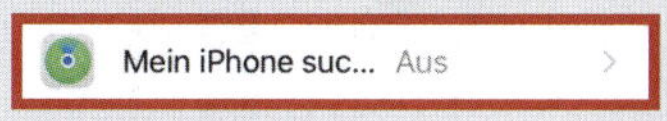

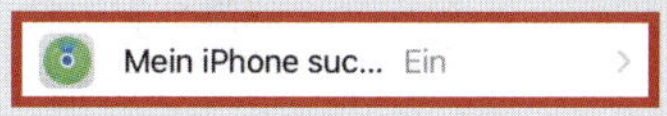

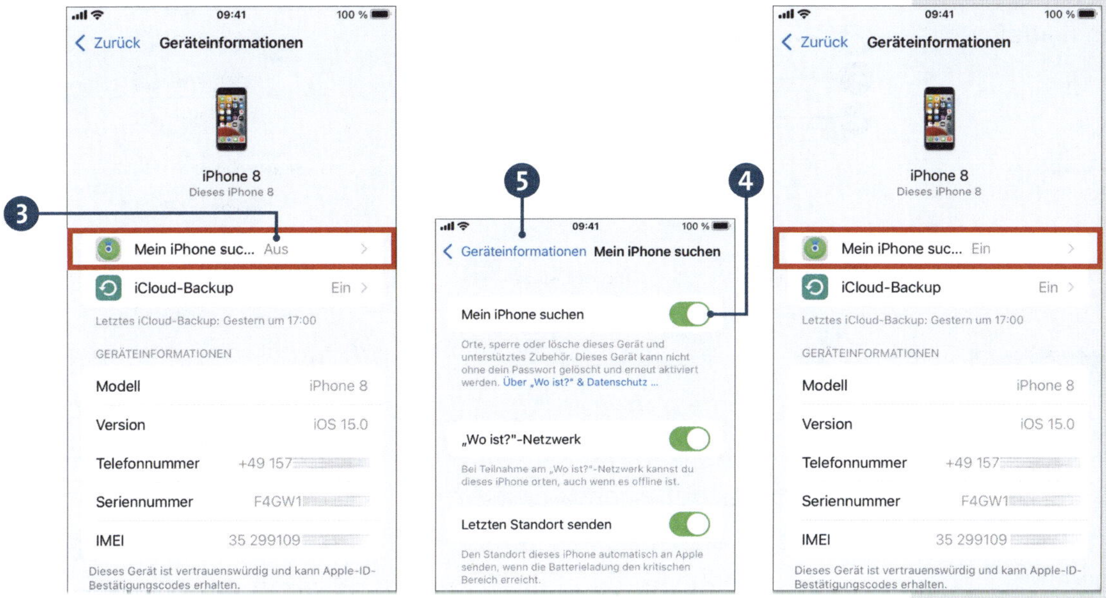

Damit haben wir die Grundlage dafür geschaffen, dass Ihr iPhone überhaupt gefunden werden kann.

Nun zeigen wir Ihnen natürlich, wie Sie Ihr Gerät wiederfinden. Für diese »Trockenübung« können Sie Ihr iPhone ins Gartenhaus oder Auto legen oder einer vertrauten Person zum Einkaufen mitgeben und dann mit unserer Anleitung loslegen.

ACHTUNG!

Wenn Sie Ihrem Partner oder Ihrer Partnerin Ihr iPhone testweise mitgeben, sollte er oder sie allerdings bald zu Ihnen zurückkehren. Warum, erfahren Sie in Schritt 5 auf Seite 417.

MERKE

Eine *Zwei-Faktor-Authentifizierung* bedeutet in diesem Fall übrigens, dass Sie sich auf zwei Geräten – Ihrem iPhone und beispielsweise Ihrem PC – gleichzeitig legitimieren.

1. Starten Sie den Internetbrowser auf einem Computer oder einem anderen iPhone. Wir nutzen dafür einen Windows-PC. Tippen Sie in die Adressleiste »icloud.com« ein.

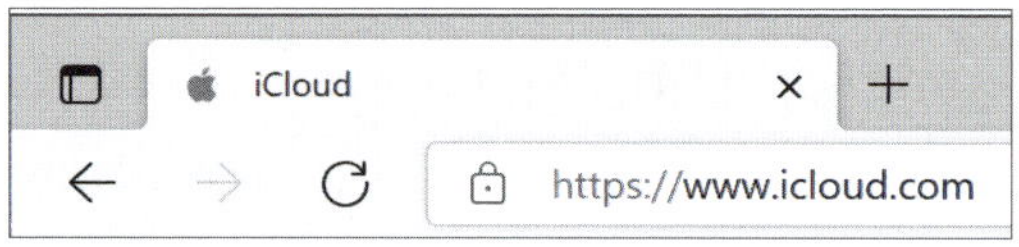

2. Nun müssen Sie die Anmeldedaten Ihrer Apple-ID eintippen, also die E-Mail-Adresse ❶ und Ihr Passwort.

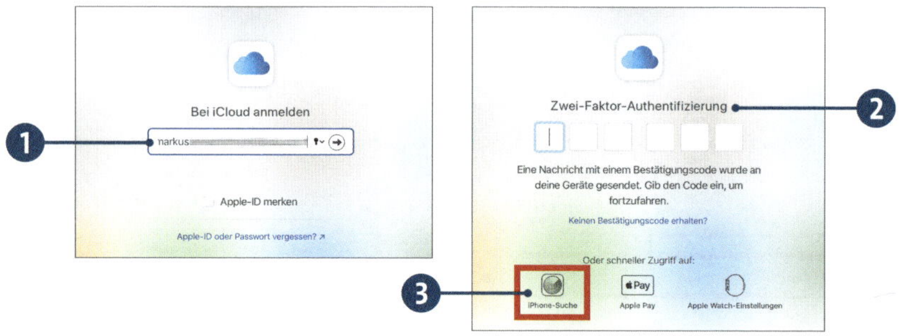

3. Da Sie sich auf einem anderen Gerät befinden, verlangt Apple nun eine Authentifizierung mit einem Code, der an Ihr iPhone geschickt wurde ❷. Das ist in unserem Fall natürlich nicht zielführend, weil das iPhone ja gar nicht da ist. Tippen Sie daher unten auf **iPhone-Suche** ❸.

4. Nun wird das Fenster **Mein iPhone suchen** geladen. Klicken Sie hier auf **Alle Geräte** ❹ und in der Auswahl auf **iPhone** ❺. Dadurch wird der letzte Standort Ihres Handys erstaunlich exakt angezeigt ❻. Tippen Sie auf das i-Symbol ⓘ ❼, um das Gerät und weitere Optionen anzuzeigen ❽.

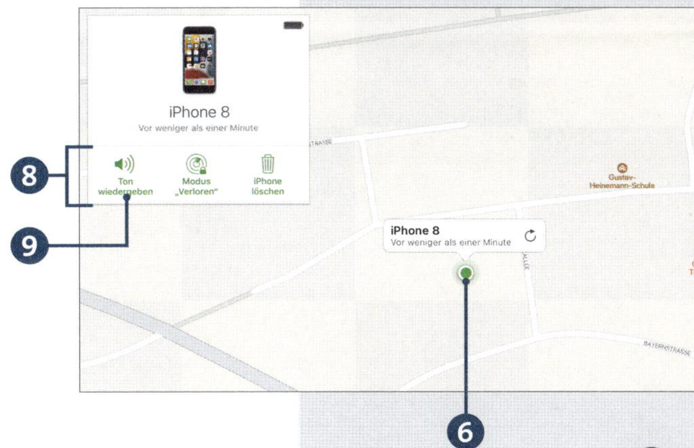

5. Haben Sie das iPhone nur verlegt (oder testweise an einen anderen Ort gelegt), können Sie nun einen Hinweiston abspielen. Klicken Sie dazu auf **Ton wiedergeben** **9**.

Der Ton wird selbst dann wiedergegeben, wenn Sie das iPhone zuvor stummgeschaltet haben. Der Hinweiston verstummt erst wieder, wenn Sie Ihr wiedergefundenes Gerät entsperren.

iPhone verloren – hoffen Sie auf ehrliche Finder

Haben Sie Ihr iPhone tatsächlich verloren, beispielsweise in der Bahn liegen gelassen, gibt es in iCloud eine gute Möglichkeit, wieder an Ihr Gerät zu kommen. Da es doch immer noch viele ehrliche Finderinnen und Finder gibt, machen Sie es diesen mit der nachfolgend erläuterten Funktion leicht, Ihr iPhone zurückzugeben. Und so gehen Sie vor, wenn Sie das Gerät verloren haben:

1. Loggen Sie sich auf einem Computer mit dem Internetbrowser in *iCloud* ein, wie wir es in den Schritten 1 bis 4 ab Seite 416 beschrieben haben.

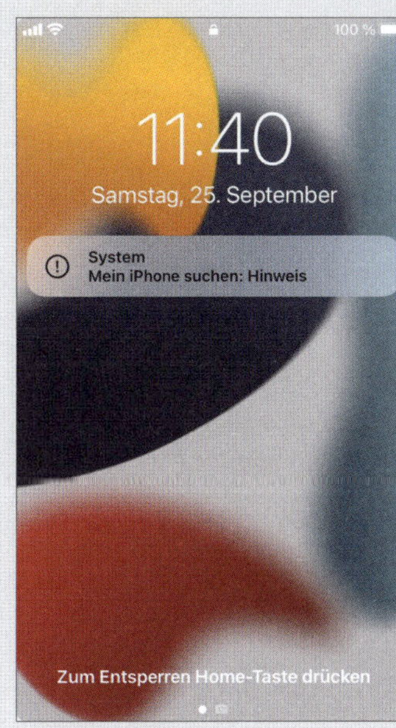

Auf dem vermissten iPhone wird dabei angezeigt, dass es gesucht wird.

2. Nun klicken Sie aber rechts auf dem Bildschirm den **Modus »Verloren«** an. Im folgenden Fenster können Sie eine Telefonnummer eintippen ❶, unter der Sie erreichbar sind – also bitte *nicht* Ihre Handynummer, sondern beispielsweise Ihre Festnetznummer oder die Nummer einer Person aus Ihrem Freundeskreis.

3. Klicken Sie auf **Weiter** ❷. Im nächsten Fenster können Sie dem ehrlichen Finder bzw. der Finderin noch eine Nachricht hinterlassen. Sie können den Vorschlag von Apple ❸ so übernehmen oder nach Wunsch anpassen.

Im Bus liegen gelassen? Hoffen wir auf einen ehrlichen Menschen!

4. Mit einem Klick auf **Fertig** ❹ schaltet Ihr iPhone in den Verloren-Modus, und auf dem Sperrbildschirm Ihres iPhones wird die Info für den ehrlichen Finder bzw. die

Finderin angezeigt ❺. Reicht das Telefonguthaben aus, kann er oder sie Sie sogar direkt anrufen ❻.

5. Ist das iPhone wieder bei Ihnen, dann entsperren Sie es entweder per Fingertipp oder per Face-ID. Allerdings hat Apple noch einen kleinen Sicherheitscheck eingebaut.

6. Das Feld zur Überprüfung wird direkt eingeblendet. Sie müssen das Passwort Ihrer Apple ID nochmals eintippen, um zu beweisen, dass Sie es auch wirklich sind. Tippen Sie auf das Feld **Einstellungen** ❼.

7. Im folgenden Bildschirm tippen Sie mithilfe der Bildschirmtastatur das Passwort Ihrer Apple ID ein und bestätigen mit **Anmelden** ❽. Danach kann das iPhone ganz normal weiterverwendet werden.

Bei Diebstahl – so nerven Sie Langfinger

Wurde Ihr Handy offensichtlich gestohlen, dann können Sie zumindest dafür sorgen, dass der Dieb bzw. die Diebin keinen Spaß an ihm hat und dass Ihre persönlichen Daten entfernt werden. Ob Sie das Gerät zurückbekommen, steht auf einem anderen Blatt.

ACHTUNG!

Das Löschen des iPhones ist wirklich das letzte Mittel. Wichtig zu wissen: Wenn Sie das iCloud-Backup aktiviert haben, wie wir es ab Seite 400 gezeigt haben, sind Ihre Daten auch nach einer iPhone-Löschung gesichert. Kaufen Sie sich ein neues iPhone, dann werden diese Daten direkt auf das neue Gerät übertragen.

Als erste Maßnahme lassen Sie bitte, wie im Abschnitt »Das iPhone wiederfinden« ab Seite 414 beschrieben, einen Hinweiston wiedergeben. Ist der Langfinger noch in der Nähe, wird er schnell entlarvt. Vielleicht wirft er dann das iPhone einfach in den nächstgelegenen Busch – und Sie können es über iCloud orten und zurückholen.

ACHTUNG!
Möchten Sie Ihr iPhone hingegen löschen, weil Sie es im Freundes- oder Bekanntenkreis oder an Ihre Enkelkinder weitergeben wollen, dann folgen Sie bitte der Anleitung im folgenden Kapitel.

Falls auch ein Appell an den Finder bzw. die Finderin, wie im vorangehenden Abschnitt beschrieben, nichts hilft, können Sie zumindest all Ihre Daten vom Handy fegen. Der Langfinger kann es trotz der gelöschten Daten nämlich gar nicht nutzen. Das iPhone bleibt gesperrt, und eine Neuinstallation ist ohne Ihre persönlichen Zugangsdaten unmöglich.

1. Loggen Sie sich auf einem Computer mit dem Internetbrowser in iCloud ein, wie in Schritt 1 bis 4 auf Seite 416 beschrieben.

2. Klicken Sie auf **iPhone löschen** ➊. Wenn Sie auch die Rückfrage ➋ bestätigen, wird alles radikal auf dem Gerät gelöscht – nicht aber, wie gesagt, das iCloud-Backup Ihrer Daten auf dem Apple-Server.

Damit ist Ihr iPhone komplett leer – eine Ortung ist damit aber auch nicht mehr möglich.

KAPITEL 23

Das iPhone weitergeben – so funktioniert es richtig

Sie haben Lust auf ein neues iPhone, und das aktuelle Gerät funktioniert noch super? Dann wollen Sie es vielleicht verschenken oder weitergeben.

Aber natürlich sind auf dem Telefon noch Ihre Daten gespeichert, und nur Sie können es ja entsperren. Um es sicher weiterzugeben, egal ob an Bekannte oder über Ebay Kleinanzeigen, müssen Sie das iPhone *zurücksetzen*. Dann wird es sich wie ein neues Gerät verhalten, und die neue Besitzerin oder der neue Besitzer kann es entsprechend nutzen.

ACHTUNG!
Richten Sie zuerst Ihr neues iPhone mit Ihrer Apple-ID ein, und prüfen Sie, ob alle Daten korrekt wiederhergestellt wurden. Wenn Sie sich ganz sicher sind, dass alles da ist, können Sie nun Ihr altes iPhone zurücksetzen, wie hier beschrieben.

Und so ermöglichen Sie Ihrem iPhone seinen zweiten Frühling:

1. Tippen Sie auf die App *Einstellungen* auf dem Home-Bildschirm.

2. Wählen Sie dort den Punkt **Allgemein** ❶ per Fingertipp aus.

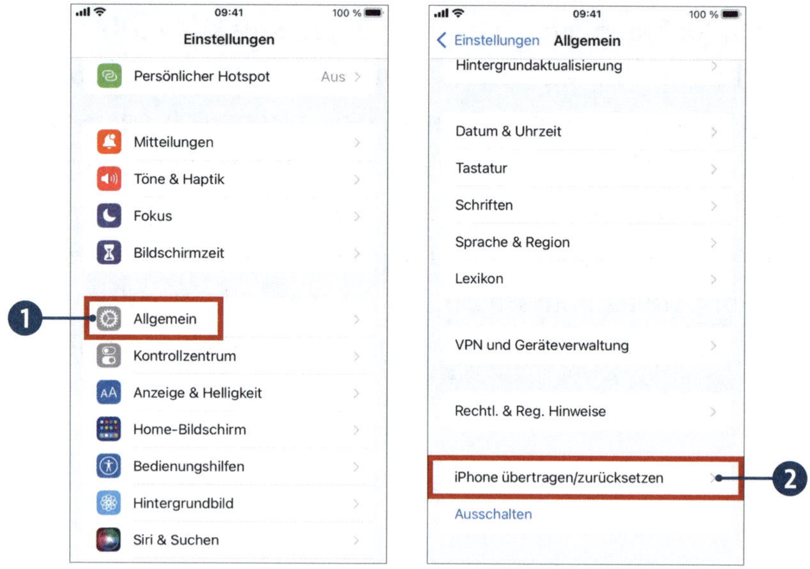

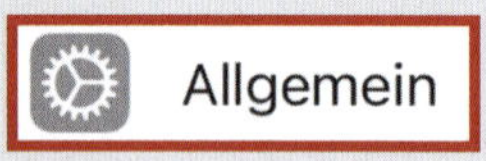

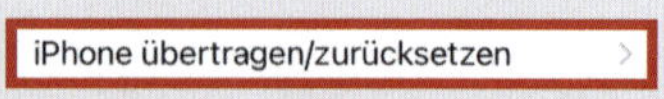

3. Die folgende Liste schieben Sie mit aufgelegtem Finger ganz nach unten, bis der Begriff **iPhone übertragen/Zurücksetzen** ❷ erscheint. Diesen tippen Sie an.

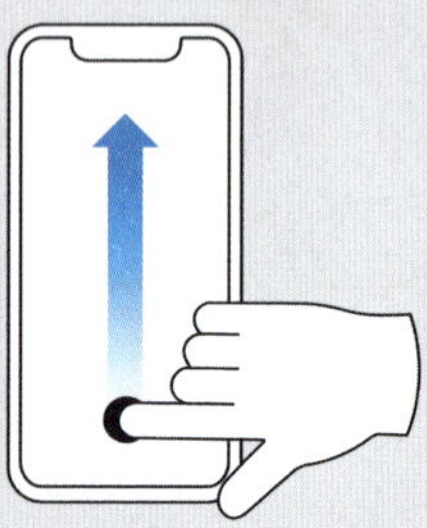

4. Bei den nun erscheinenden Möglichkeiten tippen Sie auf **Alle Inhalte & Einstellungen löschen** ❸.

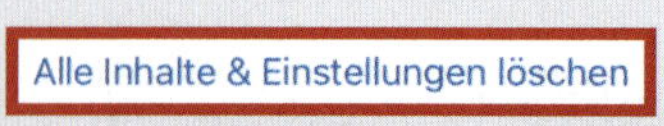

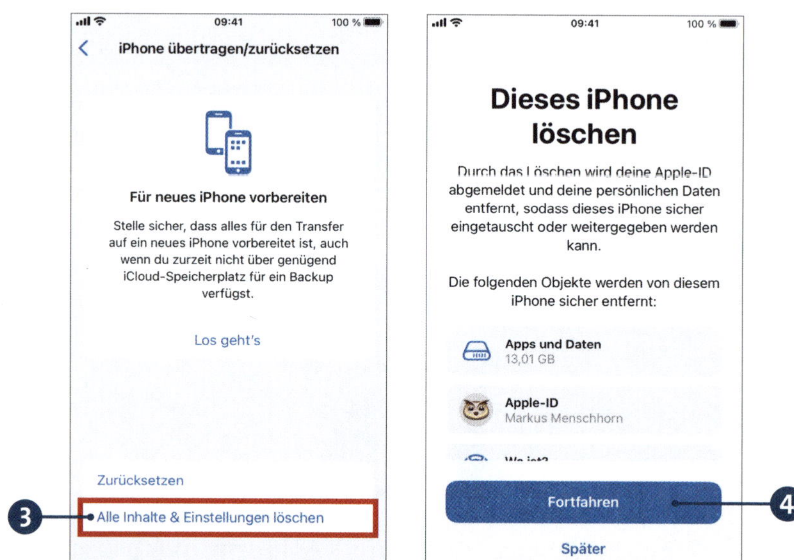

5. Es folgt eine Zusammenfassung, was auf dem iPhone aktuell vorhanden ist und gelöscht wird. Sie müssen hier auf **Fortfahren** 4 tippen, damit es weitergeht.

6. Zur Sicherheit müssen Sie Ihren iPhone-Code eingeben 5. Das ist die sechsstellige Nummer, die Sie selbst eingerichtet haben.

7. Jetzt müssen Sie noch das Passwort Ihrer Apple-ID eingeben 6 und dann oben rechts auf **Deaktivieren** 7 tippen.

8. Jetzt wird es ernst. Mit einem Tipp auf **iPhone löschen** wird das iPhone gelöscht und anschließend mit dem Apple-Logo neu gestartet 8. Erscheint die Begrüßung 9, die Sie beim ersten Start des iPhones kennengelernt haben, dann können Sie Ihr iPhone ohne Gefahr weitergeben oder weiterverkaufen.

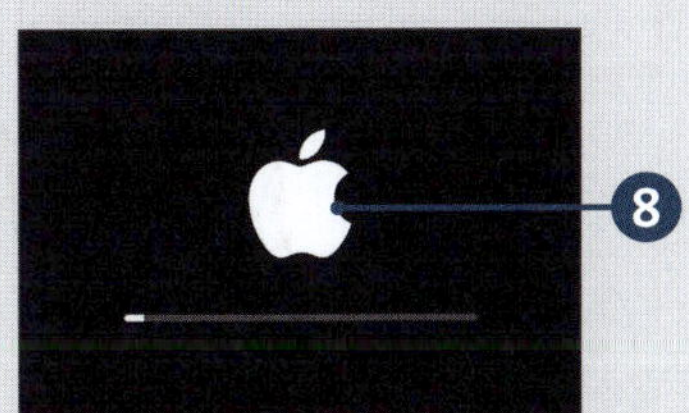

Stichwortverzeichnis

A

I

K

Z